미술치료와 디지털 기술

디지털 미술치료의 이해와 적용을 위한 최신 안내서

미술치료와 디지털 기술

Cathy Malchiodi 편저 | 유경옥 · 박진영 · 신혜진 · 이현정 옮김

Art Therapy and Digital Technology

圖書出版 하나醫學社

THE HANDBOOK OF ART THERAPY AND DIGITAL TECHNOLOGY

First published in the UK in 2018 by Jessica Kingsley Publishers Ltd
73 Collier Street, London, N1 9BE, UK
www.jkp.com

Printed in Korea

한계를 뛰어넘으려고 노력하는
모든 미술치료사를 위하여

목차

추천의 글 13

감사의 글 17

역자 서문 19

제1부 배경

제1장 미술치료와 디지털 기술 25

제2장 윤리, 디지털 기술, 소셜 미디어 47

제3장 인터퍼스널 다운로딩 69
치료에 영향을 미치는 관계적이며 창의적인 기술과 뉴미디어

제4장 디지털 기술이 내담자의 뇌에 미치는 영향 87

제2부 디지털 도구 상자 – 방법 및 매체

제5장 미술치료에서 뉴미디어의 적용과 효과 107

제6장 사진미술치료 125

제7장 치료적 영화 제작 149

제8장 디지털 스토리텔링과 내러티브 치료 167

제9장 미술치료를 위한 원격치료의 기반 189

제10장 애니메이션 프로젝트 207

제11장 다양한 앱의 출현 241

제12장 가상현실 미술치료 257

제13장 소셜 네트워킹 플랫폼과 소셜 미디어 275

제3부 임상과 교육의 적용

제14장 입원 아동 · 청소년의 디지털 미술치료 297

제15장 표현 리믹스 치료 319
디지털 미디어 아트 사용을 통한 청소년의 참여

제16장 원 프로젝트 339
성인 대상의 치료적 사진

제17장 DIBAAJIMOWIN 351
디지털 구술 이야기

제18장 집단미술치료와 원격의료 365

제19장 자폐 진단 성인의 창의적 표현을 위한 디지털 기기 381

제20장 디지털 매체를 사용한 미술기반 연구 399

제21장 미술치료 평가와 연구를 위한 컴퓨터 미술치료 417

제22장 미술치료 수업에서 디지털 매체의 적용 443

부록 1 잠재적인 사이버 미술치료사를 위한 일반 윤리 원칙 463

부록 2 디지털 통신 및 소셜 미디어에 대한 미술치료 자격심사위원회의 윤리, 행동 및 규율 절차 467

부록 3 전자전송 설명서 예시 471

부록 4 소셜 미디어 정책 개발 시 고려해야 할 질문 473

기고자 475

편저자 481

그림 목차

[그림 1.1] 온라인 콜라주 프로그램을 사용한 이미지 32

[그림 4.1] 예지를 찾아서 100

[그림 5.1] 항만의 벤치 120

[그림 5.2] 선원들 120

[그림 5.3] 날다 121

[그림 6.1] 게와 푸른 고래 132

[그림 6.2] 딱정벌레의 비행 132

[그림 6.3] 여행 중에 자연환경에서 촬영한 사진 주변에 드로잉 140

[그림 6.4–6.9] 자기 자신과 주변 세계에 대한 인식을 나타낸 젊은 여성의 '환경 사진 셀프 포트레이트' 사진 사례 143

[그림 8.1] 점점 말라가고 말라가다 결국에는 죽게 됩니다 173

[그림 8.2] 그 시각적인 이미지들을 통해서 그가 나를 이해했어요 174

[그림 8.3] 그랬더니 아버지가 내 입을 주먹으로 때렸어요 178

[그림 8.4] 절망적인 나날 180

[그림 9.1] Skip Rizzo의 브레이브마인드 198

[그림 9.2] 브레이브마인드의 VR 전경 200

[그림 9.3] 브레이브마인드의 VR 전경 200

[그림 9.4] 원격치료 중인 참전 군인 201

[그림 9.5] 가상의 아프가니스탄 201

[그림 10.1] TAP 애니메이터 강령 217

[그림 10.2] 애니메이션 프로젝트 – 제작 일정 218

[그림 10.3] TAP 수료증 236

[그림 11.1] 쉬고 있는 고양이 Zoolee 242
[그림 11.2] Finnegan은 #저항 운동을 연구한다 243
[그림 12.1] 구글 카드보드 270
[그림 13.1] 미술치료+행복 프로젝트 로고 284
[그림 13.2] 온라인 회복탄력성 프로그램의 '창작물 교환'을 위해 꾸며진 트럼프 카드 288
[그림 14.1] 가족의 저녁 식사를 표현한 Jocelyn의 콜라주 302
[그림 14.2] 희망과 자유를 표현한 Mike의 자화상 307
[그림 15.1] 아프리카 모험 단어 구름 324
[그림 15.2] 가면 만들기 활동 325
[그림 15.3] 디지털 미디어 연구소에서 비트 만들기 1 333
[그림 15.4] 디지털 미디어 연구소에서 비트 만들기 2 333
[그림 15.5] 표현 리믹스 집단 상세 모델 334
[그림 16.1] 레비쉬 파사드 344
[그림 16.2] one으로 돌아가기 345
[그림 16.3] 길을 잃고 방향을 찾다 345
[그림 19.1] 꽃 385
[그림 19.2] 모양 386
[그림 19.3] 빨강과 파랑 388
[그림 19.4] 만다라 388
[그림 19.5] 가장 좋아하는 날 390
[그림 21.1] 블러링과 클러스터링을 통해 컴퓨터가 색을 인식하고 가장자리를 추출하는 방법 422
[그림 21.2] 전문가 시스템의 구조 423
[그림 21.3] 회귀모델 424

[그림 21.4A 그림 21.4B] C_CREATES에 의한 평가 과정과 결과 428

[그림 21.5] 피드백 과정 433

[그림 21.6] 심리적 장애가 있는 5세 아동의 그림 사례 435

[그림 21.7] 치매 정도가 다른 환자가 채색한 SMC 사례 437

[그림 22.1] 쉼터 청소년들이 만든 협동 크리스마스트리 프로젝트 455

표 목차

〈표 6.1〉 사진미술치료에 활용할 수 있는 사진 재료와 예술적 · 창의적 활동 133

〈표 19.1〉 Max의 니시벌 미술치료 회기 392

〈표 21.1〉 전문가 시스템 정보의 구분 434

〈표 21.2〉 [그림 21.7]의 만다라 분석 437

추천의 글

디지털 기술은 미술치료사에게 창의적인 기회를 제공한다. 사용자 중심의 소프트웨어 프로그램이 이미지 변경, 영화 제작 및 애니메이션 작업 등의 편의를 제공하면서, 디지털 기술과 관련된 임상 중재 영역은 확대되고 있다. 이는 여러 면에서 긍정적인 발전이겠지만, 특히 1980년대 이전에 태어난 나 같은 '디지털 이민자'인 미술치료사에게는 불안감의 근원이 된다. 사실 미술치료 분야에서는 소셜 미디어 플랫폼의 기밀유지 기능이나 윤리적 경계 설정에 대한 우려가 지속적으로 제기되어 오고 있다. 그리고 전통 미술 매체를 사용할 때 느낄 수 있는, '풍부하고, 관계적이고, 촉각적이고 또한 감각적인 경험'(p. 23)의 부족에 대한 논란도 계속되고 있다.

이 책은 본 주제에 관한 최근의 실험, 연구 및 윤리 문제를 명확하게 제시하는 연구들로 이루어져 있어 참으로 시기적절할 뿐만 아니라 뛰어나기도 한 저서이다. Malchiodi 박사는 이 분야의 개척자로서 디지털 기술과 미술치료 간의 잠재력과 위험성을 다룰 수 있는 깊이 있는 전문성을 가진 몇 안 되는 연구자이다. 또한, 각 장의 저자들은 디지털 기술의 다양한 측면과 관련된 고유한 경험을 제공하여 더없이 풍부하고 유익하며 흥미로운 출판물을 만들게 도왔다. 각 장의 사례별 그림과 권장 사항들은 태어날 때부터 디지털에 익숙했던 '디지털 원주민'과 후발주자인 나를 포함한 '디지털 이민자'인 모두에게 유용하게 활용될 수 있다. 그뿐 아니라 실무에서 사용할 수 있는 혁신적인 신기술을 포함하기에 전 세계적으로 전파되고 더 개발되어 내담자에게 유용하게 사용되기를 바란다.

이 책에서는 주로 미국의 법과 구조가 언급됐지만, 나는 국제적으로도 적용 가능하고, 전 세계 표준과 관련이 높은 내용을 이 안에서 발견하며 많은 것을 배웠다. 그러므로 전 세계의 미술치료사를 위한 필독서로 이 책을 추천한다.

– BAAT 최고 경영자(CEO) **Val Huet 박사**

"Malchiodi는 디지털 매체를 창의적이고 접근 가능한 치료적 관계 구축을 위한 도구로 이해하고 있습니다. 이러한 치유 관계의 맥락에서 다양한 미디어를 탐색하는 것은 내담자가 풍부한 심상을 만드는 데 도움이 됩니다. 그리고 숙련된 Malchiodi와 기고자들의 사례처럼, 특정 매체의 개별적인 표현 특성을 연구함으로써 미술치료사와 미술치료 전공생들이 매체의 잠재력을 실현할 수 있습니다."

– Jane Ferris Richardson (EdD, ATR-BC, RPT-S)
레슬리 대학교 미술치료 전공 부교수

"Malchiodi가 또 해냈군요! 이번 저서는 풍부한 기술적 자료를 토대로 의미를 창출하는 다양한 관점을 제시하고 보건의료 현장에서 미술치료의 진화를 깊이 있게 정의하는 데 도움이 되는 접근 가능한 포괄적 안내서입니다. 저자들은 다양한 사례와 사려 깊은 권장 사항을 바탕으로 대인관계의 가치에 대한 초점을 잃지 않으면서도 변화하는 사회에서 전체론적이고 내담자 중심 치료의 생물심리사회적 및 영적 구성 요소에 우선순위를 둘 것을 강조합니다."

– Juliet King (MA, ATR-BC, LPC, LMHC)
조지 워싱턴 대학교 미술치료 대학원 부교수, 인디애나 의과대학 신경과 겸임 부교수

"처음에 Cathy Malchiodi의 새로운 출판물을 손에 들고, 나는 내 미술치료 세계에서 디지털 기술에 얼마나 익숙해지기를 원하는지 스스로에게 물었습니다. 이 책에 제시된 뉴미디어와 디지털 응용 프로그램의 다양한 사례를 읽다 보면, 우리의 치료 현장에서 이러한 양식을 사용하는 것이 당연해집니다. 예를 들어, Kopytin의 사진미술치료 장은 접근 가능한 콜라주 활용 범위를 확장합니다. 나아가 지역사회 기반 및 임상현장에서 디지털 기술을 사용하여 새로운 환경을 구축할 수 있습니다."

– Patricia Fenner (PhD)
라트로브 대학교 심리학 및 공중보건 대학 미술치료 강사 겸 기획 전문가

"오늘날의 미술치료사는 새로운 기술이 더 많이 보급되고 임상 작업에 통합됨에 따라 점차 더 많은 도전에 직면해 있습니다. 포괄적으로 연구된 Malchiodi의 저서는 소셜 미디어의 통합, 전문적인 윤리표준 준수, 정신건강 및 건강규정 준수를 포함한 다양한 과제를 식별하며 창의적인 임상 중점의 온전함을 보호하는 동시에 이러한 문제에 대처하는 데 도움이 되는 명확한 지침을 제공합니다. 본 저서는 임상현장에서 기술을 사용하는 모든 임상 전문가들이 반드시 읽어야 할 책입니다."

– Dr. Robert Irwin Wolf (ATR-BC, LCAT, LP)

뉴로셸 대학교 미술치료 대학원 교수, 표현분석연구소장

"미술치료에서 디지털 매체의 장점과 도전 과제, 한계뿐만 아니라 빠르게 확대되는 역할을 이해하고자 하는 모든 사람을 위한 절대적인 '필독서'로서, 이 귀중한 저서를 적극적으로 추천합니다!"

– Charles Schaefer (PhD, RPT-S)

캘리포니아 클로비스 놀이치료학회 공동 설립자 및 명예 이사

감사의 글

편저에는 단순히 일련의 장들을 조합하는 것 이상의 수고가 필요하다. 종합적인 목차를 개발하고, 주제에 부합하는 최고의 전문가를 찾고, 그와 협력하여 각 장을 완성하고 수정하여 마침내 뛰어난 편집자와 협업하여 출판할 가치가 있는 출판물을 만드는 과정을 수반하기 때문이다. 특히 이 『미술치료와 디지털 기술』은 그렇게 편집한 글들 이상이기에 더욱 자랑스럽게 생각한다. 아울러, 이 책의 비전을 나타내도록 도와준 많은 분들께 감사의 말을 전하고자 한다.

먼저, Jessica Kingsley 출판사의 커미셔닝 편집자인 Jane Evans와 제작 편집자인 Hannah Snetsinger에게 감사의 인사를 드린다. 그들은 편저출판의 수많은 편집 과정과 다양한 측면의 어려움에도 불구하고 이 과정이 조화로운 작업이 되도록 이끌어 주었다. 또, 출판 업계에서 수십 년간 사업을 이끌어 오다 최근 은퇴한 Jessica Kingsley에게도 감사의 말을 전한다. 누구도 미술치료의 디지털 영역 확장을 예견하지 못하던 때인 2000년, 이미 Jessica는 『미술치료와 컴퓨터 기술』을 출판하며, 디지털 영역으로 성장하는 미술치료의 가치를 알아보았다. 이와 함께 Jessica Kingsley가 미술치료, 창의적 예술치료 및 표현예술치료에 대한 매우 중요하고도 훌륭한 책들을 출판한 것에 감사한다. 그녀는 자신의 비전, 열정과 헌신을 통해 추후 이러한 작업에 관한 결정적이고 지속적인 영향을 미쳤다.

무엇보다도 나는 저자들에게 빚을 졌는데, 그들은 디지털 매체에 대한 전문성을 널리 알리고 미술치료 분야에 이를 폭넓게 응용하는 데 많은 도움을 주었다. 독자 여러분이 저자 목록을 훑어본다면, 이 저자들이 이 책의 내용에 국제적으로나 문화적으로 다양한 입지를 구축한 전문가임을 알 수 있다. 특히 나는 각 저자가 미술개입에 디지털 기술을 어떻게 통합해야 내담자에게 이로울 것인지에 대한 핵심적인 중요성에 초점을 맞춘 방식에 깊은 인상을 받았다. 많은 저자가 디지털 기술과 소셜 네트워킹이 실무자인 미술치료사들에게 어떻게 도움이 되는지 연구해 왔지만, 치료사가 자신의 작업에 즉시 적용할 수 있는 실용적인 사례와 경험, 전략들로 이루어진 실제 미술심리치료의 응용에 대해 읽는 것은 매우 신선하고 고무적인 일이었다. 편집자로서 나는 이 저명한 저자들로부터 많은 것을 배운 것에 감사하며, 나의 작업에 그들이 나눠준 지혜들을 적용해 보기를 고대한다.

마지막으로, 1980년대 후반에 처음으로 컴퓨터를 사준 남편 David에게 감사한다. 디지털의 모든 것을 궁금해하고 발견하고자 했던 이 모든 여정이 그때부터 시작되었기 때문이다. David는 내가 글을 쓰거나, 필름 편집을 하거나, 가상현실 세계에 몰입해 화면만을 쳐다볼 때, 사무실에 있는 이 인공 지능 장치의 소음과 늦은 저녁 식사를 참을성 있게 견뎌냈다. 덕분에 이 최신 책이 만들어질 수 있었기에 감사하는 마음뿐이다.

역자 서문

디지털 기술의 빠른 발전은 이미 다양한 영역에서 큰 변화를 일으키고 있으며, 미술치료 분야에서도 그 새로운 물결을 적극적으로 도입하여 확장해 나가고자 하는 움직임이 보인다. 이러한 시대적 흐름에 적극적으로 부응하는 『미술치료와 디지털 기술』은 Cathy Malchiodi 박사가 디지털 미술치료의 이해와 잠재력에 대해 전문가들과 함께 쓴 디지털 미술치료에 대한 의미 있는 저서다. Malchiodi 박사는 미술치료사이자 표현예술치료사이며 심리학자로서 30년 넘게 어떻게 사람들이 예술을 통해 자신의 상처받은 마음을 치유하고 자신의 내면과 외면을 통합하는지에 대해 연구해 왔으며, 『미술치료』, 『표현치료』, 『의료미술치료의 실제』 등 다수의 저서를 출간하여 전 세계 미술치료사들에게 큰 영향력을 미치고 있다.

이 책은 팬데믹으로 비대면 미술치료를 시도하는 치료사들에게 실질적인 안내자 역할을 해줄 뿐만 아니라 임상 현장에서 디지털 매체 사용을 고민하는 미술치료사에게 디지털 기술이 필요한 이유를 제시하고 더 나아가 치료적 경험을 확장할 방법에 대한 해답을 제공할 것이다. Malchiodi 박사는 오늘날 미술치료사가 디지털 기술을 활용할 때 더욱 창의성을 발휘할 수 있다고 강조하며 디지털 미디어를 미술치료에 폭넓게 응용한 전문가들의 경험과 고찰을 바탕으로 설명하고 있다. 이 저서에서 다양한 연령의 내담자들은 디지털 기술 덕분에 새로운 표현 방법을 발견할 수 있었고 작업의 결과는 기대 이상이었다. 예를 들어 전통적인 미술 매체를 다루기 힘들어하는 아동과 청소년, 성인은 스마트폰의 미술 작업 앱과 콜라주 소프트웨어 프로그램 또는 동영상 제작 프로그램을 통해 내면에 잠재된 표현력을 발휘했는데, 이러한 결과는 전통적인 미술치료의 결과와 다르지 않음을 증명하고 있다.

이 책의 가치는 첫째, 디지털 환경에서 미술치료사가 직면하게 될 윤리적, 법적 문제를 검토하고 논의하여 미술치료사의 책임이 무엇인가에 대한 질문을 던진다는 것이다. 디지털 미술치료를 진행하려는 치료사는 온라인 환경에서 내담자에 대한 경계 설정과 소셜 미디어 환경 안에서 유지해야 할 윤리적 자세를 언제나 염두에 두어야 할 것이다. 둘째, 디지털 기반의 다양한 사진, 영화, 디지털 스토리텔링, 애니메이션, 디지털 미술 앱, 가상현실(VR)의 생생한 치료 사례가 소개된다는 것이다. 이를 통해 치료사들이 디지털 기술을 활용한 미술치료의 힘을 깊이 깨닫고 치료의 세계로 적극적으로 나아갈 수 있는 용기를 얻을 것이라 기대한다. 마지막으로, 미술치료의 임상과 교육 현장에 적용된 디지털 기술 사례는 미술치료의 치료적 효과를 극대화하고 미술치료사가 앞으로의 치료 환경에 유연하게 대처하는 데 도움을 준다는 것이다. 특히, 미술치료 교육과정에서 디지털 매체 기법 및 활용이 필요함에도 불구하고 충분히 개발되고 있지 않은 국내 현실에서 이의 적용이 절실하다고 하겠다.

급변하는 기술의 시대에 미술치료사는 디지털 매체에 대한 이해와 연구를 기반으로 하는 매체와 기법의 사용과 활용에 민감해야 한다. 뛰어난 국내의 치료사들이 이 책을 토대로 디지털 미술치료에 대해 다양한 시도를 하며 임상과 연구의 지평을 확장해 나가기를 희망한다. 이러한 당부를 Brian Austin(2009)의 질문으로 대신하고자 한다.

> 우리 미술치료사가 학교에서 교육받지 못한 최신 기술 기기에 압도당하여, 과도한 망상으로 고통만 받는 마술 수습생의 운명으로 끝날 것인가? 아니면, 상징적인 표현을 풍부하게 해주는 디지털 기술로 무장하여, 마술사가 마법을 부리듯이, 물에 빠져 허우적거리는 내담자를 건져내어 깨끗

이 치료받도록 돕는 훌륭한 미술치료사가 될 것인가?

이 책의 1, 2, 3, 4, 9장은 유경옥, 5, 6, 7, 10장은 신혜진, 11, 12, 13, 14, 15, 16, 17장은 박진영 그리고 8, 18, 19, 20, 21, 22장은 이현정이 번역했다. 이 책에 나오는 학술용어와 새롭게 등장하는 디지털 기술 분야의 전문용어를 최대한 정확하게 번역하기 위해서 기존 문헌을 여러 번 검토하고 각 역자 간의 협의를 거쳐 통일했다.

마지막으로 이 책을 위해 바쁘신 중에도 조언을 해주신 이화여자대학교 교육대학원 미술치료교육전공 한경아 교수님께 진심으로 감사의 마음을 전한다. 한경아 교수님의 학문적 질문과 명확한 용어의 정의가 책의 완성을 위한 초석이 되었다. 또한, 책이 출간되기까지 노고를 아끼지 않으신 하나의학사 소정영 대표님과 편집부 여러분께 다시 한번 진심으로 감사드린다.

2021년 8월

역자 일동

제1부

배경

제1장

미술치료와 디지털 기술

– Cathy Malchiodi

나는 2000년, 『미술치료와 컴퓨터 기술』에 다음과 같이 썼다.

> 다른 건강 분야와 마찬가지로, 미술치료 분야도 전문가뿐 아니라 일반 사용자의 증가, 인터넷 역할의 증대, 전자통신의 확산과 컴퓨터 중재 치료의 확산에 갈수록 큰 영향을 받고 있다. 특히 미술치료에서 컴퓨터 기술과 디지털 심상의 발달은 더욱 중요해지고 있다. 컴퓨터 기술이 발전함에 따라 미술치료사들은 컴퓨터 페인팅, 사진 보정 프로그램, 전자 예술, 사진, 비디오테이프 등의 디지털 매체를 미술치료에 접목할 기회를 갖게 됐기 때문이다. 그뿐만 아니라, 컴퓨터 기술과 디지털 매체를 활용해 내담자들에게 자신을 창의적으로 표현할 수 있는 새로운 방법을 제시할 수 있게 되었다. 특히 인터넷은 미술치료 현장에 중대한 영향을 미치고 있으며, 미술치료사들은 인터넷을 통해 이메일과 온라인 토론 그룹 그리고 실시간 사이버 채팅 등을 통해 미술치료사로 이루어진 가상 글로벌 커뮤니티를 구축했다. 또한, 정신건강이나 약물 그리고 치유와 관련된 예술에 공통의 관심이 있으면서도 그동안 소통하지 않았던 사람들 간에 교류를 시작하여 국제적인 네트워크를 구축하게 됐다. (p. 13)

디지털 기술이 이러한 플랫폼을 훌쩍 뛰어넘는 동안, 내가 20세기 말에 내놓은 대부분의 통찰은 놀랍게도 점점 현실이 됐다. 이제 디지털 통신은 어디서나 가능하여 직장과 일상생활을 지배하고 있고, 소셜 미디어 플랫폼은 가상 글로벌 커뮤니티를 구현하여 불과 10년 전만 해도 불가능했던 방식으로 개인과 개인을 연결한다. 미술치료 분야는 창의적인 표현을 위한 새로운 매체뿐만 아니라 계속해서 정의되는 전문적이고 윤리적인 문제를 포함한 광범위한 방법으로 디지털 기술과 소셜 네트워킹의 영향을 점점 더 많이 받고 있다(Malchiodi and Cutcher, 2012, 2013, 2014, 2015)(제2장 참조).

나의 저서가 출판된 2000년 이후로, 우리는 전례 없는 기술 발전의 시대를 살아가고 있다. 다른 관련 보건 및 정신건강 분야와 마찬가지로, 미술치료는 의사소통과 자기표현을 위한 전자 기술의 급속한 유입에 맞서 힘겹게 투쟁해왔다. 미술치료사는 디지털 매체와 임상 적용 간의 이해와 연구 증대의 필요성을 합리적으로 인정하면서 직면한 현재의 변화를 당혹스럽게 맞이하고 있다(Asawa, 2009). 다른 치료사들은 디지털 기술과 소셜 미디어의 사용 증가로 생겨난 윤리적, 임상적, 직업적 영역에서 제기된 문제에 초점을 맞춘다(Alders *et al.*, 2011; Belkofer and McNutt, 2011; Malchiodi and Cutcher, 2012, 2013, 2014, 2015; Miller, 2017; Peterson, 2010). 미술치료사가 디지털 매체와 플랫폼 활용을 위해 적극적인 노력을 기울이지 않는 것은 아니지만(Austin, 2009), 기술이 다양한 환경에서 일하는 미술치료사의 치료 방식에 영향을 미치고 있다는 데 대부분은 동의한다(Carlton, 2014; Choe, 2014, 2017; Malchiodi and Johnson, 2013).

나는 이 장에서 디지털 기술을 사용한 미술치료의 선구자와 초기 및 현대 미술치료의 개척자를 중심으로 디지털 미술치료의 개요와 후속 장에서 설명할 핵심 개념을 소개하려 한다. 소프트웨어와 디지털 플랫폼은 계속해서 진화하므로 특정 장치 및 소프트웨어와 프로그램에 대한 소개는 최소한으로 하고, 대신 이 장에서는 책 전체에 걸쳐 상세히 소개될 새로운 디지털 미술치료 영역의 주요 주제와 현재의 문제, 기술 적용 사례를 제공할 것이다. 그리고, 미술치료 분야에서 미술치료 실시에 가장 중요하게 영향을 미치는 디지털 기술의 두 가지 주요 영역인 자기표현을 위한 디지털 매체의 사용과 디지털 통신 및 소셜 네트워킹/소셜 미디어의 영향을 강조할 것이다.

디지털 미술치료의 정의

디지털 미술치료는 비교적 최근에 나타난 미술치료의 방법과 재료로서, '치료 과정의 일부로, 미술로 내면을 창조하는 내담자를 돕기 위해 치료사가 사용하는 디지털 콜라주와 삽화, 영화와 사진을 포함한 모든 기술 기반 미디어 형태'로 정의된다(Malchiodi, 2011, p. 33). 여기에는 컴퓨터 키보드나 화면 등 치료 내에서 이미지를 만들기 위해 사용하는 모든 기타 기술 장치 활동도 포함된다. 컴퓨터 또는 태블릿 장치의 전자 처리, 사진 복사, 영화 제작, 비디오테이프 녹화, 단일 반사 장치에서 디지털 카메라와 스마트폰에 이르는 다양한 반복을 통해 이미지와 전자 방법을 생성, 수정 또는 조작하는 데 사용되는 기기 역시 디지털 미술치료 방법에 속한다(Austin, 2009; Ehinger, 2017; Malchiodi, 2000, 2011; Thong, 2007). 이러한 기술에는 앱(Choe, 2017; Malchiodi, 2011; Malchiodi and Johnson, 2013)과 다양한 형태의 이미지 생성, 필름 편집 소프트웨어, 애니메이션(Austin, 2009), 게임, 가상현실, 참여적 환경, 태블릿 기술(Darke, 2017), 라이트 페인팅(Vasquez and Laine, 2017), 인공지능, 디지털 스토리텔링이 포함되며, 기술 전반에 걸쳐 이 책에서 논의된 다른 기술 매체에 대한 정보도 포함된다.

전자 예술: 디지털 미술치료의 선구자

디지털 매체는 원래 이미지를 생성, 수정 또는 편집하기 위한 전자기기의 사용을 설명하는 용어로 '전자 예술'이라고 불렀으며(Malchiodi, 2000), 전자 예술이란 사진을 복사해 이미지의 색상과 크기를 변형하는 것에서부터 영화 제작, 비디오 녹화, 카메라의 종류와 상관없이 직접 찍은 사진을 포함하는 것으로 정의할 수 있다. 예컨대, 1980년대 후반에 Jenny Holzer와 같은 유명 예술가가 대중화한 미술기반 기술로, 사진 복사기를 이용해 명도와 색상을 조절하거나 크기를 변형해 만드는 잡지나 사진 등도 포함된다. 이미지는 다양한 디지털 수단을 통해 구성, 분해되고, 조립, 편집될 수 있으며, 기존 이미지를 결합하여 새로운 종류의 자기표현을 가능하게 했다.

사진촬영은 초기 컴퓨터의 중재 접근법으로 미술치료 기법의 중요한 선구 역할을 했으며, 즉석카메라부터 35mm 필름 카메라까지 모든 유형의 카메라로 작업했다. 또 누구나 디지털 카메라에서 얻은 사진을 직접 컴퓨터에 저장해 색을 선명하게 하고 편집하여 크기와 구성을 조정할 수 있게 되었다(사진에 대한 자세한 내용은 제6장과 제16장 참조). 특히 사진의 사용은 Krauss와 Fryrear(1983), Weiser(1988, 1993), Wolf(1976)에 의해 소개되고 개발됐다. 이들은 사진이라는 매체를 평가하고 중재하며, 자기표현을 위한 잠재력 있는 형식이라고 강조하면서 사진의 치료적 활용을 주장했다.

비디오는 미술치료에 컴퓨터를 사용하는 선도적인 전자 예술의 세 번째 매체로 부상했다(McNiff and Cook, 1975; Weiser, 1988, 1993). 이 책의 제5장에서 McNiff는 자신의 컴퓨터 기술을 기반으로 한 미술치료의 서막은 비디오와 함께 시작되었다고 회고한다. 그는 2000년에 다음과 같이 기록했다.

> 휴대용 비디오 기술이 가능해진 1970년대 초반, 나는 주립병원에서 미술치료 프로그램을 실행하면서 비디오 기술을 자주 활용했다….
>
> 내가 이처럼 비디오라는 새로운 매체를 경험한 초기에는 미술치료 기법을 드로잉과 페인팅, 점토 만들기 등으로 제한해야 한다는 미술치료 분야의 보수적인 주장도 있던 때였다. (p. 87)

McNiff는 사람들과 함께 일하는 협동적인 작업 방식을 오랫동안 지지해 왔기 때문에, 비디오와 사진, 연극을 자연스럽게 미술치료 세션에 통합했다(McNiff, 1999; McNiff and Cook, 1975). 사진과 비디오 기술의 미술치료 응용 가능성은 미술치료의 미래 모습을 전통적 기법인 페인팅과 드로잉, 조각을 뛰어넘어 폭넓게 확장하였고, 미술치료사가 컴퓨터와 디지털 기술을 통해 내담자가 어떻게 창의적인 과정을 겪으며, 자기표현을 증대하고 향상할 수 있는지를 지속해서 탐구해 나가야 할 발판을 마련했다.

20세기: 컴퓨터 중재 미술치료

1996년, 나는 창의적 표현과 치료적 중재, 교육과 온라인 소통 방식의 잠재성을 인식한 미술치료사들이 점차 늘어나고, 이 선구자들이 미술치료의 평가, 치료 그리고 중재에 있어서 컴퓨터 관련 기술의 사용을 탐색하고 연구하고 있음에 주목했다. 이러한 디지털 기술의 초기 적용에서 미술치료사들은 내담자를 포용하면서도, 특별히 장애나 질병 또는 신체적인 어려움으로 인하여 전통적인 방식의 치료에 참여하는 데 한계가 있는 내담자의 개인적인 욕구에 민감하게 대처하여, 내담자에게 자기표현 및 치료 중재의 가능성으로 컴퓨터를 탐색하도록 안내했다.

1980년대에는 매우 소수의 미술치료사만이 미술치료에 사용하는 컴퓨터 기술에 관한 논문을 썼다. Diane Weinberg(1985)는 전신 마비나 뇌졸중, 뇌 손상과 같은 신체적 장애가 있는 환자를 위한 컴퓨터의 잠재력에 초점을 두고 미술치료와 컴퓨터의 접점을 다룬 몇 안 되는 미술치료사 중 한 명이었다. Weinberg는 치료했던 내담자의 특성으로 인해 컴퓨터 미술치료를 전통적인 미술치료에 재활의 의미를 보태어 연구했다. 지금 돌이켜 보면 그녀는 매우 기초적인 컴퓨터인 아타리 800^Atari 800^을 사용하였는데, 이 컴퓨터에는 이미지를 그리고 편집하는 등의 간단한 작업만이 가능한 그래픽 프로그램이 탑재되어 있었다.

Weinberg(1985)는 컴퓨터 미술치료가 미술 작업 경험을 성공적이라고 느끼도록 새롭고 신속한 방법을 제공하며, 내담자들이 잠재력을 발휘하도록 호기심과 동기를 끌어내는 고유한 장점이 있음을 발견했다. 그녀가 당시 사용한 컴퓨터는 비교적 단순했지만, 컴퓨터 기술의 특징을 강조한 연구는 오늘날에도 여전히 유효하다. 그때나 지금이나 컴퓨터는 단순한 디자인을 다양한 형태로 변형하고 시각적인 방향을 신속하게 제시할뿐더러, 색상과 선을 쉽게 변화시키는 기능을 제공한다. 컴퓨터 프로그램은 단계별 조작 지침이 제공되기에 누구나 배우면 쉽게 사용할 수 있다. Weinberg가 글을 쓸 당시, 그녀는 키보드와 다양한 위치로 움직일 수 있는 손잡이인 조이스틱, 감광성 그래픽 태블릿에 물체나 이미지를 그리는 라이트 펜을 사용하여 이미지를 편집했다.

또한, Weinberg는 컴퓨터가 환자의 인지 반응을 관찰하는 가능성에 주목했다. 예를 들어, 컴퓨터는 환자가 사용한 구도와 색상, 디자인 선택을 인식하고 기억하기에 환자의 의사결정과 문제 해결, 창의적 표현을 위한 연구 자료로 이를 활용할 수 있었다. 나는 Weinberg가 특히, 어떻게 하면 사람들이 컴퓨터 기술과 창의적이고 치료적으로 만날 수 있는지 그리고 우리가 어떻게 이 기술을 미술치료 연구에서 사용할 수 있는지에 관한 연구 영역에서, 아직은 제대로 개척되지 않은 컴퓨터 중재 미술치료의 가능성을 인정한 일종의 '비전 제시자'라고 생각한다.

Devorah Canter도 미술치료와 컴퓨터의 만남에 대한 비전과 열정에서는 이 분야에서 누구보다 앞선 미술치료사였다. 그녀는 국제학술대회에서 컴퓨터 기술을 생생하게 시연하였으며, 후에 그 연구내용을 학술지(1987, 1989)에 기고했다. 논문에서 Canter는 설득력 있는 사례를 통해 아동이나 청소년처럼 어릴 때부터 컴퓨터를 접하고 편안하게 느끼는 사람과 작업할 때, 왜 컴퓨터가 적합한 치료 매체인지 그 이유를 설명했다. 예를 들어, 그녀는 학습 장애 아동과 청소년이 컴퓨터 소통 방식을 통해 다른 환경에서는 경험하지 못했던 성취감을 느끼며, 이러한 경험을 통해서 집중력과 자존감이 향상됐고, 컴퓨터가 이를 더욱 촉진한다는 임상적 관찰을 했다. 그녀는 그 주된 이유로 어린 내담자가 일찍부터 컴퓨터를 알게 되었고 편하게 느끼기 때문이며, "오늘날 내담자의 관심을 끌기 위해서 때때로 컴퓨터 같은 현대적인 도구가 필요하다"(Canter, 1989, p. 314)라고 언급했다.

20세기 미술치료사들 또한 드로잉과 페인팅 프로그램, 사진 소프트웨어를 사용한 새로운 치료 경험과 방법을 개발하기 위해 컴퓨터 기술을 탐색했다. Parker-Bell(1999)은 어떻게 미술치료사가 다양한 그래픽 소프트웨어 패키지를 상호소통적이고 창의적인 매체로 사용할 수 있는지를 연구했다. Collie와 Čubranić(Collie, 1998; Collie와 Čubranić, 1999)은 원격의료의 한 형태로 미술치료 서비스를 검토하고, 기존의 원격치료와 컴퓨터 기술을 통해 미술치료가 효과적으로 제공될 방법과 암이나 다른 질병을 앓는 사람들에게 미술기반의 원격심리사회 서비스를 제공하는 연구를 수행했다. McLeod(1999)는 학교에서 컴퓨터와 소프트웨어를 사용하여, 어린이와 청소년뿐 아니라 전 연령대의 사람들이 어떻게 창의적인 표현을 향상할 수 있는지를 보여주었다. 1990년대에 병원들도 환자 스스로가 질병과 입원에 대한 감정을 표현하고 이를 극복할 수 있도록 돕기 위해 컴퓨터 기술을 사용하기 시작했다. 예를 들어 소아병동의 스타라이트 재단[Starlight Foundation]은 환자가 그래픽 소프트웨어를 사용하고 외부의 사람과 전자소통을 계속하도록 하여, 꾸준히 사회적인 지지를 받을 수 있도록 권장했다(Malchiodi and Johnson, 2013). 현재, 이 프로그램은 아동 환자가 가상현실을 경험하도록 기회를 제공하는데, 이는 뉴미디어 플랫폼을 통한 치료적 접목이 어떻게 환자의 요구 사항을 충족하며 진화하는지를 보여주는 사례이기도 하다.

21세기: 디지털 미술치료

2000년 이래로, 늘어난 디지털 기술과 매체의 활용 가용성은 창의적인 표현, 상호소통과 연결의 가능성을 기하급수적으로 증가시켰다. 또한, 미술치료사 간에 실제 치료에 있어 디지털 기술이 미치는 영향과 적용사례에 대한 궁금증과 토론이 더욱더 활발했다. 이는 여러 가지 요인에 기인한다. 2000년 이전과는 달리 이미지 생성과 통신은 컴퓨터 화면뿐만 아니라 개인용 휴대폰과 여타 소형 장치를 통해 보급돼, 우리는 일상에서 더욱 폭넓게 디지털 기기와 소프트웨어 프로그램을 사용한다. 우리는 다양한 페인팅과 드로잉 프로그램을 사용하여 심상을 만들고, 수많은 콜라주 소프트웨어 패키지와 응용 프로그램, 온라인 프로그램을 통해 이미지를 편집할 수 있다. 예를 들어, 원본 이미지는 사용하기 쉬운 사진수정 소프트웨어 및 앱은 물론, 사용자가 예술적 표현에서 편집할 이미지를 '클립'하는 인터넷 프로그램을 통해 쉽게 변환할 수 있다([그림 1.1]

[그림 1.1] 온라인 콜라주 프로그램을 사용한 이미지

Cathy Malchiodi ⓒ 2010 제공

참조). 또한, 쉽게 활용할 수 있는 온라인 사진 및 필름 편집 소프트웨어와 사진을 찍고 필름 영상을 만들 수 있는 컴퓨터 웹캠, 포켓 크기의 필름 카메라 및 스마트폰과 같이 점점 더 쉽게 사용하는 기기들도 증가하고 있다. 게다가 현재 언제 어디서나 볼 수 있는 유튜브는 불과 10년 전만 해도 상상할 수 없는 비디오의 가능성을 만들어냈다. 이러한 모든 발전은 미술치료사뿐 아니라 전 연령대의 대상에게 미술기반 방식을 적용하는 미술치료사 이외의 사람에게도 관심을 불러일으키고 있다.

미술계는 이미 디지털 기술을 이미지 제작의 중요한 부분으로 받아들였다. 현대 미술가들은 가상현실과 로봇 공학, 인공지능과 다양한 디지털 이미지 편집 방법을 작업에 적용한 후 이를 현재 사회와 문화에 큰 영향을 미치는 기술로 통합하고 있다. 이렇게 급속히 출현한 미술 형식은 미술가에게 미술의 소재가 무엇인지에 대한 질문을 확대해 나갔고, 미술치료사와 미술기반 매체를 적용하여 치료적 목표를 이루려고 하는 사람들에게는 어떻게 하면 자기표현을 더 잘할 수 있을지에 영향을 준다. 즉, 미술치료의 '팔레트'는 '아날로그 기술'이라 설명될 수 있는 매체에서 자기표현과 의사소통이 자유로운 '디지털 형식'의 매체로 확대됐다.

오늘날, 치료사는 디지털 매체와 네트워킹의 영향을 받고, 일상적으로 이들에 참여하는 미술치료 내담자가 증가하고 있음을 무시할 수 없다. 다시 말해, 디지털 매체와 네트워킹이 개인의 세계관에서 심리사회적 경험과 기술의 역할에 어떻게 영향을 미치는지 구분하는 일은 불가능하다. 이것을 이해하는 일은 소위 1980년 이후에 태어나 디지털 시대의 커뮤니티와 문화에 능동적으로 접해 '디지털 원주민'이라 불리는 어린 내담자들을 대상으로 할 때 특히 중요하다. 청소년에게 치료를 제공하는 치료사들은 치료 시, 디지털 기술의 가능성과 과제, 나아가 한계를 이해해야 한다(Prensky, 2001). 이 내담자들은 컴퓨터와 비디오 게임, 인터넷, 소셜 미디어의 디지털 언어에 대해서는 한마디로

'원어민' 세대다. 반대로, 1980년 이전에 태어나 성인이 되어서야 디지털 통신과 기기에 익숙해진 나와 같은 '디지털 이민자'인 미술치료사들은 이제 서서히 감소하는 인구의 한 축일 뿐이다. 디지털 원주민의 출현은 직접적인 미술치료 서비스에 영향을 줄 뿐만 아니라, 기술과 소셜 네트워킹 플랫폼에 익숙한 미술치료 입문생을 위한 미술치료 교육의 변화에도 지속적인 영향을 미친다.

이러한 영향을 반영하듯 디지털과 전자 매체는 미술치료 재료와 방법에 관한 문헌에서 계속되어 인용되고 있으며(Garner, 2017; Malchiodi, 2011; Moon, 2010), 미술치료와 디지털 기술만을 위한 소셜 네트워킹 페이지와 웹사이트도 늘어나고 있다. 결과적으로 미술치료사 및 관련 전문가들은 이 장의 앞부분에서 언급한 디지털 매체의 접근 방식을 지속해서 연구하고 개발해야 한다. 디지털 기술을 미술치료 교육 이론의 틀 내에서 온라인 학습 분야와 통합하는 경우가 점점 늘고 있기 때문이다. 나는 『미술치료와 컴퓨터 기술』에서 예측한 바와 같이, 원격학습은 "미술치료 관련 정보와 교육 경험에 대한 수요가 전 세계적으로 계속 증가함에 따라, 향후 10년 내에 성장 가능성이 큰 미술치료 교육의 주요 영역이 될 것이다"(Malchiodi, 2000, p. 29)라고 기술했다.

끝없는 논쟁: 디지털 매체의 관계적, 촉각적, 그리고 감각적 특성

디지털 매체는 전통 미술 매체와는 분명 다른 관계적이고 촉각적이며 감각적인 경험을 포함한다. 그러나, 일부 미술치료사들은 컴퓨터 화면이나 태블릿과 '관계'를 갖는 것은 회복과 재생의 중요한 부분인 인간 역학을 변화시키기 때문에 일반적으로 치료에 역효과를 준다고 주장하기도 한다. 컴퓨터 기술이 다양한 범위에서 이미지와 색상, 때로는 소리의 감각을 제공하는 반면, 촉감이나 연필, 파스텔, 페인트, 점토 및 기타 전통적인 매체들은 상당히 다른 감각 경험을 제공하기 때문이다(Malchiodi, 2009). 하지만 Seiden은 2001년, 기술에도 기존의 매체와는 다른 감성이 필요하다는 것에 주목했다. 디지털 매체의 사용은 대부분의 수작업보다는 개념적이고 지각적인 능력을 강조한다. McNiff(1999)는 '가상 스튜디오Virtual Studio'라는 문구를 사용하여, 미술치료의 영역이 전통적 재료뿐만 아니라 전자, 멀티미디어와 디지털화된 형식을 포함한다는 점을 지적했다.

그리고 최근 Carlton(2017)은 디지털 매체에 대해 아래와 같이 더 깊은 질문을 던졌다.

> 나는 몇 가지 질문을 던져 이 결론에 반박하고자 한다. 감각적, 상호적, 또는 공간적 경험이 촉감의 기본적인 특성이지 않은가? 이러한 디지털 매체 소재가 화면과 소프트웨어, 그리고 하드웨어를 통해 더욱 추상적인 생화학적 또는 행동 반응적 경험을 촉감적으로 경험할 수 있게 해준다고 생각하지 않는가? 어떤 사람들은 경계를 넘어 컴퓨터 매트릭스와 화소에 도달하고, 접촉하고, 영향을 받지만 다른 사람들은 그렇지 않다는 것인가? (p. 26)

실제로 가상현실 프로그래밍 같은 일부 디지털 기술은 시각적 감각 이상을 사용하며, 3차원적 공간 인식을 제공하고 운동 감각, 전정 감각, 신체 자각의 감수성을 자극한다. 디지털 기기조차도 사용자가 '화면을 휙휙 넘기기' 또는 유명한 애플의 창업자 스티브 잡스의 '엄지와 검지 두 손가락으로 화면 죄기' 등의 다양한 동작이 특정 결과를 가져온다는 사실을 사용자가 알 수 있도록 피드백을 제공한다.

여기에 더해, 디지털 매체가 일부 개인에게 어떤 바람직한 표현 방법이 되는지에 대한 새로운 예시가 있다. 다시 말해서, 전통적인 미술 재료의 촉각적 접촉이 어떤 사람에게는 유익할 수 있지만, 또 다른 사람에게는 디지털 매체의 속성이 더 도움이 될 수 있다. 예를 들어, 구글 프로젝트 스펙트럼Google Project Spectrum 소프트웨어 프로그램이 자폐 스펙트럼을 가지고 있는 사람들에게 유용하다는 것이 입증되었듯 말이다(Lynch, 2016). 간단히 말해서, 이들 중 많은 사람이 직접 그림을 그리는 과정은 불만스러운 반면, 드로잉 프로그램을 사용하여 작업하는 것은 만족스러울 뿐만 아니라 연필과 종이로 작업을 하는 것보다 시각적으로도 더 의미가 있다고 보고했다.

마지막으로 미술치료에서 디지털 매체의 역할을 결정할 때, 치료사는 궁극적으로 미술 형식의 물리적 속성에 초점을 맞추기보다는 표현에 있어 개인의 능력과 만족을 극대화하는 방법을 고려해야 한다. 뉴미디어는 지금까지 우리가 상상할 수 없던 가능성을 가지며, 일부 사람들은 이러한 가능성 덕분에 새로운 표현 방법을 찾을 수 있다. 전통적인 미술 매체를 잘 다루지 못하거나 물감 또는 점토의 촉감이나 물리적 특성에 익숙하지 않은 아동, 청소년, 성인은 스마트폰의 그리기 앱과 콜라주 소프트웨어 프로그램 또는 동영상 제작 프로그램을 통해 표현력을 발휘할 수도 있다. 지금까지는 디지털 매체를 바라보는 시각이 사람들에게 더 나아진 표현력을 얻도록 돕기 위한 단순하고 추가적인 접근 방식에 머물렀다. 그러나 이제는 이러한 환경의 변화가 미술치료와 모든 미술치료사에게 21세기 통합 치료의 중요한 부분으로 디지털 '매체'를 확신하도록 촉구하고 있다.

디지털 통신, 소셜 미디어, 그리고 소셜 네트워킹

전자디지털 통신

2000년 이전에 이미 '인터넷 치료와 상담^internet therapy and counseling^(환자와 치료사 간의 동기 또는 비동기적 통신을 통한 상호작용)', 원격의료^telemedicine^(환자 관리를 개선하기 위해 디지털 기기를 이용하는 정보 교환 체계로, 오늘날에도 여전히 사용되고 있는 용어), '원격치료^telehealth^(평가, 교육 및 개입에 대한 접근)' 등을 포함한 컴퓨터 매개 치료와 의료 서비스의 확산이 있었다(제9장 참조). 이러한 플랫폼은 결국 미술치료와 관련 예술기반 분야를 포함한 모든 형태의 정신건강 및 건강관리 서비스에 영향을 미치고, 내담자와 치료사 간 통신의 기밀유지와 데이터의 안전한 전송, 경계 설정에 대한 지속적인 논의의 출발점이 됐다.

오늘날 상담과 심리학, 미술치료는 윤리강령과 전문 실무 표준을 위해 전자와 디지털 통신을 구체적으로 다룬다. 경험 기반 접근의 놀이치료는 컴퓨터와 인터넷 기술에 대한 특정 영역을 '우수 사례'에 포함했으며(Association for Play Therapy, 2016), 상담 분야는 인터넷 상담에 대한 광범위한 지침을 가지고 있다(National Board for Certified Counselors, 2016). 미술치료는 텍스트 데이터 통신뿐만 아니라 인터넷 기반의 치료와 감독에 대한 지침을 개발하고, 미술 표현이 내담자의 개인정보 보호와 기밀유지라는 치료 목표에 따라 전자적으로 전송되고 디지털 방식으로 저장되는 방법을 계속해서 논의하고 있다. 윤리적이고 전문적으로 처리되어야 하는 문제는 전자 및 디지털 통신과 밀접하게 관련되어 있어서, 제2장에서는 이러한 상호작용과 데이터 전송, 이미지 저장에 대해 더욱 심층적으로 소개하려 한다.

소셜 네트워킹과 소셜 미디어

디지털 통신은 인터넷상에서 일대일 혹은 집단 간 상호작용과 실시간으로 정보를 전송하는 다양한 플랫폼을 통해 소셜 네트워킹(타인과 소통하기 위한 디지털 통신 방식)과 소셜 미디어(사진 및 데이터 업로드)를 가능하게 했다(제13장 참조). 이 디지털 통신의 영향으로 1990년대 중반, 지금 우리가 아는 소셜 네트워킹이 세상에 태어났다. 그 당시 가정용 컴퓨터 보급과 인터넷 서비스 제공업체를 이용한 'Net'이라는 새로운 세계가 열렸다. 갑자기 컴퓨터와 전화선을 가지게 된 사람은 누구나 이메일을 보내고 받을 수 있었고, *"you've got mail"*, "Get on the Net!"이라는 유행어를 들을 수 있었다.

그 당시 나는 이 디지털 통신과 상호작용에 관해 듣자마자 흥분하여 America Online(AOL)이라는 새로운 인터넷 서비스 업체의 초기 가입자가 됐다. AOL을 통해 미술치료사이자 사이버 공간의 동료 여행자인 Barbara Levy와 정기적으로 교류하기 시작했다. Barbara는 컴퓨터 기술에 관심이 많았는데, 특히 온라인 통신과 원격학습에 매우 흥미가 컸다. Barbara는 초기에는 Delphi라는 인터넷 서비스 업체를 통해 창의적인 미술치료 전자 게시판을 만들었고, 이후 이를 AOL의 건강과 의학 부분으로 확장했다. 이것은 1990년대 중반에 매우 활성화된 인터넷 전자 게시판이 됐다.

이 같은 관심이 커짐에 따라, Barbara와 나는 1995년 제26회 미국 미술치료학회 연례학술대회에서 *온라인 통신을 통한 미술치료*에 관해 발표하며, 컴퓨터와의 통신 경험에 대한 정보를 제공했다(Malchiodi, 1996; Malchiodi and Levy, 1995). 놀랍게도 발표장은, 그 당시 우리가 인터넷을 비롯하여 실시간 온라인 미술치료에 관하여 언급한 대화의 모든 내용을 자세히 받아 적는 참석자들로 가득 찼다. 지금 이 책을 읽는 디지털 원주민들이여, 당시 휴대폰은 긴 안테나가 달린 벽돌만 한 크기였고 대다수는 가정용 컴퓨터를 갖고 있지 않았다는 것을 기억하기 바란다. 돌이켜 보면, 당시 발표 도중 AOL의 인터넷 공간에 창의적인 미술치료사를 위해 온라인 게시판과 채팅방에 대한 라이브 데모를 시연한 것은 정말 놀라운 일이었다. 이것은 미국 미술치료학회 연례학술대회에서 미술치료사를 위한 온라인 사이버 공간 라이브 데모의 첫 번째 사례였다. 그때 발표한 내용은 정확하게 기억하지 못하지만, 실시간 사이버 공간의 예를 보여주기 위해 호텔 직원에게 전화선을 연결해달라고 부탁하는 과정이 얼마나 힘들었는지는 아직도 기억이 생생하다. 우리는 Barbara의 랩톱 컴퓨터를 사용하여 온라인에 접속하고, 프로젝터와 연결해 큰 화면에 발표 자료를 띄우고 나서 미술치료사들이 인터넷 서비스 공간을 활용하여 실시간으로 온라인 토론을 하는 방법과 전자 게시판이나 다른 서비스 공간을 이용하여 사람들에게 메시지를 보내는 방법을 보여주었다.

이 발표 이후 비슷한 시기에 Barbara와 나는 AOL을 통해 미술치료사를 위한 최초의 전국적인 온라인 채팅을 개최했다. 참여한 미술치료사들은 화면에 입력된 단어만을 통해 서로 '이야기'를 시도하였고, 이것이 매우 흥미로운 경험이었다고 했다. 온라인 채팅은 성가신 일이기는 하지만, 여러 사람이 동시에 사이버 공간에서 소통한다는 점에서 무척 흥미로워 보였다. 이 행사가 끝나고 Barbara는 미술치료사들의 활발한 활동을 촉진하기 위하여 메시지 게시판을 구축했다. 이 공간은 물론 컴퓨터가 있고, 인터넷에 접속이 되는 모든 치료사가 미술치료에 대하여 토의하고 논쟁하는 최초의 활성화된 국제적인 포럼이 됐다. 20세기 후반이 되자 인터넷 포럼과 원격교육, 전자 메일 목록 서비스, 전자 게시판과 실시간 사이버 채팅 개발을 통해 소통과 창의성, 치료적 중재를 위한 컴퓨터 기술의 잠재성을 탐색하고 확장하려는 미술치료사들이 늘어나기 시작했다.

십여 년 전에 Barbara와 주최했던 원시적인 사이버 이벤트는 페이스북이나 트위터, 인스타그램, 핀터레스트, 블로그, 팟캐스트, 링크드인과 웹 기반 비디오 통신을 비롯하여 오늘날 존재하는 소셜 네트워킹과 소셜 미디어 현상의 토대를 형성했다. 이 모든 소셜 네트워킹은 콘텐츠와 다른 사용자와의 통신뿐만 아니라 텍스트, 사진 · 이미지, 오디오, 또는 동영상의 형태로 정보를 공유한다.

소셜 미디어와 소셜 네트워킹에 몰두하는 모든 사람들은 개인적인 자료 업데이트, 사진, 비디오 등을 게시하는 형태로 이 일에 일상적으로 참여한다. 다른 사람의 게시물과 업데이트에 대해 댓글을 달고, 블로그를 작성하거나 팟캐스트를 녹화하며, 블로그 등의 뉴스피드, 사진을 보거나 유튜브, 페이스북 또는 기타 잘 알려진 소셜 미디어 플랫폼을 통해 동영상을 감상하며 대부분의 시간을 보낸다(소셜 미디어 행동에 대한 자세한 내용은 제3장, 제4장, 제13장 참조).

실제로 디지털 통신과 소셜 미디어와 함께 성장한 개인들은 소셜 네트워킹과 휴대폰, 기타 기기로 인해 과거와는 훨씬 다른 소통을 하고 자신을 표현할 수 있다. 이러한 추세는 결국 스마트폰 기술뿐만 아니라 뉴스와 정보, 네트워킹의 원천으로 인터넷 사용을 점점 더 수용하고 있는 디지털 이민자들에게도 적용될 수 있다(Pew Research Center, 2017).

우리가 치료 세션에서 만나는 내담자는 이제 깨어있는 대부분 시간에 문자 메시지나 이메일과 같은 디지털 통신의 모니터링 외에도 스마트폰, 태블릿 PC, 컴퓨터 화면을 보며 지낸다. 미국 정부 기금 기관인 미국 연방정부 예술진흥기구National Endowment For The Arts(NEA)는 예술에 관한 이 현상에 동의한다. 미국 연방정부 예술진흥기구는 성인 사용자들 사이에서 온라인 공유나 창의적인 표현에 접속하고 연결하는 예술적 상호작용이 전반적으로 증가하고 있다고 보고한다(NEA, 2013). 이는 예술에 대한 접근 기회를 제공하고, 예술 표현을 공유하고, 서로 관찰하며 예술을 창조하는 소셜 네트워킹과 소셜 미디어의 특성에서 기인한다. 다른 연구 보고서에서는 예술과 디지털 접근의 유사성을 발견했다고 보고했다(Pew Research Center, 2013). 원격치료나 인스타그램 등 이미지 게시가 가능한 플랫폼에서, 개인은 창작물을 올리고, 논평하고 협업하며 다른 사람을 지원하거나 예술 제작에 대한 새로운 접근법을 학습할 가상 환경을 구현할 수 있다는 점을 쉽게 이해한다. 한 예로, 한 번에 전 세계의 500명이 넘는 참가자를 끌어모은 '미술치료+행복 프로젝트Art Therapy+Happiness Project'는 온라인 커뮤니티가 가상 커뮤니티에 참여하고 창의적인 표현을 돕는 데 관심이 있는 미술치료사와 예술가에게 매력적인 장소라는 것을 증명했다(Malchiodi, 2015)(제13장 참조). 링크와 이미지를 저장하는 온라인상의 스크랩북이나 마찬가지인 핀터레스트 같은 플랫폼에서 개인들은 미술 이미지나 미술기반의 접근성과 자원을 공유하는 장점을 누린다.

미술치료사들은 온라인 커뮤니티 플랫폼에 실제 이미지를 공유하고 게재하며 교환하는 등의 의미 있는 행동을 할 때, 소셜 네트워킹과 소셜 미디어 참여로 다양한 혜택을 볼 수 있다고 제안한다(Chilton *et al.*, 2009). 이러한 가상공간은 가치 있는 상호작용과 소속감을 제공해 회복탄력성과 긍정성에 영향을 미친다는 것이 다수 연구에서도 보고됐다. 그러나 이와 반대로 미술치료에서 디지털 기술이 아동과 청소년, 성인에게 미치는 임상적 영향에 정통한 치료사는 이제, 컴퓨터 작업으로 인한 사회적 고립과 비인격적 특성을 소셜 미디어와 디지털 기기로 인한 도전 과제로 인식한다(Klorer, 2009; Malchiodi, 2000). 또한, 디지털 통신과 소셜 미디어 영역에서 무엇이 대중에게 공개될 수 있는지 아닌지에 대한 경계와 인식이 불분명하다는 점도 생각해봐야 할 지점이다(제2장과 제3장 참조). Belfoker와 McNutt(2011)는 "현재와 미래 모두 소셜 미디어에 대한 수준 높은 참여가 미치는 영향은 소속감과 창의성에 대한 깊은 사고와 계속적으로 변형되는 다면적이고 다양한 네트워크의 사회 구조를 만든다"(p. 159)라고 관찰했다.

결론

디지털 기술은 빛의 속도로 진화하고 있다. 짧은 기간에 빠르게 발달하는 디지털 기술을 통해 우리는 자신을 표현하거나 의사소통하는 것을 매우 흥미롭고 특별한 방식으로 발전시킬 수 있었다. 20세기 미술치료의 개척자뿐만 아니라 오늘날의 치료사들은 더욱더 디지털 기술과 온라인 소통을 이용, 미술치료와 전문적 교류를 향상하기 위해서 앞장서서 연구에 힘써 왔다. 그렇지만 미술치료사가 현장에서 실제로 디지털 매체를 사용하고 있는지는 아직 알려지지 않았다. 2011년에 내가 처음으로 '디지털 미술치료'라는 용어를 사용했을 때, 이러한 접근법에 대한 사고가 당시에는 널리 퍼지지 않았다. 그러나 미술치료의 서비스와 치료적 관계에 이바지하는 기술의 끊임없는 출현으로 디지털 미술치료로 진화되어 왔다.

20세기에는 컴퓨터가 이해하기 어려우며 기술적이라고 치부되기도 하였지만, 미술치료사에게 매혹적이기도 했다(Kramer *et al.*, 1995). 우리는 이러한 기술이 미래를 앞당기고, 미술치료를 위한 기술과 소통뿐 아니라 미술치료사가 대면하는 사람들의 삶에 어떤 영향을 미칠지에 대해 이해하지 않으면 안 된다. 이에 대해, Brian Austin(2009)은 21세기의 미술치료사에게 컴퓨터 기술을 인정하도록 제안하면서 아래와 같은 중요한 질문을 제기했다.

> 우리 미술치료사가 학교에서 교육받지 못한 최신 기술 기기에 압도당하여, 과도한 망상으로 고통만 받는 마술 수습생의 운명으로 끝날 것인가? 아니면, 상징적인 표현을 풍부하게 해주는 디지털 기술로 무장하여, 마술사가 마법을 부리듯이, 물에 빠져 허우적거리는 내담자를 건져내어 깨끗이 치료받도록 돕는 훌륭한 미술치료사가 될 것인가? (p. 85)

이러한 질문과 여타의 질문에 답하기 위해, 이 책은 내용 면에서 각 장의 저자가 제시한 통찰을 강조하면서 새로운 가능성의 세계로 확장하는 미술치료의 잠재력을 부각했다. 그뿐만 아니라 미술치료에 불가피한 디지털 기술에 대한 질문과 도전도 명확히 제시했다.

참고문헌

Alders, A., Beck, L., Allen, P.B. and Mosinski, B.B. (2011) Technology in art therapy: Ethical challenges. *Art Therapy 28*(4), 165–170.

Asawa, P. (2009) Art therapists' emotional reactions to the demands of technology. *Art Therapy 26*(2), 58–65.

Association for Play Therapy (2016) *Play Therapy Best Practices: Clinical, Professional and Ethical Issues.* Fresno, CA: APT.

Austin, B. (2009) Renewing the debate: Digital technology in art therapy and the creative process. *Art Therapy 26*(2), 83–85.

Belkofer, C.M. and McNutt, J.V. (2011) Understanding social media culture and its ethical challenges for art therapists. *Art Therapy 28*(4), 159–164.

Canter, D.S. (1987) The therapeutic effects of combining Apple Macintosh computers and creativity software in art therapy sessions. *Art Therapy 4*(1), 17–26.

Canter, D.S. (1989) Art therapy and computers. In H. Wadeson, J. Durkin, and D. Perach (eds.) *Advances in Art Therapy*. New York, NY: Wiley.

Carlton, N.R. (2014) Digital culture and art therapy. *The Arts in Psychotherapy 41*(1), 41–45.

Carlton, N.R. (2017) Grid + pattern: The sensory qualities of digital media. In R. Garner (ed.) *Digital Art Therapy*. London: Jessica Kingsley Publishers.

Chilton, G., Gerity, L., LaVorgna-Smith, M. and MacMichael, H.N. (2009) An online art exchange group: 14 secrets for a happy artist's life. *Art Therapy 26*(2), 66–72.

Choe, N. (2014) An exploration of the qualities and features of apps for art therapy. *The Arts in Psychotherapy 41*(2), 145–154.

Choe, N. (2017) Utilizing digital tools and apps in art therapy sessions. In R. Garner (ed.) *Digital Art Therapy*. London: Jessica Kingsley Publishers.

Collie, K. (1998) Art therapy on line: A participatory action study of distance counselling issues. Unpublished master's thesis, University of British Columbia, Vancouver, Canada.

Collie, K. and Čubranić, D. (1999) An art therapy solution to a telehealth problem. *Art Therapy 16*(4), 186–193.

Darke, K. (2017) iPad apps and traumatic brain injury. In R. Garner (ed.) *Digital Art Therapy*. London: Jessica Kingsley Publishers.

Ehinger, J. (2017) Therapeutic technology re-envisioned. In R. Garner (ed.) *Digital Art Therapy*. London: Jessica Kingsley Publishers.

Garner, R. (ed.) (2017) *Digital Art Therapy*. London: Jessica Kingsley Publishers.

Klorer, P.G. (2009) The Effects of Technological Overload on Children: An Art Therapist's Perspective. *Journal of the American Art Therapy Association 26*(2), 80–82.

Kramer, E., Gerity, L., Henley, D. and Williams, K. (1995, November) Art and art therapy and the seductive environment. Panel presented at the 26th annual conference of the American Art Therapy Association, San Diego, CA.

Krauss, D. and Fryrear, J. (1983) *Phototherapy in Mental Health*. Springfield, IL: Charles C. Thomas.

Lynch, A. (2016, June 6) Designing a better world for all—the Project Spectrum

Series Part One. Retrieved on April 1, 2018 at www.builtr.io/designing-a-better-world-for-all-the-project-spectrum-series-part-one

Malchiodi, C.A. (1996) Art therapists in cyberspace. *Art Therapy 13*(4), 230–231.

Malchiodi, C.A. (2000) *Art Therapy and Computer Technology*. London: Jessica Kingsley Publishers.

Malchiodi, C.A. (2009, November 2) Art therapy meets digital art and social media. Retrieved on April 1, 2018 at www.psychologytoday.com/blog/arts-and-health/200911/art-therapy-meets-digital-art-and-social-multimedia

Malchiodi, C.A. (2011) Materials, media and methods. In C. Malchiodi (ed.) *Handbook of Art Therapy*. New York, NY: Guilford Press.

Malchiodi, C.A. (2015, May 31) The Art Therapy + Happiness Project. Retrieved on April 1, 2018 at www.psychologytoday.com/blog/arts-and-health/201505/the-art-therapy-happiness-project

Malchiodi, C.A. and Cutcher, D. (2012) Issues and ethics of art therapy in a digital age. Retrieved on April 1, 2018 at www.digitalarttherapyinfo.com/resources/ethics-social-media-digital-art-therapy

Malchiodi, C.A. and Cutcher, D. (2013) Art therapy and ethics in a digital age. Retrieved on April 1, 2018 at www.digitalarttherapyinfo.com/resources/ethics-social-media-digital-art-therapy

Malchiodi, C.A. and Cutcher, D. (2014) Art therapy and ethics in a digital age. Retrieved on April 1, 2018 at www.digitalarttherapyinfo.com/resources/ethics-social-media-digital-art-therapy

Malchiodi, C.A. and Cutcher, D. (2015) The ethics and art therapy: How do art therapy ethics measure up? You decide! Retrieved on April 1, 2018 at www.digitalarttherapyinfo.com/resources/ethics-social-media-digital-art-therapy

Malchiodi, C.A. and Johnson, E.R. (2013) Digital art therapy with children in hospitals. In C. Malchiodi (ed.) *Art Therapy and Health Care*. New York, NY: Guilford Press.

Malchiodi, C. and Levy, B. (1995 November) Online art therapy communication. Oral presentation at the 26th annual conference of the American Art Therapy Association, San Diego, CA.

McLeod, C. (1999) Empowering creativity with computer-assisted art therapy: An introduction to available programs and techniques. *Art Therapy 16*(4), 201–205.

McNiff, S. (1999) The virtual art therapy studio. *Art Therapy 16*(4), 197–200.

McNiff, S. and Cook, C. (1975) Video art therapy. *Art Psychotherapy 2*, 55–63.

Miller, G. (2017) *The Art Therapist's Guide to Social Media*. New York, NY: Routledge.

Moon, C.H. (2010) A history of materials and media in art therapy. In C. Moon (ed.) *Materials and Media in Art Therapy*. New York, NY: Routledge.

National Board for Certified Counselors (2016) *Policy Regarding the Provision of*

Distance Professional Services. Greensboro, NC: NBCC.

National Endowment for the Arts (NEA) (2013, September) *How a Nation Engages with Art: Highlights from the 2012 Survey of Public Participation in the Arts (NEA Research Report No. 57)*. Retrieved on April 1, 2018 at www.arts.gov/sites/default/files/highlights-from-2012-sppa-revised-oct-2015.pdf

Parker-Bell, B. (1999) Embracing a future with computers and art therapy. *Art Therapy 16*(4), 180–185.

Peterson, B.C. (2010) The media adoption stage model of technology for art therapy. *Art Therapy 27*(1), 26–31.

Pew Research Center (2013, January 4) *Arts Organizations and Digital Technologies*. Retrieved on April 1, 2018 at www.pewinternet.org/files/old-media/Files/Reports/2013/PIP_ArtsandTechnology_PDF.pdf

Pew Research Center (2017, May) Tech adoption climbs among older adults. Retrieved on April 1, 2018 at www.pewinternet.org/2017/05/17/tech-adoption-climbs-among-older-adults

Prensky, M. (October 2001) Digital natives, digital immigrants. *On the Horizon 9*(5), 1–6.

Seiden, D. (2001) *Mind over Matter: The Uses of Materials in Art, Education and Therapy*. Chicago IL: Magnolia Street Publishers.

Thong, S.A. (2007) Redefining the tools of art therapy. *Art Therapy 24*(2), 52–58.

Vasquez, C. and Laine, L. (2017) Therapeutic light painting photography. In R. Garner (ed.) *Digital Art Therapy*. London: Jessica Kingsley Publishers.

Weinberg, D. (1985) The potential of rehabilitative computer art therapy for the quadriplegic, cerebral vascular accident and brain trauma patient. *Art Therapy 2*(2), 66–72.

Weiser, J. (1988) PhotoTherapy: Using snapshots and photo-interactions in therapy with youth. In C. Schaefer (ed.) *Innovative Interventions in Child and Adolescent Therapy*. New York, NY: Wiley.

Weiser, J. (1993) *PhotoTherapy Techniques: Exploring the Secrets of Personal Snapshots and Family Albums*. Vancouver, Canada: PhotoTherapy Centre.

Wolf, R. (1976) The Polaroid technique: Spontaneous dialogues from the unconscious. *Art Psychotherapy 3*(3), 197–201.

제2장

윤리, 디지털 기술, 소셜 미디어

– Cathy Malchiodi, Donald Cutcher, Kristin Belkofer

급변하는 디지털 기술과 소셜 미디어 및 네트워킹의 분야에 대응하여, 자격 수여 기관과 전문가 협회는 정기적으로 윤리강령의 개정과 수정을 시행해 오고 있다. 이제 전 세계의 국가에서 미술치료사는 전문가로서 인정받으며 전문적인 표준과 행동을 요구하는 일반적 윤리 규범을 준수하며, 또한 국가나 주 또는 속한 지역 규정에 따라서 때로는 활동에 제한을 받기도 한다. 하지만 어떤 경우든 보편적으로 확산된 디지털 매체의 존재는 치료사들이 어디에 살고, 어떻게 치료를 하는지에 관계없이 치료 관련 업무에 영향을 미친다.

이 장에서는 미술치료와 디지털 기술 그리고 소셜 미디어와 관련된 윤리적 딜레마에 대한 모든 가능성을 다룰 수 없기에, 치료사들이 디지털 매체에 대해 알아야 할 주요 주제에 관해 다음과 같이 강조하려고 한다. 첫째, 디지털 시대의 치료사와 내담자와의 경계, 둘째, 온라인 미술치료 서비스, 마지막으로 소셜 미디어가 미술치료사와 내담자 간의 상호작용과 서비스에 미치는 영향이다. 그러나 윤리적 질문에 대해서만큼은 명확한 답이 없는 경우가 많기에, 이 장의 목적은 미술치료 실무의 맥락 내에서 디지털 기술과 소셜 미디어로 발생하는 단순하지만 유일한 해답이 없는 윤리적 문제를 강조하는 것이다. 이 책의 나머지 장에서 독자는 우리가 다룬 특정한 주제와 상황에 대한 윤리적 의견들을 추가로 참조할 수 있다. 마지막으로 본 장에서 제시된 논의는 새로운 것이 아니므로, '잠재적 사이버 미술치료사'에 대한 일반적인 윤리 원칙은 부록 1을 참조하기 바란다.

윤리와 디지털 기술을 위한 강령

Malchiodi(2000)는 윤리와 디지털 기술에 관한 한, 캐나다의 브리티시 컬럼비아 미술치료학회British Columbia Art Therapy Association(BCATA)가 앞서갔다고 말했다. 1999년 BCATA는 "컴퓨터를 통해 생성되고 스캔, 복사, 전송, 저장되는 미술 이미지와 미술 이미지에 대한 고유한 범위"(Malchiodi, 2000, p. 128)를 다루는 기술 지침: BCATA 윤리 실천 권장 사항을 발표했다(Franz *et al.*, 1999). 저자들은 컴퓨터와 디지털 기술의 유지와 저장 문제, 웹 관리와 전문성, 채팅 라인 그리고 내담자의 미술 표현의 스캔과 디지털 이미지 등 몇 가지에 관한 주요 이슈를 확인했다. 이 지침은 또한 디지털 이미지의 고유성을 논의하며, 인터넷 플랫폼에서 내담자의 미술 작품 게시에 대한 특별한 처리 방법과 동의가 필요하다고 강조했다.

전 세계의 미술치료 단체가 여러 가지 윤리강령을 개발하였지만, 이 장에서는 미술치료 자격심사위원회Art Therapy Credentials Board(ATCB)가 작성한 *윤리강령과 행동강령 및 징계 절차*를 중심으로 다루려 한다(ATCB, 2017). 왜냐하면, 최근 ATCB가 디지털 통신과 소셜 미디어에 관한 내용을 강령에 추가했기 때문이다. 또한, 현재 미국 상담학회American Counseling Association(ACA)의 *윤리강령*(ACA, 2014)을 참고하기도 하였는데, 미국에서는 미술치료사들이 정신건강 전문 상담사로서의 자격증을 취득하기 때문이다. ACA는 상담과 디지털 기술, 소셜 미디어에 대한 지침과 정기적인 교육을 전문가에게 제공하는 데 앞장서고 있다.

내담자의 전송 통신과 데이터의 디지털 및 전자전송

기관이나 진료소, 병원의 치료사나 독자적으로 치료를 제공하는 치료사는 내담자의 데이터 전송에 대한 윤리적인 지침뿐 아니라 민감한 정보 또는 개인정보의 통신에 관한 법률과 규정을 준수해야 한다. 건강보험 정보의 이전 및 그 책임에 관한 법률Health Insurance Portability and Accountability Act(HIPAA)은 의료 정보에 관한 데이터 개인정보 보호와 보안에 관한 규정을 담당하는 법률이다(US Department of Health and Human Services, 2017). 이에 따르면 미국 이외의 지역에서 근무하는 경우, 내담자 정보의 전송을 규제하는 규정이 있을 수 있다. 디지털 기술과 관련하여 HIPAA는 두 가지 이유로 중요하다. 첫째, HIPAA가 개인정보 보호 규칙 또는 개인건강정보 보호 표준으로 환자의 건강 정보를 보호하기 위한 표준을 제정한 것이다. 둘째, HIPAA의 보안 규칙 또는 전자적으로 보호된 보건정보 보호를 위한 보안 표준은 환자의 데이터 보안에 대한 표준을 제정한 것이다.

HIPAA는 내담자의 평가와 치료에서 수집한 모든 정보를 포함한다. 데이터에는 병력과 진단, 치료 진행 기록과 같은 치료 중인 개인에 대한 정보뿐만 아니라 회기 과정 중에 제작된 내담자의 사진과 동영상 그리고 작품도 포함된다. 이러한 원본 삽화 또는 디지털 형식의 이미지에는 개인 식별 특징 등의 데이터가 포함될 수 있으므로, 이 경우 HIPAA 표준은 이를 보호 대상 건강정보Protected Health Information(PHI)로 정의한다. 개별 기관이나 병원은 텍스트 또는 이메일을 통해 내담자로부터 받은 디지털 데이터를 관리하고 문서로 만드는 방법에 대한 특별 정책을 설정할 수도 있고, 설정하지 않을 수도 있다. 문서작성이 분명히 필요한 상황(자살 기도 또는 자해)일 때가 있지만, 다른 정보의 교환은 상황에 따라 그렇게 명확하지 않을 수 있다. 컴퓨터가 암호로 보호되거나 암호화된 경우라도 문자 메시지 또는 이메일은 항상 기밀유지가 되지 않을 위험이 있다는 점을 내담자에게 알리는 일도 필요하다. HIPAA 규정은 항상 적용되는 것이므로, 치료사는 이러한 규정을 준수해야 한다. 이것은 치료 현장에서 치료사뿐만 아니라 치료 기관, 내담자가 잠재적으로 임상 데이터가 어디에 존재하는지 알아야 한다는 것을 의미하기도 한다. 치료사가 임상에서 개인의 디지털 기기를 사용한다면 자신의 기기에서 내담자의 정보를 적절히 처리하고 삭제하는 등의 규칙을 스스로 개발해야 한다(Reamer, 2015). 또한, 치료사는 자신의 공개 진술이나 정보 문서의 공개 시, 치료 중에 생성된 이미지의 전송을 포함하여 전자통신과 디지털 데이터에 대한 특정 정보가 포함되어 있는지 확인해야 한다.

내담자의 권리와 디지털 미술 작업

모든 심리치료적 관계에서 기밀유지는 가장 우선시되어야 하지만, 디지털 기술뿐 아니라 소셜 네트워킹은 조력전문가에게도 윤리적인 문제를 제기한다. 인터넷에서 내담자의 미술 작품을 공개적으로 공유할 때, 내담자의 허락을 얻은 경우라도 발생할 수 있는 윤리적인 문제를 다음의 두 가지 가상 사례로 살펴보자.

사례 2.1

가정 폭력 아동의 미술치료 자료를 구글에서 검색하던 한 미술치료사는 우연히 다른 치료사가 링크드인 페이지에 슬라이드쉐어 프레젠테이션을 올린 것을 발견한다. 이 치료사의 프레젠테이션에는 가정 폭력이나 살인 사건을 목격했거나, 신체적 또는 성적 학대를 당한 어린이들의 그림이 포함되어 있다. 그림에 이름이나 출생 날짜는 없지만, 그 그림을 그린 아이를 잠재적으로 식별할 수 있는 특징은 몇 가지 존재했다.
특정 그림은 폭력적 살인의 세부적 사항을 구체적으로 묘사하기도 했다. 이 이미지를 본 미술치료사는 아동의 그림이 포함된 프레젠테이션을 내려받거나 스크린샷으로 작품을 쉽게 소장할 수 있음을 발견한다.

사례 2.2

미술치료사가 장애아동의 미술치료에서 녹화한 비디오를 아동의 이름과 함께 게시했다. 이 미술치료사는 아동의 얼굴을 보호하려는 시도 없이, 그저 명시된 교육 목적을 위해 이 비디오를 소셜 미디어에 공개적으로 게시했다. 치료사는 아동 부모에게 아동의 이름을 포함해 아동의 얼굴을 가리지 않고 비디오를 게시해도 좋다는 승인을 받았다며 자신의 행동을 정당화했다. 소셜 미디어를 방문하는 사람들은 이 비디오를 내려받을 수 있다.

이러한 행동을 한 특정 치료사의 의도는 일반인에게 미술치료에 관해 이해를 제공하는 것이지만, 이 행동은 매우 대중적인 공간인 소셜 미디어에 미술치료의 결과물인 작품을 게시하는 일에 대한 윤리적 의문과 그곳이 혹시 윤리적인 '사각지대'는 아닐까 하는 의문을 상기시킨다. 예를 들어 보호자가 자녀의 미술 작품을 소셜 미디어 공간에 게시하도록 동의하더라도, 부모는 슬라이드쉐어와 같은 플랫폼에 자녀의 미술 이미지를 게시하는 것이 무엇을 의미하는지 완전히 이해하지 못한다. 전문가 집단을 위해 강의나 교육 목적으로 교육용 프레젠테이션에 이미지를 포함하는 것과 달리, 인터넷에 게시된 이미지는 디지털 방식으로 복사되거나 조작될 수 있다. 아동은 아동용 동의 양식에 서명할 수는 있지만, 나이와 발달 단계에 따라 소셜 미디어 플랫폼에서 공유되는 '디지털 이미지'가 무엇을 의미하는지 이해하지 못할 수도 있다. 대중적인 소셜 미디어에 게시된 비디오의 경우, '어떤 동의를 얻었든, 어떤 의도를 가졌든, 치료 세션의 녹취록이 포함된 자료는 말 그대로 윤리와 개인 복지의 경계를 허물고 있다' (Malchiodi, 2009).

간단히 말해, 미술치료사는 내담자의 미술 작품 전시 및 게시가 치료에 있어 내담자의 이익에 항상 부합하는지, 혹은 다른 이유로 공개적으로 공유되어야 하는지를 고려해야 한다. 또한, HIPAA로 디지털 이미지가 어떤 영향을 미치는가를 고려하는 것 외에도, 내담자의 미술 작품, 특히 폭력이나 학대와 같은 높은 수위의 사건을 묘사한 미술 작품들이 소셜 미디어나 다른 공공 웹 기반 플랫폼에 전시되는 것을 피해야 할 윤리적인 이유가 또 있다. 장애 진단을 받은 아동의 경우, 시간이 지났음에도 불구하고 특정 진단 병명이 아동에게 불리하게 작용할 수도 있기 때문이다.

미술치료사는 아동 내담자의 미술 작품을 게시한 후, 늦게나마 그 영향을 고려해 결국 소셜 미디어에 올린 자료를 삭제하려고 할 수 있다. 그러나 가장 중요한 것은, 삭제하면 간단히 해결될 것같이 생각될 수는 있으나 불행하게도 삭제란 가능하지 않다. 인터넷에 실린 것 중 실제로 '삭제된' 것은 없으며, 인터넷에 한 번이라도 게시된 내담자의 미술 작품은 그 이후로도 계속 검색될 수 있다. 슬라이드쉐어에 게시된 데이터는 종종 방문자들에 의해 내려받을 수 있고, 복사된다. 그리고 이들은 이 자료를 자신들의 발표에 사용하거나 소셜 미디어에 올려 또 다른 곳에 게시하기도 한다. 페이스북 등 소셜 미디어 플랫폼에 올라오는 동영상도 적합한 브라우저 확장 프로그램을 사용하거나 소프트웨어가 있으면 내려받을 수 있다. 따라서 인터넷에 직접 게시한 내용은 삭제하더라도, 그 내용은 사이버 공간에 계속 존재한다고 할 수 있다. 시간이 지나면 치유될 수도 있겠지만, 아마도 미술치료사에게 심리치료를 받던 내담자 개인에게는 큰 상처가 될 수 있다.

디지털 미술 작품에 대한 사전 동의

내담자의 미술 이미지를 손쉽게 디지털 사본으로 만들고, 그 이미지를 인터넷에 게시하게 되면서 초기에는 이로 인해 발생할 수 있는 윤리적 문제를 모두 파악하기는 어려웠다. 앞 절에서 논의된 HIPAA는 카메라, 휴대폰 또는 기타 장치로 찍은 사진이나 동영상에 서명한 동의서가 필요하다고 명시한다. 텍스트와 이미지는 인쇄물과는 다른 형식으로 전송되기 때문에, 전자 게시와 전송은 "표시 및 저작권 소유를 위한 새로운 영역"(Malchiodi, 2000, p. 129)과 미술치료사가 디지털 이미지를 통해 자신의 전문성을 증진하는 방법을 제공했다(Beck, 2009).

내담자가 만든 이미지를 교육용 프레젠테이션과 출판물에 사용하려는 치료사는 인쇄뿐 아니라 인터넷 플랫폼에 이를 게시하기 위해 이미지 재현의 구체적인 정보에 입각한 내담자 동의와 승인을 받아야 한다. 과거에는 전자적 게시와 기타 비도서 형식에 대한 권한 부여를 명시하기 위해, 이러한 항목을 표준 동의서 및 양도계약서에 한 줄로 추가했다. 그러나 현재는 누구나 다양한 미디어 플랫폼에서 이미지의 스크린샷, 내려받기, 복사 등을 더 쉽게 할 수 있으므로, 전자 게시를 위해서는 까다로운 사항이 요구된다.

안전한 내담자 및 작품의 정보 저장과 전송

아래 사례 2.3에서는 내담자의 데이터와 치료의 일부로 만든 작품을 전송할 때 발생하는 질문 중 몇 가지를 중점적으로 설명하고자 한다.

사례 2.3

미술치료사는 성인 외래 내담자가 찾는 지역사회 기관에서 매주 집단미술치료를 진행한다. 참여자들은 미술치료사가 자신의 미술 작품 사진을 찍는 데 동의하는 양식에 서명한다. 기밀이 유지되고 어떤 이미지에도 특별한 식별 정보는 보이지 않는다. 이러한 이미지를 전송하고 저장하기 위해 미술치료사는 기관에서 제공한 디지털 카메라로 사진을 찍고, 안전하게 이메일을 이용해 데스크톱으로 전송한다. 이렇게 내담자가 만든 이미지를 전송할 때 발생할 수 있는 윤리적 문제는 무엇인가?

현재 데이터 전송을 위한 보안 네트워크의 대부분은 기관과 병원 시스템의 일부분이지만, 제3자 이메일 플랫폼을 사용하는 경우에는 보안 네트워크가 항상 제공되는지 알 수 없다. 이것은 특히 널리 사용되는 이메일 제공사에게 적용된다. 고객 데이터의 안전한 전송을 위해서는 어떤 상황에서도 이러한 이메일이 사용되어서는 안 된다. 예를 들어, 미술치료사가 내담자의 민감한 정보를 암호화되지 않은 개인 이메일을 통해 송수신하는 경우, 암호화되지 않은 시스템은 쉽게 해킹되고, 누군가 치료사의 개인 이메일에 접근하여 내담자의 정보를 다른 플랫폼에 게시할 수도 있다고 간단히 말할 수 있다.

윤리강령에 의하면 통신과 데이터 전송 기술을 사용하는 치료사는 일반적으로 디지털 기기에 대해 잘 알고 능숙하게 사용할 수 있어야 한다고 규정한다. 이는 암호 표준과 신기술에 관한 최신 정보를 유지하는 일을 의미하며, 특히 독자적으로 치료를 제공하는 치료사의 경우에는 더욱 그러할 것이다. 위 사례에서 여러분은 이미지의 안전한 전송을 위한 기술적 해결방법을 제시할 수 있는가? 이미지의 안전한 전송을 보장하는 한 가지 방법은 USB 커넥터를 사용하거나 암호로 보호되는 하드 드라이브와 같은 보안 저장 장치를 통해 데이터를 직접 전송하는 것이다. 위 사례의 카메라처럼 디지털 기기를 사용하는 경우, 전송이 완료된 후에는 기기에서 해당 내용을 완전히 삭제해야 한다.

ATCB 윤리강령은 통신과 저장의 전자적 수단을 다룬다. 이 부분은 ATCB 윤리강령의 부록 2를 참조하기 바란다. 그리고 부록 3에는 이메일 전송을 위한 몇 가지 사례가 제시됐다. 여러분의 직장과 지역적 규정을 확인한 다음, 사용하고자 하는 규정을 준수하기 위해 법적으로 필요한 부분을 찾아 참조하기 바란다. 일반적으로 이에는 기밀유지 위반의 위험성, 비공인 수신 처리 방법, 이메일 서신에 대한 대응이나 종결에 관한 구체적인 정책과 규칙의 표준 규정이 포함되어 있다(Zur, 2017).

온라인 미술치료

대부분의 미술치료는 여전히 대면 환경에서 이루어지지만, 원격치료telehealth와 원격의료(제9장 참조), 기타 디지털 통신의 성장에 힘입은 온라인 또는 원거리 치료distance therapy[1], 슈퍼비전은 더 많은 선택을 할 수 있게 됐다. 온라인 또는 원거리 미술치료distance art therapy는 예약된 시간에 비디오, 전화, 채팅, 인스턴트 메시징, 가상 플랫폼 또는 기타 전자통신 방식을 사용하는 치료 회기로 정의한다. 온라인이 더 편리하거나 거주 지역이 멀고 교통수단이 여의치 않거나 장애나 사회불안 장애를 앓고 있을 때, 혹은 개인적인 선호로 온라인 치료를 선택한다. 치료사, 슈퍼비전 및 교육에 대한 세계적 접근은 물론, 특정 자격을 갖춘 더 많은 치료사와 슈퍼바이저의 필요성도 온라인 활동으로의 추세를 뒷받침할 수 있다.

온라인 치료사는 디지털 기술에 대한 지식 외에도 원거리 치료의 관계적 특성이 대면 회기와는 다르다는 것을 이해해야 한다. 예를 들어, 일부 개인은 억제력을 상실하고 많은 정보를 빨리 공유하고 조기에 치료를 중단할 수

1) 포괄적 원격치료인 telehealth와의 구별을 위해 원거리 치료로 해석한다(역주).

있는 '탈억제 효과'를 보이기도 한다(Suler, 2004). 또 다른 이들은 '네트워크'와 '에티켓'의 합성어인 '인터넷 에티켓'이나 '네티켓'을 준수하지 않아 타인과 효과적이거나 예의 바른 상호작용 및 반응에 실패할 수 있다. 또한 '가상의 치료실'에 누가 있는가 하는 문제도 있다. 즉, 비밀보장이 되는 회기에 참여할 자격이 없는 개인들이 치료실에 존재하는지 말이다. 미국원격의료협회American Telemedicine Association(2013)는 상담을 시작하기 전, 카메라로 치료실을 살펴보고 누가 있는지, 환경이 안전한지 확인할 것을 권고한다.

온라인 상담에 미술치료를 통합하는 일은 어려울 수 있다. 예를 들어, 현재 얼마나 많은 미술치료사가 실제 온라인으로 회기를 진행하는지 명확히 파악하기는 어렵다. 미술치료의 관계적이고 고유한 환경적 특성 때문에, 원거리 형식은 미술기반 접근의 다중감각적 특성보다 언어 상담에 더 적합해 보일 수 있다. 현재 온라인 회기를 제공하는 소수의 미술치료사는 일반적으로, 가상 회기 중에는 회기 간에 생성된 이미지를 나누거나 자기조절 및 심리치료 기법 같은 다양한 언어적 접근을 제공하는 것을 더 선호한다.

온라인 치료나 상담을 제공하기 위해 실제로 어떤 자격이 필요한지 논하기에 앞서 해결되어야 할 질문도 있다. 왜냐하면, 정신건강 임상을 관리하는 관할 구역에서 발생할 수 있는 문제들이 있기 때문이다. 예를 들어 미국에서는 각 주가 상담사에 대한 기준을 규정하고, 또 어떤 주에서는 미술치료사의 기준을 규정한다. 만약 치료사가 뉴욕에서 자격을 취득하고 잠재 내담자가 아이오와에 산다면, 치료사가 내담자를 대상으로 온라인 치료를 개시할 수 있을지 생각해 보자. 그 질문에 대한 답은 아직 분명하지 않다. 또한, 미술치료는 미국 전역에서 규제되는 직업이 아니며, 현재 대다수 주에서 미술치료사에게 면허를 부여하지 않고 있다. 따라서 관할 구역 경계를 넘어 서비스를 제공하는 것은 관할권 자격, 등록 요건을 위반하여 윤리적 위반과 그에 따른 후속 조치에 처할 수 있다. 이 문제가 최종적으로 해결될 때까지 온라인 상담을 제공하는 치료사들은 자격이 있는 경우 어떤 관할 구역에서, 어떤 주의 법에 따라 치료를 시행할 수 있는지 명확하게 확인하도록 하며 자격증이 없는 경우에는 치료사 자격을 수여하는 기관이 어디인지 확인한다.

마지막으로, 기술 기반 슈퍼비전('원거리 슈퍼비전distance supervision'이라고도 함)은 자격 수여 기관(예를 들어 미국의 미술치료사를 위한 ATCB), 국가 건강 시스템 및 미술치료사나 상담사를 위한 주 면허 위원회에 의해 규제된다. 여기에는 다양한 소프트웨어 응용 프로그램을 사용하여 인터넷을 통해 이루어지는 통신, 이메일 또는 비디오 · 오디오 녹화를 사용하여 수행되는 모든 슈퍼비전 업무를 포함한다. 온라인 치료와 마찬가지로 원거리 슈퍼비전을 제공하는 전문가는 건강개인정보 보호법뿐만 아니라, 해당 주 또는 지역에서 슈퍼비전을 제공하기 위한 특정 규정을 준수해야 한다. 원거리 슈퍼비전을 제공하려면, 슈퍼바이저가 사용하는 기술의 이점과 한계를 이해해야 하고, 여기에는 기술의 한계에 대해 슈퍼바이지에게 알리는 것도 포함된다. 이와 함께 온라인 임상 슈퍼비전, 기밀유지, 이미지 · 정보의 안전한 디지털 전송에 대한 윤리적인 질문도 존재한다. 최근 전문가들은 온라인 슈퍼비전의 규제나 자격 수여 기관의 온라인 슈퍼비전에 대한 수용 부족을 지적한다. 예를 들어, 원거리 슈퍼바이저는 슈퍼바이지의 내담자 기록에 접근할 수 없거나, 슈퍼바이지의 내담자에 대한 응급 상황에 신속하게 대응할 수 없기 때문이다.

디지털 접근성과 경계 문제

가상 또는 온라인 미술치료는 '디지털 접근성(디지털 기기를 통해 내담자에게 얼마나 접근할 수 있는가?)'과 '경계 문제(내담자와 디지털 통신에 대한 경계를 어떻게 설정하느냐?)'와 같은 중요한 문제를 제기한다. 일부 치료사는 자신의 개인 휴대폰으로 내담자와 소통하거나 별도의 '업무용' 전화 또는 문자 메시지 시스템을 선택할 수 있다. 치료사가 어떤 통신 기기로 소통하든지 관계없이, 치료사는 몇 가지 이유로 문자 메시지의 자극에 반응하도록 사회적으로, 생물학적으로 프로그램되어 있다. 이것은 내담자에게 무슨 일이 일어날 수 있다는 두려움과 불안감 때문이라고 설명할 수도 있으며, 예약된 상담일정이나 방금 내담자가 떠나며 남긴 만족스러운 상담에 대한 언급, 대처 기술을 성공적으로 사용했다는 내담자의 메모 그리고 칭찬과 긍정적인 피드백으로 학교에서 행복한 하루를 보낸 아동 때문에 발생한 도파민으로 강화된 행동처럼 보이기도 한다. 도파민에 의한 과잉경계는 '긴급대기'이거나 위기 상황에서 내담자가 이용하는 시스템 내에서 일하는 치료사에게는 특히 중요하다.

어떤 경우에도 치료사는, 자신의 생각, 감정 상태 그리고 행동이, 적절하지 않은 치료, 심하게 상호 의존적인 밀착 상태, 역전이 그리고 치료사 탈진을 발생하는 건강하지 않은 기술적 패턴에 어떻게 기여하는지 인지해야 한다. 내담자의 정서적 파동이 디지털 기기에 담긴 말이나 이미지를 통해 치료사의 의식으로 전달될 때, 치료사는 충격 속으로 휩쓸릴 위험이 크다. 다음은 내담자에게 '항상 연결 중'이거나 '접속 중'일 때의 느낌과 인식에 대한 치료사 Kristin Belkofer의 성찰 일지이다.

사례 2.4

현재 오후 9시 7분. 힘에 겨운 가정방문 치료를 마친 후, 마지막 내담자의 집을 떠나니 밖은 이미 어둡고 추운 밤이 됐다. 도로는 내리는 눈으로 뒤죽박죽이다. 나는 임신한 이래로 운전 중에 특히, 휴대폰에 매달리게 된 것에 죄책감을 느꼈다. 내담자를 방문 치료 하면서 항상 운전해 이동하게 되었고, 그러다 보니 개인적으로도 업무적으로도 휴대폰을 많이 사용해야 한다. 휴대폰이 시끄럽게 진동하더니 이내 9개의 문자가 쌓이며 환한 화면이 전송된 9개의 문자를 비춘다. 문자 1과 3은 방금 회기를 마친 내담자에게서 온 것이다. 이 내담자의 미술치료는 치료사인 나의 출산휴가에 맞춰 종결될 예정인데, 내담자는 종결을 앞두고 있어 치료 회기 동안 불안하고 외로웠다는 느낌을 전하며 완성되지 않은 문자를 보냈다. 곧이어, 병원 치료로 미술치료에 결석한 내담자의 보호자에게서 전화가 걸려온다. 나는 긴장하여 마른 침을 삼켰다. 지난주에 다리를 심하게 다쳐 봉합이 필요한 10대 내담자의 어머니는 응급 상황이 발생할 때만 전화를 하는데, 내담자가 병원에 입원해야 한다고 말한다.

다른 문자와 이메일 알림은 나와 함께 일하는 동료 치료사가 보낸 문자들이다. '보험 사정과 사전승인 완료일', '일정 변경', '전화해', '알려줘'. 구두점이나 '부탁해요' 또는 '고마워요'를 쓸 여유도 없이 보내진 지극히 사무적인 문자뿐이다. 앗, 이런…. 내담자에게 전달해야 할 전화번호가 하필 가방 속 아이패드에 있다. 아마 정지 신호로 바뀌면 재빨리 가방 안에서 꺼낼 수 있을 것이다. 이때, 작년에 구사일생으로 살아난 자동차 사고와 일 생각에 골몰하다 놓친 정지 표지판들, 낯선 동네를 돌아다니며 차량 내비게이션 지시를 들으려고 애쓰던 기억들이 되살아난다. 어쨌든, 드디어 집에 도착했다. 내가 어떻게 집에 왔는지 기억나지 않는데 이것이 걱정되는 것은 사실이다. 내가 아는 유일한 것은 차 뒤에다 짜증이나 분노, 원한, 두려움 등의 얽히고설킨 감정의 실타래를 끌고 다닌다는 것이다. 그중 가장 깊은 감정은 죄책감인데, 내가 죄책감이 무엇인지 잘 알기 때문이다. 내 기제 중 하나인 불안정 애착이 늘 문제로 이어진다는 것을 알지만, 아직 상황이 나아지지 않았으니 계속 이러고 살 모양이다. 나는 종일 그랬던 것처럼 내담자로부터든 친구의 이모티콘 문자든, 여전히 문자들에 온 신경을 집중하고 있다.

오후 9시 34분. 사랑하는 가족과 함께 집에 있지만, 가족 외에 또 다른 20여 명의 사람이 나를 절실히 필요로 한다는 것을 알고 있다. 그런데도 이상하게 혼자라고 느낀다. '필요하다'라는 말은 적절하지 않은 느낌이다. 아들은 내가 여전히 전화기에 매달려 있다고 짜증을 부린다. 나의 에너지가 가상의 케이블을 통해 손끝에서 전화기로, 아이패드로, 컴퓨터로 빨려 들어가는 듯한 환상을 느낀다. 집은 따뜻하고 쾌적하지만, 집이 안전하다는 것 이외에는 아무것도 느끼지 못한다. 내 존재가 온 세상에 노출됐고 나는 탈진했다.

감정의 표출은 일정하지도, 논리적이지도 않다는 것을 인식하고 있는 치료사는 일상에서 예측할 수 없는 매우 민감하고 취약한 표현을 통하여 신뢰받는 고유한 전문적 역할을 수행한다. 그러나 감정적인 작업이 항상 오전 9시에서 오후 5시 사이에 일어나지는 않는다는 것을 치료사가 이해한다고 해도, 응급 상황이 아니라면 내담자의 감정적인 의사소통에 항상, 즉시 대응 자세를 취할 책임이 있음을 의미하지는 않는다. 이메일과 문자 메시지의 세계는 시간과 공간 감각을 혼란스럽게 만들 수 있다. 현재 우리는 대면으로 진료를 보는 의사에게도 문자를 보내거나 점점 더 빠른 속도로 제공되고 개발되는 온라인 및 원격상담 서비스를 통해 상담에 접근하는 시대에 산다(Reamer, 2015). 이러한 현상은 위기관리가 필요하고, 거리 등의 이동성이나 거주 장소 때문에 일상적으로 상담 서비스에 접근이 어려운 내담자에게 효율적인 접근성과 가용성이 높은 온라인 및 원격상담 서비스에 대한 집단 현상을 만들어 낼 수 있다. 그러나 치료사가 업무에서 벗어나 자신을 반영하고, 재구성하고 안전한 공간을 만드는 등 치료사 자신을 돌보는 데 필요한 시간을 앗아갈 수 있음을 의미한다.

또한, 이러한 지속적 접근성과 가용성은 치료적 동맹의 힘과 의미를 희석할 수 있으며 윤리나 동의, 사생활 보호 및 경계와 관련된 불필요한 위험에 대한 빗장을 열 수 있다고 생각하는 사람이 많다(Reamer, 2015; Sude, 2013). 치료사들은 피곤하거나 과로했을 때 내리는 임상적 판단이 최선의 상태가 아니었음을 여러 번에 걸쳐 확인할 수 있을 것이다. 물리적으로 내담자를 보지 않거나 구조화되고 익숙한 공간에 있다는 변수를 추가하면, 이 판단에 도움이 될 수 있을지 생각해 보자. Sude(2013)는 '동기식(내담자를 생각하고 문자를 받을 때 즉시 응답함)' 혹은 '비동기식(응답 사이에 지연되는 시간, 즉 문자 더미 발생 이후 시간이 지나 회신을 하는 경우)'에 대해 자세히 설명한다. 치료사가 곧바로 '동기식' 통신을 전송하지만, 다음번에는 나중에야 응답할 수밖에 없는 경우라면 어떻게 될까? 이것이 어떻게 해석될 것인지와 여기에 임상적 위험을 감수할 가치가 있는지를 생각하는 것이 중요하다.

그러나 대다수 내담자는 치료사와 초기 관계를 형성할 때는 서면으로 응답하고 의사소통하는 것을 더 편하게 느끼며, 이것은 그 자체로도 치료 효과를 가질 수 있다(Sude, 2013). 치료사는 발달 이론을 염두에 두고(자세한 내용은 제3장 참조), 치료 과정 전반에 걸쳐 필요한 임상 담론이 어떤 역할을 하고 있는지 확인하고, 임상적으로 적절하고 건강한 방법으로 어떻게 사용될 수 있는지 파악할 수 있다. 그러니 여러분의 미술치료 임상에서 다음과 같은 질문을 고려하기를 바란다. 이러한 상호작용이 경계 설정의 맥락에서 어떻게 설명될 수 있는가? 내담자 자신의 결정을 따르는 논의로 이어질 것인가? 내담자는 단지 순간적으로 외로움을 덜 느낄 필요가 있는가? 그렇다면 가상 속 치료사의 디지털 존재(일기, 앱, 텀블러 계정)를 자연스럽게 대체할 중간 대상이 있는가? 이것은 디지털 기기와 전자통신의 시대에 발생하는 몇 가지 의문점에 불과하다.

소셜 미디어와 소셜 네트워킹

제1장에서 논의된 바와 같이, 소셜 미디어 및 소셜 네트워킹은 현재 정신건강 윤리에서 흔히 발견되는 주제이다. 21세기 치료사에게 영향을 미치는 쟁점이 많지만, 다음의 소셜 미디어와 네트워킹 분야는 미술치료사를 포함하여 모든 치료사에게 영향을 미친다.

치료사와 내담자의 경계

소셜 미디어와 네트워킹은 의도하지 않은 불이익을 당하거나 주관성을 초래할 수 있는 다중 역할의 구별을 더욱 어렵게 하므로, 윤리강령에서 다중 역할을 피하는 것은 중요한 부분이 되었다. 앞 절에서 논의했듯이 디지털 기술의 출현으로 인해 상담사들이 전문적인 경계를 유지하는 것이 더욱 어려워졌다. 소셜 네트워킹을 통해 페이스북에서 내담자를 '친구'로 만들거나, 유행하는 소셜 미디어와 네트워크의 연락처에 추가하는 행동이 이 경계를 더 혼란스럽게 만든다. 예를 들어, 어떤 경우에는 소셜 네트워크 안에서 치료사의 가족이나 친구에게 접근을 가능하게 하여 치료사와 내담자 모두에게 예측할 수 없는 결과를 초래한다. Zur Institute(2017)에서는 소셜 미디어 및 네트워킹을 통한 친구 요청의 '수락 여부'에 대해 치료사를 위한 적극적이고 포괄적인 개요를 제공한다.

연락처 정보

개인들은 상담 초기에 치료사와 연락하기 위해 이메일을 사용하는 경우가 많은데, 이때 소셜 미디어 또는 소셜 네트워킹 사이트에 치료사의 별도 이메일 주소를 기재하는 것이 중요하다. 독자적으로 치료실을 운영하는 경우, 보안 데이터 전송을 사용하여 기밀유지를 위한 이메일을 사용해야 한다. 웹사이트가 있는 경우에는 연락처 양식이 안전한지, HIPAA와 같은 규제 기관의 법적 표준을 충족하는 웹사이트로 암호화 표준을 사용하는지 확인하도록 한다. 진료소, 기관 또는 병원에서 치료 서비스를 제공하는 치료사는 이메일 주소를 사용하지 않고, 사내 서버 또는 환자 기록 플랫폼 시스템을 사용할 수 있는 이점이 있다.

검색엔진

잠재 내담자가 치료사에 대해 더 많이 알아보기 위해 치료사를 '검색'할 가능성이 크고, 더욱 많은 사람이 인터넷이나 소셜 미디어를 통해 치료사를 찾는다. 이때 치료사가 직면하는 어려운 질문 중 하나는 치료사가 구글 또는 다른 검색엔진을 사용하여 내담자에 대해 더 자세히 알아야 할 의무가 있는지다. 과거에는 많은 치료사가 온라인 플랫폼을 사용하여 치료 시작 전이나 치료 중 내담자 정보를 검색하는 것이 비윤리적이라고 믿었다. 그러나 이제 전문가들은 검색엔진의 사용이 보편적이기 때문에, 치료 시작 시 이것이 사전 동의로 잘 처리

될 수 있는 복합적인 사안이라는 것에 대부분 동의한다. 내담자와의 상호작용 스타일에 따라, 자해 또는 다른 사람에게 해를 가할 우려의 경우, 내담자에 대한 추가 정보를 검색할 수 있는 선택권을 치료사가 주장할 수도 있다. 반면에 인터넷 검색을 사용하는 것은 신뢰를 침해하는 일이라고 생각할 수도 있다. 이 경우 치료사는 치료 중인 내담자를 검색엔진이나 소셜 미디어를 사용하여 조사하지 않는다는 점을 처음부터 명시하여야 한다. 두 경우 모두에서 내담자가 구글과 같은 소셜 미디어 및 검색엔진과 관련된 치료사의 정책과 관행을 명확하게 이해하는 일이 중요하다.

Zur Institute(2017)에서는 초기 치료 상담에서 내담자에게 제공한 사전 동의 또는 일반 정책을 포함하여 다음과 같은 보편적인 진술을 제공한다.

> **소셜 네트워크 및 인터넷 검색:** 치료사는 치료 시작 전이나 치료 중 내담자에 대한 웹 검색을 실행할 수 있습니다. 이 절차에 관해 염려스럽다거나 궁금한 점이 있다면 치료사에게 문의하십시오. 또한, 치료사는 내담자의 기밀보호와 개인정보 보호를 손상할 수 있기에 소셜 네트워킹 사이트에 게시된 치료사의 미술치료 관련 프로필에 대한 현재 또는 이전 내담자의 친구 요청을 수락하지 않습니다. 같은 이유로 내담자도 대화형 또는 소셜 네트워킹 웹사이트를 통해 치료사와 연락하지 않기를 요청합니다.

추천서

독자적으로 치료하는 치료사는 특히 치료의 종결 시, 내담자에게 자신의 치료에 대한 추천서나 성공사례를 요청하고 싶은 유혹을 받는다. 이러한 추천은 웹페이지와 소셜 미디어 플랫폼을 포함한 홍보 사이트에 게시된다. 이것은 대다수의 헌신적인 전문가들로서는 비윤리적인 행동이다. 이러한 추천서 등이 내담자와 치료사 사이의 관계를 변화시키기 때문이다.

기밀유지

무엇보다도 기밀유지는 모든 정신건강 윤리강령의 핵심 가치이다. 이 장의 앞부분에서 두 가지 사례를 통해 내담자의 미술 작품을 인터넷, 특히 링크드인이나 페이스북과 같은 사이트에 게시할 때 고려해야 할 점을 제기했다. 내담자의 작품은 미술치료 접근의 정수core이기 때문에 미술치료사는 분명히 이 질문에 직면한 전문가들이다. 오늘날 미술치료사는 여러 소셜 미디어 플랫폼에 본인의 계정을 가지고 있으므로 플랫폼에 종종 어린이나 청소년, 성인의 미술 작품을 게시하여 미술치료의 치유적인 잠재력에 대해 '소문을 내고' 싶은 유혹을 받는다. 이 경우, 인터넷과 소셜 미디어 사이트에 게시되는 내용은 동료가 볼 수도 있고, 특히 내담자가 볼 수도 있으므로, 치료 시 내담자가 만든 미술 작품을 포함한 어떠한 정보도 공유하지 않는 것이 바람직하다. 이것은 치료사뿐 아니라 소셜 네트워킹 사이트를 통해 치료 회기에 미술 작품을 게시할 수 있는 내담자에게도 적용된다. 내담자 자신이 미술 작품을 소유하지만, 사적인 커뮤니케이션으로 이루어진 소셜 미디어 플랫폼에 민감한 정보를 게시하고 이로써 발생할 수 있는 잠재 위험과 예측할 수 없는 결과에 대해 미술치료사가 조언을 해주는 것이 필요하다.

소셜 미디어 정책

명확한 소셜 미디어 정책을 확립하는 일은 필수적이지만, 미술치료사를 포함한 대부분의 정신건강 전문가는 이에 대해 논의하지 않는다. Kolmes(2010)는 인터넷을 통해 발생할 수 있는 관계를 명확히 하기 위해 노력하는 치료사 중 한 명으로 신규 내담자에게 제공하는 소셜 미디어 정책을 개발했다. 실제로 미국에서 정신건강 상담사로 자격증을 받고 온라인에서 활동하는 미술치료사들은 ACA(2014)가 발행한 소셜 미디어 정책을 준수해야 한다. 내담자와 치료사 간의 관계에 미치는 소셜 미디어의 영향에 대한 중요한 논지와 더 자세한 정보를 얻으려면, Zur Institute(2017) 웹사이트의 제2장을 참조하라. 또, 내담자에게 고지할 소셜 미디어 문서의 개발 지침에 관해서는 부록 4를 참조하라.

요약하면, 인터넷과 소셜 미디어 플랫폼은 치료사에 대한 온라인 정보를 증가시켰는데, 그중 치료사의 전문 웹사이트나 소셜 미디어 페이지, 프로필에 올라간 일부 정보는 치료사가 통제할 수 있고, 다른 사람들이 올린 정보는 해당 치료사가 통제할 수도 없다. 예를 들어, 현재 어디서나 접속이 가능한 페이스북조차 자사의 시스템이 완벽하지도 않고 해킹을 불가능하게 하는 보안 조치도 없으며, 시스템 정보에 접근하는 다른 사용자의 행동을 통제할 수 없다는 점을 공개하고 있다. 그러므로 디지털 플랫폼과 소셜 네트워킹을 통한 미술치료, 소셜 미디어의 윤리 그리고 적절한 전문적 행동에 대한 자세한 내용에 대해 알고 싶다면, 문서가 공개되고 내려받기가 가능한 Malchiodi와 Cutcher(2012, 2013, 2014, 2015), Belkofer와 McNutt(2011)의 우수한 요약을 참조하기 바란다.

결론

이 장에서 제시된 윤리적이며 법적인 문제는 디지털 시대의 미술치료사에게 끊임없이 제기되는 질문 중 일부에 지나지 않는다. 미술치료사와 미술기반 접근을 도입한 심리상담사가 디지털 통신과 소셜 미디어의 영향, 기술에 내재된 전문적인 책임과 영향에 대해 제대로 인식하는 일은 중요하다. 디지털 통신과 소셜 미디어의 윤리적이며 법적인 문제는 매우 복잡하고 역동적이지만, 디지털 통신과 소셜 미디어에 대한 전문 지식과 그 범위를 확장해 나가며, 치료사는 뉴미디어와 기술의 도전, 이에 기반을 둔 치료 현장의 다양한 요구에 성공적으로 대처할 수 있다.

권장 사항

- 디지털 기술 및 소셜 미디어에 대한 미술치료 윤리규정 개정에 관한 정보를 지속해서 받고, 디지털 통신 및 소셜 네트워킹 플랫폼을 규제하는 지역과 지역 규정을 숙지한다.
- 디지털 기기 및 통신의 사용, 데이터와 이미지의 저장, 내담자가 만든 미술 작품의 디지털 게시에 있어 항상 내담자의 기밀유지에 최우선 순위를 부여한다. 인터넷 플랫폼에 게시된 이미지는 안전하지 않으며 내담자, 특히 아동은 종종 자신의 미술 작품을 인터넷에 게시하는 것이 무엇을 의미하는지 이해하지 못하는 경우가 많다는 것을 기억한다.
- 디지털 통신 및 소셜 미디어를 사용할 때, 내담자와 건전한 경계를 유지한다. 이러한 경계를 지속하기 위해 치료사는 내담자에게 자기 뜻을 명확하게 설명할 디지털 통신과 소셜 미디어 정책을 보유한다.
- 디지털 기술과 소셜 미디어, 소셜 네트워킹은 끊임없이 발전한다. 디지털 통신이나 미디어에 대한 윤리적인 딜레마가 있거나 이를 판단하기 어려울 때는 자격 수여 기관, 지역 자격위원회, 또는 슈퍼바이저, 동료에게 연락한다.

참고문헌

American Counseling Association (ACA) (2014) *2014 ACA Code of Ethics*. Alexandria, VA: ACA.

American Telemedicine Association (2013) *Practice Guidelines for Video-Based Online Mental Health Services*. Rockville, MD: Substance Abuse and Mental Health Services Administration.

Art Therapy Credentials Board (ATCB) (2017) *Code of Ethics, Conduct and Disciplinary Procedures*. Greensboro, NC: ATCB.

Beck, L. (2009) Ethics and the Internet. September 20 [Blog post]. Retrieved on April 1, 2018 at www.lizbeck.net/2009/09/20/ethics-and-the-internet

Belkofer, C.M. and McNutt, J.V. (2011) Understanding social media culture and its ethical challenges for art therapists. *Art Therapy 28*(4), 159–164.

Franz, M., McCartie, S., Gold, C. and Skyward, S. (1999) *Technology Guidelines: BCATA Recommendations for Ethical Practice*. Vancouver, Canada: British Columbia Art Therapy Association.

Kolmes, K. (2010) Social media policy. Retrieved on April 1, 2018 at http://drkkolmes.com/2010/02/01/updated-private-practice-social-media-policy

Malchiodi, C.A. (2000) *Art Therapy and Computer Technology*. London: Jessica Kingsley Publishers.

Malchiodi, C.A. (2009, June 22) A Facebook fan page for your private practice? Retrieved on April 1, 2018 at www.psychologytoday.com/blog/arts-and-health/200907/facebook-fan-page-your-private-practice

Malchiodi, C.A. and Cutcher, D. (2012) Issues and ethics of art therapy in a digital age. Retrieved on April 1, 2018 at www.slideshare.net/healingarts/digital-art-therapy-and-social-media-ethics-cathy-malchiodi-phd-lpat-lpcc-reat-atrbc-and-donald-cutcher-atrbc

Malchiodi, C.A. and Cutcher, D. (2013) Art therapy and ethics in a digital age. Retrieved on April 1, 2018 at www.slideshare.net/healingarts/digital-art-therapy-and-social-media-ethics-cathy-malchiodi-phd-lpat-lpcc-reat-atrbc-and-donald-cutcher-atrbc

Malchiodi, C.A. and Cutcher, D. (2014) Art therapy and ethics in a digital age. Retrieved on April 1, 2018 at www.slideshare.net/healingarts/digital-art-therapy-and-social-media-ethics-2014-cathy-malchiodi-phd-lpat-lpcc-reat-atrbc-and-donald-cutcher-atrbc

Malchiodi, C.A. and Cutcher, D. (2015) Ethics and art therapy: How do art therapy ethics measure up? Retrieved on April 1, 2018 at www.slideshare.net/healingarts/ethics-and-digital-art-therapy-presentation-with-cathy-malchiodi-phd-and-don-cutcher-atrbc

Reamer, F.G. (2015) Clinical social work in a digital environment: Ethical and risk-management challenges. *Journal of Clinical Social Work 43*,120–132.

Sude, M. (2013) Text messaging and private practice: Ethical challenges and guidelines for developing personal best practices. *Journal of Mental Health Counseling 35*(3), 211–227.

Suler, J. (2004) The online disinhibition effect. *Cyberpsychology and Behavior 7*(3), 321–326.

US Department of Health and Human Services (2017) *Health Information Privacy*. Retrieved on April 1, 2018 at www.hhs.gov/hipaa/for-professionals/index.html

Zur, O. (2017) To accept or not to accept? How to respond when clients send "Friend Request" to their psychotherapists or counselors on social networking sites. Retrieved from www.zurinstitute.com/socialnetworking.html

제3장

인터퍼스널 다운로딩

치료에 영향을 미치는 관계적이며 창의적인 기술과 뉴미디어

– *Kristin Belkofer, Chris Belkofer*

디지털 기술의 발전으로 미술치료사는 내담자와 소통하고, 동료 치료사와 관계를 맺으며 치료사로서 자신의 역할을 스스로 생각하는 방법을 만들었다. 컴퓨팅 기술의 급속한 발전은 사람 간 정보를 생성하고 공유하는 방법에 영향을 미치는 다양한 전자기기와 소셜 네트워크의 출현을 가져왔다. 이러한 "정보통신 기술과 그와 관련된 사회적 맥락"을 뉴미디어라고 폭넓게 정의한다(Lievrouw and Livingstone, 2006, p. 23). 저자들은 이 장에서 미술치료사가 뉴미디어를 의미와 특성이 끊임없이 새롭게 생성되는 소통과 상호 연결의 역동적 시스템에 참여하는 것으로 개념화하도록 장려하는 미술치료 분야의 기존 주장을 따르고 있다(Belkofer and McNutt, 2011; Orr, 2010; Potash, 2009).

이 관점의 핵심은 새로운 기술발전을 넘어서 디지털 문화와 만나고 사회적 관계를 강조하는 뉴미디어 이론의 영향이다(Cheong, Martin, Macfadyen, 2012). 즉, 미술치료사는 뉴미디어 기기와 전자통신 시스템의 새로운 기능보다는 뉴미디어에서 비롯된 관계적이며 대인관계적 영향에 중점을 둘 때 좀 더 다양한 치료의 토대를 쌓을 수 있다. 미술치료사가 대인관계와 그 성장의 잠재력에 초점을 둔다면, 치료 시 뉴미디어의 존재와 그 사용에 대한 자신의 관점을 개방하여 혜택을 볼 수 있을 것이다. 신중하게 생각하면 이런 맥락 내에서 뉴미디어는 장벽이나 혼란보다는 기회로 보인다. 이러한 관계적 행동에 대한 강조는 뉴미디어 학자인 Lievrouw와 Livingstone(2006)의 주장과 일치한다. 그들은 "대중 매체가 고정되어 있고 변하지 않는 비인격적인 제도적 실체로서 우리에게 영향을 미치고 있다는 지배적 시각에서 벗어나, 이러한 매체와 함께 무엇을 할 수 있는지를 고려하는 시각으로 옮겨가라"(p. 8)라고 조언한다.

이 장의 첫 번째 저자는 애착 이론, 발달 이론, 사회적 기준 이론, 구성주의 이론이 어떻게 내담자의 기술적 연결 성향에 대한 정보를 치료사에게 전달할 수 있는지를 설명할 것이다. 디지털 기술이 관계 영역으로 진입함에 따라 치료사는 자신의 전문 지식을 활용하여 내담자에게 낮은 수준부터 높은 수준에 이르기까지 디지털 영역을 탐색할 수 있는 고유한 잠재력을 제공하게 됐다. 디지털 영역은 이제 대인관계의 영역이 되었고, 그 안에서 경계를 설정하고, 윤리를 실천하며, 자기 관리를 촉진하는 것은 미술치료사의 삶에서 지속적인 일상이 됐다. 치료사로 성공하기 위해서는 내담자의 욕구, 즉 친밀감, 공유의 의미, 접근성에 대한 기본 역동을 이해하는 것이 중요하다. 그러나 이러한 욕구는 종종 치료사와 내담자 사이에서 '실제의 삶과 대면하는' 상호작용과 '문자 메시지, 이메일 및 소셜 미디어' 등의 디지털 문화의 상호작용 간의 충돌로 이어질 수 있다.

두 번째 저자는 융합 문화와 참여 문화를 주장하는 미디어 학자인 Henry Jenkins의 두 가지 주요 개념을 간략하게 설명한다. Jenkins의 견해는 두 번째 저자가 뉴미디어 이론을 통합하는 것이 어떻게 미술치료 전문 분야에서 현대적인 미술 매체의 정의를 내리려는 요구와 일치하는지 고려하는 데 영향을 미쳤다(Moon, 2010). Orr(2010)는 미술치료사들이 디지털 기술을 "미술치료에서 모든 매체 선택의 연속체"에 포함해 보기 시작했다고 지적했다(p. 90). 이러한 관점에서는 뉴미디어인 디지털 매체가 종이나 연필 같은 전통적 미술 재료처럼 창의적 표현을 가능하게 하는 잠재력을 지녔다고 본다(Seiden, 2001).

마지막으로, 두 번째 저자는 또한 내담자의 아이패드에 대한 애착과 개입이 어떻게 대면적인 치료 관계를 구축하는 데 도움이 되는지를 보여주며 위의 관계를 설명한다. 뉴미디어가 미술치료의 초점을 흐리게 하는 것과는 대조적으로, 미술치료사는 이를 내담자 자신의 독특한 렌즈인 아이패드를 통해 자신의 세계에 들어갈 수 있는 초대장으로 재구성했다. 이 사례와 같이 치료사가 '진정한 매체'를 구성하는 정의를 확장할 때, 내담자는 자신의 의도대로 창의적인 생각을 펼치며 치료 목표를 향해 전념할 수 있다.

디지털 영역의 관계적 전문성

애착 이론

문자 메시지나 스마트폰, 앱 등이 다양한 나이의 내담자를 위한 주요 매체가 될 수 있지만, 오늘날 미국의 사회문화적 맥락에서 이 활동은 특히 청소년 내담자의 대인관계에서 더 의미 있고 견고하다. 청소년의 문자 메시지 패턴은 애착 이론이 어떻게 적용될지에 대한 생생한 사례를 제공한다. 예를 들어 치료사는 청소년의 애착 욕구를 인지함으로써 내담자가 다른 사람과의 애착을 강화하고 정의하기 위한 수단으로 문자 메시지를 어떻게(더 좋게 혹은 나쁘게) 사용하는지를 이해할 수 있다. 이러한 행동이 내담자와 치료사 간에 어떻게 작용하는지 관찰하는 것은 내담자가 신뢰를 쌓고, 협상하는 방법과 관련된 실제 행동을 보여주기 때문에 특히 유용하다. 물론 이러한 행동은 청소년에게만 한정되지 않고 성인의 문자 메시지 사용에서도 발견할 수 있다. Pomerantz(2013)는 문자 메시지가 개개인들 간의 거리에 상관없이 모든 의사소통에 대해 즉각적 응답을 기대하도록 조건화된다는 이상적 관계에 대해 문제가 있음을 인식했다. 그러므로 메시지에 응답이 없는 것은 발신자의 애착 양식에 따라 다양한 방식으로 해석된다.

문자 메시지의 숨 가쁜 특성은 사안을 매우 급하게 느끼도록 왜곡된 인식을 조장할 수 있다. 그러나 그것은 또한 내담자의 충동을 관리하고, 즉각적인 대인 만족을 지연시키며, 자기통제를 수행하는 능력을 평가하기 위한 틀을 제공한다(Pomerantz, 2013). 이 행동에 대한 인식('나는 몇 번이나 문자를 보내지?', '문자의 답신 문자를 받지 못하면 나는 분노하나?', '규칙이나 한계를 설정해야 할까?')은 부적절한 커뮤니케이션 패턴을 식별하고 새로운 기술을 습득하는 구체적인 기회를 제공할 수 있다. 문자 메시지에 치료 관계가 더해지는 경우, 유아기적 관계에 뿌리를 둔 '내담자-치료사' 관계의 애착 문제를 기반으로 한 혼란이 불가피하다. 문자에 답이 없어 이상적 관계가 안전하지 않다고 느낀다면, 비록 문자가 반드시 임상적이거나 감정적이 아니더라도 비슷한 경험이 치료적 관계로 전환될 수 있다고 쉽게 상상할 수 있다.

뉴미디어의 상호작용은 잠재적으로 혼란스럽고 어느 정도 위험을 수반하지만, 직접 다뤄지지 않는 치료의 역학관계를 드러내기도 한다. 예를 들어, 내가 휴일에 미술 전시회에 참석해서 애니메트로닉 조각의 사진을 찍었는데, 그것은 이전 상담 회기에서 특정 동물을 얼마나 사랑하는지 그리고 그것이 그녀 자신에게 무엇을 의미하는지에 대해 말했던 한 내담자를 생각나게 했었다. 다음 주, 미술치료 회기 중에 내담자에게 그 사진을 보여주자, 그녀의 어머니는 (나와 동료 치료사를 언급하면서) "자, 잘 봐! 치료사들이 너를 신경 쓰지 않는다고 생각해왔지만, 전혀 그렇지 않단다"라고 말했다. 이 단순해 보이는 상호작용이 없었다면, 내담자는 결코 그러한 우려를 직접 표현하지 않았을 것이다. 하지만, 나는 그녀에게 '실시간'으로 문자를 보내기보다는, 미술치료 회기 중에 그 사진의 이미지를 보여주려고 의도적으로 기다렸다. 그렇게 하여, 나는 내 가족과 함께하는 개인적인 시간과 공간을 보호하는 동시에 내담자가 적절한 경계 내에서는 치료사의 생활에 영향을 미치고 있다는 사실을 치료적으로 알려줄 수 있었다.

발달 이론

청소년 발달의 핵심 기본 이해 중 하나는 관계와 사회적 지지의 필요성이다. Dolgin(2010)은 동료 집단, 가족, 이웃, 또래와 같은 다양한 사회적 맥락에서 대인관계를 중시하는 정체성(그리고 종종 복합적이며 정체성의 양상을 형성하는)을 청소년기 과제로 기술했다. 사회적 지원은 이러한 관계를 통해 받아들여지고 해석되는데, 이제 이것들은 문서처럼 문자 메시지나 페이스북 댓글에 저장될 수 있다. 뉴미디어는 지지가 항상 존재한다는 착각을 불러일으킨다. 우리는 게시된 지 오랫동안 '좋아요'로 표현되는 지지적인 댓글을 보고 다시 돌아올 수 있고, 때때로 이러한 단어들과 함께 게시된 친구, 가족과 함께한 자신의 사진을 볼 수도 있다. 이 맥락에서 내담자가 자신의 지원팀 중 중요한 자원인 치료사를 소셜 미디어를 통해 '찾으려' 하고, 소셜 미디어에서 사용하는 의미, 이모티콘, 해시 태그 등을 사용하여 소셜 미디어의 '친구들'에게 하는 비슷한 방식으로 치료사와 소통하는 것을 이해할 수 있다.

휴대폰 문자나 소셜 미디어를 통한 의사소통 기능은 독자적인 방법과 세계관을 구축하여 새롭고 생소한 사회적 환경에 놓인 내담자에게 편안함과 안전을 제공하는 중간 대상Transitional Object처럼 보인다(Dubus, 2015). 또한, 문자 메시지는 성장과 통찰력을 강화하고 의사소통을 보장하는 동시에 메시지를 남기거나 직접적인 언어 표현과 관련이 없는 감정적 거리를 두게 하여 인간 중심의 서술적 흐름을 잠재적으로 가능하게 한다. 아마도 내담자는 작은 블랙박스 같은 전화기로 도움을 청하고 취약함을 표현하는 것이 더 쉬울 수도 있다. Sude(2013)는 또한 중간 대상으로서의 휴대폰 역할을 언급하면서, 문자는 치료사와 내담자를 연결할 뿐 아니라 내담자가 상징적으로 존재하는 방법이라고 강조했다. 문자 메시지 간의 대화는 능동적이거나 상호적일 필요가 없다. 왜냐하면, 내담자는 단순히 치료사의 문자를 참조하여, 지지받고 대처 기술을 상기하며 더 높은 수준의 효능감을 선보일 수 있기 때문이다. 문자 메시지는 잠재적으로 성장과 통찰력을 강화하는 인간 중심의 서술적 흐름을 창출한다.

사회적 기준 이론

애착 이론과 정서적 조절에 대한 생리학적 이해를 통합한 사회적 기준 이론에 따르면 인간의 두뇌는 타인에게 적응하고 사회적 자원과 연결하며 근접성을 유지하는 '기본적 성향'을 가진다(Beckes and Coan, 2011). 또한, 인간의 두뇌는 인지적 자원을 보존하고 사회적으로 감정을 조절하기 위해 다른 사람과의 연결을 추구하도록 진화했다. 뇌의 신경망은 복잡하고 무의식적인 과정을 통해 조절 구성 요소와 교신하고, 사회적 지원이 감지되면 침착함을 유지한다. 개인이 혼자라는 인식을 덜 하게 되면 생존을 위한 인지적, 정서적, 행동적 과제를 전적으로 담당하는 내면의 압력도 줄어든다. 이러한 방식으로 개인의 사회적 기준은 항상 존재하는 사회적 지지를 통해 자아를 보호하고 정서적 조절을 유지한다. 따라서 뇌는 현재 어렵거나 스트레스를 받는 상황을 관리하기 위해 모든 신경 자원에 접근하거나 사용할 필요가 없으며 개인적 자원이 물리적으로 존재할 필요도 없다.

예를 들어, 문자 메시지는 다른 사람이 항상 '바로 가까이'에 존재하며 그래서 내담자에게 현재 가용한 자원으로 인식된다. 이것으로 개인이 친구나 배우자 특히, 치료사에게 자기 생각을 문자로 보냄으로써 얻는 진정 효과를 설명할 수 있다. Dolev-Cohen과 Barak(2013)은 고민이 있을 때 청소년들이 '실시간'으로 친구들과 인스턴트 메시징을 하면서 정서적 기복과 외로움을 상당히 줄일 수 있다고 했다. 사회적 기준 이론에 따르면 한 개인이 고통의 순간에 문자나 인스턴트 메시지를 보내면, 디지털 형태로만 존재하는 경우더라도 정서적 부하를 조절하는 데 도움이 되는 다른 누군가가 '그곳'에 있게 된다는 것이다.

디지털 표현의 존재(예를 들어, 이름이나 셀카, 텍스트 몇 줄 등)가 디지털 연결 시도를 수신한 것처럼 보이는 한, 문자 메시지의 수신자가 응답하는지는 발신자에게 중요하지 않을 수도 있다. 사회적 기준 이론은 낯선 사람의 존재에서부터 일시적이지만 집중적인 치료사와의 관계 또는 장기간의 헌신적인 관계에 이르기까지 모든 종류의 사회적 관계가 인간의 생물 신경학적인 자원을 안전하게 보호한다고 주장한다(Beckes and Coan, 2011). 이러한 자원 보호의 특성은 특히 치명적인 협박이나 정신적 외상 발생 순간에 두드러지며, 위기의 순간에 내담자가 치료사에게 전화를 걸기 위해 손을 뻗을 때 설명된다.

구성주의 이론

디지털 문화는 변화의 세계에서 의미와 자기개념을 형성하는 데 중요한 역할을 할 수 있다. Dubus(2015)는 문자 메시지를 보내는 행위는 대화형 자기를 성장시키며, '대화형 자기'는 서로 다르지만, 관계로 연결된 마음의 여러 부분과 내적 대화를 하는 추상적 능력이라고 했다. 이러한 부분은 사회의 서로 다른 부분에 내재한 다양한 생각과 신념을 상징하며, 여러 관점과 갈등을 제공한다(Hermans, 2002). 청소년기 정체성 형성에 특히 중요한 대화형 자아는 문자 메시지로 소통하는 사람들이 문자 메시지 대화에서 표현한 음성을 문자 그대로 다시 참조하고, 반응, 감정 및 학습 경험을 통해 통찰력을 구축할 수 있을 때 개입할 수 있다.

치료사는 청소년이 스마트폰과 소셜 미디어의 디지털 문화가 이미 형성된 환경에서 태어난 '디지털 원주민'임을 꼭 기억해야 한다(Dubus, 2015). 이들과 달리 디지털 기술의 확산 이전에 성장한 디지털 이민자(청소년의 부모, 교사, 또는 기타 권위자로 대변되는)와는 세대 차이가 난다. 세대 차이에 따른 뉴미디어의 사용과 이해는 디지털 원주민과 나이 든 이민자들이 사회에서 그들의 위치에 따라 의미를 해석하고 형성하는 방식에 흥미로운 영향을 미친다. 예를 들어, 디지털 원주민은 디지털 매체의 세계적 연결의 확장으로 다른 문화와 신념, 가치에 전례 없는 수준으로 노출되어 있다(Cheong et al., 2012).

대화형 자기는 상상된 개인적 사고 과정의 가치와 규범뿐만 아니라 자신이 속한 집단의 가치와 규범을 포함하는 '집단적 목소리'를 포함한다(Hermans, 2002). 예를 들어, "교회는 이 상황에 대해 뭐라고 생각할까?"라는 질문을 통해 개인적 행동 규범을 평가할 수 있다. 디지털 문화는 사람들이 자신의 내면의 소리를 발전시킨 다음, 자신에게 도전적이거나 긍정적인 소셜 미디어 같은 디지털 공간에 이를 실천할 더 많은 길을 만들었다.

이 장에서 지금까지 강조한 바와 같이 치료사와 내담자의 관계는 문자 메시지와 인터넷, 앱 기반 통신의 변화무상한 특성처럼, 복잡하고 정리되지 않았으나 풍부할 수 있다. 이러한 디지털 발전은 흥미롭고 개인들을 연결하며 임상적으로도 효과적이라고 생각할 수 있다. 위험과 영향의 경계가 항상 명확한 것은 아니다. 분명히, 치료사들은 내담자와 가능한 효과적이고 합리적으로 의사소통하기를 원한다. 그러나 디지털 원주민 세대의 끝자락에 가까운 치료사들은 디지털 의사소통에 내재한 개인정보 보호와 경계 설정, 기밀유지에 관해 고지식하거나 더 관대할 수 있다(Sude, 2013). 하지만 치료사는 전문적인 환경과 관계없이 대인관계 및 힘의 역동에 대한 이해 그리고 자신과 내담자에 대한 연민에 뿌리를 둔 윤리 및 실천의 개인적 지침을 만드는 것이 필수적이다.

요약

비록 우리는 아직 새롭게 떠오르는 시스템과 역동적인 공동체에 미치는 영향을 완전히 이해하지는 못한다. 그러나 치료사는 인간발달과 사회 체계 그리고 정체성 형성에 대한 전문 지식과 지속적인 교육을 재검토하여, 시스템의 풍부한 이해기반을 다질 수 있다. 치료사는 이러한 문제들을 해결하려 들거나 아니면 관계전문가 교육을 통해 디지털 전문가가 되려고 할 필요는 없다. 그러나 치료사는 자기 관리와 전문적 업무 경계의 유지를 목적으로 매체 참여 지침을 탐구함으로써 혜택을 받을 수 있다. 탐구된 심리사회 이론은 디지털 환경과 결코 배타적이지 않다. 기존의 심리학 이론과 개인적인 성찰, 효과적인 슈퍼비전과의 균형을 조화롭게 유지한다면 치료사는 뉴미디어의 도전을 적절하게 관리할 수 있다.

창의적 도구로서의 뉴미디어

뉴미디어와 사회 시스템

뉴미디어 이론은 문화와 사회 시스템의 관계적 영향과 진화하는 전자기기에 대한 지식을 통합한다(Gane and Beer, 2008; Jenkins, 2006; Manovich, 2001; Pingree and Gitelman, 2003; Thorburn and Jenkins, 2004). Cheong 등(Cheong *et al*., 2012)은 뉴미디어가 "디지털 매체와 자주 연결되는 '새로운' 기술, 기기, 결과물의 단순한 확산을 훨씬 넘어서서 대인관계 지향적인 '사회적 기술 관계의 분산된 웹'으로 확장되고 있다"(p. 1)라고 설명한다. 이러한 관점에서 '뉴미디어'는 사용자 사회에서 콘텐츠와 유통이 유기적으로 발생할 때 생기는 새로운 복합 디지털 문화를 의미한다. 이 문화에는 개인 전자기기, 생성·공유된 콘텐츠, 다양한 사회적 또는 개인 공유 플랫폼 등이 포함된다. 또한, 개인 화면에서의 내적 경험이 의미와 관계의 디지털 기호로 변환된 '듣기' 또는 '보기'로 표현되는 다양한 방법들이 포함된다.

참여 행동과 융합 문화

"모든 미디어는 한때 '뉴미디어'였지만"(Pingree, Gitelman, 2003, p. xi), 오늘날의 뉴미디어 환경은 컴퓨터 발명 이전에 존재했던 대중 매체와는 근본적으로 다른 방식의 독창적이고 상호작용과 대인관계 특성이 뛰어난 시스템이라고 정의할 수 있다. 우리는 뉴미디어 콘텐츠를 다양한 기기의 플랫폼에서 경험하며, 이러한 기기들은 한 가지 작업만 수행하지는 않는다(Jenkins, 2006). 예를 들어, 우리는 휴대폰을 이용하여 게임과 이메일, 사진 찍기, 음악 감상 등을 하는데, 이것은 휴대폰 고유의 역할을 훨씬 뛰어넘는 것이다. Jenkins(2006)는 뉴미디어의 상호 연결성과 편재성을 '융합 문화'라고 표현했다. 융합 문화에서 정보는 우리 주변 어디에나 존재하며 "매체의 생산방식과 소비방식의 변화에 영향을 미친다"(p. 16).

Jenkins(2006)가 기술한 구 미디어와 뉴미디어의 또 다른 점은 "피동적인 미디어 관중이라는 구식 개념"에서 매체 참여의 "참여 문화"로의 전환이다(p. 3). 참여 문화에서 우리는 매체 콘텐츠를 역동적이고 창의적인 방식으로 만들어 공유하며, 종종 상업적 매체 시스템의 규칙과 경계에서 벗어난다. 그래서 자신만의 매체 콘텐츠를 제작하고 큐레이팅하는 세상을 자체적으로 형성하기도 한다. 참여 문화의 한 예로, 팬 아트[fan art]는 기존의 대중 매체에 대한 본질에서 창의적인 반응이다. 예를 들어, *Star Wars*의 경우, 이 영화와 관련된 동영상이 유튜브에 무수히 많다. 사용자 제작 단편 동영상, 후속편 영화의 결말에 대한 시청자 비평 동영상, 시리즈에서 빠진 연결 고리를 설명하는 가상의 반전 동영상 그리고 영화를 무수히 변형한 내용의 동영상 등이다.

영화나 음악같이 매체로부터 영감을 얻거나 매체에 반응하는 것 외에도, 참여 문화의 특징인 '대인 관계성(블로거 팔로우, '좋아요' 클릭)' 추구와 '정보 공유'는 뉴미디어가 사회 시스템과 함께 복잡한 사회행동으로 확대되는 추가적인 방법이다. 이러한 사회적 현실은 본질에서 사람과 연결되어 있기에 생각이나 느낌, 정서와 아이디어들로 가득하다. 뉴미디어는 기계론 그 이상인 셈이다.

치료사들은 뉴미디어에 대한 행동이 단순히 소비적이며 일상의 탈출구인 오락 이상이라는 것을 반드시 인식해야 한다. 우리는 디지털 기기에 대한 다양한 정서적 경험이 있다. 우리가 많이 본 것처럼, 관계와 연결은 '좋아요'를 클릭하거나 팔로우를 하고 댓글을 게시하는 방식으로 즉시 만들어지거나 끊어질 수 있다. 매체를 조회하거나 공유하기, 댓글 달기 등은 우리 모두의 친밀함을 표현하고 정체성과 핵심 신념을 반영하는 참여의 강한 형태이다. 우리는 디지털 소통을 통해 "나는 이 말을 믿어!" 또는 "이것 때문에 화가 나는데!"라고 말할 필요도 없이, 심지어 말 한마디 입력하지 않고 의사소통을 할 수도 있다.

미술치료사들은 기술발전이 구현한 창의적 잠재력을 의사소통 및 창의적 표현의 효과적인 수단으로 주목해 왔다(Alders, Allen, and Mosinski, 2011; Austin, 2010; Belkofer and McNutt, 2011; Orr, 2010). 다음 사례에서는 두 번째 저자가 미술치료에서 어떻게 매체의 정의를 확장하고 적합한 매체 선택을 해 치료적 관계를 심화하여 내담자의 창의적인 표현을 촉진했는지 그 방법을 보여줄 것이다. 뉴미디어의 참여적 특성에 대한 Belkofer와 McNutt(2011)의 윤리 탐구의 적용은 이 사례에 적용할 수 있는 치료적 시각을 제공한다(Jenkins, 2006). 내담자의 뉴미디어 활용을 참여적 행동으로 개념화할 때, 치료사는 개별 아동 미술치료 내에서 디지털 매체를 효과적으로 사용하는 치료 방법을 얻을 수 있다. 왜냐하면, 이 방법을 통해 '지금, 여기'에서 내담자를 만족하게 하는 치료 목표를 달성할 수 있기 때문이다.

사례 3.1

잠들기 어려워하는 Kyle은 낮은 자존감과 지나친 불안 때문에 미술치료에 의뢰된 8살 소년이었다. Kyle은 가끔 자신에 대해 말로 표현하기 위해 고군분투하였고, 과도한 걱정을 했다. Kyle은 킥볼과 같은 게임을 할 때는 게임을 안전하게 하려고, 또는 테더볼 게임을 할 때는 친구들이 순서대로 줄을 섰는지 확인하는 등 게임의 규칙에 과도하게 엄격하였기에 친구들의 화를 샀다. Kyle의 걱정거리는 학교에서의 사회성 문제 외에도 삶의 다른 부분에 영향을 미쳤는데, Kyle은 새로운 것을 시도하거나 새로운 사람들을 만나는 일을 주저했다. 공공장소에서 Kyle은 어머니에게만 매달렸고, 잠들 때까지 계속 보살핌을 받아야 했다. 특히 밤에 마음을 안정하기가 어려웠다. 예를 들어, Kyle은 부모가 외계인에 납치되진 않았을까 걱정하면서 잠에서 깨어나기도 했다.

Kyle은 미술치료 시간을 즐거워했다. Kyle은 창의적이었고 치료사를 잘 따랐지만, 자신감이 없고 수줍은 성격이었다. 그는 자신을 표현하기 위해 애쓰기도 했지만, 종종 바닥을 보며 치료사의 눈을 피했다. 어느 날, Kyle의 어머니는 회기에 아이패드를 가져와서는"치료사 선생님이 허락하지 않을 수도 있다고 말했지만, Kyle이 아이패드로 제일 좋아하는 영화를 선생님께 보여 드리고 싶어 했답니다. 여기 오는 길에도 그저 그 말만 계속했어요. 회기를 방해해서 정말 죄송해요"라고 말했다.

"선생님, 제가 보여 드릴까요?" Kyle이 기대에 차서 물었다.

내담자나 가족들이 치료가 끝나기를 기다리는 동안 전자기기를 사용하는 것은 일반적이었다. 하지만 치료사로서 나는 내담자들이 미술치료 회기 내에 전자기기를 가져오는 것은 허락하지 않았다. 나는 행동 장애가 있는 아동이나 청소년 대상의 이전 근무지에서 시험적 행동에 대해 명확한 행동의 한계를 설정하고, '아니요'라고 말하는 것이 중요하다는 것을 익혔다. 그러나 Kyle은 이전 회기에서 이렇게 규칙을 어기거나 반항적인 행동을 한 적이 없었다. 미술치료사로서 나와 그의 가족이 함께 세운 목표는 일관되게 자신을 표현하고 주장하는 것이었으나, Kyle은 지금껏 내게 그런 직접적인 방식으로는 아무것도 요구하지 않았다.

"좋아, Kyle. 하지만 우리는 미술치료를 할 거란다. 회기 시간 내내 영화 전체를 볼 수는 없고, 네가 가장 좋아하는 장면만 보도록 하자." 치료실로 걸어가면서 나는 죄책감과 불안감을 느끼기 시작했다. '미술치료의 신이 있다면 치료사인 내가 미술치료 시간에 내담자와 영화를 보는 것 보고는 인상을 쓰겠지? 보험회사 담당자와 자격 수여 기관은 또 어떻고?'라고 생각했던 것을 지금도 기억한다. 다른 사람의 창의적인 표현을 관람하고 감상할 수 있다는 것은 특권이자 기쁨이지만, 영화의 장면을 보기 위해 돈을 받는 것은 완전히 다른 이야기이다. 이걸 어떻게 청구할지 생각해 보라!

리얼 스틸Real Steel이라는 이 영화는 미래의 이야기로, 미래의 세계에서 로봇 복싱은 가장 인기 있는 스포츠다. Kyle은 내게 두 장면을 보여주었다. 첫 번째 장면에는 예전에 헤어졌던 아버지와 최근에 다시 살게 된 어린 소년이 나오고, 이들은 쓰레기 더미에서 버려진 로봇을 발견한다. 소년과 아버지는 로봇을 부활시켜 아버지가 패배한 이전의 복싱 경기로 지게 된 빚을 갚도록 했다. 소년은 로봇과 연결되기 위해 애쓰고, 무대는 로봇이 세계 챔피언인 '제우스'와 맞서는 장면을 보여준다. 이 유명한 전투 장면이 Kyle이 보여준 두 번째 장면이었다.

영화 장면을 보자마자 나는 Kyle의 아이패드는 미술치료의 '진짜 작업'을 방해하는 물건이 아닌, 강력한 감상을 가능하게 하는 매체라고 인식하기 시작했다. 이 영화가 제공한 창의적이고 은유적인 내용이 미술치료의 촉매가 되어, Kyle이 표현하기 위해 애쓴 세계의 근본적인 내용을 밝히는 데 도움을 주었다. 버려진 로봇들, 반전까지의 갈등, 아버지와 아들이 서로 연결하기 위해 안간힘을 쓰는 내용은 너무나 놀라운 것이었다! 우리가 아이언맨과 같은 다른 슈퍼 로봇 영웅들의 마스크를 만들기 시작하자, Kyle의 창의적 표현은 꽃을 피웠다. 미술치료의 안전한 가상의 세계에서 Kyle은 어린 소년에서 강력한 슈퍼 영웅이나 이 세계를 보호하는 로봇으로 잠시나마 변신할 수 있었다.

로봇의 페르소나가 Kyle을 껍질 밖으로 끄집어냈다. 로봇을 그리고 로봇의 가면을 만드는 몇 주 동안 Kyle은 더 표현적이며, 자신만만하고, 독립적으로 변했다. Kyle이 전신 크기의 로봇을 만들고 싶어 했기에, 우리는 개인 치료 공간의 큰 창고를 활용하여, 로봇 조립에 사용할 수 있는 물체들을 찾기 위해 바닥을 훑었다. 우리는 창고 안의 재활용 통에서 로봇 재료를 함께 수집하고 부품 조립 방법을 연구했다. 달걀 상자는 로봇의 팔이 되었고, 신발 상자는 로봇의 발이 됐다. Kyle의 얼굴은 매번 작업이 진행될 때마다 자부심으로 환하게 빛났다. Kyle은 페인트가 마르기를 기다릴 수 없다고, 반쯤 완성된 로봇을 집으로 갖고 가게 해달라고 간청하는 등 열정을 거의 억제하지 못했다. 하지만 이 과정은 인내심과 좌절감을 연습하는 기회가 되기도 했다. 가끔은 완성된 조각들이 그가 원하는 방식에 맞지 않는 때도 있었고, 때로는 접착제가 잘 붙지 않는 등 로봇을 고쳐야 할 때도 있었다.

그럴 때면 치료사인 나는, “괜찮아. 우리가 고칠 수 있잖아”라고 말했다.

이 예에서, 우리는 Kyle이 영화에 관한 관심이 미술치료에서 창의적인 힘으로 활용됐다는 것을 알 수 있다. 나는 이제는 디지털 매체에 관한 관심을 ‘진짜 작업’인 미술치료를 산만하게 만드는 것으로 보지 않는다. 나와 Kyle의 행동은 Jenkins의 주장처럼 뉴미디어의 한 형태에 참여한 것으로 개념화할 수 있다. Kyle이 자신이 좋아하는 영화에서 자신의 개인 작품 제작으로 콘텐츠를 재구성한 것은 일종의 ‘팬 아트’라고 생각할 수 있다. 아이패드의 디지털 기술은 미술치료를 위한 창의적인 촉매제였으며, Kyle의 표현에 영감을 불어 넣었다.

또한, 영화에 대한 Kyle의 창의적인 반응은 자신의 이야기를 할 귀중한 자원이 됐다. Jenkins(2006)가 지적한 바와 같이,

> 융합은 매체의 앱을 통해서 발생하지 않지만 정교해질 수 있다. 융합은 사회적 상호작용을 통해 개별 사용자의 두뇌 내에서 발생한다. 우리 각자는 우리의 일상생활의 자원인 변형된 정보의 조각으로 자신만의 개인 신화를 구성한다. (p. 4)

영화 리얼 스틸에 대한 Kyle의 관심은 영화의 도움을 받고, 이를 사용하여 자신의 이야기를 만들고 자신의 삶을 이해했다. 미술치료사로서 나는 그저 그가 자신의 내적 세계와 영화, 우리가 만든 로봇들 사이에 의미 있는 관계를 맺도록 도울 수는 있었지만, 미술치료 회기의 내용을 주도한 사람은 Kyle이었다. 또한, Kyle은 로봇을 완성했으며 창의적 미술을 통해 자신의 소리를 주장하고, 능력을 키우는 일에 숙달되는 느낌을 경험했다. 참여적 문화에 대한 Jenkins의 설명을 예로 들 때, Kyle은 자신의 치료에서 단순한 관람자가 아니라 참여 단계로 적극적으로 나아갈 수 있었다. Kyle이 항상 적절하게 행동하기도 했지만, 나중에는 완전히 그가 이끌고 참여한 셈이다. Kyle이 미술치료감독이었다면, 나는 조수 역할을 하며 미술 지

원과 기술 조언을 했을 뿐이다. Kyle은 이처럼 창의적인 과정을 통해 자신의 의도가 세상에 미치는 영향을 목격했을 뿐만 아니라 계획하는 법도 배웠다(Jenkins, 2006).

결론

이 장에서는 치료사가 뉴미디어 이론과 기초적인 심리학 관점 그리고 관련된 전문 지식을 통합하여 미술치료의 뉴미디어 역할을 이해하는 방법을 제시하려고 했다. 미술치료사가 디지털 기술을 의미와 정체성 형성을 위한 뉴미디어의 한 형태로 이해할 때, 디지털 기술 덕분에 관계적 작업의 잠재력은 실현될 수 있다. 치료사들은 뉴미디어의 아찔한 변화 속에서 '왜'를 묻는 일을 잊지 않아야 한다. 자기성찰과 적극적 경청, 공감적 이해, 개인적 경계 유지라는 '아날로그 작업'이 수반될 때 뉴미디어를 깊이 이해할 수 있기 때문이다. 가위 같은 전통적인 매체를 사용하는 것보다, 스마트폰을 사용하는 것이 미술치료의 치료적 효과를 높이는지 낮추는지를 따지기 전에, 미술치료사의 업무는 본질에서는 같다. 언제나 그렇듯 미술치료사가 내담자를 위한 매체 선택이 어떻게, 치료적 관계에 도움이 될지를 고민할 때 도움을 받을 수 있다(Moon, 2010).

디지털 매체의 *의미*를 이해하기 위해 노력하는 것은 초보 치료사가 자신에게 적합한 훈련과 기술을 더욱 갖추기 위한 잠재적 가능성을 갖게 한다. 디지털 기술은 신속하고 끊임없이 변화하는 역동적인 통신이나 상호 연결 시스템으로 전환됐다. 치료사와 학자들은 아직 이러한 시스템을 완전히 이해하지 못했을 수도 있지만, 여러 면에서 뉴미디어와 관련된 개인행동의 근본적인 욕구는 익숙하고 보편적으로 인간적이다. 예를 들어, 문자 메시지에 대한 문화적 관습은 전화 거는 행동을 대체할 수 있지만, 친구들과 몇 시간 동안 계속해서 연락하고 싶어 하는 청소년들의 욕구를 변화시키지는 않았다. Jenkins(2006)가 지적한 바와 같이, "구식 같은 아날로그 매체는 교체되지 않았다. 단지, 신기술의 도입으로 그 기능과 지위가 이동되었을 뿐이다"(p. 14). 매체와 매체의 전달 시스템인 기술은 같지 않기에, 치료사들이 뉴미디어 시스템에서 공유되는 것이 단순히 오락만은 아니라는 사실을 인식하는 일은 중요하다. "우리의 생활, 관계, 기억, 환상, 욕망도 매체 채널을 통해 흐른다"(Jenkins, 2006, p. 17). 이처럼 뉴미디어는 우리가 치료사로서 우리의 일을 형성하는 방법뿐만 아니라 내담자와 연결되고 이해하는 방법을 변화시키고 있다.

권장 사항

치료사들이 뉴미디어 변화의 다양한 요구를 탐색할 수 있도록 다음과 같은 권장 사항을 제시한다.

- 뉴미디어는 기술적 기기를 넘어 정체성과 의미가 만들어지는 사회 시스템을 의미하는 것임을 명심한다. 이러한 시스템 내에서 내담자의 행동은 자신의 신념, 세계관, 도전, 강점, 기술을 반영한다.
- 치료적으로 뉴미디어의 역할은 사회자원의 확장으로 개념화될 수 있고, 대인관계에서는 활용할 기술의 연마를 위한 장으로 고려될 수 있다.
- 다양한 전자통신 시스템을 통해 표출될 수 있는 무수한 감정적 반응은 화면을 통해 전달되기 때문에 감정적 반응이 두드러지지 않는 것은 아니다.
- 많은 사람에게 뉴미디어 기기는 감정을 조절하고 대인관계를 조절할 수 있는 도구가 된다. 청소년에게 뉴미디어의 접근을 제한하는 것은 중요한 지원망이나 기기, 대처 전략으로부터 청소년을 단절시키는 행위가 된다. 이것을 잘 이해하면, 청소년을 대상으로 치료를 진행할 때 특히 도움이

된다. 이를 제한할 때에는 대안이 될 수 있는 대처 기술을 명확하게 마련한다.

- 뉴미디어 참여는 다양한 형태의 매체 콘텐츠를 만들고 공유하고 다시 구성하는 형태의 창의적 잠재력을 제공할 수 있다.

참고문헌

Alders, A., Allen, P.B. and Mosinski, B.B. (2011) Technology in art therapy: Ethical challenges. *Art Therapy: Journal of the American Art Therapy Association 28*(4), 165–170.

Austin, B. (2010) Technology, art therapy, and psychodynamic theory: Computer animation with an adolescent in foster care. In C.H. Moon (ed.) *Materials and Media in Art Therapy: Critical Understandings of Diverse Artistic Vocabularies.* New York, NY: Routledge.

Beckes, L. and Coan, J.A. (2011) Social baseline theory: The role of social proximity in emotion and economy of action. *Social and Personality Psychology Compass 5*, 976–988.

Belkofer, C.M. and McNutt, J.V. (2011) Understanding social media culture and its ethical challenges for art therapists. *Art Therapy: Journal of the American Art Therapy Association 28*(4), 159–164.

Cheong, P.H., Martin, J.N. and Macfadyen, L.P. (2012) Introduction: Mediated intercultural communication matters: Understanding new media, dialectics, and social change. In P.H. Cheong, J.N. Martin, and L.P. Macfadyen (eds.) *New Media and Intercultural Communication: Identity, Community, and Politics.* New York, NY: Peter Lang.

Dolev-Cohen, A. and Barak, A. (2013) Adolescents' use of instant messaging as a means of emotional relief. *Computers in Human Behavior 29*(1), 58–63.

Dolgin, K. (2010) *The Adolescent: Development, Relationships, and Culture* (13th edn). New York, NY: Pearson.

Dubus, N. (2015) Texting: The third client in the room. *Journal of Clinical Social Work 43*, 209–214.

Gane, N. and Beer, D. (2008) *New Media: The Key Concepts*. New York, NY: Berg.

Hermans, H. (2002) The dialogical self as a society of mind: Introduction. *Theory and Psychology 12*(2), 147–160.

Jenkins, H. (2006) *Convergence Culture: Where Old and New Media Collide*. New York, NY: New York University Press.

Lievrouw, L.A. and Livingstone, S. (2006) Introduction to the Updated Student Edition. In L.A. Lievrouw and S. Livingstone (eds.) *Handbook of New Media: Social Shaping and Social Consequences of ICTs* (Updated Student Edition). London: Sage.

Manovich, L. (2001) *The Language of New Media*. Cambridge, MA: MIT Press.

Moon, C.H. (2010) A history of art materials and media in art therapy. In C.H. Moon (ed.) *Materials and Media in Art Therapy: Critical Understandings of Diverse Artistic Vocabularies*. New York, NY: Routledge.

Orr, P. (2010) Social remixing: Art therapy media in the digital age. In C.H. Moon (ed.) *Materials and Media in Art Therapy: Critical Understandings of Diverse Artistic Vocabularies*. New York, NY: Routledge.

Pingree, G.B. and Gitelman, L. (2003) Introduction: What's new about new media? In L. Gitelman and G.B. Pingree (eds.) *New Media,* 1740–1915. Cambridge, MA: MIT Press.

Pomerantz, S.G. (2013) Attachment and delayed gratification in the technological age [Doctoral dissertation]. Retrieved on April 1, 2018 at Seton Hall University Dissertations and Theses (ETDs) (1882).

Potash, J.S. (2009) Fast food art, talk show therapy: The impact of mass media on adolescent art therapy. *Art Therapy 26*(2), 52–57.

Seiden, D. (2001) *Mind over Matter: The Use of Materials in Art, Education and Therapy*. Chicago, IL: Mongolia Street.

Sude, M. (2013) Text messaging and private practice: Ethical challenges and guidelines for developing personal best practices. *Journal of Mental Health Counseling 35*(3), 211–227.

Thorburn, D. and Jenkins, H. (2004) Introduction: Toward an aesthetics of transition. In D. Thorburn and H. Jenkins (eds.) *Rethinking Media Change: The Aesthetics of Transition*. Cambridge, MA: MIT Press.

제4장

디지털 기술이 내담자의 뇌에 미치는 영향

– *Cathy Malchiodi*

디지털 기술과 소셜 네트워킹은 개개인의 의사소통과 정보수집 그리고 일상생활에 참여하는 방식을 바꾸고 있다. 사람들이 디지털 기기와 소셜 미디어에 자주 참여할 때, 상호작용 방식, 즉 생각하고 대응하며 반응하는 방식을 변화시키면서 자신의 뇌를 '재조직'한다는 증거가 증가하고 있다(Carr, 2010). Jean Twenge(2017)는 스마트폰과 소셜 네트워크로 인한 '초연결'의 직접적인 결과가 'iGen(1995년경부터 태어나 인터넷과 스마트폰 등에 익숙한 젊은 세대)'에게서 새로운 행동으로 출현하고 있다고 주장한다. 그녀의 주장에 따르면 디지털 기술의 발달은 타인과 쉽고 편하게 연결되기도 하지만, 긴 유년기를 보내게 하기도 하고, 덜 행복하며 나아가 외로움과 우울감이 증가하는 덜 반항적인 세대를 만들어 냈을지도 모른다고 결론짓는다.

급속하게 진화하는 디지털 기술과 소셜 미디어의 세계가 당연히 모두 나쁜 것은 아니다. 이러한 진보로 인해 원격의료가 가능해졌고, 창의적이며 직관적인 사용자 중심 소프트웨어가 개발되었으며, 고립되었거나 장애로 어려움을 겪는 사람을 위해 사회에 연결될 수 있는 중요한 플랫폼이 가능해졌다. 또한, 디지털 게임 및 기타 대화형 소프트웨어는 특히 중년층과 고령자의 인지기능과 신체 기능을 향상하는 데 도움이 된다는 새로운 증거도 있다. 우리는 가정에서 시리(애플의 음성 인식 서비스) 또는 알렉사(아마존의 음성 인식 서비스)를 통해 인공지능과 대화하여 저녁 식사로 준비할 요리의 재료나 날씨 등을 확인할 수 있고, 우리나라뿐만 아니라 전 세계 뉴스의 '플래쉬 브리핑'을 받아 볼 수 있다. 이처럼 디지털 기기와 소셜 미디어 플랫폼은 우리의 가정과 직장 생활 깊숙이까지 이미 들어와 있다. 연구자들은 이러한 기술이 정신적·육체적 건강과 발달 그리고 수명에 어떤 영향을 미치는지를 계속해서 밝혀내고 있다. 일반적으로 치료사의 주된 관심은 치료를 통해 치료 대상이 행복해지는 것이다. 따라서 디지털 플랫폼이 치료 대상의 정서적 안녕과 대인관계, 나아가 세계관에 어떤 영향을 미치는지를 치료사가 이해하는 것은 필수적인 일이다. 여기에는 기술과 소셜 미디어가 신체 발달이나 건강 상태 및 사회적 참여에 어떤 영향을 미치는지에 대해 인지하는 것도 포함된다.

디지털 기술(컴퓨터, 태블릿, 스마트폰 그리고 통신·업무·오락을 위한 기기 등의 사용)과 소셜 네트워킹(디지털 기기를 통해 다양한 소셜 미디어 플랫폼에 참여)의 활동이 뇌를 비롯한 신체에 어떠한 영향을 미치는지에 대한 정보는 현재까지 많이 축적됐다. 따라서 이 장에서는 디지털 기술이 뇌에 미치는 영향과 소셜 미디어가 인간 행동에 미치는 영향에 대해서 간략히만 개괄하고, 기술로 인한 스트레스와 아동 발달, 대인관계, 중독과 같은 주요 영역을 다루고자 한다.

테크노스트레스

많은 사람이 호소하는 스트레스 관련 증상과 디지털 기술의 급속한 발달이 연관 있다는 사실은 놀랄 일이 아니다. *테크노스트레스*는 디지털, 특히 정보 기술에 대처하기 위해 고군분투하는 현상을 묘사하기 위해 만들어진 말이다(Riedl *et al.*, 2012). 이것은 일상적으로 업무나 통신, 소셜 네트워킹을 위해 디지털 기기를 사용하는 모든 개인에게서 공통으로 나타나는 현상이다. 테크노스트레스는 다른 고통스러운 사건에서 발생한 것과 같은 스트레스 반응(교감 신경계 활성화)을 포함한다. 이러한 유형의 스트레스 발생은 사용 중인 기술이 실제로 얼마나 유용하고 신뢰할 수 있는가와 명확하게 관련이 있다(Ayyagari, Grover, and Purvis, 2011). 간단히 말해서, 사용 기술이 유용하고 신뢰가 높을수록 사람들은 스트레스를 덜 받는다. 이것을 신경과학 용어로 표현하면, 예측할 수 없거나 불확실한 디지털 기기와 관련된 경험은 변연계를 통해 뇌의 정서적 반응과 신체에 미치는 생리학적 결과를 증가시킨다는 것을 의미한다. 또한, 새로운 상황에 대한 적응은 자동으로 스트레스 반응을 증가시키기 때문에 기술의 빠른 변화 속도가 테크노스트레스의 개별 경험을 변화시킨다. 다행히도 많은 기술이 실제 직관을 중시하는 방향으로 발달하여 대부분은 기본적인 기능만 알면 사용하기 쉬워졌다. 스티브 잡스와 애플의 기기 개발 방식은 사용자 중심인 기술 확산을 어느 정도 촉진하여 적어도 일부 기술과 관련된 어려움은 줄였다고 할 수 있다.

게다가 디지털 기술은 개개인에게 광범위하고 복잡한 방식으로 또 다른 물리적 영향을 미치고 있다. 신경과학자인 Adam Gazzaley(2016)가 지적했듯이, 우리의 신체와 두뇌는 진화되어 온 방식에 부합하지 않는 일을 하도록 요구하는 시대에 노출되어, 다수의 사람이 현재 범람하는 디지털 정보 속에서 고전하고 있다. 휴대폰이나 기기 화면을 더는 보고 있지 않아도, 전자통신 중에 발생하는 자극을 계속 갈망하고 있다(아래 디지털 중독에 관한 논의 참조). 디지털 원주민(디지털 기기를 어린 시절부터 접하며 성장한 세대)은 기술을 통한 다중작업에 더 잘 적응할 수 있지만, 다중작업을 하는 이들은 과도한 정보 중 관련 없는 것을 제거하는 데 더 많은 어려움을 겪고 있고, 그로 인해 더욱 다양한 스트레스를 경험한다. 결과적으로 수면장애와 불면증은 디지털 기기를 낮에 많이 사용하거나, 특히 자기 직전에 사용하는 사람에게서 더 흔하게 나타난다(Twenge, Krizan, and Hisler, 2017). 사실, 나는 내담자들이 불면증이나 불안정한 수면 패턴을 호소할 때면 휴대폰이나 컴퓨터의 사용에 대해 질문하는 것이 일상적이다.

이메일, 문자 메시지, 소셜 네트워크를 통한 모든 정보는 행동을 변화시키고, 대면한 사람이나 환경에 완전히 몰입하거나 집중할 수 있는 능력을 감소시키고 있다. 만약 순간에 몰입하고 얼굴을 직접 대면하는 사회적 관계가 삶의 질과 수명 등 전반적인 건강의 열쇠라고 한다면, 테크노스트레스는 치료사에게 있어 가까운 미래에 많은 내담자와 함께 해결해야 할 것 중 일부분이라고 할 수 있다.

디지털 기술과 아동 발달

아동과 가족 대상의 치료사가 공통으로 관심 두는 것은 디지털 기술이 아동 내담자에게 미치는 영향이다. 미술치료사는 디지털 기기가 아동과 청소년의 창의적 표현에 미치는 영향 이외에도, 미술 작업의 연속체 내에서 앱과 소프트웨어의 가능한 적용을 다양하게 고려한다. 그런데도 치료사들은 아동의 신체적 · 정신적 발달에 디지털 기기가 미칠 수 있는 영향을 우려하고 있다. 다행히 현재는 아동, 청소년을 대상으로 디지털 기기를 사용하여 회기를 진행할 때, 부모와 보호자에게 권장할 수 있는 일관된 지침이 있다. 미국소아과학회American Academy of Pediatrics(AAP)는 디지털 기술이 아동에게 미치는 영향에 대한 유익한 정보를 제공하며, 디지털 기술을 바람직하게 이용하는 사례를 다음과 같이 강조하고 있다(2016).

18개월 미만의 영아

AAP의 '통신 및 미디어 위원회Council on Communications and Media(2016)'는 화면이 있는 기

기(스마트폰, 태블릿, 컴퓨터, 텔레비전)에 대한 노출이 유아의 뇌에 특히 해롭다는 연구를 바탕으로 유아는 어떤 유형의 화면 기기에도 노출되지 않도록 할 것을 권장하고 있다. 이 권고안은, 화면 기기에 노출되지 않고 독립적으로 노는 유아는 과도한 자극을 덜 받을 것이며, 시각적 감각보다는 다양한 감각을 통해 즐겁게 놀이하는 것을 배운다는 연구 결과에 바탕을 두고 있다.

18개월에서 5세까지의 유아

AAP는 아동의 화면 기기 사용 한도를 1시간으로 제한하며, 부모와 보호자가 자녀와 모든 매체를 함께 시청할 것과 자녀에게 높은 수준의 교육용 디지털 미디어 경험을 제공하도록 권장한다. 이 시기의 아동 발달 단계에서는 디지털 기술이 뇌의 발달뿐만 아니라, 심리사회적 발달에도 영향을 미친다는 의견이 현재 널리 받아들여지고 있다. 예를 들어, 디지털 화면을 보는 시간이 적은 아동은 일반적으로 더 사회적이며 자유 놀이와 쉬는 시간을 직접 조절할 수도 있다.

6세부터 12세까지의 아동

AAP는 부모나 보호자가 모든 디지털 기술을 학령기 아동을 대상으로 감독할 필요는 없다고 권고한다. 그러나 예를 들어, 과도하게 두렵고 무서운 내용의 인터넷, 소셜 미디어, 텔레비전 시청 혹은 학습에 영향을 미칠 수준의 디지털 매체 활동은 감독하도록 조언한다. 가능하면 부모와 보호자는 화면 접속 시간을 하루 1시간으로 제한하는 것이 이상적이지만, 이는 디지털 원주민에게는 어렵고 비현실적인 기대가 될 수 있다. 이들에게 더 현실적인 방안은 디지털 미디어의 노출이 수면에 영향을 미치지 않고, 정상적인 신체 활동과 가족 및 친구와의 적절한 사회적 상호작용을 감소시키지 않도록 노력하는 수준에서 마련되어야 한다.

청소년

청소년은 아동보다 디지털 기기 및 매체에 더 자주 그리고 이전과는 다른 목적으로 접속하는 경향이 있으므로, 청소년에게 디지털 기술에 대한 노출을 제한하는 것은 매우 어려운 과제이다. 예를 들어, 최근 몇 년 동안 십 대들은 또래나 가족 간의 의사소통을 위해 정기적으로 문자 메시지와 온라인 채팅 등으로 디지털 기술을 이용해 왔다. 교사가 내준 숙제나 과제 연구를 완수하기 위해, 리포트를 쓰거나 교육 영화를 보기 위해 디지털 기술을 이용해야 할 수도 있다. 또한, 이 발달 단계의 일부 청소년은 미래의 직업으로서 디지털 기술에 흥미를 느낄 수도 있으므로, 이들에게 화면 기기의 시청 시간이나 디지털 기술 이용을 제한하는 것은 어려울 수 있다. 따라서 다양한 디지털 플랫폼에 대한 접근이나 시간을 조금이라도 강압적으로 제한한다면, 그들은 자신들의 건강을 염려해 준다고 생각하기보다 자신들을 처벌하는 것으로 인식할 수 있다.

청소년 대부분은 현재 스마트폰을 사용하고 있으며, 특히 소셜 네트워킹을 통해 개인의 정체성을 탐구할 뿐만 아니라 심리사회 기술과 대인관계를 발전시키고 있다. 이러한 21세기형 의사소통과 상호작용은 여러 면에서 청소년의 심리사회적 발달을 중재한다. 예를 들어, Suler(2004)는 청소년이 디지털 통신을 사용하여 실제 정체성 형성을 실험하고 심리적으로 안전한 수준에서 관계를 맺는 방법을 '온라인 탈억제 효과online disinhibition effect'라는 용어를 인용해서 설명한다. 디지털 통신의 범위로 인해 탈억제 효과는 또한 투명성을 허용하기에 문자 메시지를 통해 십 대들은 표정, 몸짓 또는 음성이 없어도 상호작용을 할 수 있다. 실시간으로 이뤄지는 전화 통화와 달리 이러한 유형의 통신은 다른 사람과의 전자적 상호작용이 실시간으로 일어나지 않을 때 발생한다는 점에서 비동기적일 수도 있다. 탈억제 효과는 디지털 수단을 통해 부모, 교사 또는 기타 권위 있는 인물과 의사소통할 때 남의 시선을 덜 의식하도록 한다. 예를 들어 십 대들은 디지털 통신의 탈억제 효과로 인해 직접 대면할 때는 할 수 없는 대화 방식으로 성인을 떠보거나 말하기에 불편한 말도 할 수 있다.

Suler는 또한 '해리성 익명성dissociative anonymity(익명으로 의사소통하기 위해 인터넷에서 자신의 정체성을 바꾸는 것)'과 '해리성 상상력dissociative imagination(인터넷에서 단지 게임을 하거나 특정 캐릭터에 자신을 투사하여 그 역할만 하는 것)'을 포함하는 탈억제 효과의 다른 요소도 지적했다. 즉, 십 대 청소년은 실제 일상생활과는 전혀 다른 온라인상의 페르소나를 만들 수 있다. 그러나 이러한 행동을 하는 연령대는 청소년만이 아니다. 성인 중에서도 다수가 자신의 삶에서 성공과 긍정적인 면을 암시하는 특정 부분만을 소셜 미디어에 편집하여 게시함으로써, 타인에게 잘못된 인상과 부정확한 인식을 만들어낸다.

마지막으로, 많은 문화에서, 어디서나 접속 가능한 스마트폰의 존재와 그것이 청소년에게 미치는 영향에 대해 조사한 최신 연구는 극적인 현상을 발견했다고 보고한다. 2012년 스마트폰 보급률이 50% 문턱을 넘어서자 청소년의 우울증과 자살률이 높아지기 시작했다(Pew Research Center, 2017). 온라인 사용 시간은 정서와도 관련이 있었다. 하루에 5시간 이상을 온라인에서 보낸 청소년은 하루 1시간 미만의 온라인 사용자보다 자살에 대한 위험 요소(우울감, 자살 계획, 자살에 관한 생각 또는 자살 시도)가 71%나 더 증가한 것으로 나타났다(Twenge, 2017). 간단히 말해서, 청소년의 정신건강을 보호하고 디지털 기술로 인한 우울증을 줄이기 위해서는 현재, 2시간 미만의 스마트폰 사용이 권장된다.

디지털 기술 및 소셜 네트워크 시대의 치료 사례

수십 년 동안 미술치료사와 정신건강 상담가로 일했던 내 경험에 따르면, 내담자의 디지털 커뮤니케이션과 소셜 네트워킹은 치료 환경으로서 점점 더 중요해지고 있다. 어떤 사람들은 단순히 테크노스트레스로 힘들어하거나, 일상 업무나 직업의 일부인 전자통신과 정보의 범람에 시달리고 있다. 또 다른 사람들은 디지털 기술과 소셜 미디어에 의해 대인관계, 정서, 신체적 건강, 삶의 질이 바뀌는 방식으로 삶을 압도당했다.

사례 4.1

Jolene(가명)은 39세이며 만성질환과 관련된 우울증을 앓고 있었고, 그녀의 주치의는 나에게 미술치료를 의뢰했다. 주치의는 Jolene이 명확히 병 때문이라고 할 수 없으나, 체중이 줄고 과일과 야채 먹기를 거부한다며 섭식장애로 진단했다. 주치의는 그녀가 종종 자신의 실제 몸무게를 가장하기 위해 헐렁한 옷을 입고 음식과 관련된 사회적 상황을 많이 불편해했다고 보고했다. Jolene과 나는 첫 회기에 그녀의 병명과 우울증 그리고 음식과 신체 이미지 인식에 대한 그녀의 내적 갈등에 관해 이야기를 나눴다. 그러자 나는 그녀의 삶이 디지털 기기로 소셜 네트워크에 접속하는 것을 중심으로 이루어졌다는 것을 알게 됐다. 사실, 그녀는 시간 대부분을 스마트폰이나 노트북 컴퓨터를 사용하는 데 쓰고, 대인관계 대부분이 가상의 관계로 이뤄져 있었다. 그녀는 '친구'를 '온라인에서 만나고 소통하는 개인'으로 정의하고 그들을 '디지털 부족'이라고 불렀다. 이와는 대조적으로 Jolene은 실제 두 명과 대면 친구관계를 맺었었지만, 또래의 다른 이들과는 달리 이들을 직접 만나거나 어떤 여가 활동도 함께하지 않았다. Jolene은 그녀의 '파트너'라고 말한 남자와 동거하고 있었지만, 그가 비디오 게임을 좋아하기에 그들은 여가 활동을 위해 집을 나서는 경우가 거의 없었다. 그녀는 비디오 게임을 하기 위해'침대 위에서 노트북을 사용'하거나 '밤중에 페이스북이나 인스타그램을 확인하는 것'을 묵인하는 동거남을 좋은 파트너라고 설명했다.

첫 번째 미술치료 회기가 끝날 무렵, 나는 Jolene이 소셜 네트워크를 확인하거나 게시하는 활동에 중독되었을 가능성이 크다고 생각했다. 내가 Jolene에게 회기 후의 계획에 관해 물었을 때, 그녀는 자신이 운영하는 페이스북 그룹을 확인하고 또 다른 소셜 네트워킹 플랫폼의 토론 그룹 페이지에 새로운 게시물을 추가해야 한다고 말했다. 사실, Jolene은 내 치료실에 있는 동안 스마트폰을 할 수 없어서 극도로 불안하다고 말했다. Jolene은 또한 핀터레스트와 트위터에 '피닝'과

'트위팅'을 하여 새로운 소식을 매일 올리기 위해 스스로 정한 규칙을 설명하면서, 자신의 '팔로워'들은 자신이 새로운 게시물을 올릴 것을 고대하고 있다고 했다. Jolene은 소셜 미디어가 자신에게'단지 취미'라고 강조했지만, 사실 소셜 미디어는 그녀의 삶 대부분을 차지하고 있으며 실제로 만난 적이 없는 사람들에 대한 가상적 인상뿐만 아니라 세계관을 형성한 것이 분명했다. Jolene은 자신이 관계를 맺고 있는 디지털 부족이 대면하여 생긴 우정보다 훨씬 더 만족스러운 방법으로 자신을 지지한다고 느꼈다. 그녀는 또한 디지털 부족의 구성원이 자신의 의견에 반하거나 그녀를 불쾌하게 하여 가상 관계가 만족스럽지 않다고 느끼면, 자신은 소셜 미디어 그룹에서 '친구 끊기'나 심지어 '삭제'와 '차단'을 선택할 수 있다고 덧붙였다.

나는 Jolene의 직장 상사가 사무실 데스크톱 컴퓨터를 사용하여 페이스북과 다른 소셜 미디어 사이트에 접속한 것에 대해 그녀를 질책했다는 사실을 그 후 몇 차례 듣게 됐다. 직장에서 그녀를 위해 약물치료와 관련된 비용을 부담하며 상당한 건강보험 혜택을 제공했음에도 불구하고, 그녀는 직장에서 소셜 미디어를 더는 할 수 없었기에 직장을 그만두기로 했다. 음식 섭취를 통제하는 것과 마찬가지로 소셜 미디어는 그녀의 삶과 관계에 대한 만족스러운 통제감을 제공했다. Jolene은 자신이 정상적인 삶을 살 수 있다고 믿으면서도, 자신의 만성 질병이 진행되면 어느 순간에 이르러 장애가 생길 수 있으며 운전조차 할 수 없게 되어 심지어 집에만 머물러야 할 수도 있음을 알고 있다고 했다. 그녀의 만성질환은 예측할 수 없지만, 이와 달리 소셜 네트워킹은 예측 가능한 방식으로 다른 사람과 연결될 방법 중의 한 가지였다. 자신의 생활에 대해 블로그에 자세하게 글을 쓰고, 사진을 올리며, 소셜 네트워크에서 친구를 끊거나 삭제하고 차단하는 방식으로 그녀는 가상의 힘을 경험할 수 있었다.

Jolene이 디지털 기기와 소셜 네트워크에 참여하는 것이 다른 내담자들보다 더 극단적이지만, 그녀의 사례는 디지털 기술과 소셜 네트워킹이 21세기의 심리사회 행동에 영향을 미치는 다양한 방법을 보여준다. 이러한 이유로, 치료사는 최소한 두 가지 핵심 분야에 대해 잘 알아야 한다. 첫째 소셜 네트워킹과 소셜 미디어가 심리사회적 건강에 미치는 영향, 둘째 소셜 네트워킹과 디지털 기기의 중독에 대한 실무 지식을 갖는 것이 매우 중요하다.

소셜 네트워킹과 소셜 미디어

소셜 네트워킹과 미디어가 사람 간의 의사소통과 관계를 형성하는 방식을 변화시키고 있다는 것은 널리 알려져 있다. 현재 심리치료 내에서는 대인 신경생물학Interpersonal Neurobiology(IPNB)(혹은, 관계형 신경과학)에 초점을 맞추고 있는 가운데, 소셜 네트워킹과 소셜 미디어는 개개인이 다른 사람과 어떻게 상호작용을 하는지 이해하는 데 중요한 요소가 되고 있다. 일부 소셜 미디어 선구자들은 이들 플랫폼이 사회적 구조를 파괴하고 있다고까지 말하며 모든 소셜 네트워크로부터 정기적으로 휴식을 취하도록 권고한다(BBC News, 2017a). 자신이 소셜 미디어에 올린 사진이나 게시물을 다른 사람이 좋아하거나 댓글을 달면 그 결과로 자신을 정당화하고, 도파민(보상을 추구하는 행위와 관련된 신경전달물질)이 촉진된다는 보도가 있다(BBC News, 2017b). 어쨌든 소셜 네트워크의 영향은 부인할 수 없다. 현재 페이스북의 하루 이용자는 12억 명이 넘으며, 소셜 네트워크에서 소비하는 시간은 평균 90분에 달한다(Chandra, 2018). 이 통계만 보더라도 모든 치료사는 내담자가 이러한 플랫폼에서 활동하는 방법과 이유 그리고 그러한 활동이 내담자의 전반적인 건강과 안녕에 미치는 영향을 이해할 필요가 있다고 강조하고 싶다.

모든 소셜 네트워킹이 해로운 것은 아니고, 잠재적인 혜택이 있다 해도 그 혜택의 정도는 수많은 요소와 상황에 따라 달라질 수 있다. 예를 들어, 일부 연구는 페이스북을 통해 자신에 대한 솔직한 감정을 온라인에서 공유하는 것이 단기적으로는 행복감과 사회적 지지와 같은 인식을 향상할 수 있다고 한다(Kim and Lee, 2011). 사실, 감정적 또는 신체적 어려움으로 세상을 등지고 숨어 사는 사람에게는 소셜 미디어 참여 경험이 더 큰 사회적 통합과 같은 혜택을 가져올 수 있다(Veretilo and Billick, 2012). 이와는 대조적으로, 페이스북과 같은 소셜 미디어 플랫폼이 부정적인 감정을 심화하고 적개심, 경쟁심, 시기심, 자기 회의감을 높일 수 있다는 신뢰할 만한 연구도 있다. 앞서 언급한 바와 같이, 수많은 사용자가 자신의 긍정적인 경험이나 성취만을 강조하여 게시물을 편집해서 올린다. 이것은 결과적으로 부정적인 '자기비교'를 하게 하고 자신의 삶이 만족스럽지도, 성공적이지도 않다는 느낌을 갖게 한다. Shakya와 Christakis(2017)가 2년 동안 5,208명을 대상으로 한 대규모 종단연구에서 페이스북을 사용할 때와 페이스북을 사용하지 않을 때의 상호작용을 비교했다. 그 결과 안녕감(감정적 · 신체적 건강 면에서)과 페이스북 사용과의 상관관계는 전반적으로 부정적인 것으로 밝혀졌다. 이 연구에서 페이스북 이용자가 게시물을 수동적으로 스크롤 하든, '좋아요'라고 클릭하든, 적극적으로 게시물을 올리든 개개인의 사용 방법은 중요하지 않았다. 연구자들은 "세심하게 편집된 타인의 삶의 이미지에 노출되면 부정적으로 자기비교를 하게 되며, 온라인 소셜 미디어에 더 많이 접속할수록 의미 있는 실제 경험을 떨어뜨릴 수 있다"(p. 210)라고 하며, 이러한 온라인에서의 사회적 상호작용은 실제 관계를 대체할 수 있는 것이 아니라고 결론지었다.

이러한 연구를 바탕으로 우울증이나 불안, 정서적 어려움을 겪고 있는 사람에게는, 특히 소셜 네트워크로부터 멀어져 휴식을 취하라고 말해주는 것이 적절한 조언이 될 수 있다. 최근의 연구는 페이스북 사용이 안녕감에 부정적인 영향을 미친다는 유력한 연구 결과를 제시했다. 간단히 말해서, 이 소셜 네트워킹 플랫폼에서 멀어져 휴식을 취한 사람은 그렇지 않은 사람(페이스북을 계속 사용한 사람들)에 비해 자신의 삶에 대한 만족도와 긍정적 정서가 높았다. 또한, 연구는 페이스북을 과도하게 이용하는 사람과 소셜 미디어에서 다른 사람을 부러워하는 경향이 있는 사람에게 그러한 영향이 훨씬 더 컸다는 것을 보여준다(Tromholt, 2016).

Chandra(2018)는 치료사가 내담자에게 알려주어야 하는 중요한 권고사항을 다음과 같이 언급하고 있다.

> 우리는 소셜 미디어가 우리의 정신과 마음에 미치는 영향을 신중하고 면밀하게 살피고, 좋은지 나쁜지를 저울질해 보아야 한다. 소셜 미디어가 우리를 어떻게 느끼게 하고 행동하게 하는지 자문하고, 소셜 미디어에 노출을 완전하게 제한할 필요가 있는지, 아니면 소셜 미디어 사용 환경을 일부만 수정하면 되는지도 결정해야 한다.
>
> 끊임없이 업데이트되는 게시물을 숨어서 읽거나, 또는 수동적으로 스크롤 하는 것을 멈추고, 우리는 자신에게 다음과 같은 중요한 질문을 할 수 있다. *"나의 목적은 무엇인가?"* 그리고 *"이 온라인 영역이 나 그리고 나의 관계에 미치는 영향은 무엇인가?"*

후자는 특히 소셜 미디어 사용이 내담자의 정서뿐만 아니라 가족, 친구 그리고 지역사회의 사회적 구조에 영향을 미쳤을 때, 치료사가 내담자에게 꼭 해야 하는 질문이다.

마지막으로, 소셜 네트워킹과 소셜 미디어는 사이버 따돌림이라는 매우 심각하고 골치 아픈 현상을 가져왔다. 사이버 따돌림은 일반적으로 소셜 미디어, 휴대폰, 이메일, 디지털 기기 또는 전자기기를 이용한 괴롭힘으로 정의된다(Kowalski, Limber, and Agatston, 2016). 이 전달된 메시지는 다른 사람에게 부정적인 결과를 일으킬 목적으로 작성되어 다른 사람을 괴롭히는 결과를 낳는다. 보통 사이버 따돌림으로 인한 심리사회적 문제의 대상은 아동과 청소년으로 알려졌지만, 성인도 다양한 형태의 온라인 괴롭힘, 정서적 학대, 스토킹을 경험한다. 온라인 따돌림은 대면 따돌림보다 훨씬 더 많은 불안을 유발하는 경향이 있는데, 이는 대면 따돌림이 더 엄격하게 인식되고 피해자가 따돌림 가해자를 명확하게 식별할 수 있기 때문이다. 온라인의 익명성과 편의성은 사이버 따돌림의 발생률을 높아지게 했으며, 누군가 자신의 따돌림을 목격했을까 봐 걱정하고, 또다시 그런 일이 일어날까 봐 더욱 불안해하는 피해자의 취약함까지 증가시켰다.

수많은 연구에서 사이버 따돌림을 연구 주제로 다루어 왔으며, 사이버 따돌림이 심리적, 정서적 건강과 안녕에 시내한 영향을 미치고 있다고 보고 했다(Kowalski *et al.*, 2016). 자기효능감의 상실, 우울증, 자살은 많은 아동과 청소년에게서 일어날 수 있다. 만일 이 문제가 보호자와 조력전문가에 의해 알려지지 않고 다뤄지지 않는다면, 그러한 일은 더욱 심각하게 일어날 것이다(Hinduja and Patchin, 2010). 사이버 따돌림을 당한 사람들은 두통과 위장 장애를 호소하기도 하고, 이와 함께 빠른 심장박동, 놀람 반응, 혈압 상승과 같은 신체적 이상 증세를 보이기도 한다. 이러한 반응은 외상 후 스트레스와 유사하며, 경우에 따라 외상 후 스트레스의 한 형태가 될 수 있다. 사이버 따돌림과 관련된 심각한 정신적 · 신체적 건강상의 영향 때문에, 고통이나 우울증을 보이는 아동 및 청소년 대상 치료사는 이들 내담자가 보이는 온라인 따돌림의 징후를 이해하는 것이 필수적이다.

고립공포감인가 중독인가?

어떤 면에서 우리는 그 어느 때보다 서로 연결되어 있지만, 서로 가까이 있을 때도 사람 간의 직접적인 접촉은 점점 더 단절되어 가고 있다. 여러분이 배우자, 가족 또는 친구들과 저녁을 먹으러 나간 적이 몇 번이나 있는지 생각해 보라. 또 기껏 나가서는 테이블에 앉아 있는 모든 사람이 직접 대화를 나누기보다는 주문한 요리가 나올 때까지 스마트폰이나 하고 있었다는 것은 놀라운 일도 아니다. 나는 심지어 공항에서 휴대폰을 응시하는 사람을 아이폰으로 사진 찍는 새롭고 창의적인 취미를 가지고 있다([그림 4.1] 참조). 이런 것들은 포모(FoMO)의 순간이다. FoMO는 '고립공포감Fear of Missing Out'의 약자이다. 스마트폰을 휴대할 수 있는 특별한 생활에서, 점점 빈번하게 '전화기를 확인하는' 것은 무의식적인 습관이 됐다. 사실 많은 사람이 자신의 디지털 기기를 확인할 수 없고, 그 때문에 문자 메시지, 소셜 미디어, 인터넷에 연결하지 못하면 박탈감을 느낀다. 이는 디지털 기기를 확인하는 경험이 뇌에서 도파민을 방출하도록 하기 때문이다. 이 경험은 우리 뇌가 안전감을 얻기 위해 기본적인 생물학적 신호를 어떻게 나타내는지를 보여준다. 좋은 감정이 사라지면, 뇌는 도파민을 다시 방출하도록 더 많은 경험을 계속 추구한다. 즉 많은 사람이 문자 메시지나 소셜 미디어를 스마트폰으로 확인하는 행동으로 뇌에 안전과 긍정적인 보상 감각을 강화한다.

일부 내담자가 소셜 미디어나 게임에 접속하기 위해 디지털 기기에 지속해서 매달리는 행동은 고립공포감을 넘어서는 것일 수도 있고 중독의 한 형태일 수도 있다. 실제로 자기공명영상(MRI) 연구는 디지털 기기 사용을 통제할 수 없는 인터넷 사용자의 뇌가 마약이나 알코올에 중독된 뇌와 비슷하다는 것을 보여준다. 다른 연구들은 단순히 디지털 기술을 사용하지 못하게 분리하는 것으로도 일부 사용자가 신체적 · 정서적 금단 증상을 경험했다고 보고했다 (Kuss, 2016).

[그림 4.1] 예지를 찾아서

Cathy Malchiodi 사진 제공

소셜 미디어 중독은 많은 사람에게 기분 전환 경험을 제공하는 것이 입증되어, 이제 중독 행동의 한 형태로 더 널리 받아들여지고 있다. 이런 유형의 중독(Jolene의 한밤중의 사례와 같이)은 소셜 미디어에 대한 집착을 포함한다. 어떤 사람은 소셜 네트워크를 사용할 수 없을 때 불안이나 우울증 같은 실제적인 '금단현상'을 보인다. 그들은 심지어 약물에 중독된 사람이 고통을 완화하기 위해 알코올이나 약물을 사용할 수 있는 것처럼, 부정적인 기분을 완화하는 방법으로 소셜 미디어를 사용할 수도 있다.

결론

이 장에서는 다양한 디지털 기술과 소셜 네트워킹의 최신 정보를 유지하는 것이 모든 연령대의 건강과 안녕에 큰 영향을 미치고 있음을 강조했다. 치료사는 내담자 대부분이 적어도 디지털 기기 및 소셜 미디어와의 결합 때문에 영향받는 심리사회적 경험하에 놓여 있는 상태에서 치료받는다는 것을 인지해야 한다. 특히 모든 치료사가, 매체와 기기가 내담자의 정서, 스트레스, 신체적 반응과 대인관계에 어떤 영향을 미치는지를 인식하는 것은 필수적이다. 명상과 신체적 운동이 문자 그대로 우리의 뇌를 변화시킬 수 있는 것처럼, 온라인 상호작용과 전자통신의 가상 세계는 우리가 이해하기 시작한 방식으로 인식과 감정을 변화시킨다. 우리는 또한 개인이 디지털 세계의 피할 수 없는 테크노스트레스에 적절히 대응할 수 있게 하려고 심리치료 전략을 개발하는 초기 단계에 있다. 내담자를 디지털 기술과 소셜 미디어로부터 분리하는 것은 불가능하고 비현실적일 수 있지만, 이제 치료사로서 우리는 이 플랫폼들이 언제 어떻게 건강과 안녕을 지원하는지 뿐만 아니라, 지원하지 않는지도 탐구하고 확인할 책임이 있다.

권장 사항

디지털 시대의 내담자를 위해 임상적 사고를 확대하고 효과적인 개입을 개발하기 위해 치료사는 다음 사항을 유념하도록 권장한다.

- 디지털 기술과 소셜 네트워킹이 정서적, 심리사회적, 신체적 건강에 미치는 영향에 대한 정보를 지속해서 제공한다.
- 디지털 기기 및 정보 과부하로 인한 일부 형태의 불안과 스트레스 대응 그리고 우울증이 테크노스트레스의 결과일 수 있음을 고려한다.
- 아동과 청소년을 위한 치료를 시행할 때는 디지털 기술 및 소셜 네트워킹이 정서적, 심리사회적 발전에 미치는 영향을 고려한다.
- 아동과 청소년의 우울증, 불안, 신체적 증상이 사이버 따돌림에 기인한다는 것을 인지한다.
- 대인관계에서 소셜 네트워킹과 소셜 미디어의 역할을 고려한다.
- 디지털 기기와 소셜 네트워킹의 중독 패턴을 자세히 알아본다.

참고문헌

American Academy of Pediatrics (AAP) (2016, October 21) American Academy of Pediatrics announces new recommendations for children's media use. Retrieved on April 1, 2018 at www.aap.org/en-us/about-the-aap/aap-press-room/pages/american-academy-of-pediatrics-announces-new-recommendations-for-childrens-media-use.aspx

American Academy of Pediatrics Council on Communications and Media (2016) Media and young minds. *Pediatrics 138*(5), e20162591.

Ayyagari, R., Grover, V. and Purvis, R. (2011) Technostress: Technological antecedents and implications. *MIS Quarterly 35*(4), 831–858.

BBC News (2017a, December 12) "You are being programmed," former Facebook executive warns. Retrieved on April 1, 2018 at www.bbc.com/news/blogs-trending-42322746

BBC News (2017b, November 9) Facebook founding president Sean Parker sounds alarm. Retrieved on April 1, 2018 at www.bbc.com/news/av/technology-41937476/facebook-founding-president-sean-parker-sounds-alarm

Carr, N. (2010) *The Shallows: What the Internet Is Doing to Our Brain*. New York, NY: Norton and Norton.

Chandra, R. (2018, January 19) How to use social media wisely and mindfully. *Greater Good Magazine*. Retrieved on April 1, 2018 at https://greatergood.berkeley.edu/article/item/how_to_use_social_media_wisely_and_mindfully?

Gazzaley, A. (2016) *The Distracted Mind: Ancient Brains in a High-Tech World*. Cambridge, MA: MIT Press.

Hinduja, S. and Patchin, J. (2010) Bullying, cyberbullying and suicide. *Archives of Suicide Research 14*(3), 206–221.

Kim, J. and Lee, J. (2011) The Facebook paths to happiness: Effects of the number of Facebook friends and self-presentation on subjective well-being. *Cyberpsychology, Behaviour and Social Networking 14*(6), 359–364.

Kowalski, R., Limber, S. and Agatston, P. (2016) *Cyberbullying: Bullying in the Digital Age*. Hoboken, NJ: Wiley and Blackwell.

Kuss, D. (2016) Internet addiction and problematic Internet use. *World Journal of Psychiatry 6*(1), 143–176.

Pew Research Center (2017, January 12) Record shares of Americans now own smartphones, have home broadband. Retrieved on April 1, 2018 at www.pewresearch.org/fact-tank/2017/01/12/evolution-of-technology

Riedl, R., Kindermann, H., Auinger, A. and Javor, A. (2012) Technostress from a neurobiological perspective. *Business and Information Systems Engineering 4*(2), 61–69.

Shakya, H. and Christakis, N. (2017) Association of Facebook use with compromised well-being: A longitudinal study. *American Journal of Epidemiology 185*(3), 203–211.

Suler, J. (2004) The online disinhibition effect. *CyberPsychology and Behavior 7*(3), 321–326.

Tromholt, M. (2016) The Facebook experiment: Quitting Facebook leads to higher levels of well-being. *Cyberpsychology, Behaviour and Social Networking 19*(11), 661–666.

Twenge, J. (2017) *iGen: Why Today's Super-Connected Kids Are Growing Up Less Rebellious, More Tolerant, Less Happy—and Completely Unprepared for Adulthood—and What That Means for the Rest of Us*. New York, NY: Simon and Schuster.

Twenge, J., Krizan, Z. and Hisler, G. (2017) Decreases in self-reported sleep duration among US adolescents 2009–2015 and links to new media screen time. *Sleep Medicine 39*, 47–53.

Veretilo, P. and Billick, S. (2012) Psychiatric illness and Facebook: A case report. *Psychiatric Quarterly 83*(30), 385–389.

제2부

디지털 도구 상자

방법 및 매체

제5장

미술치료에서 뉴미디어의 적용과 효과

– *Shaun McNiff*

전문화 사일로를 초월한 디지털 매체

치료에 모든 예술을 통합하는 데 헌신한 사람으로서, 내게 미술치료는 언제나 부담 없이 편안하게 다가오는 개념이다. Susan K. Langer는 그림, 창의적 글쓰기, 음악, 드라마, 무용 그리고 다른 예술 형식을 모두 포괄하는 유일한 단어는 '미술'이라고 말했다(Langer, 1957, p. 14). 나는 '미술기반 연구'가 모든 예술을 포괄하는 것으로 정의한 바 있으며, 미술치료도 마찬가지라고 본다. 설령 미술치료가 관습적으로 시각 미술치료 분야를 가리킨다고 하더라도, 나는 '미술'이라는 이름에 내포된 확장성을 전적으로 확신한다. 굳이 '디지털 미술치료'와 같은 새롭고 세분화된 전문 분야를 새로 만들기보다는, 시각 미술 분야에서 현재 디지털 미술의 두 가지 주요 양식인 사진과 비디오를 '미술치료'의 핵심 요소로 삼으면 된다고 생각한다. 이렇게 미술치료를 포괄적인 개념으로 상정하면 전 세계 미술가들의 작업 및 인생 경험의 스펙트럼과 보조를 맞출 수 있는 무한한 매체의 가능성이 열리게 된다. 페인팅이나 드로잉, 실제로 사물과 공간을 만드는 것에서부터 작고 강력한 새로운 기기로 비디오를 촬영하는 데 이르기까지, 그 모든 작업의 본질적인 속성은 — 경계가 확립되지 않은 열린 용어이긴 해도 — '미술' 작업을 한다는 것이다. 나는 이러한 유연성을 자산으로 보며 현재의 풍부한 디지털 가능성 덕분에 우리 분야에서는 미술기반 치료의 힘을 깊이 깨닫게 될 것으로 기대한다.

특히 비디오와 같이 예술 사이의 구분을 초월하고 자연스럽게 시각적, 동적, 청각적, 극적, 시적 표현 방식을 통합하는 새로운 형태의 표현들은 본질적으로 다중감각적이기 때문에, 디지털 매체에 대한 논의의 시작점에서 필수적인 예술과 예술가들에 대한 개념을 강조한다. 시각 예술에서는 디지털 미술의 도입으로 라이브액션이 포함됨으로써 전통적인 2차원과 3차원 재료들을 넘어서고 있다. 미술치료의 본질에 대한 보수적이고 제한적인 사고가 항상 뉴미디어에 저항해 왔다는 것은 당연한 일인지도 모른다.

전형적인 미술 재료나 표현 방식을 위협하는 것이 아니라, 디지털 매체는 완전히 새로운 자원을 제공하면서도 전통적인 미술 형식과 협력하면서, 디지털 기록과 영상을 통해 우리가 전통 미술을 더 잘 인식할 수 있도록 도와줌으로써 치료를 풍요롭게 한다. 그러나 익숙한 기존 미술 표현 재료와 전혀 다른 디지털 매체의 도입이 가지는 가장 큰 중요성은, 각각의 표현 매체가 미술치료 경험에 미치는 영향에 대해 면밀히 검토해야 할 필요성을 더 깊이 느끼게 해줬다는 점일 것이다. 몇몇 중요한 예외는 있으나, 미술치료가 예술적 치유성에 대한 경험적 특성에 거의 관심을 기울이지 않았다는 것이 나로서는 너무 놀라울 따름이다. 이는 미술치료 분야가 미술 작업이라는 물리적인 경험에 근거하지 않고, 모든 표현 매체를 심리적 분석을 위한 자료로 취급하거나 기껏해야 심리적인 성찰을 심화시키는 의사소통 방식을 만들어내는 것으로 간주하는 패러다임 안에서 실행되기 때문이다. 특정 매체의 재료 특성이 어떻게 더 치유성을 강화시키는가에 대해 일차적 관심을 기울이지 않았으면 한다. 이 장에서는 다양한 재료들이 예술적, 치료적 목적과 관련하여 어떤 역할을 하는지 살펴볼 것을 권장한다.

이 논의에서는 두 가지 중요한 질문을 강조하고 싶다. 첫째, 우리는 왜 어떤 특정 미술 형식을 사용하는가? 둘째는 아마도 이 논의와 관련하여 가장 중요한 것으로, 디지털 매체의 독특한 치료적 특성은 무엇이며 다른 형태의 미술 표현과의 차이점과 유사점은 무엇인가 하는 것이다.

결국, 디지털 매체는 예술적 표현의 경험적 자료들이 그 본질에 상응하는 치료적 가능성과 효과를 제공하는 방식에 대한, 폭넓고 총체적인 인식의 일환이다(Hyland Moon, 2010; McNiff, 2004). '뉴미디어'에 대한 여기에서의 초점이 신선하고 새로운 표현 매체의 지속적인 출현에 관한 것으로 간주될 수 있기를 바란다. 나의 목표는, 특히 디지털 영역에서 변화와 혁신이 매일 일어난다는 것을 깨달아 매체 속성과 영향에 대한 보다 포괄적인 탐구를 하도록 장려하는 것이다. 예를 들어, 2001년 이 책의 첫 번째 판에서 논의한 디지털 매체 사용의 많은 부분이 이제 구식이 되었다. 이번 새로운 책에서 내가 제시하는 수많은 사례들은 미술치료에서 현재 사용되는 디지털 매체에 대한 것이지만, 그것은 변화하고 있고 궁극적으로는 미래의 기술을 예측하고 지원하며 그 특성과 효과를 지속적으로 검토하는 방식으로 매체의 영향력이라는 본질적인 문제를 다루는 것이다.

미술치료에서 비디오의 초기 사용과 지속 효과

1970년대 초 휴대용 비디오 기술이 보급되었을 때, 주립 병원에서 운영하던 미술치료 프로그램 내에서 그것을 사용할 기회가 자주 있었다(McNiff, 1974). 따라서 나는 비디오를 처음 사용하고 아날로그에서 디지털 플랫폼으로 이동하는 동안, 지속적이고 심층적인 수준에서 휴대용 소형 비디오를 사용해 온 비교적 독특한 위치에 있다. 초기에는 장비가 비싸고 복잡하며 대체로 접근이 어려웠기 때문에 비디오 실험과 사용이 드물었지만, 이 모든 것이 최근 디지털 기기가 보편화 되면서 급격하게 변화되었다.

이 뉴미디어에 대한 초기 실험이 이루어질 당시, 미술치료의 일각에서는 미술치료 분야가 드로잉, 페인팅 그리고 점토로 모델링 하는 것에 제한되어야 한다고 주장했다. 당시 매사추세츠주 앤도버에 있는 필립스 아카데미Phillips Academy에 자리한 애디슨 미국 미술관Addison Gallery of American Art 책임자였던 Christopher Cook의 지원으로, 우리 주립 병원 스튜디오는 비디오 포타팩(배터리로 작동하는 아날로그 녹화 시스템으로 휴대용 어깨끈이 달려있다)과 모니터를 이용하게 되었으며, 숙련된 촬영 기사들을 만나게 되었다. 그들은 다양한 매체를 활용한 미술작업 회기를 녹화했고, 직원과 집단 구성원이 기기 사용법을 익히도록 도와주었다. 병원 내에서 2년간 실행된 후에 이 프로그램은 미술관으로 확대되었고, 지역사회의 다양한 정신건강시설과 협력하여 4년 동안 운영되었다. 치료적인 프로그램을 미술관에 도입한 이유에 대해 Cook은 다음과 같이 말했다.

> 나는 미술이 유용해야 한다는 생각에 찬성한다. 유용하다는 것이 질의 저하를 의미하지 않는다. 미술은 단지 즐거움만을 위한 것이 아니라, 사람들이 더 잘 기능하도록 만드는 일종의 근본적인 통합 능력을 가지고 있음을 의미한다…. 나는 물론 아름다운 장소인 미술관에 관심이 있다. 그러나 미술관의 주요 의의는 미술이 삶의 주류에 합류하도록 돕는 것이어야 한다. (Newsom and Silver, 1978, p. 175)

이 프로그램은 미술관을 치료적인 환경으로 활용하는 것뿐만 아니라, 뉴미디어를 적용하는 것을 탐구하는 Cook의 비전에서 영감을 받았다. 시각 예술이라는 보다 확장된 맥락에서 벌어지는 일들과 치료의 범위가 어떻게 상응하는지 궁금했기 때문에, 우리는 자연스럽게 비디오를 미술치료 회기에 통합했다

(McNiff and Cook, 1975). 비디오카메라를 설치하자 매체에 대한 반응으로 자연스럽게 다른 예술, 특히 퍼포먼스가 일어났다. 이런 점에서 비디오 매체의 가능성과 특성은 예술을 통합시키는 나의 첫 탐구에 큰 영향을 미쳤다. 모든 것은 매체 특성에 대한 반응으로 시작되었다. 비디오는 우리 미술치료실에서 사람들의 행동을 기록하는 중요하고 설득력 있는 방법을 소개했고, 삶의 경험을 미술로 표현하게 했다. 이 *매체*는 미술치료에 *통합적인* 접근 방식을 발전시켰다.

비디오에는 또한 미술관의 전체 환경, 즉 갤러리, 미술 작품, 사람 그리고 외부 공간을 본질적으로 아우를 수 있는 능력이 있었다. 이 점에서 비디오는 미술관을 삶의 주류에 연결하도록 돕는 치료적 환경으로써 활용하겠다는 Cook의 목표를 달성시키는 완벽한 매체였다. 미술관에서 비디오로 작업한 몇 해 동안을 되돌아봤을 때, 당시 우리의 계획이나 생각의 범위를 벗어난 효과가 나타났다는 것을 깨달았다. 결과적으로 미술 매체가 확장되었다. 비디오는 특정한 장소에서 일어나는 모든 일을 담아내는 일종의 생태미술[eco-art]이 되었다. 작고 미묘한 요소 하나하나가 전체에 기여했다. 이 매체를 미술에 사용한 것은 Cook이 미술관 환경 안에서 실현하기를 바랐던 미술과 삶의 통합과 치료적 '통합 능력'을 위한 통로가 되었다.

미술관 내에서 행해진 작업을 평가할 때, 이것은 비디오 재생이라는 확실하고 심미적인 자극효과 덕분에 일어날 수 있었던 일이다. 이러한 환경적, 공간적 영향은 나의 개인적인 비디오 경험에서 독특했는데, 왜냐하면 이 특별한 프로그램 안에서 미술관 공간은 미술치료 과정에 매우 중요하고 의도적인 참여자였기 때문이다. 우리는 우리가 한 것이 예술적 환경 치료의 한 형태라고 생각했다. 예술적 환경 치료는 미래의 환경 정보를 지닌 미술치료로서 풍부한 가능성이 있다고 생각하며, 여기서 디지털 매체가 유사한 통합 기능을 발휘할 수 있다.

1970년대 초기의 비디오 사용은 수년 동안 디지털 기술의 급속한 변화와 발전을 거치면서도 일관성을 유지해 온 두 가지 주요 기능에 집중했는데, 이는 개인 및 집단 내에서 미술 표현 과정을 기록하기 위해 비디오를 사용하는 것과 미술 작품으로서 비디오를 만드는 것이다. 이 두 가지 원리는 최근에 사용되는 디지털 사진에도 적용된다.

초기에 비디오 녹화 장비로 작업할 때는 장면을 촬영하는 기술적 과정을 숙달하는 데 관심을 보인 사람이 몇 되지 않았다. 이 장비는 복잡했고 휴대 가능하다고 해도 무거웠으며, 기술적으로 어려운 동시 작업을 요구했다. 즉 카메라를 이동하며 움직임을 따라 초점을 맞추고, 때로 마이크를 필요로 하는 음향 품질에 주의를 기울이며, 양손과 온몸을 써가며 장비와 테이프 녹화 포타팩을 들어야 한다든지 등이다. 이러한 기능을 숙달하는 데는 상당한 노력과 기술이 필요했으나, 녹화 기기의 품질이 기하급수적으로 향상됨에 따라 오늘날 이러한 모든 문제는 사실상 없어졌다. 비디오 촬영 기술을 익히는데 전념한 한 참여자가 있던 성인 집단을 제외하고는 치료에서의 녹화는 내가 하거나 우리와 함께 일하는 대학원생이나 미술관 팀원이 맡았다.

미술치료에서의 초기 비디오 실험은 전체 집단과 지역사회 활동을 기록하고, 개개인에게 미술 작업 과정에 있는 본인의 모습을 볼 기회를 제공하는 방법으로 비디오를 사용하는 데 더 집중했다. 그 당시 우리가 경험했던 중요한 치료적 효과는 수십 년이 지나도록 조금도 감소되지 않았으며, 다양한 매체가 보강되면서 지속되었다. 예를 들어, 1970년대 초 처음 비디오를 사용할 때, 우리는 자연스럽게 미술 작업 중인 한 사람의 손의 움직임에 초점을 맞췄다. 이는 집단 외부에 보일 수도 있는 비디오 편집본에 대해 기밀유지를 보장하면서도 카메라의 도움 없이는 보기 어려운 예술적 움직임과 터치를 가까이에서 보여줬다.

이러한 근접 촬영의 심미적 효과는 종종 사진처럼 훌륭한 정지 이미지를 만들어내며, 상당한 치료적 힘을 지닌 채 오늘날까지 계속되고 있다. 이는 모든 치료적 맥락에 강한 영향을 미치고 있으며, 기밀유지가 깊이 우려되는 상황에서 특히 가치가 크다. 예를 들어, 보안이 철저한 법의학 정신과 시설 내에서의 점토 사용과 영화 제작에 대해 연구한 Serena Duckrow Fonda의 2017년 박사학위 논문은 이 과정을 동시대의 사례로 설득력 있게 제시한다. 그녀의 연구는 영상을 편집하여 통합된 상태로 만들어 보여주는 것이 단지 원본 영상을 보여주는 것에 비해 상당한 치료적 효과가 있음을 보여준다. 나는 이 연구에 참여함으로써 예술적으로 편집된 비디오가 미술치료 경험에 상당한 영향을 미친다는 것을 알게 됐다. 이 모든 것은 미술기반 연구에서의 디지털 매체 사용에 관한 내용을 다루는 이 책의 제20장에서 논의될 것이다.

패러다임 영향

미술치료 분야는 주로 이야기 중심의 심리학 이론 맥락 안에서 미술 작품에 반응하고 설명하는 것을 지향해 왔다. 따라서 각각의 매체가 지닌 신체적, 정서적 효과에는 관심을 덜 기울여 왔다. 대부분의 미술치료 훈련 프로그램과 많은 미술치료사들은 여전히 손쉽게 구할 수 있는 종이와 오일파스텔같이 비싸지 않은 간단한 매체를 주로 사용한다. 나는 제한된 재료로 기초적인 미술 작업만이 가능한 '변변찮은' 스튜디오에서 일어날 수 있는 치료 경험을 과소평가하고 싶지는 않다. 많은 경우, 이면지에 이미 사용한 흔적이 있거나 부러지기도 한 오일파스텔로 그리는 것이 표현을 위한 유일한 선택 사항일 수 있다. 미술치료 경험의 질은 품질이 좋은 미술 재료에 의해 향상될 수 있지만, 결코 그것들에 의해서만 결정되는 것은 아니다. 별것 아닌 소박한 매체도 고차원의 예술적 표현을 이끌어낼 수 있으나, 모든 미술치료 임상에 될 수 있는 한 양질의 재료를 제공하기 위해 최선을 다하는 것이 이상적이다. 문제는 보통 미술치료에서 사용하는 매체에 대해 신중하게 고려하지 않는 데다가, 기본적인 미술 도구만을 사용해서 심리학적 담론이라는 목적을 위해 이미지를 만들어내는 경우가 많다는 점이다.

미술치료는 서사적인 세계관 즉, 이야기 구조와 병력, 과거 트라우마, 내가 '설명주의'(그걸 그렸다면, 이런 의미예요)라고 명명한 우선적 가치 등을 통해 설명되는 선형적인 인과 관계와 사건의 전개에 기반을 둔 심리학적 패러다임과 거의 동일시돼왔다. 물론 나는 인간의 경험을 이해하는 데 서사, 역사, 선형분석 그리고 인과 관계가 차지하는 위치를 중요하게 생각하지만, 나의 미술치료 임상은 이러한 개념 안에서만 요약될 수 없다는 것을 알게 됐다. 사람들이 가장 성공적인 결과물을 내놓을 때 심리학적 서사의 '흐름에서 벗어난 창조'의 과정에 들어서는 모습을 나는 지속해서 관찰하고 있다. 나는 또한 예술적인 과정과 심리학적 과정을 통합하는 미술치료에 전념하면서도 비선형적인 예술의 힘이라는 미묘한 심층 심리를 반영하고자 한다. 따라서 예술적 경험을 언어적 설명으로 번역하는 것보다는 매체 사용의 심리학적 의미에 지대한 관심을 기울이게 된다.

창의적인 상상력과 미술 작업의 과정은 변형적인 치유 에너지를 생성하는데, 이 에너지는 정말로 비선형적이어서 '설명'하기가 늘 어렵고, 때로는 불가능하기도 하다. 우리는 이러한 효과와 변화를 몸과 마음으로 느끼고 경험한다. 또한, 이것은 예술적 표현에 경험적으로 나타난다. 이러한 미술의 치유성은 심리학적인 개념이라기보다 몸과 마음의 활기찬 움직임에 더 가까운 특징을 보인다. 그러므로 나는 늘 매체의 역할과 매체가 우리에게 미치는 서로 다른 영향, 매체가 전달하는 속성, 매체가 공간과 사람들 사이의 에너지 흐름에 미치는 영향 등을 탐구하고 있다(McNiff, 2016). 또한, 뉴미디어와 기존 매체 사이에서의 상호작용이 어떻게 미술치료를 개선해 나가는지 연구한다.

미술치료에서 디지털 미술 매체의 활용

디지털 미술이 처음 가능해졌던 때부터 디지털 미술을 옹호했던 사람으로서 확언컨대, 디지털 미술이 기존 매체로 작업을 하는 스튜디오 집단에서 내가 하는 일을 대체할 수 없을 것이다. 양자택일의 문제로 보지 말고, 모든 미술치료 매체 자원을 고려하자고 권하는 것이다. 전통적인 매체에는 미술치료 경험의 핵심을 이루는 확고한 속성(가령 냄새라든가 소리, 느낌, 습기, 무게, 전반적인 몸의 움직임, 대상의 물리적 실재, 스튜디오 환경의 전체적인 감각적 에너지와 흥분)이 깃들어 있다. 그러나 픽셀에도 역시 치료의 힘이 있다.

디지털 미술은 고유의 방식으로 창의적인 에너지와 삶을 변화시키는 힘을 활성화하고 전달한다. 디지털 미술의 선명한 색깔과 빛, 움직임, 소리 그리고 삶의 과정을 보여주는 능력은 손에 잡힐 듯한 강력한 에너지를 미술치료 맥락에 전한다. 디지털 미술 매체와 전통적인 매체는 이전의 확장되고 강화된 치료 효과의 가능성에 이미지 기반을 공유한다.

예술적 표현과 관련된 디지털 매체의 가장 근본적인 진전은 모든 사람이 예술적 표현에 쉽게 접근하도록 했다는 것이다. 최근에는 기본적인 조작 기술로 고품질의 심상을 만들어 낼 수 있는 강력한 디지털 기기가 도처에 널렸기 때문에, 사람들은 어디서든 표현적인 이미지를 만들어 낼 수 있게 됐다. 이와 대조적으로 페인팅이나 드로잉, 조각, 기타 전통적인 매체를 대할 때는 최고로 지지적인 환경에 있는 사람들도 심적인 부담과 작업상의 어려움을 겪는 게 일반적이다. 누구나 평등하게 디지털 표현에 참여할 수 있게 되는 급진적인 변화가 일어났고, 그중 일부는 타인의 삶과 사회에 큰 영향을 미친 매체를 만들어 냈다.

비디오의 활용

나의 작업에 나타난 가장 근본적이고 긍정적인 변화는 과정을 보여주고 기록하는 디지털 매체의 능력과 관련돼 있다. 위에서도 언급했듯이, 45년 전에 우리가 비디오를 처음 사용했을 때는 디지털 매체의 이러한 측면이 주된 것이었지만, 기술과 도구의 발전은 비디오의 활용 가능성에 상당한 영향을 미쳤다. 나는 미술 작품과 미술 작업 과정은 불가분의 관계에 있다는 점을 오랜 기간에 걸쳐 강조해 왔는데, 비디오를 통해 내 의견을 확고히 할 수 있게 됐다. 물리적 작업이 진행되는 과정에서는 물론이고, 작품이 완성된 이후에도 핵심 참여자는 표현 대상이다. 따라서 좋은 의도였을지라도 작업 과정과 결과물을 분리하는 미술치료 대화는 현실과 맞지 않는데, 왜냐하면 그 두 요소는 "본질적으로 나뉘지 않기" 때문이다(McNiff, 2015, pp. 184-185). 미술 작품의 본질을 친밀한 타자이자 파트너로 단순히 재조명함으로써 우리는 결과물 지향적인 기대와 억압을 낮추고 작업 과정을 함께 아우르고 더 잘 이해할 수 있게 된다(McNiff, 1992). 비디오는 이런 상호보완적인 관계를 강화하고 끊임없이 지각과 관점을 증폭시키는 스틸 이미지들을 생성할 수 있기 때문에, 작업 과정과 그 결과물에 더 큰 중요성을 부여하게 된다. 이 풍부한 이미지는 각각의 이미지가 그 형태, 구조, 색깔, 움직임을 통해 자신을 표현하고(Arnheim, 1954), 따라서 치료 과정에 다방면으로 영향을 미칠 수 있는 잠재력이 있는 원천을 생성한다는 점에서 미술치료에 엄청난 자원이 된다.

그 잠재력은 방대하나 여기서는 몇 가지 가능성만 예로 들고자 한다. 나는 미술 작업 과정의 여러 단계를 기록하고 '완성'되기 이전 이미지들이 어떻게 나타나는지 인식하는 것의 영향력에 늘 매료됐다. 디지털 기술은 이 과정을 근본적으로 변혁시켰고 우리는 이제 막 그 잠재력을 찾아 탐험을 떠난 상태이다. 과거에는 변화가 나타나는 매 순간을 보여주기 위해서 카메라에 의존해야만 했지만, 비디오로 이미지 사진을 만들어 낼 수 있게 되면서 모든 것이 변했다. 이 이미지들을 개별적으로 보고 탐색할 수 있으며 진행 중인 샷을 분리하여 별도의 비디오로 만들 수도 있다. 이렇게 캡슐화된 방식으로 미술 작업 과정을 바라보고 느끼는 능력은 보는 사람에게 강한 영향을 미칠 수 있다. 이미지 제공방식에 의해 전달되는 근본적으로 에너지 넘치는 시각적인 힘 외에도, 작업 과정과 다양한 형성 기간을 거치며 나타난 변화를 감지하는 것은 치료적 논의와 연구에 중요한 은유적 의미를 갖는다. 가능한 곳이면 어디서든 미술치료 참여자들은 이러한 편집본을 스스로 만들 수 있게 됐고, 새로운 기술에 접근할 수 있게 되면서 불과 얼마 전까지만 해도 상상할 수 없었던 방식으로 작업할 수 있게 됐다. 참여자들이 편집 비디오를 만들 수 없는 상황이라면 치료사들이 이 작업을 할 수도 있을 것이다.

이마에 부착하는 카메라와 같은 새로운 비디오 기기의 등장으로 인해 미술 작업을 하는 사람들이 자신의 작업 과정과 손의 움직임을 녹화하는 것이 가능해졌다. 그 덕분에 치료사들은 카메라 사용에 대해 신경 쓰지 않아도 되고, 고정된 위치 때문에 종종 역동적인 장면을 담지 못하는 카메라에 의존하지 않고도 작업을 관찰할 수 있게 됐다. 하지만 전반적인 상황에 내가 지속적으로 주의를 기울이지 않아도 혼자 작업할 수 있는 사람들의 경우에는, 카메라를 사용하는 것이 나로 하여금 그들의 작업 과정과 창조의 순간에 더 가까이 갈 수 있게 해준다는 점도 지속적으로 경험하고 있다. 비디오카메라는 내가 다른 방법으로는 경험하지 못했을 것들을 보게 해주는 도구다. 이렇게 과정을 비디오로 녹화한 결과물은 예술적인 목격과 반응의 한 형식이 되고, 이 모든 것이 치료적 경험 전체에 기여한다.

디지털 페인팅 소프트웨어 및 컴퓨터 생성 디지털 미술

이 책의 초판에서부터, 나는 1990년대 말부터 실험해온 포토샵 디지털 페인팅에 대해 이야기했다. '픽셀로 그림을 그릴' 때는 포토샵의 히스토리 기능과 같은 특징 덕분에 단계적 작업을 캡처하고 저장하는 게 가능하며, 인터넷을 통해 예술 작품과 과정이 먼 거리에 전달될 수 있다는 점도 언급했다. 이러한 도구들은 수년간 큰 변화 없이 유지되어 왔으며, 오히려 더욱 강력해졌다. 포토샵은 진짜 물감으로 그림을 그리는 과정과 매우 흡사하며 어떤 면에서는 더욱 풍요로운 경험을 제공하기 때문에 페인팅 매체로 각광받는 것이라고 본다. 디지털 매체 예술 전문가인 Bob Evans는 당시(1999년) 고품질의 디지털 작품을 보면 그 이미지가 컴퓨터로 만들어졌는지 아니면 종이나 캔버스에 그린 그림을 스캔한 것인지를 구별할 수 없다고 내게 말했다. 그는 사람이 아닌 프로그램 된 효과를 통해 '컴퓨터가 미술 작업을 하는' 프로그램에 대해 설명하면서, 결과물이 '컴퓨터 미술처럼 보이는 것'은 '사람들이 자기를 표현하지 않고 단지 프로그램을 구현하기' 때문이라고 했다. 그의 설명에 따르면 "어떤 사람들은 기계로부터 주도권을 가져오는 도약을 하지 못한다. 그냥 기계가 지배하게 놔두는 것이다. 그들은 그 과정을 신뢰하지 못해서 컴퓨터를 붓처럼 사용할 수 없는 것이다."

예술가이자 미술치료사로서 20년 넘게 디지털 페인팅을 해오면서, 나는 디지털 페인팅의 지각적 속성을 계속해서 흥미롭게 여기고 있다. 디지털 페인팅을 하면서, 나는 작업실에서 물리적인 재료로 작업함으로써 컴퓨터로 작업한 것을 보완하기도 하고, 그 반대로 하기도 했다. 서로 다른 매체는 서로를 보완한다. 예를 들어, 나는 스타일러스나 손가락 또는 다른 디지털 도구보다 마우스로 그리는 것을 선호한다. 마우스를 움직이는 과정 때문에 나는 새롭고 즉흥적인 제스처를 취하는 것이 가능해졌다. 이는 Henri Matisse가 가늘고 긴 붓대를 사용함으로써 습관적인 붓 터치를 피한 것과 같은 방식이다. 우리는 매체를 넘나들며 변화무쌍한 속성들과 도전을 경험함으로써, 우리 안에서 새로운 표현을 끄집어내고자 한다. 색과 마우스 움직임의 질은 디지털 이미지만의 독특하고 넘치는 힘에 기여한다. 마우스로 그림을 그리면, 페인팅과 드로잉의 물리적 행위에 수반되는 상약의 압력 소설을 할 수 없다. 냄새와 족감, 질감과 함께 이러한 운동 감각적 특징은 디지털 영역에서는 분명히 빠져 있지만, 단순히 도구를 조정함으로써 굵은 것에서 섬세한 것까지 다양한 표현들을 활용할 수 있는 주목할 만한 능력으로 대체된다. 누구라도 추상표현주의 화가의 넓은 붓 필치나, 인상주의 화가의 작은 붓 필치와 점묘법으로 이미지를 만들어 낼 수 있다. 마우스는 내가 너무 경직되거나 까다롭게 움직이는 것을 막아주기 때문에 나는 마우스로 그린 그림의 표현적 특징에 만족해왔다. 마우스는 사진의 표현적 움직임을 방해하는 지나친 묘사 경향에 저항하면서 충분한 통제력과 민첩성을 제공한다.

나의 연구에서 디지털 매체의 가장 중요한 특징 중 하나는 페인팅과 드로잉 사진에서 일부분을 따로 분리해내고 확대하는 기능이다. 자르기 도구는 한 그림 내에서 새로운 그림을 많이 만들어 낼 수 있고, 새롭게 생성된 프레임에서([그림 5.1]과 [그림 5.2], [그림 5.3] 참조) '발견된' 움직임과 구성 요소에 대한 인식을 강조하고 두드러지게 한다. 나는 이렇게 세부사항을 조망하는 것이 우리의 매우 의도적인 행동과 생각의 통제를 벗어나 '일어난[happen]' 일에 얼마나 더 가치를 더하는지 감탄해왔다. 그것들은 우리가 미술 작업에 늘 익숙한 방식으로 접근했을 때는 깨닫지 못했던 신선함과 경이로움, 가능성을 만들어낸다. 예전 같으면 불가능했을 테지만, 이제 우리는 이러한 세부사항을 독자적인 세계로 즉각 인식하고 받아들일 수 있다. 이러한 기능과 도구에 대한 실험연구가 미술치료에서 절실히 요구된다(Carlton, 2014).

[그림 5.1] 항만의 벤치

[그림 5.2] 선원들

[그림 5.3] 날다

디지털 미술 작업의 또 다른 큰 장점은 신체장애가 있는 내담자들에게 더 많은 접근 기회를 제공한다는 것이다. 이들은 손가락 하나로 대담하고 넓은 제스처를 만들어 낼 수 있게 되었다. 전통적인 매체로는 페인팅이나 드로잉에서 손가락을 사용하는 촉각적 특징이 불가능했지만, 디지털 미술 작업을 통해 가능하게 되었다. 그리고 신체 활동이 전혀 불가능하게 된 가장 극단적인 경우, 템프트1 Tempt1이라고도 알려진 그라피티 예술가인 Tony Quan이 사용한 아이라이터 EyeWriter® 기술은 그의 몸이 마비되었을 때[1] 안구 움직임을 통해 그가 그림을 그릴 수 있도록 해주었다.

디지털 기술 사용과 특수 요구가 필요한 사람들을 위한 범용 디자인에 대한 보다 자세한 정보는 캐스트 Center for Applied Special Technology(CAST) 웹사이트[2]에서 찾아볼 수 있다. 캐스트는, '장애가 있는 사람을 포함하여 모든 사람들에게 기회를 확대'하기 위해, 표현을 위한 대안과 매체를 사용할 수 있는 다른 방법들

1) www.npr.org/templates/story/story.php?storyId=124980282

2) www.cast.org

을 제시함으로써 기술과 유니버설 디자인의 사용을 개척해왔다.

결론

결론적으로, 디지털 미술의 이미지 제작 특성은 새로운 요소들을 임상에 도입함으로써 미술치료에서 최근에 우리가 수행하는 많은 작업을 풍요롭게 해준다. 그러나 디지털 매체가 미술치료에서 할 수 없는 것들도 있다. 어떤 것이든 하나의 매체나 아이디어에 배타적으로 의존하는 것은 결국 다양한 가능성을 제한할 수 있다. 스튜디오의 느낌이나 다양한 매체를 물리적으로 다룰 수 없는 것 외에도, 컴퓨터 아트는 실제로 제작된 3차원적 존재를 결코 대신하지는 못할 것이다. 궁극적으로 나는 전통적인 매체와 비교하여 디지털 미술에 찬성하거나 반대하는 주장을 하려는 것이 아니다. 각 재료는 미술치료 과정에 뚜렷한 고유 속성을 가져오고, 강조한 바와 같이 매체의 효과와 치유성에 더 세심한 주의를 기울이는 편이 우리 분야에 더 유용할 것이다. 세계는 새로운 기술을 통해 진보하고 있으며 미술치료는 그와 함께 움직일 필요가 있다. 다른 어떤 치료 방법보다도 미술치료가 이러한 새로운 기술에 매우 적합하지 않을까 싶다. 그 기회를 잡기 위해 우리에게는 단지 상상력과 창의적인 자원만 있으면 된다.

권장 사항

- 그림을 선택한 후 디지털 사진을 찍는다. 사용 중인 편집 시스템에서 크롭 기능을 실행한다. 다양한 세부사항을 선택한 후 하나의 그림 내에서 여러 세계를 발견하도록 한다.
- 디지털 기기를 사용하여 창조 작업 중인 당신을 촬영한다. 최종 결과물에

초점을 맞추기보다는, 여러분 자신의 작업 과정을 실제로 바라보면서 무엇을 알게 되는지에 대해 생각해 본다.

- 스마트폰이나 태블릿이 있는 경우, 무료 드로잉 및 페인팅 앱을 다운로드한다(일부 제안 사항은 제11장 참조). '뉴미디어'를 전통적인 미술 작업 형태와 비교하면서, 미술기반 연구를 수행한다(제20장 참조).

참고문헌

Arnheim, R. (1954) *Art and Visual Perception*. Berkeley, CA: University of California Press.

Carlton, N.R. (2014) Digital media use in art therapy. Doctoral dissertation. Retrieved on April 1, 2018 at ProQuest Dissertations and Theses database (UMI No. 368214).

Duckrow Fonda, S. (2017) Filmmaking as artistic inquiry: An examination of ceramic art therapy in a maximum security forensic psychiatric facility. Doctoral dissertation. Retrieved on April 1, 2018 at ProQuest Dissertations and Theses database (UMI No. 10263229).

Hyland Moon, C. (ed.) (2010) *Materials and Media in Art Therapy*. New York, NY: Routledge.

Langer, S.K. (1957) *Problems of Art*. New York, NY: Charles Scribner and Sons.

McNiff, S. (1974) *Art Therapy at Danvers*. Andover, MA: Addison Gallery of American Art.

McNiff, S. (1992) *Art as Medicine: Creating a Therapy of the Imagination*. Boston, MA: Shambhala.

McNiff, S. (2004) *Art Heals: How Creativity Cures the Soul*. Boston, MA: Shambhala.

McNiff, S. (2015) *Imagination in Action: Secrets for Unleashing Artistic Expression*. Boston, MA: Shambhala.

McNiff, S. (2016) Ch'i and artistic expression: An East Asian worldview that fits the creative process everywhere. *Creative Arts Education and Therapy: Frontiers in China—An International Academic Journal for Research and Practice 2*(2), 12–22.

McNiff, S. and Cook, C. (1975) Video art therapy. *Art Psychotherapy 2*, 55–63.

Newsom, B. and Silver, A. (eds.) (1978) The Addison Gallery of American Art: Video for special audiences. In *The Art Museum as Educator: A Collection of Studies as Guides to Practice and Policy*. Berkeley, CA: University of California Press.

제6장

사진미술치료

– Alexander Kopytin

사진치료[phototherapy]나 치료적 사진[therapeutic photography]이라는 활발한 분야는 치료 및 건강증진 목적으로 사진을 활용하는 다양한 형식을 아우른다. 사람들의 의사소통과 창의적인 자기표현, 그러한 창의적 표현이 일반적으로 인간성에 미치는 영향 등은 물론이고, 내담자가 주위 세계와 — 특히 치료사와 — 관계를 맺고 상호작용을 하는 데 있어서 사진의 역할은 아무리 높이 평가해도 지나치지 않을 것이다. Loewenthal(2013)은 다음과 같이 언급하고 있다.

> 중요한 것은, 우리가 지금 맞이하고 있는 디지털 시대에는 미니무비나 휴대폰 카메라를 비롯한 디지털 사진의 성장으로 — 또한 페이스북이나 플리커, 유튜브, 트위터와 같은 소셜 네트워킹 사이트에 사진이 급속도로 사용되면서 — 사진치료와 그 관련 임상이 여전히 가족 앨범을 끼고 사는 나이 든 사람들에게 잠재적으로 커다란 기회를 제공할 뿐만 아니라, 젊은 세대가 선호하는 기술과 연동할 필수적인 방법이 되고 있다는 점이다. (p. 5)

개인적인 스냅샷과 사진집을 활용하든, 회기를 진행하면서 사진촬영을 하든,

사진을 통해 치료를 촉진할 가능성은 다방면에 걸쳐 있다. 사진치료로부터 그러니까 사진 자료 또는 사진기법을 치료 및 표현에 끌어들이는 것으로부터 수많은 치료법, 이를테면 표현적이고 창의적인 다양한 치료법을 배울 수 있다.

다양한 심리치료 학설과 관련된 수많은 사진치료법이 존재한다. 창의적인 예술치료사들 ㅡ 특히 미술치료사들 ㅡ 은 대화를 위해 사진 자료를 사용하는 것은 물론이고, 내담자와의 작업에서 드로잉, 페인팅, 점토 작업 그리고 기타 미술 형식 등과 함께 미술치료에 사용할 수 있는 강력한 표현 매체이자 내담자의 창의적 활동을 위한 자극제로써 사진을 도입하곤 한다. 하지만 미술치료사가 사진촬영 또는 사진 이미지를 통해 작업할 방법을 제시하는 출판물은 여전히 드물다. 이는 미술치료사들이 나름의 창의적인 작업 시도로서 사진을 표현 매체로 사용한 경험은 풍부하지만, 임상에서는 제한된 범위에서 사진을 적용하고 있다는 명백한 불일치를 보여주는 것이다(Kopytin, 2013). 윤리적인 고려 사항도 있을뿐더러 기술적인 장비를 사용해서 생산하는 이미지보다는 '전통적인' 미술 매체와 '손으로 만든' 이미지에 집중하는 치료 훈련 방식이 일반적이고, 내담자나 환자들에게 사진을 적용하는 방법에 대한 적절한 정보와 지침이 현행 미술치료 교육이나 참고문헌 등에서 충분히 제공되지 않으므로, 사진의 풍부한 잠재적 가능성이 미술치료에서 적절히 구현되지 않고 있는 것이다. 이러한 이유로, 수작업과 디지털 표현의 가능성을 강력하게 통합한 사진미술치료가 이론적, 경험적 플랫폼과 적절한 작업 방식을 마련하여 미술치료사의 일상적인 임상에 도입되도록 개발될 필요가 있다.

제6장에서는 사진미술치료가 수작업과 디지털 표현의 잠재적 효능을 강력하게 통합한 방법이라는 생각을 고무하고자 한다. 지각적 또는 성찰적 및 내러티브 기법을 위주로 하는 전통적인 사진치료법에서 시작해서, 사진미술치료는 더욱 폭넓은 예술, 표현 선택의 스펙트럼을 선보일 것이다. 또한, 사진미술치료는 디지털 매체의 한 형식으로서 다뤄질 것이다. 이러한 접근법들을 이

상에서 논의하며 설명하고 탐구하도록 하겠다.

사진치료와 사진미술치료 기법

"사진치료 기법은 사람들의 개인적인 스냅샷과 가족 앨범, 다른 사람이 찍어 준 사진들(그리고 이러한 사진들이 불러일으키는 감정과 생각, 기억, 연상 등)을 촉매로 사용하여 (훈련된 정신건강 전문가가 수행하는) 치료 또는 상담 회기 동안 통찰력을 심화하고 의사소통을 강화하는 치료 실천으로, 언어만 사용해서는 가능하지 않았을 방식으로 이뤄진다."[1] 사진미술치료 기법은 사진치료 기법을 전문적으로 활용한 미술치료 방법으로, 대학원에서 미술치료를 공부하면서 사진 활용에 대한 교육을 이수한 사람들만이 사용할 수 있다.

사진치료는 "이미 자격을 갖춘 치료사들이 다른 사람들을 돕는 작업에서 사용하는 전문적인 상담 기술 레퍼토리를 증대시키는 일련의 기법"으로 정의된다(Weiser, 1999, p. xv). Weiser(1999)에 따르면, 사진치료 기법은 치료사의 생각이나 치료사가 어떤 특정 치료적 접근법을 취하고 있는가에 따라 서로 다른 유형의 치료 모델이나 내담자 난이도, 모집단, 환경 등에 적용될 수 있다. Weiser는 다양한 방법으로 적용할 수 있는 사진치료 기법을 크게 다섯 개로 나눠 설명했다.

- 사진 투사적 기법
- 셀프 포트레이트[self-portraits]
- 다른 사람이 내담자를 촬영한 사진
- 내담자가 촬영하거나 수집한 사진
- 앨범 및 사진 일대기적 스냅샷

1) https://phototherapy-centre.com

사진투영 기법은 시각 자극을 의식적, 무의식적 의미와 연결시키는 자발적인 연상 작용을 이용한 것이다. 사실, 이런 목적을 위해서는 어떤 사진도 사용될 수 있다. 어떠한 시각 자극이 주어지더라도 사람들은 자기들의 신념이나 '인식 필터'에 따라 보고 이해하기 때문이다. 때로는 특별한 사진 세트를 사용해서 선택과 해석, 반응의 비교 가능성을 위한 표준화된 과정을 제공할 수도 있다.

셀프 포트레이트 기법은 내담자의 자기인식을 탐구하는 데 초점을 맞춘다. "여기서 자기[self]는 직접 스스로 인식되는 것으로 보이지만, 잘하면 더 나은 객관적 자기인식을 얻게 될 것이다"(Weiser, 1999, pp. xix-xx).

사진치료의 세 번째 기법은 다른 사람이 촬영한 내담자의 사진으로 이뤄진다. 이 기법은 다른 사람들, 이를테면 내담자의 친척이나 친구들이 개인들을 어떻게 인식하는지 그리고 "한 사람이 그 과정을 완전히 독립적으로 통제할 수 없는 상황에서 촬영된 사진에 얽힌 힘의 문제"에 어떻게 접근하는지를 탐구하고 이해하는 데 도움이 된다(Weiser, 1999, p. xx). 이에 비해, 내담자가 촬영하거나 수집한 사진들은 내담자의 주변 세상(사람들과 자연, 사회, 문화 현상)에 대한 인식을 반영하고 더 넓은 관계망 안에서 그들이 맺고 있는 관계를 드러내는 데 도움을 준다.

사진치료의 네 번째 기법은 보통 사진촬영을 의미하는 것으로서 언어상담과 미술치료 사이의 연관성을 제시하며, 사진을 사용해서 작업하는 방식에서 심리치료와 미술치료의 차이가 종종 부각되기도 한다. 치료사나 상담사들은 내담자와 언어적 의사소통 방식에 의존하면서 사진을 주로 대화를 위한 자료로 사용하는 것이 더 일반적이지만, 미술치료사들은 내담자가 사진을 사용해서 예술 표현적 활동을 할 여지를 더 많이 제공한다.

사진치료의 다섯 번째 기법을 구성하는 앨범과 사진 일대기적 스냅샷들은 내담자의 일대기나 그들의 가족 단위에 내재된 다양한 의미를 "하나의 자기, 그러니까 출생, 입양, 선택 등등의 방식으로 '가족' 범주를 구성하는 개인들의 단순 총합과 뚜렷이 구별되는 개별 정체성"으로 드러나게 해준다(Weiser, 1999, p. xxi).

Shaun McNiff(2004)는 미술치료 작업에서 이미 있던 물건을 재료로 사용하는 것의 중요성을 논하면서, 집안이나 자연환경에서 찾은 개인적으로 중요한 의미가 있는 물건을 창의적인 과정에 끌어들일 때, 감정과 기억이 활성화되는 방식은 개인적이지 않은 일반적인 매체로 작업하면서는 좀처럼 일어나기 어려운 일이라고 강조한다. 그는 "대부분의 사람들에게 사진은 이러한 개인적인 정신과 감정을 전달하는 뛰어난 매개체"라고 주장한다(p. 140). 그는 종종 자기 작업실에서 사람들에게 자연에서 가져온 재료로 오브제를 만들게 하는데, 사람들이 자연에서 나온 재료로 만든 오브제에 대해 생각하고 창의적으로 반응할 때면, 신성하고 무속적인 차원이 자연스럽게 환기된다는 것을 알아차렸다. 비슷한 맥락에서, 사람들이 자연물을 촬영하고 그 사진을 이미 있던 이미지로 사용하여 강력한 감정을 환기시키면서 더욱 창의적인 작업을 촉진할 수도 있을 것이다. McNiff(2004)는 이렇게 말한다.

> 사진가들은 세상에서 이미지를 찾아내고 특유의 창의적 비전과 스타일로 프레임을 잡아서 예술을 창조하는 능력을 지니고 있다…
> 즉석 사진은 자연과 자아, 타인들에 대한 즉각적인 이미지를 창조하여 우리가 삶을 깊이 성찰하게 하는 독특한 능력이 있다. (p. 140)

대부분의 심리치료 상황에서 미술치료사들이 유용하게 작업에 적용할 수 있는 사진치료의 다섯 가지 기법 외에도 치료 과정에 도움이 될 수 있는 여러 응용 방식이 있는데, 그중에는 비디오 및 멀티미디어 미술도 있다. 사진과 스토리 메이킹의 결합[이를테면, '디지털 스토리'나 사진으로 일기 쓰기(사진 저널), 사진촬영 과제를 통한 창의적인 글쓰기 및 내담자의 개인적인 이야기나 문화적, 전형적 주제, 시나 신화 등을 묘사하기]에 기초한 다양한 시각 내러티브 기법도 가능하다. Wheeler(2013)는 다음과 같이 언급하고 있다.

> 믿을 수 없을 정도로 간단한 현대의 사진치료 임상에 대한 정의는 내담자와 사진을 촬영하고 보는 활동이나 내담자와 치료사 사이에서(6x4짜리 작은 플라스틱 표면의) 낡은 인화지의 전달 차원을 넘어서 임상의 폭과 깊이를 명확하게 하는 데 도움이 된다. 이제 치료사들은 인쇄된 사진보다는 휴대폰 카메라 갤러리를 제공받을 가능성이 더 높다. 지평이 확대된 것이다. (p. 40)

미술치료에서 사진촬영과 사진 이미지의 사용

다양한 사진미술치료 기법이 내담자의 필요에 따라 그리고 적절한 목표를 설정한 치료 계획에 따라, 치료 과정 중에 한 번 혹은 여러 번 사용될 수 있다. 때때로 사진은 현실과 더욱 직접적으로 접촉하게 하며, 강렬한 심상과는 감정적 거리를 형성하도록 도움을 준다. 또한, 상상력을 자극할 수도 있다. 어떤 경우에는, 내담자들이 사진을 사용해서 치료 혹은 그들의 작업 안에서 중요한 순간을 기록하거나 그들에게 혹은 주변에서 일어난 변화를 객관화하고 싶어 할 수도 있다.

디지털 기술은 사진미술치료의 발전에 새로운 관점을 열어준다. 요즈음에는 내담자들이 종종 디지털 기술을 치료에 끌어들이고, 휴대폰 카메라와 관련된 새로운 형태의 '디지털 자기표현'을 주도한다. 때때로 그들은 매우 창의적일 뿐만 아니라, 새로운 방식으로 디지털 자기표현을 탐구하는 데 있어 치료사보다 훨씬 능숙해 보인다. "휴대폰 카메라 사용자들은 자주 사진을 찍기 때문에 자기들의 예술적 표현 도구인 휴대폰 카메라와 친숙하다"(Wheeler, 2013, p. 45).

사례 6.1

한 내담자는 휴대폰 카메라를 사용하여 일련의 디지털 미술 작품을 창조했다. 자기가 그린 추상표현주의적 페인팅 작품의 세부를 촬영한 후 그 사진 위에 추가 작업을 했다. 그는 스마트폰 터치스크린에 스타일러스 펜으로 드로잉을 해서 사진에 이미지를 추가했다([그림 6.1] 참조). 그가 빠른 시간 안에 디지털 자기표현 방식을 발전시키는 것과 디지털 매체를 사용하여 높은 수준의 예술적 감수성을 드러내는 것을 보고 나는 놀랐다. 그의 디지털 미술 작품은 대체로 (주로 자기비하적인 유머이긴 해도) 장난스럽고 유머러스하다([그림 6.2] 참조). 대개 그는 사진에 짧은 이야기를 덧붙였다. 그가 새로 발굴한 창의적 채널은 그가 실연으로 겪게 된 고통과 우울한 분위기를 낮추는 데 도움을 주었다.

스마트폰과 같은 모바일 기기는 이미지에 대해 특별한 방식으로 생각하게 만든다. 오늘날 사진과 사진미술치료 분야는 "휴대폰 카메라나 기타 모바일 이미지 제작 및 감상 기기, 소셜 네트워킹 웹사이트, 온라인 갤러리, 아웃사이더 아트 등의 상호 연결 작용을 고려함으로써" 확장된다(Wheeler, 2013, p. 40). 휴대폰에서 만들어진 이미지의 미학을 많은 미술치료사가 놓치고 있는지도 모른다. 그런 이미지들은:

> 이제 가정환경 — 우리의 사진 경험은 상당 부분 거기서 나타난다 — 을 아웃사이더 아트나 공공미술의 맥락과 융합한다. 가정의 이미지는 이제 갤러리나 미술 기관에서 발행하는 미술 서적을 통하는 것보다 훨씬 널리 퍼질 수 있다. 이러한 아웃사이더 아트의 실천으로 누구든 최소한의 장비만 있으면 고유한 맥락에서 예술을 만들고 감상할 수 있는 능력을 미술 기관으로부터 되찾아 오고 있는 것 같다. (Wheeler, 2013, pp. 42-43)

[그림 6.1] 게와 푸른 고래

내담자가 디지털 사진 위에 드로잉을 더한 미술 작품이다. 내담자는 이 미술 작품에 다음과 같은 이야기를 덧붙였다. "어느 날 게와 푸른 고래가 만나 사랑에 빠졌으나, 그들은 함께 살 수 없었다. 이제 그들은 멀리서 서로를 바라볼 뿐이다."

[그림 6.2] 딱정벌레의 비행

내담자가 디지털 사진 위에 드로잉을 더한 미술 작품이다. 내담자는 이 미술 작품에 다음과 같은 이야기를 덧붙였다. "아빠 딱정벌레는 집으로 가는 길이었다. 그의 배는 파랗고, 신선한 공기를 마셔 불룩하게 부풀었다. 보름달은 마치 횃불처럼 밤바다에서 아빠 딱정벌레를 인도하고 있다. 꿀벌도 헬리콥터도 조용히 길을 내주었다. '오늘 밤 도시가 왜 이렇게 고요하지?' 그는 의아했다. '아마 모든 거주자들이 밖으로 — 파이어아일랜드(Fire Island)나 다른 곳으로 — 나가 버렸나 봐…'"

이런 의미에서 사진치료(사진미술치료)의 미학은 사진이나 스마트폰 화면 이미지의 물질적 특성에 기초하는 것이지, "아름다움이나 진실에 관한 판단이라는 비실체적 영역을 말하는 것이 아니다"(MacLagan, 2002, p. 7).

내담자들이나 집단들이 자발적으로 사진촬영을 하거나 사진 이미지를 활용할 수도 있지만, 어떤 경우에는 치료사가 특정 과제를 부여함으로써 그들이 그렇게 하도록 자극할 수도 있다. 사진미술치료 기법은 사용된 사진 재료가 무엇인가에 따라 분류될 수 있다(〈표 6.1〉 참조).
사진치료와 사진미술치료를 처음 접하는 독자들을 위해 치료에서 사진을 활용하는 다양한 방법에 대한 사례를 이어서 제시하고자 한다.

〈표 6.1〉 사진미술치료에 활용할 수 있는 사진 재료와 예술적 · 창의적 활동

치료사가 시각적 자극으로 사용하기 위해 제공하는 특별한 사진 세트	잡지 사진 또는 내담자가 다른 곳에서 가져온 사진들	내담자 또는 가족 앨범에서 가져온 개인적인 사진들	회기 내에서 또는 회기와 회기 사이 내담자가 촬영한 사진들
내담자가 손수 창작물을 만들도록 이끄는 적극적인 상상 여러 사진을 하나의 구성으로 배열하고, 오브제와 손으로 그린 디테일 추가 (설치) 등 다양한 시각 내러티브 활동	사진 콜라주/수울soul 콜라주 포스터 제작 손으로 그린 이미지를 사진에 포함시켜 사진을 배경으로 사용하거나 반대로 이미지가 사진의 배경이 되게 하는 '환경'의 창조 사진 위에 추가로 드로잉 하기	여러 사진을 하나의 구성으로 배열, 손으로 그린 디테일 추가 아트저널링 사진 콜라주 사진 위에 손으로 그리거나 기술적인(포토샵) 작업 시각 내러티브 기법 ('디지털 스토리')	그림 저널 및 기타 시각 내러티브 기법들 테마 앨범이나 슬라이드쇼, 사진 시리즈 만들기 사진 콜라주 사진 위에 손으로 그리거나 기술적인(포토샵) 작업

사례 6.2

기존의 개인적인 사진을 활용한 미술 작업을 통해 인생 스토리에서 의미와 응집성 찾기

미술치료 훈련을 받는 집단을 대상으로 회기를 진행하면서, 그들이 살아온 인생 스토리와 과거에서 현재까지 맡아온 다양한 역할을 반영하는 평면 또는 입체 작품을 만들게 했다. 집에서 가져오라고 한 개인적인 사진과 미술 재료를 사용해서 작업이 이뤄질 예정이었다. 어린 시절이나 원가족과 관련된 사진은 물론이고 현재의 인간관계와 직업, 취미활동 등 성년 이후의 삶을 반영하는 개인적인 사진을 가져오면 된다. 집단 구성원들은 모두 미술치료를 배우러 왔으나, 그들의 문화적, 직업적 배경은 서로 다르다. 대다수는 라트비아 사람들이었지만, 몇몇은 러시아 출신이었고 체코 공화국에서 라트비아로 넘어온 사람도 한 명 있었다. 그 사람은 새로운 문화적 맥락에 적응하는 중이었다.

체코 공화국에서 온 여성은 두꺼운 종이로 커다란 원을 세 개 오려서 과거, 현재, 미래를 나타내고 개인적인 사진과 잡지에서 떼어낸 사진을 함께 배치했다. 그녀의 코멘트는 아래와 같다.

> 나는 세 개의 원을 만들었다. 그 원들은 나의 어린 시절과 내 삶에서 현재 시기와 미래를 나타낸다. 먼저 나의 어린 시절부터 시작하고 싶다… 이 부분은 재미있고 쉽게 작업했다. 나는 이때 딸이자 자매, 손녀의 역할을 맡고 있었다… 그리고 나는 미래를 만들기 시작했다. 그 작업을 하면서, 두 달 전 나의 치료 회기에서 실물 크기의 셀프 포트레이트를 만들고 무지개를 그렸던 것이 떠올랐다. 나는 오늘도 무지개를 그렸다. 왜일까? 내가 무지개를 그린 까닭은 무지개가 서로 다른 여러 가지 빛깔로 이뤄져 있기 때문인 것 같다. 아마도 나의 '내면의 아이'는 노란색으로 표현되고, 미래에 엄마의 역할을 하는 나는 분홍색으로 표현된 것 같다. 빨간색은 아내인 나를 의미하고, 흰색은 내 안에 있지만 당장은 내가 이해하지 못하는 무언가를 나타낸다고 할 수 있다. 마지막 원은 현재의 나를 나타낸다.

> 현재 나의 삶이 힘겨운 것은 내가 새로운 나라에 살고 있기 때문이다. 나는 현재 많은 역할을 하고 있고, 그것들은 이전에 내가 했던 것과는 다른 역할들이다. 새로운 역할들은 내게 너무 낯설다… 현재를 나타내는 원의 중심에는 내가 가장 중요하다고 생각하는 역할과 경험이 자리한다. 나는 세 개의 원을 모두 함께 연결했지만, 처음에는 원을 서로 붙이지 않을 생각이었다. 나는 원을 가지고 '놀면서' 여러 방법으로 움직여 봤다. 그렇게 하다 보니 균형을 찾을 수 있었다. 지금은 좀 더 중심을 잡았다. 나는 성모 마리아의 이미지를 중심에 놓았는데, 내가 곧 엄마가 되기 때문이다. 그리고 그 근처에 조커 카드를 붙였다. 조커 카드는 행운과 행복을 뜻한다. 트럼프 카드는 다양한 조합을 만들어 낼 수 있다. 그건 마치 운명과 같고, 나는 운명을 믿는다.

같은 주제로 작업한 또 다른 집단 구성원은 종이로 세 개의 원뿔을 만들고, 거기다가 개인적인 사진을 붙였다. 이전 사례와 마찬가지로, 원뿔들은 그녀의 과거와 현재, 미래를 나타내는 것이었다. 그녀는 자기 작품을 집단에 발표하면서, 스탈린이 라트비아를 침공했을 때 그녀의 가족은 국외추방을 당해서 시베리아로 보내졌다고 했다. 그녀는 러시아의 극동에 있는 마가단에서 태어났고 거기서 몇 년을 살았다. 그 후에 그녀는 라트비아로 돌아왔고, 이미 오래전 일인데도, 그녀는 개인적인 사진을 고르면서 과거 일이 떠올랐고 강렬한 감정을 경험했다. 그녀는 수많은 사진이 세 개의 원뿔을 둘러싸고 있는 자기 작품에 관해 다음과 같이 말했다.

> 나는 세 개의 원뿔을 만들었다. 첫 번째 원뿔은 나의 과거 — 나의 가족, 나의 어린 시절이다. 두 번째 원뿔은 나의 현재이고, 세 번째 원뿔은 지금, 이 순간부터 시작되고 있는, 나의 미래다… 첫 번째 원뿔에는 시베리아에서 우리 가족의 삶을 나타내는 사진들을 붙였다. 이 사진들은 내 안에 강렬한 감정을 불러일으킨다… 내 부모님은 지옥을 경험했다. 우리는 마가단에 살았지만, 적어도 나는 고생하지 않았다. 우리 집은 매우 작았다. 나는 바다를 바라봤고, 바다의 존재는 몹시 긍정적이었다. 어렸을 때 내가 라트비아가 어떤 곳일지 상상해보려고 했던 게 기억난다.

> 이 사진들을 다른 사람에게 보여주는 것은 내 삶에서 처음 있는 일이다. 학창 시절에는 누구에게라도 그 사진을 보여주는 게 부끄러웠다. 우리가 라트비아로 돌아왔을 때, 학교 애들이 나를 수상한 눈길로 바라보는 게 불편했다…
>
> 이것은 나의 현재다. 살아 있고, 감정을 느끼고, 다른 사람들을 만나고, 창조하고, 여성으로 산다는 게 나는 좋다. 또한, 내 아이들도 있다… 나는 '틀'에 갇히고 싶지 않다. 내가 '틀'에서 벗어날 기회를 준다는 점에서 나는 아티스트인 것을 행운으로 여긴다. 나는 이 원뿔에 내 남자 형제와 함께 찍은 사진도 두 장 붙였다. 남동생은 지금 미국에 사는데, 그 역시 '틀'에 갇히고 싶어 하지 않는다. 남동생과의 관계는 나에게 무척 중요하다.
>
> 나는 미래를 나타내는 원뿔을 다양한 색깔의 종이 위에 놓고, 원뿔 꼭대기에는 파란색 종이를 풀칠해서 붙였다. 그건 내가 나의 미래를 파란색으로 인식하기 때문이다. 말로 표현하기는 정말 어렵지만, 직관적으로 파악할 수 있는 무언가를 의미한다. 나는 세상을 보기 위해 여행을 떠나고 계속해서 예술 – 나의 예술과 다른 사람의 예술 – 과 관계를 맺어 나가고 싶다.

회기 말미에 집단 구성원들은 개인적인 사진과 잡지 사진에 손으로 그린 이미지를 더한 설치작품을 만들면서, 인생의 여러 시기들 사이에서 의미 있는 관계를 발견하고 개인적인 경험을 구조화하거나 재구조화할 수 있었다고 강조했다.

사진을 선택하고 배열하는 것은 물론이고 손으로 그린 이미지를 추가하고, 인생 스토리를 이야기하는 것과 관련된 복합적인 치료 기능은 참가자들이 자기감정을 표현하고, 보다 일관성 있는 자기인식에 도달하는 데 도움을 준다. 그러한 치료 기능에는 포커싱/실현, 담아내기, 의미구성, 카타르시스, 구조화/재구조화, 객관화 등이 포함된다(Kopytin, 2004). 사진의 포커싱/실현 기능(Kopytin, 2004)은 회기에도 개입한다. 참가자들이 개인적인 사진들을 선별하고 관심을 집중하면서 떠올리게 되는 기억과 감정에는 긍정적인 것도 있고 부정적인 것도 있다. 때로는 정신적 외상을 입은 기억을 떠올리거나 강렬한 감정에 압도될 수도 있지만, 집단 안에서 확립된 심리적 안전과 감정 담아두기[containment] 그리고 상징적인 그릇[container]으로서, 사진의 담아내는 기능은 참가자들이 카타르시스 효과를 얻는 데 도움을 수었고 과거의 상황을 가지고 성공적으로 작업할 수 있게 해줬다.

사진을 3차원 구성으로 배열하면서 사람들은 사진에 내포된 의미를 발견하고 구성하고 표현할 수 있었다. 어떤 사진들은 서로의 관계에서 새로운 위치를 발견함으로써 새로운 의미가 구성되기도 했다. 이는 사진미술치료에서 발견되는 구조화/재구조화 기능을 보여주는 것이다. 참가자들은 수많은 사진이 포함된 미술 작품에 기반을 둔 인생 스토리를 들려줌으로써 사진들이 제시하는 여러 의미를 찾아내고 체계화했는데, 이는 의미구성 기능을 입증하는 것이다. 객관화 기능은 사람들이 한 발짝 떨어져서 복합적인 관점으로 현실을 바라보는 데 도움을 줘서, 그들 자신에게서 반복적으로 나타나는 전형적인 반응과 그들이 속한 상황은 물론 그들의 삶과 관계에 일어난 변화를 조망할 수 있게 했다.

이 사례는 창의적인 사진 접근법의 한 사례이기도 하다. Simmons(2013)에 따르면, 창조적인 사진 접근법은,

> 독창적인 사진 미술 작품을 만들어 냄으로써, 개인적인 경험을 해석하고 평가할 수단을 제공한다. 그것은 감정적 거리(여기서는 어떤 경험을 이해할 수 있게 해주는 수단을 설명하기 위해 사용된 용어)를 개발함으로써, 작품을 만든 사람이 자기 경험에 내포된 의미를 이해하고, 보다 균형 잡힌 관점에서 자기 경험과 새로운 관계를 맺도록 도와주는 하나의 과정인 것이다. (p. 54)

사례 6.3

미술 기법을 활용한 개인적인 이슈 작업(사진 콜라주와 사진 위에 드로잉 작업)

이 사례에서 다루는 집단은 서로 다른 나이대의 여성 다섯 명과 남성 한 명으로 구성됐다. 그들에게 앞으로 회기를 진행하면서 사진을 중심으로 다른 예술적인 매체나 미술 형식을 결합하는 다양한 창의적 활동이 이뤄질 거라는 설명을 해줬다. 회기는 1시간 30분짜리였다. 리더는 첫 회기에서 집단 구성원들에게 사진을 가지고 자기소개를 하자고 제안했다. 사진을 몇 장 가져오라고 하고, 회기에서 사진

을 통해 다른 사람에게 자기 자신과 관심사, 활동 등을 '이야기'하라고 했다. 집단 분위기를 봐가면서 어떤 사진을 보여줄 것인지 결정하면 된다고 미리 이야기해줬다. 각 참가자가 자기소개할 시간을 충분히 갖기 위해 세 명씩 묶어서 두 개의 소집단을 만들기로 했다. 파트너들에게 사진을 보여주고 자기에 관한 이야기를 하라고 했다. 회기 초반부에는 각 집단 구성원의 전형적인 특징과 이슈를 알아내고 논의를 거쳐 가장 중요한 사진 한두 장을 고르라고 제안했다.

회기 초반부를 마치고 나서 참가자들에게 그들이 제일 중요하다고 여긴 한두 장의 사진을 가지고 작업을 계속하라고 했다. 리더는 참가자들에게 사진 콜라주를 만들거나 이미지 주변에 예술적인 테두리를 만들거나, 사진 주변 혹은 사진 위에 드로잉을 하거나, 사진을 담기 위한 보관함을 만드는 등의 미술기반 활동을 통해, 그 사진이 환기시킨 감정과 기억, 아이디어를 가지고 작업할 수 있을 거라고 설명했다.

리더는 참가자들의 선택에 따라 어떤 재료(흰 종이와 색종이, 직물, 은박지, 다양한 물감, 단추, 개인 소지품 등등)도 사용할 수 있다고 강조했다.

두 명의 여성은 보관함 형식으로 작품을 만들었는데, 종이 상자의 안팎을 꾸미고 상자 안쪽에 그들의 파트너/남편과의 관계를 보여주는 사진을 붙였다. 그들은 자신들의 작품이 사랑하는 사람과의 정서적 유대감을 향상하고 그 관계를 보호하고 싶은 마음을 나타낸다고 말했다. 세 번째 집단 구성원은 해양화형식으로 예술적인 테두리를 만들었다. 드로잉 안에는 멀리 화산과 해변이 있다. 그녀는 그 테두리가 해방감과 활력을 상징한다고 설명했다. 테두리 오른쪽에는 파도 위로 날아가는 새가 있다. 집단의 다른 구성원들과 마찬가지로, 그녀도 환경과의 상호작용에 의해 환기된 복합적인 감각과 감정으로 그녀가 보낸 휴가의 소중한 기억을 실현하는 데 사진이 도움이 됐다고 언급했다.

네 번째 구성원이 만든 사진 테두리는 드로잉 형식이기도 했다. 그것은 사과 바구니들이 있는 수확기의 사과나무 과수원을 그린 드로잉이었다. 그녀는 그 테두리가 평화로운 효과를 자아내서 그녀가 삶의 기쁨과 감각적 측면을 만끽할 수 있었다고 말했다. 다른 집단 구성원은 지난 두 해 동안 촬영한 네 장의 사진을 선택해서 사진 콜라주를 만들었다. 그녀는 사진에서 잘라낸 자기 모습을 잡지에서 오려낸 이미지로 구성한 환경 위에 붙였다. 작품에 대한 그녀의 설명은 다음과 같다.

> 나의 사진 콜라주는 나와 내가 처한 상황에 관한 것이다. 나는 가족을 떠나온 지 3년이 넘었고, 다른 도시로 와서 학교를 다녔다. 나는 나 자신을 찾고 있고, 보다 완전하고 진실한 내가 되는 데 자연에서 도움을 받는다. 그래서 자연 안에 있는 나를 나타내는 사진 콜라주를 만들었다. 나의 모습을 환경에 필수적인 부분으로 만들고 싶었다. 최근에 나는 어린이를 위한 여름 캠프에 있다가 돌아왔는데, 내가 아이들과 지냈던 일이 여전히 생생하고 대단히 열정적이고 자립적이었던 모습이 기억에 가득하다. 나는 내 모습을 사진 콜라주의 맨 위에 붙였다. 내가 점프하는 모습을 촬영한 사진이었는데, 그 모습을 원래 환경에서 오려내서 하늘에 붙였더니 한 마리 새처럼 내가 날아가는 것 같았다. 또한, 내가 두세 살 무렵 좋아하는 장난감들을 들고 앉아 있는 사진을 사진 콜라주의 맨 아래에 붙였다. 원래 배경 – 내 방 – 에서 내 모습을 잘라내서 자연환경으로 옮겼다. 이제 나는 언덕 꼭대기에 앉아 있다. 사진 콜라주에 사용한 사진이 두 장 더 있다. 하나는 교외에서 걸어가고 있을 때 촬영된 것이고 다른 하나는 보트 여행 중에 촬영된 것이다. 나는 내 사진 콜라주 제목을'나의 개인적인 여행'이라고 붙이고 싶다.

집단의 유일한 남성 참가자는 사람들과 함께 간 교외 여행에서 촬영한 사진 주변에 드로잉을 했고, 작품에 관해 다음과 같이 언급했다.

> 나는 가족이 없기 때문에 여가 시간을 친구들과 함께 교외에서 보내는 걸 좋아한다. 몇 해 전 볼가강으로 휴가 여행을 떠났을 때 촬영한 사진에서 한 장을 골랐다. 내가 다른 친구들과 함께 모래에 누워 다리를 물에 담그고 있는 모습이다.
>
> 나는 이 사진을 고르면서, 내가 지금 얼마나 스트레스를 받고 있는지 그리고 수많은 사회적 요구에 직면하여 내면의 균형을 필요로 하고 있는지 깨달았다. 나는 사진보다 더 큰 자연환경을 만들어서 나를 더 잘 보호하고 나에게 조화와 안정감을 주려고 사진에 정교하게 작업하기 시작했다. 나는

강둑에 누워있는 우리들 가운데 있고, 푸른 산과 초원에 둘러싸여 있으며 물줄기는 계속해서 이어진다([그림 6.3] 참조).

집단 참가자들은 그들에게 가장 중요한 관계를 나타내는 사진을 선택하고, 미술 기법을 사용해서 작업한 것으로 보인다. 어떤 참가자들은 다른 참가자들보다 관계에 더 관심을 보이는 반면, 또 어떤 사람들은 전문적, 개인적 자아실현과 내적 조화의 발견으로 나아가는 길에 더 관심을 보이는 것 같았다. 네 명의 참가자는 그들이 일상의 스트레스에 대처하면서 더욱 의미 있고 질 좋은 삶을 살고자 할 때 중요한 역할을 하는 자연과의 관계를 강조했다. 한 집단 참가자는 사진에 제시된 상황에 더욱 몰입하고 폭넓은 감정과 물리적 감각까지 구체화하는 데 미술 작업이 도움이 됐다고 말했다. 이는 그녀가 습관적으로 디지털 사진을 보던 방식과 대비되는 것이었다. 그녀는 오래도록 집중해서 사진을 보

[그림 6.3] 여행 중에 자연환경에서 촬영한 사진 주변에 드로잉

지 않았었다. 회기를 진행하면서 집단 안에서의 상호 신뢰감과 안전한 느낌이 증대됐다.

제시된 사례를 통해 입증된바, 사진을 고르고 배열하고 미술 수단을 사용해서 사진 이미지 위에 작업하는 것은 사진을 보는 관점을 바꾸고, 그저 쓱 훑어보는 게 아니라 깊이 살펴보게 만드는 데 도움을 준다. Simmons(2013)는 다음과 같이 말했다.

> 사진은 원래의 맥락에서 떨어져 나온 이 이질적인 요소들을 그 규모나 위치나 소유권에 관계없이 활용하고 결합할 수 있게 했다. 그것들은 병치되어 새로운 동맹을 형성했다. 내적인 감정 상태와 접속해서 하는 메타포가 된 것이다. 이러한 기호와 상징은 한 개인의 해석에 엄격하게 고정된 게 아니라 움직이는 것이며, 다양한 독해의 가능성이 열려 있다⋯ 그저 사진을 쓱 훑어보는 게 아니라 주의 깊게 그 안을 들여다봄으로써 다른 사람을 알아보고 관계 맺고 마음이 움직일 수 있다. (pp. 56-57)

사례 6.4

환경 사진으로 셀프 포트레이트를 촬영하는 과제

권유에 의해서 혹은 자발적으로 내담자들이 가져온 개인적인 사진 외에도, 내담자들에게 회기가 진행되는 동안 회기에서 혹은 과제로 사진을 촬영하고 나중에 여러 방식으로 사용해 보라고 요청할 수도 있다. 이를테면, 촬영한 사진을 가지고 주제가 있는 앨범이나 슬라이드 필름, 책, 포스터를 만든다거나 콜라주나 설치에 포함시킬 수도 있을 것이다. 이 역시 환경에서 의미를 찾고, 더 나은 기분을 느끼고, 이해하고, 개인화하는 데 도움이 된다. 나아가 사람들이 거주하는 공간을 설계하고 관리하는 데 보다 활동적으로 참여하게끔 이끌기도 한다.

Weiser(1999)는 내담자에게 창조적 자기표현의 풍부한 가능성을 부여하는 활동적인 사진치료 기법을 제시한다. 종종 그녀는 극단적으로 열려 있는 과제로 시작한다. 이를테면 "주의를 끄는 것에 이 필름 한 통을 다 쓰러 가기"라거나 "공원이나 …의 사진을 찍으러 가기"(p. 251) 또는 "날마다 최소 한 장 이상을 즉석카메라로 촬영하고 그 사진에 대해 쓴 것 혹은 말한 것을 테이프 레코더에 담아서, 다음 주에 올 때 주별 과제로 가져오기"와 같은 일반적인 넓은 과제를 사용한다(p. 251).

훈련 집단과 함께 진행한 처음 두 회기 동안 시작된 사진미술치료 활동의 연장선상에서(사례 6.3 참조) 참가자들에게 주어진 과제는 환경 사진 셀프 포트레이트 촬영이었다. 참가자들에게 그들 자신을 나타내는 것, 그러니까 일종의 셀프 포트레이트 형식으로, 무얼 하거나 어딘가에 있는 그들의 손(또는 양손) 사진을 촬영하라고 요청했다. 참가자들은 의미 있는 – 자연이든 인공물이든 – 환경을 선택해서 그곳에 있는 자기들의 손을 촬영함으로써, 자신을 어떻게 인식하고 있는지, 혹은 좋아하는 일은 무엇이고 싫어하는 일은 무엇인지를 나타낼 수도 있고 그들의 강함이나 약함을 드러낼 수도 있었을 것이다.

한 젊은 여성은 서로 다른 환경에서 자기 손을 담은 55장의 사진을 촬영했다. 훈련 센터 인근 도심부의 볼가강 제방에서 출발해서 집으로 가는 길에 지하철에서 촬영하고([그림 6.4] 참조), 아파트에 도착해서는 자기 자신을 혼자서도 찍고 룸메이트와 함께 찍기도 했다. 그녀의 손을 찍은 사진들은 자연과의 밀접한 유대관계와([그림 6.5] 참조) 예술적 · 음악적 시도([그림 6.6]과 [그림 6.7] 참조), 룸메이트와의 관계([그림 6.8] 참조), 필수적이고 독특한 존재가 되고자 하는 소망([그림 6.9] 참조)을 보여줬다.

독자들은 이 사례를 통해 참가자들이 '활동적인 사진치료' 실습으로 다양한 환경에서 사진촬영 과제를 수행함으로써 환경과 중요한 사람들, 재료, 과정과의 호혜적인 상호작용에 직접 참여할 기회를 얻는다는 것을 알 수 있다. 일반적인 사진촬영 과제와 달리, 환경에 기반한 활동적인 사진치료는 환경 자극에 대한 수용성과 심신의 내적 과정에 초점을 맞추는 능력을 개발하고 의미 있는 관계

그림 6.4 그림 6.5 그림 6.6

그림 6.7 그림 6.8 그림 6.9

[그림 6.4–6.9] 자기 자신과 주변 세계에 대한 인식을 나타낸 젊은 여성의 '환경 사진 셀프 포트레이트' 사진 사례

문제를 드러내는 데 도움이 된다.

이 사례는 감정과 인지, 감각적, 지각적, 상징적 방법들을 자극함으로써 환경과 상호작용하고 환경과 사진가의 관계를 드러내는 활동적인 사진치료 기법의 풍부한 가능성을 입증한다. 사진치료 활동은 사람이 환경과 맺고 있는 관계에서 신체적 인식과 구체화된 자아 감각을 개발하는 데 도움을 주는 것 같다. 환경 사진을 촬영함으로써 내담자들은 신체적으로 더욱 활동적으로 되고, 그들의 신체는 복합적인 의미로서 '환경'에 순응하는 매개체가 된다. 사진의 투사적 속성으로 인해 사물을 개인적으로 동일시하는 일도 빈번하게 나타난다.

이러한 상호작용에서는 얼마만큼 주의를 기울이고 정신을 집중하는지가 중요하다. 참가자들은 환경 사진을 촬영하는 동안, 한편으로는 육체적, 감정적 과정에 몰입하고, 또 다른 한편으로는 환경이 주는 자극에 주의를 기울이면서 일종의 명상에 몰두하라는 권고를 받았다. Gibson(1986)의 행동 유도성 이론에 따르면, 내담자들이 환경에서 어떤 것을 자기들과 관련이 있다고 인지하고 동일시하는지는 그들이 무엇을 찾는지에 달려 있다. 활동적으로 동기 부여된 행위자로서 내담자들은 환경 정보를 수동적으로 받아들이지 않는다. 내담자들은 자기들이 필요로 하는 것을 이해하고 그에 따라 환경에서 의미를 끌어내고 '창조'한다. Gibson(1986)이 주목한 바와 같이, 행동 유도성은 행동의 일부분인 만큼이나 환경의 일부분이기도 한 것이다.

끝으로, 개인화 행위로서 사진촬영에는 물리적, 생물학적 영역만이 아니고 상징 형성이 일어날 수 있는 '잠재적 공간'으로서 환경에 대한 인식이 내포돼 있다. 그러한 잠재적 공간은 정신에 관한 다양한 의미와 지식을 끌어낼 수 있는 상징적 형태를 담는 그릇이 된다. 환경은 사진가/예술가(회기에 참여한 내담자)가 경험한 신체적, 정신적 현상과 과정을 반영할 수 있는 거울로 기능하면서 그러한 현상과 과정을 표현 형식으로 형상화한다. 이 섹션에서 설명한 사진촬영 과제는 환경의 개인화 현상을 강화하고(Gregory, Fried, and Slowik, 2013; Heimets, 1994) 영역뿐만 아니라 사람들이 공간에 대한 소속감과 소유권, 통제권을 유지하고자 하는 욕구를 통해 표현되는 심리사회적 측면과 연결된다. 그것은 이 사례에서 환경과의 의미 있는 상호작용의 상징으로 손을 촬영함으로써 구체화됐다. 개인화는 참가자들에게 소유에 대한 감각과 공간에 대한 통제력을 증대시키고 개성과 정체성에 대한 감각을 형성하고 유지하는 데 도움을 준다.

결론

제6장의 목적은 미술치료 임상에 사진이 포함될 수 있다는 것을 보여주고, 사진미술치료가 수작업과 디지털 표현의 가능성을 강하게 통합할 수 있다는 생각을 고취하는 것이었다. 그러한 통합의 풍부한 가능성은 여전히 과소평가되

고 있다. 미술치료사들이 사진촬영 또는 사진 이미지를 통해 작업할 방법을 제시하는 출판물은 여전히 드물고, 미술치료사들은 스스로 창의성을 발휘하여 사진을 표현 수단으로 사용해 본 경험이 있음에도, 임상에서는 제한적인 범위 내에서만 사진을 적용하고 있는 게 현실이다.

사진을 활용한 미술치료를 위한 출발점으로, 사진을 치료에 사용하는 전통적인 접근법(주로 인지/반영 기법과 내러티브 기법)을 소개했다. 사진미술치료는 예술적, 표현적 선택의 폭을 한층 넓혀준다. 내담자나 내담자 집단이 자발적으로 사진촬영이나 사진 이미지를 사용하게 될 수도 있지만, 다양한 사진미술치료 기법과 미술기반 과제들을 접함으로써 여러 가지 치료, 발달 목표를 달성할 수 있을 것이다.

권장 사항

다양한 미술 기법과 함께 여러 가지 사진 재료를 사용함으로써 내담자들이 폭넓은 예술적/창의적 활동을 할 수 있음을 제시하고, 간단한 사례를 들어 설명했다. 사진미술치료의 활용을 장려하기 위해 참고문헌과 사례에 기반하여 다음의 권장 사항을 제시한다.

- 언어적 코멘트와 상담을 수반하는 다소 전통적인 사진치료 기법과 미술 활동을 결합하는 것은 사진에 담긴 의미와 감정, 기억을 '소화'하고 다각적인 치료 효과를 제공하는 데 도움이 될 수 있다.
- 사진미술치료와 사진촬영의 환경적 가능성을 고려해야 한다(Kopytin, 2016). 이는 내담자들에게 사진촬영 과제를 수행하게 할 때 특히 중요하다. 치료사가 설정한 특정 '환경적' 감수성과 결합되어, 그러한 과제는 사람들의 환경에 대한 인식을 탐구하고 변화시킴으로써 그들이 환경에 대한 통제력을 느끼고 환경을 장악할 수 있게 해준다.
- 특정 마음챙김 기반 활동들(특히 명상 여행)을 '환경'사진촬영 과제와 통합

함으로써, 환경 안에서의 물리적 실재감을 발전시키고, 내담자들이 주변 세계와 창의적/표현적으로 상호작용하면서 감각적/운동 감각적, 정서적/지각적, 인지적/상징적 측면을 활용하도록 도움을 줄 수 있다.

참고문헌

Gibson, J.J. (1986) *The Ecological Approach to Visual Perception.* Hillsdale, NJ: Lawrence Erlbaum Associates.

Gregory, L.A., Fried, Y. and Slowik, L.H. (2013) "My space": A moderated mediation model of the effect of architectural and experienced privacy and workspace personalization on emotional exhaustion at work. *Journal of Environmental Psychology 36,* 144–152.

Heimets, M. (1994) The phenomenon of personalization of the environment. *Journal of Russian and East European Psychology 32*(3), 24–32.

Kopytin, A. (2004) Photography and art therapy: An easy partnership. *Inscape: The Journal of the British Association of Art Therapists 9*(2), 49–58.

Kopytin, A. (2013) Photography and art therapy. In D. Loewenthal (ed.) *Phototherapy and Therapeutic Photography in a Digital Age.* London and New York, NY: Routledge.

Kopytin, A. (2016) Environmentally and eco-based phototherapy: Ecotherapeutic application of photography as an expressive medium. In A. Kopytin and M. Rugh (eds.) *"Green Studio": Nature and the Arts in Therapy.* New York, NY: Nova Science Publishers.

Loewenthal, D. (2013) Introducing phototherapy and therapeutic photography in a digital age. In D. Loewenthal (ed.) *Phototherapy and Therapeutic Photography in a Digital Age.* London and New York, NY: Routledge.

MacLagan, D. (2002) *Psychological Aesthetics: Painting, Feeling and Making Sense.* London: Jessica Kingsley Publishers.

McNiff, S. (2004) *Art Heals: How Creativity Cures the Soul.* Boston, MA: Shambhala.

Simmons, M. (2013) A creative photographic approach: Interpretation and healing through creative practice. In D. Loewenthal (ed.) *Phototherapy and Therapeutic Photography in a Digital Age.* London and New York, NY: Routledge.

Weiser, J. (1999) *PhotoTherapy Techniques: Exploring the Secrets of Personal Snapshots and Family Albums.* Vancouver, Canada: PhotoTherapy Centre.

Wheeler, M. (2013) Fotos, fones and fantasies. In D. Loewenthal (ed.) *Phototherapy and Therapeutic Photography in a Digital Age*. London and New York, NY: Routledge.

제7장

치료적 영화 제작

– *J. Lauren Johnson*

"당신은 누구입니까?" 혹은 "당신은 어디 출신입니까?" 같은 질문들은 답하기가 어려울 수 있다. 그럼에도 불구하고, 나는 심리학자로서 토착 캐나다인 내담자들에게 그런 질문을 하게 되는데, 그것이 가장 중요한 질문이기 때문이다. 그런 질문을 통해 한 개인을 특수한 인생 경험, 예를 들면 북부 앨버타의 캐나다 원주민 보호구역에서 성장했다든가, 혹은 '캐나다인', '메티스'[1], '크리'[2], '식민지개척자', '피압박민족' 등과 같은 어떤 정체성 안에 놓고 고려할 수 있게 된다. 우리가 우리 자신에 관해 — 우리 자신을 어떻게 바라보는지, 다른 사람들이 우리를 어떻게 바라보기를 원하는지 — 이야기할 때 그런 질문들은 특히 중요할 수 있다. 그 질문들은 우리 삶의 이야기를 끌어내는 마중물이 될 수 있으며, 우리가 살아갈 미래의 모습을 결정할 수도 있다(Habermas and Bluck, 2000; McAdams, 2008).

내가 치료적 영화 제작 기법을 사용해서 토착민 내담자들과 작업을

1) 캐나다 원주민 부족인 크리족과 프랑스계 백인의 혼혈(역주).
2) 캐나다 중부 지역에 원래 살고 있던 북미 원주민 부족(역주).

시작할 때, 종종 그런 질문들이 작업의 기초를 형성하게 된다. 치료적 영화 제작 기법은 한편으로는 대화 치료를, 다른 한편으로는 영화/비디오 제작이라는 창의적 과정을 결합시킨 표현적이고 예술적인 상담심리학 접근법이다(Johnson and Alderson, 2008). 나는 다양한 환경에서, 예컨대, 북부 앨버타 시골의 캐나다 원주민 보호구역에 있는 지역 보건소나 위험에 처한 토착민 소녀들을 위한 거주치료센터, 도시 환경에서 이뤄지는 소규모 개인 상담, 캐나다 대도시의 3차 암 병원 등지에서 치료적 영화 제작 기법을 사용해왔다. 나는 다른 수많은 질문 중에서도 위의 질문들을 던짐으로써 내담자들이 언어나 이미지, 동작, 소리 등을 사용하여 그들 자신과 그들이 사는 세계에 대한 이야기를 꺼내는 걸 돕고자 한다. 바로 이러한 스토리텔링과 그 안에 내재된 자기표현 및 탐구에서 본 작업의 치료적 이익을 찾을 수 있다고 본다.

서론

내가 치료적 영화 제작 기법을 어떻게 사용하는지 개괄하기 위해 이 글에서는 먼저 그 기법에 관해 설명하고 이어서 구체적인 사례를 하나 제시하겠다. 특정 개인의 사례를 다루는 대신 여러 인물을 하나로 합성한 가공사례를 사용하기로 한 것은 나와 함께 작업한 많은 이들이 상처받기 쉬운 취약한 상태이기 때문이다. 이 내담자들은 아동 복지 시스템에 연계된 미성년자인 경우가 많고, 강제적으로 가족과 분리되어 국가의 보호를 받고 있다. 그들은 일반적으로 신체적/성적 학대를 포함한 외상 증세를 보이고, 외상 후 스트레스 장애나 중독에 시달리는 경우도 종종 있다(Greidanus and Johnson, 2016).

사례를 탐구하기에 앞서, 내가 사용하는 치료적 영화 제작 기법에 관한 짧은 개괄을 하는 게 무엇보다 중요하다. 치료적 영화 제작 기법은 지난 수십 년에 걸쳐 사용돼 왔지만(예를 들면, Arnott and Gushin, 1976; Furman, 1990),

나만의 접근법을 이 글에서 특별히 논하게 된 것은 내가 이 기법에 아주 친숙하기 때문이다. 여러분이 이 기법에 대한 다른 접근법들을 더 탐구해 나가면 좋겠다. 치료적 영화 제작 기법을 논하고 나서는, 토착민 십 대 소녀에게 치료적 영화 제작 기법이 사용된 사례를 서술할 것이다. 그러고는 토착민 내담자들과의 작업에 관한 짧은 논고를 펼치고, 토착민들을 대상으로 치료적 영화 제작 기법을 사용하는 데 관심이 있는 다른 심리치료사들을 위해 몇 가지 권장 사항을 제시하겠다.

치료적 영화 제작 기법의 개요

치료적 영화 제작은 대체로 다른 영화나 비디오의 제작과 동일한 과정을 따른다(Johnson and Alderson, 2008). 일반적으로 영화 제작 과정은 크게 다섯 단계로 쪼갤 수 있다. 1) 개발[development] 단계에서는 주제나 아이디어, 스토리를 탐구하고 만들어낸다. 2) 제작 준비[preproduction] 단계에서 영화 제작자는 촬영을 위한 준비를 한다. 3) 제작[production] 단계에서는 필름 또는 비디오로 장면들을 촬영한다. 4) 후반 작업[post-production] 단계는 촬영한 장면들을 일관된 하나의 이야기로 편집하는 과정이다. 그리고 마지막으로 5) 배급/상영[distribution/exhibition] 단계에서 영화 제작자는 완성된 영화를 관객에게 보여 준다.

창의적 노력으로서의 영화 제작과 치료적 기법으로서의 영화 제작에는 차이가 존재한다(Cohen and Johnson, 2015). 치료적 영화 제작은 앞서 설명한 일반적인 제작 단계를 느슨하게 따른다. 치료적 영화는 한 번에 한 시간씩 몇 주 혹은 몇 달에 걸쳐 치료 회기를 진행하면서 제작된다. 그 기간 동안, 내담자/영화 제작자가 겪게 되는 개인적인 변화는 불가피하게 영화가 묘사하는 이야기에 영향을 미치게 되고, 내담자에게 — 따라서 이야기에도 — 변화가 일어나면, 다시 앞 단계로 돌아가야 한다. 그런 상황이 벌어지므로 치료적 영화 제작 과정은 상업 영화 제작의 일반적인 과정에 비해 자꾸 되풀이되는 양상을 띠게 된다. 또한, 치료적 영화의 내용은 상업 영화와는 다른 경향을 보인다. 치료적 영화 제작에 착수하기에 앞서 이뤄진 한 예비연구를 보면, 내담자/영화 제작자들은 자기 성찰과 자기 분석, 자기 관찰, 영화에 등장하는 타인에 대한 관찰 등에 집중한다는 것을 알 수 있다(Johnson and Alderson, 2008). 이 다양한 시점들은 치료 과정에서 이뤄지는 논의와 통찰, 표현의 중요한 재료가 된다. 이렇게 지극히 개인적이고 자기 성찰적인 내용들은 치료 목적이 아닌 영화 제작에서는 좀처럼 나타나지 않는다. 물론 주목할 만한 예외가 존재한다. 특히 페미니스트 영화 제작자나 자전적 다큐멘터리 작가들의 작업은 개인적이고 자기 성찰적인 내용을 다루는데, 나는 그들의 작업에 대해 치료적 영화 제작과 관련해서 다른 글에서 논의한 바 있다(예를 들면, Johnson, 2007). 그래도 역시 대부분의 영화 관람객은 주류 내러티브 및 다큐멘터리 영화에서 보여주는 덜 개인적인 콘텐츠에 더 친숙하다. 이와 같이 치료적 영화의 콘텐츠는 치료 목적이 아닌 영화와 구별되는 경향이 있다.

임상에서 치료적 영화 제작 단계

앞서 설명한 바와 같이 치료적 영화 제작 과정도 일반적으로 영화 제작의 다섯 단계를 따르지만, 이 단계들을 되풀이하며 비선형적으로 진행된다. 치료적 영화 제작 과정의 특수성에 유념하면서, 이 과정의 각 단계에서 치료사들이 어떤 전략과 접근법을 사용할 수 있을지 좀 더 상세히 설명하는 게 도움이 될 것 같다. 그러기 위해 단계별 나의 접근법을 각각의 항목으로 나누어 설명하겠다.

개발

이 단계의 목적은 테마 혹은 주제를 명확하게 하고 그것을 토대로 영화가 만들어질 뼈대를 세우는 것이다. 이 단계는 매우 창의적이며, 이 단계에서 이뤄지는 수많은 창의적인 자극과 브레인스토밍, 다양한 생각들이 결과적으로 중요한 치료적 담론을 이끌어낼 수 있다. 그러면 영화 제작 프로젝트는 잠시 뒤로 미뤄두고, 대처 전략이나 관련된 다른 치료 콘텐츠를 논의하게 된다. 이러한 이유로, 영화 제작 과정에서 이 단계는 종종 가장 오래 걸리고 여러 회기에 걸쳐 진행될 수 있다.

어떤 내담자들은 주제나 아이디어를 미리 생각해 오기도 하지만, 창의적인 자극을 필요로 할 내담자들도 있다. 이 글을 시작하면서 언급했던, "당신은 누구입니까?" 혹은 "당신은 어디 출신입니까?"와 같은 질문들은 관심사를 폭넓게 탐구하는 훌륭한 출발점이 되면서 내담자의 자기 이야기와 맞물릴 수 있다. 내담자가 치료를 받으려는 이유(들)에 관한 질문들이나 내담자가 치료를 통해 무엇을 얻고 싶은지, 아니면 좀 더 일반적으로 앞으로 무엇을 성취하고 싶은지, 외상 경험을 극복해낸 입장에서 내담자가 자기 자신 혹은 자기와 같은 처지의 다른 사람들에게 조언한다면, 무슨 말을 하고 싶은지 등이 창의적 자극에 포함될 수 있을 것이다.

나는 내담자들에게 이런 질문을 던질 때 종종 포스트잇을 사용해서 내담자가 대화 중에 만들어낸 문장이나 주제들을 빠르게 받아 적는다. 예컨대, 내담자가 "당신은 누구입니까?"라는 질문에 정체성 진술로 답하면, 나는 각각의 정체성 진술 혹은 문구 — '크리', '생존자', '동물 애호가' — 를 메모지에 하나씩 따로 받아 적고, 각각의 메모지를 탁자나 벽에 무작위로 배치한다. 우리의 대화가 끝나갈 무렵, 나는 내담자에게 메모지들을 다시 살펴보면서 의미가 통하도록 메모지들을 한번 정리해 보라고 요청한다. 그러면 어떤 내담자들은 메모지를 주제별로 분류하거나 연대기적 순서에 따라 배열한다. 메모지들로부터 선형적인 순서를 만들어내는 사람들도 있고, 그룹이나 거미줄 형태로 조직화하는 사람들도 있다. 메모지들에서 도출한 구조에 내담자가 만족하면 나는 그

걸 사진으로 찍어서 내담자의 디지털 파일에 보관하고, 개발 단계의 다음 과정에서 다시 참조할 수 있게 하며, 메모지들은 따로 취합해서 내담자의 서류 파일에 보관한다.

이 같은 느슨한 구조가 대개 내담자가 치료를 위한 스토리를 개발하는 뼈대가 된다. 이 스토리를 표현하는 형식들은 극적으로 달라질 수 있는데, 포스트잇을 그대로 사용해서 그 전체로 스토리를 나타낼 수도 있고, 살을 붙인 등장인물과 격식에 맞게 서술된 대화를 제대로 갖춘 대본으로 완성될 수도 있다. 대부분의 내담자들은 그 중간 어디쯤에 있다. 포스트잇으로 만든 구조를 반영해서 스토리의 얼개를 도출하고, 스토리의 다양한 지점에 포함시킬 특정 장면들을 묘사하는 정도로 이 단계가 마무리된다. 이 단계에서 반드시 잘 전개된 등장인물이나 대화를 도출할 필요는 없다.

사전 준비

이 단계의 목적은 제작 또는 영화 촬영을 준비하는 것이다. 따라서 이 단계의 모든 활동은 개발 단계에서 완성된 개요나 대본을 카메라로 촬영할 수 있는 무언가로 전환하는 데 초점이 맞춰져 있다. 일반적인 영화 제작 환경에서는 이 단계에서 대본을 검토하고 스토리보드를 제작한다. 스토리보드는 각각의 장면을 어떻게 촬영할 것인지 그림 형식으로 묘사한 것으로, 결과적으로 대본의 각 장면을 표현한 도판들로 구성된 만화책과 같은 형태가 된다. 거기서부터 일반적인 영화 프로젝트는 촬영 목록을 뽑는 단계로 넘어가고, 영화 제작자는 각각의 장면을 촬영할 순서를 결정한다.

치료적 영화 제작에서는 대본을 스토리보드로 만들고 촬영 목록을 뽑아내는 과정이 필요 없을 때도 많다. 그래서 이 단계에서는 개요 또는 대본을 검토하고 각각의 장면을 어떻게 표현하고 싶은지를 내담자와 논의한다. 이러한 논의를 하면서 내담자는 특정 장면을 표현하기 위해 기록 보관소에 있는 기존 자료를 찾아서 쓰기로 할 수도 있고 아니면, 새로운 자료를 촬영하기로 할 수도 있다. 각각의 장면을 표현하기 위해 내담자가 어떤 이미지나 오디오 또는 텍스트들을 찾아냈는지 내담자와 치료사가 함께 기록한다. 이렇게 이미지와 오디오, 텍스트를 챙기는 과정에서 새로 비디오 자료를 만들어야 할 것은 무엇이며, 기존 자료는 어떤 걸 모아야 하는지에 관한 '촬영 목록'이 도출될 수 있다. 그러면 이 촬영 목록이 영화 제작 과정의 다음 단계를 좌우하게 된다.

제작

제작 단계의 목표는 영화를 완성하기 위해 필요한 장면을 촬영하는 것이다. 치료적 영화 제작에서는 내담자가 자기 영화에 포함시킬 기존 자료들을 준비해 오면 회기 중에 디지털 파일로 만드는 작업을 한다. 기존 자료가 디지털 파일로 있으면 그대로 가져다 쓰면 된다. 새로 촬영해야 할 장면들이 있다면, 내담자 스스로 혹은 친구나 가족과 함께 촬영해 올 수도 있고 회기 중에 치료사와 함께 촬영할 수도 있다.

영화 제작 과정에서, 이 단계에는 치료적인 대화의 기회가 풍부하다. 치료사는 다양한 자료와 창의적인 선택 이면에 숨은 이야기와 의미를 질문하고, 무엇을 어디에 왜 포함시키기로 결정한 건지 논의하고, 내담자가 특정 장면이나 샷, 이슈 등에서 조망 수용을 할 수 있도록 돕는다. 내담자의 치료적 영화 제작에 다른 사람의 도움을 받거나 다른 사람을 영화에 출연시키는 것이 가져올 결과에 대한 논의도 종종 해볼 만하다. 타인의 개입이 내담자의 안녕이나 기능, 관계에 미칠 영향을 내담자가 독자적으로 생각하지 못할 수 있으므로, 치료사는 내담자가 그런 생각을 해보게끔 유도해야 한다. 내담자가 배급/상영 단계에서 자기가 만든 영화로 뭘 하고 싶어 하느냐에 따라, 잠재적인 외부 조력자에게 소개 자료의 형식으로 영화를 보여주는 것도 논의해볼 만하다. 개인 정보 보호를 둘러싼 치료상의 논의도 반드시 있어야 한다.

후반 작업

디지털 자료를 모두 취합 또는 촬영하고 나면, 그 모든 이질적인 요소들을 모아서 하나의 일관된 전체로 편집하는 과정이 시작된다. 이 단계의 목적은 영화의 각 부분들을 재구성하여, 개요 혹은 대본에서 결정한 구조로 만드는 것이다. 이 제작 단계는 시간이 좀 걸릴 수 있는데, 개발 단계와 맞먹는 시간이 걸리거나 어쩌면 그보다 더 길어질 수도 있다.

이 단계에서 치료사는 내담자와 함께 모든 자료를 디지털 포맷으로 변환하고, 그 디지털 매체를 비선형 편집 프로그램에 업로드한다. 업로드를 하고 나면, 치료사는 내담자에게 매체를 선택하고 자르고 타임라인에 배치하는 기술적인 과정을 안내한다. 기술적 과정에 대한 친숙도는 내담자에 따라 천차만별이다. 아무것도 모르는 사람이 있는가 하면, 치료사보다 훨씬 잘하는 사람도 있다. 따라서 치료사는 이 과정에서 프로젝트에 대한 창의적인 통제권을 빼앗거나 주장하지 않고 내담자를 안내할 방법을 심사숙고해야 한다.

자료를 검토하고, 취합하고, 오디오를 추가하고(예컨대, 음악이나 음향효과, 내레이션 등) 그래픽을 만드는(예를 들면, 자막이나 장면전환, 효과 등) 과정에는 치료적 대화를 이끌어낼 기회가 많다. 이전 단계들과 마찬가지로 치료사는 내담자를 인도하거나 면밀히 탐색하는 질문들을 하면서 성찰과 통찰력 개발을 장려할 수 있고, 영화의 내용 및 내담자의 창의적 선택을 출발점으로 삼아 대처 기술과 문제 해결 전략, 기타 치료적 개입 등을 논의할 수도 있다.

편집 과정에서는 풍부한 치료적 콘텐츠, 대화, 개입 등이 도출될 수 있다. 이런 이유 때문에, 이 단계는 특히 시간이 오래 걸리고, 때로는 영화 편집이 다 끝나기도 전에 이 단계에서 치료가 종결된다. 개인적으로, 나는 그래도 무방하다고 생각하는데, 치료적 영화 제작은 결과물보다 그 과정에 의미가 있다고 굳게 믿는 입장이기 때문이다. 영화를 완성해야 할지는 어디까지나 내담자가 결정하도록 하고, 나는 기꺼이 그 결정에 따른다. 아무튼, 영화 제작 과정에서 이 단계가 마무리되면 내담자는 완성된 짧은 영화를 갖게 된다. 내담자들은 보통 DVD나 디지털 영화 파일 포맷으로 복사본을 만들어서 집에 가져간다.

배급/상영

마침내 내담자가 영화 제작 과정의 모든 단계를 완료하고 완성된 DVD 또는 디지털 영화 파일을 수중에 넣었다면, 그 영화를 다른 사람들과 공유하는 데 관심을 보일지도 모른다. 어떤 내담자들은 자기가 만든 영화를 다른 사람과 공유하고 싶어 할 것이고, 또 어떤 내담자들은 영화를 다른 사람에게 보여주기보다는 훗날 치료 경험을 떠올리게 해주는 중간 대상 또는 혼자서 생각할 거리로 삼고 싶어 할 것이다. 그런가 하면, 완성된 영화를 상영하는 것이 영화 제작 경험의 가장 중요한 부분이라고 여기는 사람들도 있다. 영화를 다른 사람에게 보여줄 경우 — 선별된 친구들이나 가족들에게 보여주든 영화제 같은 곳에서 생면부지의 관객들에게 보여주든 간에 — 발생할 수 있는 결과에 대해 치료사는 반드시 내담자와 신중하고 사려 깊은 논의를 해야 한다. 내담자가 어느 범위의 관객에까지 영화를 보여주고 싶은지에 대해 의논하고 이를 둘러싼 안전 계획을 수립하는 것도 유익하다. 다른 사람들에게 영화를 보여주고 난 후에는 내담자와 정리하는 시간을 갖기를 권한다. 처음 영화 프로젝트를 수행하고 난 후에도 치료가 장기간 계속된다면, 치료사는 치료 과정을 진행하면서 정기적으로 그 영화를 다시 보고 그 영화나 다른 주제들에 관한 내담자의 현재 관점을 되짚어보고 싶을 수도 있을 것이다.

영화 제작 프로젝트의 치료적 측면은 치료사와 내담자의 대화에 기인할 뿐만 아니라, 의미 질문이나 개인적 자원과 대인 관계적 자원, 자기 표상, 희망 등등에 대한 내담자의 반응을 우리가 깊게 파고들 때 나타난다. 치료적 대화가 전적으로 중요해지고 내담자와 치료사가 위기관리나 대처 기술에 집중하게 되면, 창의적인 비디오 프로젝트는 종종 뒤로 밀려난다. 실제로 나는 훨씬 많은 치료 목적의 비디오 작업에 착수했지만, 그 작업들이 다 상영 단계까지 완수되지는 않았다. 치료적 영화 제작에 대한 나의 접근법이 최종 결과물보다는 과정에 초점을 맞추고 있기 때문이다. 게다가 치료 회기가 진행되면서 내담자들이 방법을 바꾸고 싶어 하는 경우도 있는데, 페미니즘적이고 반 억압적인 자세로 일하는 나로서는 치료 과정에서 내담자에게 내가 선호하는 것을 강요하기보다는 내담자의 뜻에 따르는 것이 중요하다고 본다. 그렇지만 치료적 영화 제작은 다양한 관점에서 작업하는 다양한 치료사들이 사용할 수 있는 방법이므로, 다른 치료사들은 각 프로젝트를 끝까지 지켜보고 내담자들이 영화 제작 과정 전체를 처음부터 끝까지 경험하게 하는 것을 중요하게 생각할 수도 있을 것이다.

임상에서의 치료적 영화 제작

치료적 영화 제작이 실제로 어떻게 이루어지는지에 대한 이해를 돕기 위해, 여기서 하나의 가공사례를 제시하고자 한다. 나는 내가 실제로 봤던 다양한 내담자들을 합쳐서 한 인물로 만든 'Kelly'라는 내담자와 그녀의 치료 과정을 처음부터 끝까지 소개할 것이다.

사례 7.1

Kelly는 열다섯 소녀로, 그녀가 나고 자란 원주민 보호구역의 아동 가족부 소속 담당자가 내게 의뢰했다. 그녀는 의심이 많고 조용한 성격이라서, 처음에는 그녀와 친해지기가 어렵다고 느꼈다. 우리가 만났을 때 그녀는 보호지역의 그룹 홈에 살고 있었고, 그녀를 내 사무실에 데려온 복지사는 그때까지 그녀가 살아온 인생에 대해 거의 아무런 정보도 주지 않았다. 나는 단지 그녀에게 도움이 필요하다는 이야기만을 들었을 뿐이다. 그래서 나는 Kelly와 우리 작업의 목적이 무엇이

되어야 할지 결정하는 것부터 시작했다. 먼저 나는 그녀에게 간단하게 "너는 누구니?"라고 물었다.

Kelly와 나는 그녀가 누구인지, 내가 그녀를 어떤 사람으로 바라보길 원하는지에 관해 이야기하며 첫 시간을 보냈다. 그녀는, 내가 그녀가 말하는 내용을 메모해도 좋다고 허락했고, 나는 테마와 주제에 관한 간단한 메모와 그녀가 언급한 사람들을 포스트잇에 하나씩 휘갈겨 쓰기 시작했다. 이야기를 나누면서 나는 그녀가 살고 있는 그룹 홈과 보호구역, 이제 같이 살고 있지는 않지만 작은 마을에서 여전히 종종 마주치는 그녀의 가족에 관한 정보를 들었다. 그녀는 무엇을 좋아하는지(춤, 의식, 원로들의 이야기를 듣는 것, 전통 노래 부르기)도 이야기했다. 그녀는 내면의 자아, 원로, 조상들과 영적으로 연결되는 능력에 대해 이야기했고, 거기서 그녀가 얼마나 많은 힘과 지혜를 얻는지 설명했다. 나는 그녀에게 우리가 처음 다룬 질문들에 대해 더 생각해 보고, 이 주제에 대한 성찰의 결과를 다음 회기에 가져오라고 요청했고, 그녀는 그러겠다고 했다.

그다음 주 Kelly는 준비한 것들을 가져왔다. 그녀는 '정화의 노래sweat songs'[3]를 녹음한 것과 손으로 쓴 일기, 그녀가 찾아낸 유튜브 비디오 링크를 잔뜩 가져왔다. 우리는 그녀의 삶을 담은 물건들을 세세히 살피면서, 왜 그것들이 그녀에게 의미가 있는지 논의했고, 그녀는 그 물건들이 그녀의 인생 이야기에 어떻게 어우러지는지 내게 이야기해줬다. 우리는 이전 시간에 내가 써놓은 메모지들을 살펴보기도 하면서, 그녀가 가져온 물건들이나 새로 들려준 이야기들을 반영하는 새로운 메모를 추가했다. 우리는 포스트잇 더미를 검토했고, 그녀는 그녀에게 의미를 갖는 구조로 메모지를 분류하기 시작했다. 이 과정에서 Kelly는 자기의 과거와 현재 그리고 자기 자신과 가족들이 바라는 미래를 담은 하나의 이야기가 펼쳐지기 시작하는 것을 보았다. 그녀는 이것을 하나의 구성 플롯으로 삼아 그녀가 당했던 학대와 그 고통에서 벗어나기 위해 겪은 난관들 그리고 미래에는 더 나은 삶을 살아야 한다는 희망에 대한 이야기를 영화에서 내레이션으로 들려주기로 했다. 우리는 내레이션에 무슨 이야기를 담을 것인지 대강의 대본을 작성하기 시

3) '정화의 노래'란 정화의 천막(한증막, sweat lodge) 의식을 치르는 동안 부르는 전통적인 노래다. Kelly는 원로에게 허락을 받아 그 노래를 녹음하고 그녀의 비디오에 사용하기로 했다.

작했다.

이후 두 번의 회기를 거치면서, 우리는 간략한 대본을 완성하고 그녀의 이야기에서 어떤 요소를 시각적으로 어떻게 표현할 것인지 의논했다. 이야기에서 어떤 부분들을 재연할 것인가? 어떤 부분들을 그녀가 찾아낸 옛날 사진들로 보여줄 것인가? 또한, 우리는 그녀가 대본을 읽는 것을 녹음해서, 내 사무실 컴퓨터의 비선형 편집 시스템에 업로드했다.

Kelly가 명절에 가족을 방문하면서 상태가 다시 안 좋아지는 바람에 영화 제작 프로젝트를 잠시 쉬어야 했다. 우리는 안정을 되찾고 회복 계획을 세워 다시 앞으로 나아가기 위해 함께 노력했다. 그녀는 이때의 경험을 애당초 자기 자신의 이야기에서 확인하려고 했던 회복과 의지라는 주제와 연결할 수 있었다. 나는 그녀가 겪은 퇴보와 그로부터의 회복을 자기 이야기 속에 어떻게 녹여내고 싶은지 그리고 이러한 경험을 시각 자료와 음악과 다른 관련 형식들로 어떻게 재현하고 싶은지 그녀가 깊이 생각해 보도록 북돋워 주었다.

그 이후로 몇 번의 회기를 거치면서 Kelly와 나는 그녀의 이야기에서 가족의 역할과 비디오 프로젝트를 위해 몇몇 사람의 도움을 요청하는 문제 그리고 확고한 경계를 설정함으로써, 다른 사람으로부터 프로젝트를 안전하게 지키는 일에 관해 치료적인 대화를 나누었다. 우리는 긴급한 현안이 발생했을 때, 이를테면 다른 보호구역에서 지내던 사촌의 비극적인 사망 소식을 접했을 때, Kelly가 겪는 충격과 공포 같은 문제를 해결하기 위해 두어 차례 프로젝트를 보류하기도 했다. 그런 시기에 우리는 그녀를 현재에 발붙이게 하고, 그녀의 신체, 정신, 영혼과 다시 연결하고, 그녀의 자기 성찰적 자원 및 대인 관계적 자원과 연계해서, 당장의 곤경에서 벗어나 앞으로 나아갈 방법에 대한 지침을 찾기 위해 노력했다. 그 밖의 회기들은 그녀가 그룹 홈 주변에서 자연환경과 은밀한 유대감을 느끼는 가운데 안식을 찾는 장소들이나, 매주 그녀가 참석하는 '정화의 천막' 의식을 진행하는 원로의 미소를 띤 얼굴 등을 촬영한 비디오 영상과 사진들을 검토하면서 보냈다.

Kelly와 나는 그녀의 비디오 프로젝트 뼈대에 시각 자료들(Kelly와 가족 구성원, 친구들의 사진이나 그녀가 춤을 추는 걸 촬영한 비디오 영상, 인터넷에서 캡처한 그래픽 등)을 활용해 살을 붙여 나갔다. 여기에 우리는 음악(정화의 천막 노래와 팝 음악,

일기에 썼던 구절들을 머뭇거리며 말하거나 노래를 부르는 그녀의 듣기 좋은 목소리 등)을 입혔다. 우리는 그녀가 자기 부족의 언어로 조용히 기도하는 아름다운 소리도 포함시켰다. 역사의 한 시대 속으로 거의 사라져버려서 이제는 그녀의 혀끝에서만 살아 움직이는 언어다.

Kelly와 나는 이 프로젝트가 완성 단계에 이르렀을 때, Kelly가 이 비디오를 다른 사람과 공유하길 원하는지, 그렇다면 어떤 일이 벌어질 수 있다고 예상하는지에 대해 논의하기 시작했다. 그녀는 회기에서는 영화를 상영하지 않기로 했지만, 그 대신 DVD 복사본을 만들어 집에 가져가서 그룹 홈의 관계자 및 친구들과 함께 보고 싶어 했다. 우리는 그에 따른 대비를 했다. 이렇게 개인적인 이야기를 다른 사람에게 공개하면 어떤 기분이 들지, 사람들의 반응이 그녀가 기대했던 것과 다르면 어떤 기분이 들지, 영화 상영이 어떤 결과를 가져오든 그녀가 자신의 안전을 확보하려면 어떻게 해야 할지 등을 논의했다. 프로젝트의 막바지에 이르러 자막과 크레디트에 들어갈 글을 마무리하고 장면과 장면 사이의 전환이 마음에 드는지 등을 확인하면서 우리는 그 이야기가 그녀에게 가지는 의미에 관해 더 많은 대화를 나누었다. 나는 그녀에게 그 이야기가 지금의 그녀를 얼마나 잘 반영하고 있는지 그리고 몇 달 전 그녀가 처음 이 작업을 시작한 날 이후로 어떤 변화가 일어났는지 등을 물어봤다. 나는 그녀를 초대해서 완성된 비디오(그 모든 힘든 작업 끝에 얻어낸 단 10분 길이의 영화)를 새로운 눈으로, 마치 낯선 이가 그녀의 삶을 바라보듯 보게 하고 그녀 자신에 관해 무엇을 알 수 있었는지 생각하게 했다. Kelly는 그녀가 겪어온 일들과 그녀가 자기 자신과 그녀의 가족 그리고 앞날을 위해 원하는 것들을 새롭게 연결할 수 있었다. 또한, 그녀는 회복 과정을 거치면서 자기 자신과 영적 연결을 개발하는 것이 꼭 필요한 일이라는 점이 입증되었다는 걸 깨달았다. 그녀는 비디오 프로젝트를 진행하지 않았다면, 달리 다가가지 못했을 수도 있는 그녀의 공동체 사람들(원로들과 예술가들과 다른 사람들)에게 비디오 프로젝트를 통해 다가갈 기회를 얻었고, 그렇게 해서 그녀의 공동체와 역사와 영성에 더 깊이 연결될 수 있었다는 점에 주목했다.

Kelly와 나는 비디오 프로젝트를 완성한 후에도 두 달 더, 함께 작업을 이어나갔다. 그 시기에 그녀는 자기가 만든 비디오를 그룹 홈 사람들에게 보여줬고, 우리는 그 경험에 대해 정리하는 시간을 가졌다. 그룹 홈 사람들을 대상으로 한 상영이 아주 잘 진행됐기 때문에, 그녀는 영화를 보호구역에 사는 더 넓은 범위의 사람들에게 보여주고 싶어 했다. 그래서 우리는 상영 범위를 넓히는 작업을 의논하고 준비하면서 안전 문제에 신경을 썼고, 상영 후에는 경험을 정리하는 시간을 가졌다. 더 많은 사람에게 영화를 보여주는 동안, 공동체의 몇몇 원로들은 재연결과 회복을 다룬 그녀의 이야기가 그들에게 많은 시사점을 제공한다고 그녀에게 말했다. 이 비디오 상영회에서 그녀는 공동체 원로들로부터 초청을 받았다. 토착민들과의 화합을 위한 캐나다의 활동을 주제로 한 회의였다. 그녀는 그동안 자기 자신과 자신의 능력에 대한 확신을 점차 키워왔고, 지극히 개인적인 비디오를 대단히 성공적으로 상영했기에, 그 회의에서 연설하기로 마음먹을 수 있었다. 많은 사람에게 연설을 한다는 생각에 겁도 났지만, 그녀는 그것이 중요한 일이라 느꼈고 존경하는 원로들의 초청을 진지하게 받아들였다. 그리고 결국 그 일은 그녀 개인에게도 그녀의 공동체에도 대성공이었다.

우리가 약속한 기간이 끝나갈 때쯤, 우리의 작업도 종결됐고 Kelly는 정말 잘 해나가고 있었다. 우리는 서로 합의한 치료적 목표, 그녀가 겪은 학대의 경험을 이야기하고 그것을 회복의 관점에서 다루면서, 그녀가 이미 살아가기 시작한 미래에 대한 희망을 분명하게 표현하기로 한 목표는 대단히 훌륭하게 달성됐다. 우리는 함께한 작업을 종결하기까지 9개월에 걸쳐 21차례 만났고, 한편으로는 당면 위기를 다루기 위해 대처 기술을 익히는가 하면, 다른 한편으로는 영화 제작이라는 창의적인 과정을 통해 정신적 외상을 처리하고 희망을 증진하는 일에 몰두하는 과정을 거듭 오갔다. Kelly와 나는 긍정적으로 치료를 종결했고, Kelly는 그녀가 만든 비디오 DVD 복사본을 소장하고 있으면서, 앞으로 원한다면, 주기적으로 돌이켜 보기로 했다.

결론

치료적 영화 제작을 어떻게 해석하고 이용하든, 이 접근법을 토착민에게 적용하려는 사람은 토착민들과 작업할 때 특정 사항을 중요하게 고려해야 한다(Johnson, 2015). 고려 사항 한 가지는, 본인의 교육과 개인적인 경험에 내재한 세계관이 토착민 내담자들의 세계관과 어떤 식으로 충돌할지, 혹은 상호보완 관계를 맺을 수 있을지 유의해야 한다는 것이다(Blackstock, 2008). 이 부분에 대해 더 알아보기 위해, 해당 지역의 식민지 역사와 제도적 억압(예컨대, 기숙학교, 강제이주, 토착민의 정신적 또는 문화적 관습에 반하는 법률, 토착민의 투표권 등)을 파고들어, 여러분이 담당하는 사람들이 처한 역사적, 정치적 환경에 관해 더 공부해볼 가치가 있다. 식민지 이전 시대의 언어와 그 지역의 지도를 공부함으로써 여러분이 담당하는 토착민이 경험한 문화 및 영토 상실의 범위를 이해하는 것도 의미 있는 일이다. 또한, 여러분이 사는 지역에서 현재 토착민들의 일상에 영향을 주는 장애물은 무엇이고, 또 자원은 무엇인지 알아내기 위해 토착민들이 오늘날 처한 사회적, 경제적, 정치적 입장에 대한 이해를 높이는 것도 도움이 될 것이다.

마지막으로, 여러분이 치료사로서 내담자에게 억압적인 기제로 작용할 가능성이 있음을 유념하고, 토착민 내담자들과 함께 작업하는 과정에서 식민지 관계를 재생산하지 않기 위한 노력의 일환으로, 반성적 실천을 통해 그러한 가능성에 맞서 싸우기를 권고한다(Wade, 1995). 한 토착민 십 대 소녀에게 치료적 영화 제작 접근법을 사용한 합성 사례 연구를 제시한 것은 독자들이 이 기법을 실제적인 관점에서 이해하도록 돕기 위함이다. 이 접근법에 관심을 가진 사람들에게 “당신은 누구입니까?”와 “당신은 어디 출신입니까?”는 물론이고, “당신은 치료사로서 어떤 사람입니까?”와 “당신은 당신이 하는 일을 왜 하고 있습니까?”라고 스스로 질문하고, 그에 대한 자신의 대답은 무엇인지 심사숙고 해보기를 권한다. 여러분이 치료적 영화 제작을 여러분 고유의 임상 방식에 — 기법이나 전략이 아니라 여러분 특유의 임상 맥락에 딱 들어맞는 과정으로 — 통합할 방법을 깊게 고민하기 바란다.

또한, 토착민들과 치료적 영화 제작 작업을 하면서 제기된 고려 사항들을 참고하여, 앞으로 이 작업을 하기 위해 중요하게 생각해야 할 사항들을 더 자세히 알아가게 되기를 바란다. 토착민들과 작업하는 모든 사람이 반드시 반 억압적인 입장을 취해야 하는 것은 아니지만, 여러분의 잠재적인 내담자에게 영향을 미친 — 앞으로도 영향을 미칠 — 현재 그리고 역사의 요소를 숙지하는 '작업을 하는 것'은 필수적인 일이라고 생각한다. 함께 작업하며 내게 기쁨을 준 강하고 회복력 있고 영감 넘치지만, 때때로 오해받거나 과소평가된 사람들이 인간다운 삶을 회복하는 데 Kelly의 이야기가 도움이 되기를 간절히 바란다. 비록 Kelly라는 아이는 실재하지 않지만, 이 합성 인물을 만드는 데 기여한 수십 명의 토착민 십 대 소녀들은 실제로 존재하고, 그들은 정말로 놀라운 사람들이다.

권장 사항

- 치료적 영화 제작도 상업 영화 제작자들이 하는 것과 마찬가지로 5단계의 과정으로 개발, 사전 준비, 제작, 후반 작업, 배급/상영을 거쳐 진행된다. 그러나 치료적 영화는 러닝타임이 훨씬 짧고 – 2시간씩 되기보다는 5분에서 10분 정도가 일반적이고 – 두 명의 스태프(내담자와 치료사)에 의해 만들어지는 경우가 많으며, 제작 과정에서 내담자와 치료사 사이에 치료적 대화가 풍부하게 이뤄져야 한다.
- 치료사로서 치료적 영화 제작을 할 때 창작 작업은 반드시 내담자에게 맡겨야 한다. 창의적인 영역을 거들기보다는 많은 자극과 성찰의 기회, 자기에 대한 깊은 이해를 북돋우는 대화 등을 제공함으로써 내담자가 자기만의 이야기를 발전시키도록 도와야 한다.
- 안전은 필수적이다. 치료사로서 윤리적 의무를 언제나 우선시해야 한다.

이 말은 긴급한 치료적 문제가 발생하면, 영화 프로젝트가 보류되거나 심지어 미완성으로 끝날 수도 있다는 뜻이다. 또한, 제작 과정에서 다른 사람들의 도움을 받거나 완성된 영화를 다른 사람들에게 보여줄 때 발생할 수 있는 개인정보 보호나 기밀유지 문제에 대해 치료상의 논의가 반드시 이뤄져야 한다는 의미이기도 하다.

- 토착민 내담자와 치료적 영화 제작 작업을 할 때는, 토착민들에게 적합한 작업을 할 수 있도록 치료사의 자기계발과 전문성 개발이 요구된다. 함께 작업하고자 하는 특정 인구의 전통적인 신앙이나 풍습뿐만 아니라, 그들의 일상적인 삶에 영향을 미칠 수 있는 역사적, 사회적, 경제적, 정치적 요소들에 관해 더욱 자세히 알아보아야 한다.

참고문헌

Arnott, B. and Gushin, J. (1976) Filmmaking as a therapeutic tool. *American Journal of Art Therapy 76*(1), 29–33.

Blackstock, C. (2008) *Rooting Mental Health in an Aboriginal World View: Inspired by Many Hands, One Dream*. Ottawa, ON: The Provincial Centre of Excellence for Child and Youth Mental Health at CHEO.

Cohen, J. and Johnson, J.L. (eds.) (2015) Introduction. In *Video and Filmmaking as Psychotherapy: Research and Practice*. New York, NY: Routledge.

Furman, L. (1990) Video therapy: An alternative for the treatment of adolescents. *Arts in Psychotherapy 17*(2), 165–169.

Greidanus, E. and Johnson, J.L. (2016) Knowledge as medicine: The use and efficacy of an at-risk youth treatment program with an Aboriginal cultural education component. In T. Falkenberg and F. Deer (eds.) *Indigenous Perspectives on Education for Well-Being in Canada*. Winnipeg, MB: Education for Sustainable Well-Being Press.

Habermas, T. and Bluck, S. (2000) Getting a life: The development of the life story in adolescence. *Psychological Bulletin 126*, 748–769.

Johnson, J.L. (2007) Therapeutic filmmaking: An exploratory pilot study. Master's thesis, University of Calgary, Calgary, AB, Canada.

Johnson, J.L. (2015) Vision, story, medicine: Therapeutic filmmaking and First Nations communities. In J. Cohen and J.L. Johnson (eds.) *Video and Filmmaking as Psychotherapy: Research and Practice.* New York, NY: Routledge.

Johnson, J.L. and Alderson, K.G. (2008) Therapeutic filmmaking: An exploratory pilot study. *Arts in Psychotherapy 35*(1), 11–19.

McAdams, D.P. (2008) Personal narratives and the life story. In O. John, R. Robins, and L. Pervin (eds.) *Handbook of Personality: Theory and Research* (3rd edn). New York, NY: Guilford Press.

Wade, A. (1995) *A Persistent Spirit: Towards Understanding Aboriginal Health in British Columbia.* Canadian Western Geographical Series, 31. Victoria, BC: Western Geographical Press.

제8장

디지털 스토리텔링과 내러티브 치료

– Bronwen Gray, Alan Young

이 장에서는 디지털 스토리텔링이 어떻게 두 가지 다른 흐름의 치료 형태로 사용될 수 있는지를 개략적으로 설명한다. 하나는 사람들이 자신의 이야기를 하고 비슷한 경험의 이야기들이 연결되는 내러티브 치료 형태로, 다른 하나는 소수 민족의 살아 있는 경험을 배제하는 패권적 가치에 도전함으로써 문화적 상처를 치유하는 메타-내러티브 치료 형태로 사용된다. 이 프로젝트에서 만들어진 디지털 이야기는 참여자, 미술치료사, 전문 예술가의 창조적 협업으로 만들어진 하나의 예술 작품이다. 이 과정에서 예술가는 구어적 언어를 시각적으로 표현해 참여자들이 개인적인 허구와 사회적 허구를 분해하고, 이를 통해 새로운 존재 방법이 등장할 수 있도록 한다. 이 과정에서 참여자들은 실제 경험을 새로운 방식으로 이해하고, 건강한 정서적 성장을 이룬다.

우리는 이 과정이 우리 사회의 소외된 구성원들, 특히 살아가며 특정한 믿음들을 내면화함으로써, 삶에 중요하고 삶의 질을 개선시키는 여러 경험을 제대로 보지 못하게 된 사람들에게 특히 효과적이라고 믿는다. 예술 작품의 창작을 통한 이러한 서사의 외현화가, 변화를 일으키는 강력한 전환 공간이 된다는 것이 우리의 가설이다.

디지털 스토리텔링이란?

디지털 스토리텔링은 새로운 디지털 기술을 매체로 활용한 짧은 영상물을 제작하기 위해 개인적 서사를 상징적 이미지로 표현한다(Gray and Young, 2011). 구어적 언어 및 서사적 언어로 시작하는 예술 제작의 다중 모달 접근법은 이야기를 더욱 '풍부하게' 만들고, 서사의 원래 집중점을 검토할 수 있게 하는 시각적 자료로 전환시킨다. Rogers가 "하나의 예술 형식이 다른 예술 형식의 반응을 불러일으킬 때 창조적 연결이 발생한다"라고 말했듯이(Rogers, 1993, p. 165), 다중 모달 접근법을 논의함으로써 정보의 변화과정과 새로운 의미생성을 할 수 있다. 이러한 힘을 실어주는 도구는 여러 분야의 교육적 범주와 지역사회 환경에서(Hartley and McWilliam, 2009) 지역사회의 참여를 유발하는 기법이자, 치유적 수단으로써(Clarke and Adam, 2011) 다양하게 활용되고 있다.

디지털 스토리텔링은 1980년대 후반에 등장한 지역사회 연극 종사자들이 채택한 방법(Lambert, 2002)으로서, 본래 목적은 소외된 지역사회에 대해 침묵하거나 무시하는 대중 매체와 엔터테인먼트 산업의 메시지에 대응하는 것이었다(Burgess, 2006). 작가들은 디지털 기술의 힘이 '창의적 소비자'로서, 상업 미디어의 지배에 큰 혼란을 일으킬 수 있는 잠재적 가능성과 대중과 예기치 못한 관중에게 도달하는 사회적 포용력에 있다고 말했다(Lessig, 2004; Warschauer, 2003). 이 프로젝트의 경우, 최종 결과물은 인터넷과 DVD 형태로 배포된 단편 영상이었다.

인류 역사상 가장 오래된 예술 형태 중 하나인 스토리텔링은 정보, 지혜 및 논리를 세대에서 세대로 전달하는 주된 방법이었다(Czarnecki, 2009). 그것은 공동체의 가치와 관습이 담긴 문화를 전파함으로써 우리가 세상을 볼 수 있는 렌즈를 제공했다. 수많은 세월 속에서 스토리텔링은 동굴벽화부터 인쇄기 개발 그리고 최근의 필름, 텔레비전 혹은 인터넷을 통한 동영상까지 이용 가능한 최신의 시각적 기술과 협력관계를 형성해 왔다(Skains, 2010).

인쇄된 텍스트에서 시청각 미디어에 이르기까지 매체 기술은 급속히 발전해왔고, 지금의 디지털 매체는 문화의 모든 측면에 걸쳐 엄청난 영향을 끼치고 있다(Skains, 2010). Skains는, 하나의 시대로서 디지털 매체의 출현을 묘사하면서, 엔터테인먼트 측면에서 어떻게 온라인 활동이 영화와 텔레비전을 추월하는지, 비슷한 방법으로 어떻게 시각적 매체들이 인쇄된 소설을 능가하는지 주목한다. Klaebe와 Bolland는 새로운 매체 기술이 인간 사회의 구조 그 자체를 바꾸고 있다고 주장했다. 왜냐하면, 그것이 우리의 '행동' 방식뿐만 아니라 우리의 의사소통 체계와 그에 상응하는 앎의 방식 자체를 바꾸고 있기 때문이다(Klaebe and Bolland, 2007; McLuhan and Fiore, 1967).

내러티브 치료의 한 형태로서의 디지털 스토리텔링

White와 Epston은 우리가 삶을 살아갈 때, "내면화된 어떤 신념으로 인해 삶의 다른 많은 중요한 경험들에 눈을 감는"(White & Epston, 1990, pp. 11-12) 경향이 있다고 말한다. Winslade와 Monk가 주장하는 바와 같이, "우리는 우리 자신에게 하는 이야기와 다른 사람들이 우리에 대해 하는 이야기에 따라 인생을 살아간다"(Winslade and Monk, 1999, p. 3). 자신이나 타인이 우리에 대해 하는 말들은 우세하게 전개되는 이야기와 맞지 않는 사건들을 폐기하거나 '가지치기'하면서 우리의 정신에 자리 잡는다. 그렇기 때문에, 시간이 흐르면서 불필요한 실제 경험들은 '이야기화되지 않고' 다시는 표현되지 않는다(White and Epston, 1990). 우리 자신과 이 세상에서의 자신의 정체성을 깨닫기 위한 새로운 방법을 열고자, 내러티브 치료는 대본에서 제외된 요소들, 관심받지 못한 요소들을 살펴 내담자의 이야기를 '풍부하게' 만든다.

내러티브 치료는 내담자가 문제라고 보기보다, 내담자가 문제를 가지고 있다는 믿음에 근거해 만들어지는데, 이 둘을 구분하면 내담자의 특색과는 별개로 재구성하여 다시 작성할 수 있다(Carlson, 1997). 심리치료로만 활용될 때, 내러티브 과정은 종종 치료사, 가족, 친구의 도움으로 재구성된 내담자의 이야기를 포함하고, 그들이 쓴 이야기는 내담자에 대한 대안적인 관점을 제공한다. 그러나 이 경우, 재구성 과정에서 그 이야기 속에 담긴 상징성을 시각적으로 살려내는 예술가의 지원과 능력이 포함된다. 이야기가 표면화됨에 따라, 내담자는 자신이 누구일지 재작성할 수 있는 대안과 선호하는 지식을 자유롭게 살펴볼 수 있다(White, 1995). 글을 쓰거나 말하는 동안은 그 이야기를 이해하는 지배적인 한 가지 방법에 이끌리지만, 디지털 스토리텔링은 다른 사람들이 자신의 이야기를 어떻게 해석하는지 확인함으로써 여러 가지 새로운 가능성을 가진다. 다른 사람이 볼 수 있도록 시각적 매체로 변환하는 것은 새로운 방법으로 인식하도록 돕고 문자 그대로의 의미로 표면화하는 역할을 한다(Carlson, 1997). 이것은 '플레이 백play back'[1] 극장과 비슷한 방식으로 작동하는데, 이곳에서는 새로운 관점을 깨우기 위해 관객들이 먼저 이야기를 나누고, 그런 다음 배우 한 팀이 그 이야기를 되살려낸다.

디지털 스토리텔링은 종종 참여자들이 자신의 디지털 이야기를 만들기 위해 새로운 기술을 배우고 사용하도록 장려하는데, 일반적으로 자서전적 서술에 맞춰진 스크랩북의 미학을 활용한다(Klaebe and Bolland, 2007). 이것의 목적은 참여자들이 숙련도를 높이고 가능한 한 많은 미술 작업 과정을 다루도록 힘을 실어주는 것이다(Benn, 1976; Goldsworthy, 2002). 그러나 이것은 참여자들이 항상 원하거나 실현 가능한 경우가 아닐 수 있다. 예를 들어, 가정폭력

1) 소리나 영상을 재생하는 것. 테이프 레코더 등에 녹음된 신호를 다시 음으로 내거나, VTR에 녹화된 영상을 재생하는 것(역주).

에서 노방친 여성들이나 노숙하는 사람들과 함께 일할 때, 그들은 내부분 영상에 사용할 사진이나 기념품을 가지고 있지 않았다. 이런 내담자들의 에너지 대부분은 영화 제작이 아니라 단지 오늘 밤 어디에서 먹고 잘 수 있을지에 집중되어 있었다. 인체면역결핍바이러스Human Immunodeficiency Virus(HIV)에 걸린 여성들과 일할 때는 익명성이 최우선 순위였다. 이 질병에 씌워진 오명이 너무나 심했기 때문에, 참여자 대부분은 공개적으로 신원이 공개될 경우를 대비해서, 심지어 최종 영상물에 그들의 목소리를 사용하는 것조차 원하지 않았다. 아픈 상처를 다시 헤집을 의도 없이, 우리가 사용한 과정은 "청중에게 향하는 영향력과 타당성을 극대화하는 동시에, 참여자를 위한 윤리적 · 민주적 접근"(Burgess, 2006, p. 207)을 제공함으로써 그들의 개인적, 공동체적 변화를 이끈다.

변화된 삶: 디지털 스토리텔링 프로젝트

몇 년 전 우리는 「HIV에 걸린 뉴질랜드 여성들과 함께 하는 변화된 삶」이라는 제목의 디지털 스토리텔링 프로젝트를 진행했다. 목적은 그들의 이야기를 통해 HIV 양성이라는 낙인에 대항하고, HIV에 뒤따르는 매우 구체적인 문제들을 강조하기 위해서였다. 전 세계적으로 HIV를 앓고 있는 사람들의 절반 이상이 여성들이었고, 이 중 15세에서 24세 사이의 젊은 여성들이 감염에 가장 취약했다(Bruning, Kor, and Sango, 2012). 뉴질랜드에서는 HIV에 걸린 여성이 약 400명이 있으며(Young and Gray, 2014), 한때 '게이 남성의 병'으로 여겨지기도 했지만(Brooks, 2004), 현재 전 세계 대부분의 새로운 감염은 여성들에게서 발생하고 있다(Squire, 2003).

여러 연구에서 HIV 양성과 관련된 낙인이 공포와 고립(Freiden *et al.*, 2006) 그리고 불안과 우울(Hazra, Siberry, and Molensson, 2010)에 영향을 미치는 것으로 밝혀졌다. 하지만, HIV 상태에 대해 침묵으로 대응하는 것은 수치심을 지속시킬 뿐만 아니라 개인이 마음, 내면, 정신을 유지할 역량을 제한한다. 이러한 역량은 여성의 HIV 투병 기간이 장기화될 때, 여성이 자기 자신을 보살피고 안녕을 유지하는데 중요하다(Plach, Stevens and Keiger, 2005).

디지털 이야기 중에서 '긴 여정The Long Walk'(Young, 2012)은 아프리카에 살다가 HIV가 유행하기 시작한 1980년대 초기에 병에 걸린 한 여성의 이야기였는데, 그녀는 3년밖에 못 살 거라는 말을 들었다. 3년이 지난 후, 그녀는 가족이 있는 뉴질랜드로 돌아가 그녀가 감염되기 이전에 태어난 아들을 가족들이 키우도록 했다. 그녀는 바이러스에 감염된 사실을 확인한 순간을 생생하게 묘사했다.

> 그 긴 침묵의 걸음이 어떤 느낌인지 설명하자면, 그것은 마치, 밤에 집에 혼자 있는데 누군가 집에 쳐들어오려고 하는 느낌, 아니면 밤에 골목길을 걷는데 누군가 따라올 때, 그래서 심장이 쿵쾅거리기 시작하고 머리는 지끈거리고 모든 공포와 흥분이 몰려오는, 그런 느낌이에요. 일곱 층의 계단을 오른 뒤 나는 지쳐버렸어요. 감정적인 혼란 때문에 걷기가 힘들어졌어요. 1990년, 아프리카에서 에이즈는 사형선고나 마찬가지였습니다. 나는 정말 무서웠어요.
>
> 우리는 계단 꼭대기까지 걸어 올라갔고, 그는 나를 이 방으로 안내했어요. 그 방에는 하얀 옷을 입은 네덜란드 수녀가 앉아있었어요. 그녀는 아주 너그러운 말투로 나에게 에이즈에 대해 말하기 시작했죠.
>
> 수녀는 포스터가 붙어있는 벽으로 나를 데려갔어요. 그것은 셔츠를 벗은 아프리카 남성을 그린 포스터였어요. 그는 매우 몸이 좋고 잘생겼는데, 같은 남자의 사진이 네 장 있었어요([그림 8.1] 참조). 각각의 사진들에서 그는 점점 말라가고 있었고 분명히 아파 보였어요. 마지막 사진에는 'RIP'[2]이라고 쓰인 십자가와 함께 구덩이의 모습이 보였어요. 수녀님은 "에이즈에 걸리면 이렇게 됩니다. 점점 말라가고 말라가다 결국에는 죽게

2) rest in peace의 줄임말. 편히 잠드소서 혹은 삼가 고인의 명복을 빕니다(역주).

[그림 8.1] 점점 말라가고 말라가다 결국에는 죽게 됩니다

예술가 Olivia Moor

> 됩니다." 그리고 수녀는 말을 멈췄어요. 수녀님이 더 이상 말을 이어나가지 않자 내가 질문했죠. "내가 에이즈에 걸린 건가요?", 수녀는 "네, 유감스럽지만 그렇습니다"라고 말했습니다. 그래서 나는 "그러면 어떻게 해야 하죠?"라고 물었고, 그녀는 "잘 먹고, 잘 쉬고, 섹스하지 않는 것, 세 가지입니다"라고 말했어요. 수녀님의 충고는 단순했어요.

HIV를 겪는 사람들에 대한 이전의 스토리텔링 연구는 그들의 이야기를 증언하고 목격하는 행위가 HIV 양성인 사람들에게 건강상의 많은 이점이 있다는 것을 증명했다. 이러한 이점은 정신적 · 육체적 모두에 해당한다(Fair *et al.*, 2012; Gray and Young, 2011; Nichamin, 2012; Vivienne, 2012). 그러나 우리는 프로젝트의 성공을 평가하기 위해 디지털 스토리텔링이 청중들에게 어떤 영향을 미치는지, 특히 어떤 치료적 이득이 있는지 확인하고 싶었다. 연구의 일부로서, 우리는 성적으로 활발할 수도 그렇지 않을 수도 있는 17세에서 23세의 청년들을 모집해 일련의 포커스 그룹을 만들었다. 그리고 한편으로 HIV를 겪는 여성들을 치료하는 의료 전문가들과 함께, HIV 검사를 받는 여성들과 일대일 인터뷰를 진행했다.

모든 참여자는 그 이야기들이 자존감을 회복시키는 능력이 있다고 느꼈다. DVD는 HIV와 함께 사는 것에 대한 새로운 정보를 제공하고, 이 병에 붙은 오명과 차별에 이의를 제기했다. 모든 참여자는 어떻게 DVD가 HIV에 인간성을 부여했는지 언급했다. 여성들이 살아온 경험들을 보면서, 시청자들은 그들을 동정하게 되고 HIV 양성이라는 오명을 재평가하게 되었다. 이야기를 재구성하는 과정으로서 디지털 스토리텔링을 활용하면서, "죽음에서 삶으로… HIV가 생명을 위협하는 요인이 아니라 삶을 형성하는 요인이 될 수 있도록" (Squire, 2003, p. 80) 초점이 옮겨진 것을 볼 수 있었다.

자신의 이야기를 나누었던 한 여성은 이렇게 말했다.

> 지난밤 남편과 함께 그 프로를 보았는데, 끝났을 때 남편이 울면서 나를 안아줬어요. 이상하게도 그가 모든 것을 알고 있다는 생각이 들었어요. 그는 한 번도 그런 모습을 보여준 적이 없었지만, 그 프로의 시각적인 이미지를 통해 그는 깊이 이해하고 있다는 생각이 들었죠.

[그림 8.2] 그 시각적인 이미지들을 통해서 그가 나를 이해했어요

예술가 Sue Lim

HIV가 있는 사람들과 일하는 건강 전문가 사이에서, HIV 검사를 받고 있거나 HIV를 겪는 사람들에게 DVD를 보여주는 것이 치료적 가치가 있는가에 대한 다양한 견해들이 있다. 한 전문가는 "DVD는 HIV 진단을 받을 때 정말 좋은 도구"라고 말했고, 반면 다른 의료 전문가는 "최근에 HIV 진단을 받은 사람은 아마 HIV 환자로서의 환경에 적응할 감정적 준비가 되지 않았을 것이다"라고 말했다. 의료 전문가들이 "여러 층위의 상처, 슬픔, 고통을 다루는 전문가로 여겨지는 반면에, 고통받는 사람들 역시 여러 층위의 상처와 슬픔의 전문가"라고 할 수 있겠다(Waldgrave, 2005, p. 271).

하지만, 전문가들은 이야기를 받아들이는 데 필요한 심리 상태에 대해 서로 다른 의견을 가지고 있었던 반면, 시험 대상자들의 견해는 오히려 분명했다. 한 참여자는 다음과 같이 말했다.

> 이것을 보면서 - 그들이 말하는 것을 들으면서 - 마치 인생이 끝났다고 생각하지 않았어요. 어쩌면 죽을지도 모른다는 생각이 자꾸 들었어요. 하지만 이렇게 생각했어요. '난 여전히 내가 원하는 것을 할 수 있어. 약을 먹어야 할지도 몰라. 근데 간질이 생겼어. 그렇다고 그게 큰 문제는 아냐. 어쨌든 약을 먹으면 꽤 살 수 있어. 조심해야 하지만 그걸로 평범한 삶을 살 수 있어.' 그렇게 영상은 날 견딜 수 있게 만들었어요.

다른 참여자는 이런 말을 나누었다.

> DVD를 보고 HIV가 더 이상 사형선고가 아니라는 걸 깨달았을 때, 기분이 훨씬 좋아졌어요. 병원 간호사도 그렇게 말했었지만 사실 그녀를 믿지 못했어요. 나는 단지 그녀가 내 기분을 나아지게 하려고 노력하는 거라고 여겼죠. [DVD를 보면서] 지금은 좀 더 실감이 나는 것 같아요.

HIV 양성이 사형선고가 아니라는 말을 들었을 때, 이 참여자가 보건 전문가를 믿을 수 없었다는 사실은 여러 가지 방법으로 메시지를 공유할 필요가 있음을 시사했다. 여기에서 동영상 스토리텔링은 메시지를 창조적으로 묘사할 수 있는 효과적인 매체였다. 이 발견은 예술이 일종의 앎의 방식이라는 개념을 강화했는데(Allen, 1995; Lambert, 2002; Moon, 2003), 우리의 경험을 이해하는 데 있어, 이야기를 구성하기 위해 사용하는 뇌의 부분이 이야기를 듣거나 볼 때 사용하는 뇌의 부분과 매우 다르기 때문이었다. Fineberg(2017)가 시사하는 바와 같이, 예술을 보거나 관찰할 때, 뇌는 새로운 현실을 인지하고 기본적인 생존 기술로서 현실에 창의적으로 적응하게 된다.

디지털 스토리텔링을 통한 문화적 상처 치유

사회행동의 한 형태로서, 디지털 스토리텔링은 소외된 지역사회와 개인에게 사회에 참여할 수 있는 자유롭고 동등한 기회를 제공한다. 따라서 디지털 스토리텔링을, 인권 원칙을 제정하는 창의적인 방법으로 이해할 수 있다(Jacobs, 2011). 이런 패러다임을 통해, 디지털 스토리텔링은 현재 이들을 배제하는 문화에 영향력을 행사하는 수단이 된다(Lenz, 2008). 문화적 생산과 표현은 누가 이 세상에 속해 있고 무엇이 중요한지에 대한 강한 메시지를 전달하기 때문에, 이것에서 배제되는 것은 인간 정신의 구석구석에 강한 영향을 끼친다(Little and Froggett, 2009; Zipes, 2006). Washington과 Moxley(2008)는 사회행동의 도구로서 (디지털 스토리텔링을 포함한) 창의적인 수단을 사용하는 것은 청중에게 새롭고, 때로는 그들의 경험을 뛰어넘는 충격적인 지식을 제공한다고 주장했다. 이것은 청중들이 보고 듣는 것에 반응하도록 요구하고, 해결책의 부분이 되도록 책임감을 부여해, 사람들의 행동을 자극한다(Woodruff, 2005).

사회적 변화를 위한 도구로써 지역사회 내에서 예술을 활용한 치료는 미술치료의 이론과 실천에 있어서 잘 정립된 효과적 요소 중 하나다

(Gersie, 1995; Golub, 2005; Gray, 2012; Hocoy, 2005; Kaplan, 2007; Malchiodi, 2007). Rossetto(2012)는 이 패러다임 안에서 일하는 미술치료사들이 사회와의 연관성을 중시하는 세계관을 가지고 있음을 확인했다. 이러한 상호 연결성은 누가 그리고 무엇이 가치 있는지에 대한 질문과 같이 패권적 가정에 도전하는 책임 의식을 내포하고 있다(Gray, 2012). 이러한 상호 연결성은 우리가 관여하는 일들이 가치로부터 자유롭거나 정치적인 성격이 없지 않음을 보여주고 있다. 그리고 이러한 요구대로, 이 일은 박탈당한 공동체 구성원의 삶을 긍정적으로 변화시키기 위한 헌신적인 일이라고 할 수 있다.

참여자들에게 자존감과 자신감을 심어 주는 것이 지역사회 기반 예술 활동의 가장 큰 이점이며, 따라서 정신건강 문제 완화에 특히 중요한 의미를 지닌다(Matarasso, 1997). The Lancet의 편집장인 Richard Horton은 보건 및 인권 문제로서 자존감의 중심에 있는 존엄성의 잠재적인 중요성에 주목했다(Horton, 2003). Horton은 존엄성이 보건과 의료 윤리에 있어 세계적인 문제라고 보고, 보건 경제가 존엄성에 민감하게 대처해야 한다고 주장했다. 좋은 관계와 사회적 지위가 건강의 중요 결정 요인이라는 증거가 늘어남에 따라, 창의성의 가치가 사회적 관계를 증진하는 일에 반영되고 있다(White, 2006). 세계보건기구World Health Organization(WHO) 임원인 Johnathan Mann은 건강과 인권의 관련성을 적극적으로 홍보한 바 있다. 건강과 인권 두 분야는 조기 사망률을 낮추고, 건강과 웰빙을 촉진하고자 한다는 점에서 공통점이 있다. Mann은 "개인적 존엄성 및 집단적 존엄성의 손상은 바이러스나 박테리아만큼이나 신체적, 정신적, 사회적 웰빙에 파괴적인 영향력을 미치는 바이러스와도 같다"(as cited in Gostin, 2001, p. 122)라고 말했다.

Trent의 이야기

노숙한 경험이 있는 사람들과 함께 한 디지털 스토리텔링 프로젝트에서, 우리는 Trent를 참여자로서 처음 만났다(Young, 2007). Trent는 호주 빅토리아에 있는 스완 언덕 근처의 토착민인 왐바 왐바 워르카 워르카[Wamba Wamba Worka Worka] 부족의 일원이었다. 호주 원주민들은 이주민과 비교해 노숙을 경험할 가능성이 10배나 높고, 전체 인구의 2% 미만으로 알려져 있지만(ABS, 2016), 호주 노숙자 중 10%를 차지한다(Browne-Yung *et al.*, 2016). Trent의 아버지는 계절에 따라 양털을 깎는 사람이었는데, 이는 Trent가 때때로 부모님과 증조할머니와 함께 이 일을 하며 살았다는 것을 의미했다. Trent의 아버지는 Trent와 그의 어머니 모두에게 욕설을 퍼붓는 알코올 중독자였다. Trent는 고등학교 때부터 사소한 범죄에 연루됐다. 하지만, 25살에 심각한 허리 부상으로 헤로인을 사용하면서, 그의 범죄 성향이 급속도로 증가했고 결국 노숙자가 됐다. 그는 언젠가 그의 아버지가 자신에게 이렇게 물은 적이 있다고 회상했다.

[그림 8.3] 그랬더니 아버지가 내 입을 주먹으로 때렸어요

예술가 Stephen Watkins

> "너는 되고 싶은 게 뭐냐, 흑인이 되고 싶어? 백인이 되고 싶어?" 나는 "나는 아빠처럼 되고 싶어, 난 흑인이 되고 싶어"라고 대답했어요. 그랬더니 그는 내 입을 주먹으로 때리며 말했어요. "네가 흑인이 되는 것도, 백인이 되는 것도 괜찮지, 하지만 너는 둘 모두를 약간씩 가지고 있다는 것만 기억해"

미술치료사는 Trent에게 먼저 그의 인생 이야기를 들려달라고 격려했다. 이후 녹음, 필사 그리고 짧은 대본으로 편집되었고, Trent는 대본이 편집된 방식에 만족하면서 줄여서 쓴 이야기를 테이프에 녹음했다. 그리고 이것은 시각적 모습과 느낌을 창조하는 영상 제작자에게 보내졌다. Trent는 이 프로젝트의 각 단계에 참여하도록 초청되었지만, 컴퓨터 동영상 프로그램을 배우는 데는 관심이 없었다. 오히려, 그는 그 과정의 일부가 되길 바라며, 호주 원주민들 사이에 있는 노숙자들에게 스포트라이트를 보내는 방법으로 자신의 이야기가 공유되길 원했다.

Trent는 원주민에게 비우호적인 문화 우월주의 신념이 어린 시절 자신에게 어떤 영향을 미쳤는지 설명했다.

> 애들이 날 붕가Boonga, 아보Abo라고 놀렸는데, 나는 매일 그들과 싸웠어요. 학교 가기 전과 쉬는 시간에 싸우고, 점심 식사 후와 방과 후에 싸우곤 했죠. 그래서 하루에 적어도 4번씩은 펀치를 날렸어요. 그런 종류의 조롱은 상처를 주고 계속 곁에 남아서, 결국 자존심을 무너뜨리기 시작했어요.

그는 이어서 말했다.

> [헤로인을 사용]하면서 내 최악의 날들이 시작됐습니다. 나는 하루 할당량을 얻기 위해 매일매일 필요한 일이면 무엇이든 시작했어요. 차를 훔치든, [강도]를 하든, 무슨 짓을 하든지 간에. 누구나 악순환이라고 말할만

> 한 것이었죠. 그 후 2년 동안 그런 식이었어요. 정말 절망적인 나날이었습니다.

Trent의 이야기는 빅토리아의 노숙자 상황에 대해 많은 것을 말해 주었지만, 그것은 동시에 식민지화와 관련된 더 넓은 문제들로 확장되었다. 호주 역사에서 전통적인 지주들이 땅을 소유하거나 사회를 조직할 수 없었던(Mundine, 2016), 야만인에 지나지 않는다고 여겨졌던 시기의 이야기였다. 그 결과, 그들은 백인 통치의 정당성 확보를 위해 체계적으로 굶어 죽고 노예가 되고 학살당했다(Daley, 2017). 그의 이야기는 가난, 낮은 자존감 그리고 문화적 전통과 정체성 상실을 야기하는 체계적인 인종 차별의 결과로, 호주 원주민들이 계속해서 고통받는 잘못된 현실을 밝혀냈다(Quinn, 2007). 이는 세대 간 트라우마(Atkinson, 2002)와 건강 불평등(Marmot, 2011)을 유산으로 남겼다. 호주 원주민들에게 가해진 차별적인 정부 정책과 물리적, 재정적 폭력(Memmott, Birdsall-Jones, and Greenop, 2012)은 '원주민과 백인 호주인들 사이에 난해한 불합리와 삶의 질적 차이'를 초래했다(Parbury, 2016).

[그림 8.4] 절망적인 나날

예술가 Stephen Watkins

우리 조상들의 행동 그리고 백인 특권 의식을 거의 느끼지 못한 채, 그 지위가 제공하는 보상을 받았던 우리 자신의 행동에 대해 어떻게 사과할 것인가 하는 문제가 현재 호주 정치 논쟁의 선두에 서 있다(Rogers, 2017). Trent의 이야기와 우리가 다른 원주민 호주인들에 대해 다룬 이야기들은 정의를 회복하는 조건을 이 논쟁에 불러들인다. 호주 원주민들은 직면해야 할 문제들에 대한 명확한 시각적 메시지를 만들어낸다. 생생한 경험을 풀어줄 치료사와의 만남은 의심할 여지없이, Trent에게 유익한 일이었다. 그러나 다양한 환경에서, 다양한 관객이 볼 수 있는 방식으로 이야기를 재창조하는 것은 문화적 상처를 치유하는 과정에 기여한다. 원주민들은 발전적 관계를 허락하는 것이 필요하다고 했다. 트라우마를 경험한 사람들이 그들의 이야기를 하고 우리는 화자에 대한 긍정적이고 조건 없는 배려와 진실하고 공감하는 태도로 그 이야기를 들어야 한다(McKay, 2017). 현재까지, 그 디지털 이야기들은 여전히 서비스되고 있다. Trent의 이야기가 포함된 '노숙자, 신화와 기억(Equal Service: Homelessness, Myths and Memories)'은 유튜브에서 7000회 이상의 조회 수를 기록했다.

결론

예술가는 개별적으로 또는 커뮤니티와 함께 작업하는 동안 종종 집단적 기억과 정체성을 형성한다고 가정되거나 혹은 "역사적 고정관념을 묘사하려고 시도하는, 어떤 자서전적인 역사를 말하고 다시 이야기한다"(Milbrandt, 2010). 이것은 예술가들이 변혁과 치유뿐만 아니라 사회적으로 책임감 있는, 혹은, Gablik가 쓴 것처럼, "마치 세상이 중요해지는 것 같은 작품을 만들게" 한다(Gablik, 1991, p. 96). 이 작업은 괴로움과 고통, 인간의 욕구가 있는 곳 어디든, 언제나 예술에 해결책이 있을 거라는 본능적인 믿음에서 시작했다(McNiff,

1997).

정체성을 논의하는 디지털 프로젝트를 만드는 것은 개인과 집단 모두에 치료적 향상을 위한 여러 결과로 이어진다. 자신의 이야기를 하는 사람들에게는 이전에는 수치스럽다거나 하찮다고 생각했던 생생한 경험들을 재구성하고 검증할 기회를 제공한다. 또한, 다른 사람들에게는 세상에서 그들의 위치를 이해하는 데 도움을 줄 수 있는 새로운 지식을 제공한다. 더 중요한 것은, '전문가'의 말에 전적으로 의존하기보다 자신들의 창조적인 면을 이용하여 지식을 습득할 기회를 제공한다는 것이다. 마지막으로, 이 프로젝트들은 공동체적 차원에서 벌어진 문화적 상처를 드러냄으로써, 결국 사회적 진실에 직면하고 불평등을 바로잡을 기회를 제공한다.

권장 사항

- 디지털 스토리텔링과 스토리텔링 치료의 통합은 참여자들에게 개별적인 이야기와 집단적인 이야기를 공유할 수 있는 방법을 제공하는 강력한 조합이다.
- 디지털 스토리텔링은, 사람들에게 다양한 세계관을 보여주는 이야기를 목격할 수 있는 방법을 제공함으로써, 사람들이 개인적인 경험뿐만 아니라 문화를 더 명확하게 이해할 수 있게 해준다.
- 사회행동의 한 형태로서 디지털 스토리텔링은 소외된 개인과 지역사회에게 문화적 상처를 표현하고 사회적 불평등을 해소하는 데 적극적인 역할을 할 수 있는 기회를 제공하는 역동적인 방법이다.

참고문헌

Allen, P. (1995) *Art Is a Way of Knowing*. Boulder, CO: Shambhala.

Atkinson, J. (2002) *Trauma Trails, Recreating Song Lines: The Transgenerational Effects of Trauma in Indigenous Australia*. Melbourne, Australia: Spinifex Press.

Australian Bureau of Statistics (ABS) (2016) Prisoners in Australia 2016. Australian Government, Canberra. Retrieved on April 1, 2018 at www.abs.gov.au/ausstats/abs@.nsf/Lookup/by%20Subject/4517.0~2016~Main%20Features~Prisoner%20characteristics,%20Australia~4

Benn, C. (1976) A new development model for social work. In P.J. Boas and J. Crawley (eds.) *Social Work in Australia: Responses to a Changing Context*. Sydney, Australia: Australian International Press.

Brooks, R. (2004) Therapeutic narrative: Illness writing and the quest for healing. Sydney eScholarship Repository, University of Sydney Postgraduate Theses. Retrieved on April 1, 2018 at http://ses.library.usyd.edu.au/handle/2123/663

Browne-Yung, K., Ziersch, A., Baum, F. and Gallagher, G. (2016) "When you sleep on a park bench, you sleep with your ears open and one eye open": Australian Aboriginal peoples' experiences of homelessness in an urban setting. *Australian Aboriginal Studies 2*, 3–17.

Bruning, J., Kor, E. and Sango, A. (2012) Women out loud. In *How Women Living with HIV Will Help the World End AIDS*. Joint United Nations Programme on HIV/AIDS (UNAIDS) (pp.15–22). Retrieved on April 1, 2018 at www.unaids.org/sites/default/files/media_asset/20121211_Women_Out_Loud_en_1.pdf

Burgess, J. (2006) Hearing ordinary voices: Cultural studies, vernacular creativity and digital storytelling. *Continuum: Journal of Media and Cultural Studies 20*(2): 201–214.

Carlson, T. (1997) Using art in narrative therapy: Enhancing therapeutic possibilities. *American Journal of Family Therapy 25*(3), 271–283.

Clarke, R. and Adam, A. (2011) Digital storytelling in Australia: Academic perspectives and reflections. *Arts and Humanities in Higher Education 11*(1), 157–176.

Czarnecki, K. (2009) Chapter 1: Storytelling in context. *Library Technology Reports 45*(7), 5–8.

Daley, P. (2017) Black diggers are hailed on Anzac Day. But the Indigenous "Great War" was in Australia. *Guardian*, April 23 2017. Retrieved on April 1, 2018 at www.theguardian.com/australia-news/2017/apr/23/black-diggers-are-hailed-on-anzac-day-but-the-indigenous-great-war-was-in-australia

Desai, D., Hamlin, J. and Mattson, R. (2010) *History as Art, Art as History: Contemporary Art and Social Studies Education*. New York, NY: Routledge.

Fair, C., Connor, L., Albright, J. and Wise, E. (2012) I'm positive, I have something to say: Assessing the impact of a creative writing group for adolescents living with HIV. *The Arts in Psychotherapy 39*(5), 383–390.

Fineberg, J. (2017) *Modern Art at the Border of Mind and Brain*. Lincoln, NE: University of Nebraska Press.

Freiden, S., Shekter, L., Chapman, G., Alimenti, A., Forbes, J. and Sheps, S. (2006) Growing up: Perspectives of children, families and service providers regarding the needs of older children with perinatally acquired HIV. *AIDS Care 188*, 1050–1053.

Gablik, S. (1991) *The Re-enactment of Art*. New York, NY: Thames and Hudson.

Gersie, A. (1995) Arts therapies practice in inner city slums: Beyond the installation of hope. *The Arts in Psychotherapy 22*(3), 207–215.

Goldsworthy, J. (2002) Resurrecting a model of integrating individual work with community development and social action. *Community Development Journal 37*(4), 327–337.

Golub, D. (2005) Social action art therapy. *Art Therapy 22*(1), 17–23.

Gostin, L. (2001) Public health, ethics, and human rights: A tribute to the late Jonathan Mann. *Journal of Law, Medicine and Ethics 28*,121–130.

Gray, B. (2012) The community fence project: A symbolic approach to healing a cultural wound on a housing estate in South Auckland. *Australian and New Zealand Journal of Art Therapy 7*(1), 52–64.

Gray, B. and Young, A. (2011) Digital storytelling and narrative therapy: A case study in working with disenfranchised communities in Australia and New Zealand. Paper presented at the 2011 Expanding Documentary Conference, Auckland, New Zealand. Retrieved on April 1, 2018 at https://www.researchgate.net/publication/325054895_Digital_storytelling_with_women_who_live_with_HIV_A_journey_for_psychic_acceptance_and_social_inclusion

Hartley, J. and McWilliam, K. (2009) *Story Circle: Digital Storytelling around the World*. London: John Wiley.

Hazra, R., Siberry, C. and Molensson, L. (2010) Growing up with HIV: Children, adolescents and young adults with perinatally acquired HIV infection. *Annual Review of Medicine 61*, 169–185.

Hocoy, D. (2005) Art therapy and social action: A transpersonal framework. *Art Therapy 22*(1), 7–16.

Horton, R. (2003) Taking dignity seriously. In R. Horton (ed.) *Second Opinion: Doctors, Diseases and Decisions in Modern Medicine*. London: Granta.

Jacobs, G. (2011) Take control or lean back: Barriers to practicing empowerment in health promotion. *Health Promotion Practice 12*(1), 94–101.

Kaplan, F. (ed.) (2007) *Art Therapy and Social Action: Treating the World's Wounds*.

London: Jessica Kingsley Publishers.

Klaebe, H. and Bolland, C. (2007) Text meets technology. *Writing in Education 43*. Retrieved at http://eprints.qut.edu.au/10869/1/10869.pdf

Lambert, J. (2002) *Digital Storytelling: Capturing Lives, Creating Communities*. Berkeley, CA: Centre for Digital Storytelling.

Lenz, R. (2008) What we talk about when we talk about art therapy. *Art Therapy 25*(1), 13–14.

Lessig, L. (2004) *Free Culture: How Big Media Uses Technology and the Law to Lock Down Culture and Control Creativity*. New York, NY: Penguin.

Little, R. and Froggett, L. (2009) Making meaning in muddy waters: Representing complexity through community based storytelling. *Community Development Journal 45*(4), 458–473.

Malchiodi, C. (2007) *The Art Therapy Sourcebook* (2nd edn). New York, NY: McGraw-Hill.

Marmot, M. (2011) Social determinants and the health of Indigenous Australians. *Medical Journal of Australia 94*(10), 512–513.

Matarasso, F. (1997) *Use or Ornament*. Stroud: Comedia.

McKay, D. (2017) Uluru statement: A quick guide. Parliament of Australia. Retrieved on April 1, 2018 at www.aph.gov.au/About_Parliament/Parliamentary_Departments/Parliamentary_Library/pubs/rp/rp1617/Quick_Guides/UluruStatement

McLuhan, M. and Fiore, Q. (1967) *The Medium Is the Message: An Inventory of Effects*. New York, NY: Bantam Books.

McNiff, S. (1997) Art therapy: A spectrum of partnerships. *The Arts in Psychotherapy 24*(1), 37–44.

Memmott, P., Birdsall-Jones, C. and Greenop, K. (2012) *Why Are Special Services Needed to Address Indigenous Homelessness?* Brisbane QLD, Australia: Institute for Social Science Research, University of Queensland, St Lucia.

Moon, B. (2003) *Essentials of Art Therapy Education and Practice* (2nd edn). Springfield, IL: Charles C. Thomas.

Mundine, N. (2016) Unfinished business. In M. Davis and M. Langton (eds.) *It's Our Country: Indigenous Arguments for Meaningful Constitutional Recognition and Reform*. Melbourne, Australia: Melbourne University Press.

Nichamin, M. (2012) Digital storytelling: A community tool to end HIV stigma. Retrieved on April 1, 2018 at http://blog.aids.gov/2012/05/digital-storytelling-a-community-tool-to-end-hiv-stigma.html

Parbury, N. (2016, July 16) It's our country: Indigenous arguments for recognition and reform. *The Australian*. Retrieved on April 1, 2018 at www.theaustralian.com.au/arts/review/its-our-country-indigenous-arguments-for-recognition-

and-reform/news-story/553b4761c85731ec771cd8aadf848658

Plach, S., Stevens, P. and Keiger, S. (2005) Self-care of women growing older with HIV and/or AIDS. *Western Journal of Nursing Research 27*(5), 534–553.

Quinn, A. (2007) Reflections on intergenerational trauma: Healing as a critical intervention. *The First Peoples Child and Family Review 3*(4), 72–83.

Rogers, J. (2017) Shame, pain and melancholia for the Australian Constitution. In B. Sheils and J. Walsh (eds.) *Narcissism, Melancholia and the Subject of Community.* Basingstoke: Palgrave Macmillan.

Rogers, N. (1993) *The Creative Connection: Expressive Arts as Healing.* Palo Alto, CA: Science and Behavior Books.

Rossetto, E. (2012) A hermaneutic phenomenological study of community mural making and social action art therapy. *Art Therapy 29*(1), 19–26.

Skains, R. (2010) The shifting author-reading dynamic: Online novel communities as a bridge from print to digital literature. *Convergance16*(1), 95–111.

Squire, C. (2003) Can an HIV positive woman find true love? Romance in the stories of women living with HIV. *Feminism and Psychology 13*(1), 73–100.

Vivienne, S. (2012) Finding my voice through positive digital storytelling. *HIV Australia 10*(1), 32–34.

Waldgrave, C. (2005) Just therapy with families on low incomes. *Child Welfare 84*(2), 265–276.

Warschauer, M. (2003) *Technology and Social Inclusion: Rethinking the Digital Divide.* Cambridge, MA: MIT Press.

Washington, O. and Moxley, D. (2008) Telling my story: From narrative to exhibit in illuminating the lived experience of homelessness among older African women. *Journal of Health Psychology 13*(2),154–165.

White, M. (1995) *Re-authoring Lives: Interviews and Essays.* Adelaide, South Australia: Dulwich Centre.

White, M. (2006) Establishing common ground in community-based arts in health. *Perspectives in Public Health 126*(3), 128–133.

White, M. and Epston, D. (1990) *Narrative Means in Therapeutic Ends.* New York, NY: Norton.

Winslade, J. and Monk, G. (1999) *Narrative Counseling in Schools: Powerful and Brief.* Thousand Oaks, CA: Corwin Press.

Woodruff, P. (2005) *First Democracy: The Challenge of an Ancient Idea.* New York, NY: Oxford University Press.

Young, A. (director) (2007) Trent's Story. On *Equal Service: Homelessness Myths and Memories*, DVD. Department of Justice, Victoria.

Young, A. (director) (2012) The Long Walk. On *Altered Lives*, DVD. Positive

Women, Auckland.

Young, A. and Gray, B. (2014) Enlarging the therapeutic space: Using focus groups to determine the impact of digital storytelling from women who live with HIV. *Australian and New Zealand Journal of Art Therapy 9*(1), 29–41.

Zipes, J. (2006) The possibility of storytelling and theatre in impossible times. In M. Wilson (ed.) *Storytelling and Theatre: Contemporary Storytellers and Their Art*. Basingstoke: Palgrave Macmillan.

제9장

미술치료를 위한 원격치료의 기반

– Jedediah Walls

원격치료[telehealth]는 점점 굳건하게 토대를 다져나가고 있으며, 미술치료 관련 전문가에게 이제 일상 용어가 되고 있다. 원격치료의 중요성이 대두되는 이유는 접근성과 비용 그리고 제공자의 제한적 자원과 관련된 문제를 부분적으로 해소할 수 있기 때문이다(Nickelson, 1996). 이 장에서는 먼저 원격치료를 소개하고, 다음으로 원격치료가 미술치료 실행과 어떤 적합성이 있는지 살펴보고자 한다. 궁극적으로 원격치료가 이뤄지기 위해서는 치료와 미술치료, 통신, 정보과학, 임상 심리, 매체 심리 등 여러 분야가 함께 일해야 할 뿐만 아니라, 각 분야는 원격치료를 정의하고 원격치료 제공을 위해서도 협업해야 한다. 원격치료는 컴퓨터, 미술, 치료에 관련된 각 유형의 전문적 서비스를 통해 제공되기에 임상에서 협력적이고 학제적인 치료 접근법을 취하는 것이 크게 이로울 것임을 인식하는 것이 중요하다.

원격치료와 관련된 용어는 원격상담[telepsychology], 원격의료[telemedicine], 전자테라피[e-therapy] 등으로 매일 증가하다시피 확장되며 넓게 사용되고 있다. 이 장은 다음과 같이 구성되었다. 첫째, 원격치료, 원격상담, 원격의료의 기능적 차이를 살펴보고 이들 용어와 구별되는 원격치료의 정의와 관련 용어를 명확하게 알아본다. 원격치료는 미술치료와 깊은 관련이 있으며 적용할 수 있지만, 원격치료에 대해 종합적으로 이해하고, 각 용어가 의미하는 범위 내에서 효과적인 자원을 발견하는 것이 중요하다. 둘째, 현재 제공되고 있는 미술치료를 적용한 원격치료 서비스의 세 가지 사례를 소개한다. 이처럼 우수 사례를 살펴보는 것은 다양한 자원이 융합한 디지털 치료를 수행할 때 고려해야 할 사항에 관한 신뢰할 만한 틀을 확보하고, 연구의 토대를 보완하여 기본적인 이해에 더욱 도움이 될 것이다. 마지막으로, 원격치료를 실행하고자 하는 사람에게 필요한 권장 사항을 제공한다.

이 장에서 제공하는 원격치료와 원격치료 관련 개념에 대한 간략한 개요는 원격치료에 대한 기본적인 이해가 필요한 미술치료사와 관련 분야 종사자 또는 이제 막 원격치료 서비스를 수행하게 되는 사람 그리고 디지털 치료의 발전에 대한 최신 정보를 원하는 사람에게 유용한 정보가 될 것이다.

용어의 정의

원격치료는 끊임없이 진화하고 있다. 심리학, 통신, 상담, 사회사업 등 여러 분야에 걸친 디지털 기술의 진화는 원격치료와 원격상담, 원격의료, 전자상담e-counseling, 원격정신건강telemental health과 같은 전문용어의 변화를 이끌어 왔다(Zur, 2012). 또한, 이러한 용어들은 혼용되기도 하는데 이 장에서는 원격치료와 원격상담, 원격의료를 중점적으로 다루려고 한다. 먼저, 이 세 용어는 치료와 의학의 실행을 위한 전자통신 기기의 사용과 관련이 있다.

미술치료사에게 가장 유용한 용어는 아마도 원격치료일 것이다. '원격치료'라는 용어는 특정한 맥락 안에서 사용되며, 미술치료사에게 필요한 내용을 대부분 다루고 있다. 원격치료가 무엇인지 가장 잘 이해하기 위해서는 무엇이 원격치료가 아닌지 그리고 나머지 용어들은 어떤 특수한 맥락에서 사용되는지를 살펴보는 것이 중요하다. 사람에 따라서는 이들 용어가 상호 관련 개념의 하위집합이라고 생각할 수 있지만, 각각의 개념이 어떤 부분은 다른 용어와 중복되고 어떤 부분은 고유한 영역이라는 것을 이해하는 것이 중요하다.

원격의료

원격의료의 범위는 이 장에서 논의된 세 용어 중 가장 좁다. 이 용어는 흔히 환자에게 직접 실행하는 임상 서비스로서 모니터링, 진단 등을 위한 전용 서비스를 의미하며, 의료 전문가와 그에 따른 서비스에 특화된다는 특징이 있다(Institute of Medicine, 2012). 원격의료는 전통적인 형태의 의료와 병원 서비스에 영향을 미치는 가장 좁은 분야이다. 이러한 이유로 원격의료는 보험금 지급과 법적인 보호 면에서는 더 발전된 체계를 갖추고 있다. 이러한 법적인 보호 체계는 대면 진료와 동등하게 보상하는 것을 원칙으로 하므로, 보험회사에서는 원격의료에 대해서도 대면 진료와 동등한 보상을 보장한다(Andrus, 2017). 현재 42개 주는 원격의료의 동등한 보장에 대한 법적 보호를 제공하는 법을 시행하고 있다(State Policy Resource Center, 2017). 원격의료라는 용어는 분명히 원격치료와 상호 관련이 있다. 두 용어가 언급되는 영역은 점차 달라졌지만, 한동안은 동의어로 쓰이거나 혼용되기도 했다(Nickelson, 1998). 연구자는 이 두 용어가 동의어로 사용된 적이 있다는 점에 특히 주의하여, 자신의 연구에서는 두 용어 각각의 정의와 특징을 명확히 이해하고 적용하는 것이 중요하다.

원격상담

미국심리학회American Psychological Association(APA)에 따르면, 원격상담이란 "전자통신 기술을 이용한 심리상담 제공"으로 정의된다(2013, p. 791). 여기서 전자통신이란 정보의 통신 · 준비 · 전송 모두를 의미하고, 전자통신은 전기 · 전자기 · 전기화학 · 전기광학 또는 전자적 수단이 포함된다.

원격상담은 치료 서비스 제공에 유용한 개념이긴 하지만, 미술치료가 심리학 분야와 정확하게 관련되기보다는 종종 상담사가 사용하는 상담의 한 형태로 간주한다는 단순한 이유로 대부분의 미술치료사에게는 유용하지 않을 수 있다. 그러나 APA에서 제시한 용어의 정의와 범위가 매우 명확하므로 이 용어에 관한 문서와 연구만으로도 이러한 우려를 제거할 수 있다. 심리상담사나 미술치료사가 온라인 서비스에 종사한다면 직종과 관계없이 APA(2013) 지침을 숙지해야 한다. 이 지침은 원격상담과 원격치료를 수행하는 모든 전문가에게 매우 중요하다.

원격치료

원격치료는 건강 관련 서비스를 위한 디지털 애플리케이션으로(Institute of Medicine, 2012), 누구나 치료에 접근할 수 있고, 치료 수준을 높이기 위해 전자통신 기술을 이용하는 것으로 정의할 수 있다(Collie and Čubranić, 1999). 원격치료는 상담, 교육, 제공자 서비스의 형식으로 제공되며, 원격 임상 관리, 환자와 건강 관련 전문인을 위한 원격 건강 교육, 공중 보건과 보건 관리도 포함한다(Health Resources and Services Administration, 2015). 원격치료 시행은 의료적 전문 조언과 알림, 원격 전송, 모니터링, 환자 관리, 개입, 교육, 실시간 피드백, 앱이나 전화 애플리케이션의 사용, 화상 전화 상담의 형태를 취할 수 있다. 원격치료는 또한 원격학습과 훈련, 시스템 통합 및 온라인 데이터 관리 등의 제공자 서비스를 포함할 수도 있다. 그리고 의료 전문인 간의 회의나 진료소 간 실험 공유와 같은 제공자 서비스도 포함하며, 학생들의 슈퍼비전을 수행하는 데 점차 활발히 이용되고 있다(Orr, 2010).

원격치료 형식은 화상회의와 인터넷 통신을 포함한다(Collie and Č

ubranić, 1999). 또한, 데이터의 저장 · 전송 기술로 치료 회기의 기록을 내담자에게 재생할 수 있게 되어서 내담자의 회피나 분리 관련 문제를 해결하는 데 유용한 것으로 보고됐다(Malchiodi, 2009). 이와 함께 라이브 비디오 기술의 추가로 임상 비디오 원격치료[clinical video telehealth]의 혁신이 가능해졌다(Spooner and Baxley Lee, 2017). 전반적으로 원격치료 시행은 결과와 내용에 차이가 많은 것으로 나타났다. 그러나 치료를 받지 않은 집단과 받은 집단을 비교했을 때 그리고 치료사의 개입이 수반되는 프로그램일 경우, 일부 원격치료 프로그램이 특히 효과적인 것으로 알려졌다(Peñate, 2012).

우수 사례

미술치료사는 수많은 원격치료의 변형을 통해 다양한 형태로 원격치료 실행에 참여할 수 있는 유용한 방법을 찾을 수 있다. 컴퓨터가 미술치료 서비스에 적합하지 않다는 주장에도 불구하고, 원격치료는 대면치료의 대체가 아니며 특수한 내담자에게 아주 유용한 치료 방법이 될 수 있음을 보여주는 연구도 있다(Collie and Čubranić, 1999). 원격치료가 내담자에게 도움이 되는 몇 가지 분야가 보고되었는데, 예를 들어 원격치료는 내담자를 지지하는 환경이 형성되도록 촉진하고, 내담자에게 조절감과 자유로운 선택 그리고 정서적으로 자기인식을 스스로 통제할 수 있는 역량을 증진한다는 것이다(Jones, 2017). 이러한 이점이 유발되는 이유는 1) 내담자가 가정에서도 원격치료에 접속할 수 있고, 2) 원격치료에는 오디오와 영상 채널이 모두 포함되며, 3) 실시간 동기식 통신을 허용하기 때문이다(Collie and Čubranić, 1999).

원격치료를 위한 고려 사항

APA는 원격상담과 관련된 다양한 지침을 제공하고 있다. 이 지침은 심리상담가를 위해 만들어진 것이지만, 원격치료에서 미술치료의 실제와 관련이 있는 세부사항을 명확하게 제공한다. 게다가 APA의 지침은 이 장에서 논의된 다른 저자들이 제공하는 고려 사항과 매우 비슷하면서도 확장된 부분까지 다룬다. 다음 내용은 보고서의 요약에 불과하지만, 세부적인 고려 사항을 충분히 담고 있다(APA, 2013).

1. *숙련도.* 이 지침에는, 치료사는 치료 기법뿐만 아니라 기술적인 면에도 능숙하도록 훈련받아야 한다고 명시돼 있다. 여기에는 가능한 한, 관련 소프트웨어에 대한 교육을 이수하는 것도 포함된다. 또한, 치료사는 위험에 대한 명확한 지침을 제공할 수 있어야 하며, 내담자가 자기 영역에서 이용할 수 있는 비상 자원에는 무엇이 있는지를 인지하고 있어야 한다.

2. *원격치료의 관리 기준.* 이 사항은 치료사에게 내담자의 진행 상황을 평가하고 모니터링하며, 내담자가 처한 환경을 이해하도록 제안한다. 또한, 내담자가 수준 높은 치료를 받을 수 있도록 상담의 역할에 관해서도 설명한다.

3. *사전 동의.* 이 사항은 사전 동의의 확립을 위한 안전장치를 제공하는 것 외에 비용청구 시 필요한 자료를 안전하게 보관하는 방법과 문서 절차에 대해 제안한다.

4. *기밀유지.* 이 사항은 기밀유지를 위한 합리적인 노력을 다루고 있

을 뿐만 아니라 검색 웹사이트에 관한 인식과 소셜 미디어와 관련된 위험성에 대해 논의한다.

5. *데이터의 보안과 전송.* 이 지침에서는 온라인 진료에 종사하는 사람들에게 바이러스와 해커로부터 보호하는 보안의 중요성을 강조한다. 또한, 보안 시스템의 고장, 하드 드라이브 손상 및 장비의 노후 문제를 적절하게 관리하는 방법을 숙지할 것도 명시해 놓았다.

6. *데이터 및 IT 기기의 폐기.* 이 사항은 윤리적 방식으로 데이터를 처리하고 관리하는 방법에 관해 설명한다.

7. *검사와 평가.* 내담자에 대한 검사와 평가를 시행하기 위해서 전자 매체를 이용할 때는 높은 수준의 진단이 유지되도록 하는 것이 필요하다. 또한, 이러한 온라인 검사와 평가의 결과가 다양한 인구집단에 영향을 미칠 뿐만 아니라 대면 진료 시에도 참고할 만한 시사점을 줄 수 있음을 충분히 이해하는 것이 좋다.

8. *지역적 관행.* 온라인 치료를 수행할 때는 모든 관련 법률을 준수해야 한다. 치료사는 지역을 넘어서 치료 서비스를 제공하는 것에 대한 지식이 있어야 하며, 일시적으로 지역을 벗어난 내담자에게 다른 지역에서 규제를 부과할 수 있는지도 잘 알고 있어야 한다. 또한, 확립된 법규가 없는 환경에서 일하는 경우더라도 치료사의 원래 관할 구역에 존재하는 규제에 대해서 명확히 알고 있어야 한다.

미술치료의 원격치료 사례

크리에이티브 포스

크리에이티브 포스Creative Forces: NEA Military Healing Arts Network는 외상성 뇌 손상, 그리고(혹은) 외상 후 스트레스 장애Post-Traumatic Stress Disorder(PTSD)로 진단된 군인과 그 가족을 위해 만들어진 프로그램이다. 이 프로그램에서 미술치료사는 다른 분야의 창의적인 치료사, 의료진, 지역사회 지도자, 정책 입안자와 협업한다. 크리에이티브 포스의 목표는 세 가지이다. 첫째, 외래 환자 치료와 원격치료 서비스를 사용하여 창의적인 예술치료법을 중심으로 환자 치료를 수행한다. 둘째, 프로그램은 임상 진료소의 인근 지역에 기반을 둔 예술 경험의 기회를 제공한다. 셋째, 예산은 치료의 영향과 혜택에 근거한 교육 매뉴얼과 연구를 포함한 다양한 역량 강화의 노력에 사용한다.

이 프로그램은 다양한 형식의 미술치료뿐만 아니라 음악치료와 창의적 글쓰기도 함께 시도한다. 크리에이티브 포스는 멀리 떨어진 지방의 환자와는 화상회의 형식으로 연결하여 원격치료 서비스를 제공한다. 이를 통해 환자는 지역 진료 병원에서 제공하는 입원 치료 서비스를 받을 뿐만 아니라 의료치료를 넘어 미술기반 서비스와 미술치료 서비스에 더욱 적극적으로 참여할 수 있고, 제공되는 서비스를 잘 활용할 수 있다. 크리에이티브 포스가 제공하는 서비스에는 정체성 통합, 외현화, 참자아 통합, 집단 응집력, 상실과 애도하기 그리고 기타 형태의 트라우마 치료가 있다(Jones *et al.*, 2017). 이 연구는 원격치료를 통해 치료받은 퇴역군인의 '자기 보고'에서 병리적 증상이 감소했다고 발표했다(Tuerk *et al.*, 2010).

원격 집단미술치료를 적용한 유방암 치료 사례

Collie 등은 원거리에서 활동하는 미술치료, 예술, 원격치료 분야의 전문가를 모아 지원 단체를 구성하여 유방암 여성을 대상으로 온라인 미술치료를 진행한 원격치료의 우수 사례를 보고했다(Collie *et al.*, 2006). 이 프로젝트의 지원 그룹은 유방암 여성의 고통을 줄이고 대처 능력을 향상하기 위해 증거 기반의 집단미술치료를 온라인으로 제공했다. 이를 위해 두 단계의 연구가 수행되었다. 첫 번째 단계는 인터넷 전송을 위한 컴퓨터 시스템을 만들고, 지속적인 발전을 위해 해결할 문제를 식별하는 것이었다. 두 번째 단계는 유방암 여성에 대한 원격 미술기반 지원에 대한 임상 내용을 명시하는 것이었다. 참여자는 25명으로, 유방암, 예술, 미술치료 그리고 원격치료를 수행하는 전문가들로 구성되었다. 질적 분석은 온라인 미술치료 지원 그룹을 촉진하거나 개발하고자 하는 개인을 위한 일련의 우수 사례를 보여주었다. 이 사례에는 1) 정서적 표현, 2) 정서적 지지, 3) 정서적 안전, 4) 개인의 개성 수용을 위한 정보가 포함되었다.

브레이브마인드

Albert Skip Rizzo는 미술치료사가 아닌 임상 심리학자이지만, 그의 작업은 이미지와 심리학 분야에서 미술을 융합한 디지털 치료법의 논의에 중요한 추가적 요소가 된다. 그의 가상현실(VR) 시뮬레이션 브레이브마인드[Bravemind]는 디지털 기술과 예술이 어떻게 결합하여야 효과적인 치료가 가능한지를 보여주는 가장 최신의 연구 사례이다([그림 9.1] 참조).

브레이브마인드는 PTSD로 어려움을 겪는 참전 군인의 회복탄력성을 향상하도록 돕는 VR 애플리케이션이다. 이 애플리케이션은 참전 군인이 PTSD 증상을 잘 관리할 수 있도록 노출치료를 제공하도록 설계되었다. 브레이브마인드의 VR 체험에서 재현되는 다양한 환경 중의 하나는 '가상의 중동 도시'로

[그림 9.1] Skip Rizzo의 브레이브마인드

Dr. Rizzo가 브레이브마인드로 내담자 치료를 진행한다.

서 참전 군인은 숙련된 치료사와 함께 안전하면서도 조절 가능한 환경에서 전투를 재경험하게 된다(Javelin Technologies, 2012). VR 설정의 한 예를 들면, 참전 군인이 VR 헤드셋을 착용하면, 군인의 역할을 맡아 군용 차량으로 가상 중동 도시 도로를 따라 운전한다. 여기에 상상력을 촉진하기 위한 장치로, 멀리서 헬리콥터의 소음이 들리게 한다거나 파손된 탱크에서 나오는 연기로 대기를 자욱하게 할 수도 있다. 불타는 탱크를 에워싸거나 도로를 따라서 주둔하고 있는 군인들의 출현은 잠재적으로 불길한 상황을 얼마든지 연출할 수도 있다. 차후 어떤 일이 일어날지는 브레이브마인드를 조작하는 치료사가 내담자 치료에 필요하다고 판단하는 것에 달려 있다. 치료사는 프로그램을 조작하여 운전을 계속하게 하거나 우발적으로 전투 상황이 발생하게 할 수도 있다. 내담자는 이 시나리오를 노출치료로 인지한다. 함께한 치료사는 치료를 진행하면서 관찰과 평가를 위해 환자에게 느낌을 물어보기도 한다(Quart, 2016). 이와 함께, 치료사는 VR 시뮬레이션에 변경 요소를 추가하기 위해 앞에 놓인 컴퓨터를 조작하여 조명을 조정하거나, 효과음과 이미지 등의 비교적 단순한 형식을 변경할 수 있으며, 적군의 출현이나 폭발 또는 아군의 부상과 같은 높은 수준의 긴장감을 일으키는 전투 시뮬레이션에 노출되도록 바꿀 수도 있다. 즉, 시뮬레이션은 심각한 노출 수준으로 점차 확대할 수 있다.

브레이브마인드는 참전 군인이 자신을 점차 통제할 수 있는 환경에서 자신의 외상 경험에 집중할 수 있게 한다. 브레이브마인드에서 사용하는 노출치료의 유형을 체계적 노출치료라고 한다. 이것은 시간의 경과에 따른 둔감법을 수반하는 역조건 형성의 한 형태이다(Sathe, 2014). 체계적인 노출치료는 세 단계로, 불안의 확인, 대처 기술 습득 그리고 학습한 기법을 사용하는 것이다(Sathe, 2014). 치료는 환자가 습관-소멸 과정을 통해 관련된 감정과 역조건 상태를 처리하도록 외상 경험의 점진적인 재현을 실행한다(USC Institute for Creative Technologies, 2017). 치료사는 통제적 단계 방식을 사용하여 환자의 스트레스 반응 강도를 관찰하고, 스트레스 반응을 뇌 영상과 심리생리학적 평가를 통해 관찰한다(USC Institute for Creative Technologies, 2017). VR 시뮬레이션은 환자의 필요에 맞게 조절될 수 있는 대화형, 다중감각형 그리고 몰입형 환경을 제공하면서, 환자의 반응을 제어하고, 기록하고, 측정하는 기능을 제공한다(USC Institute for Creative Technologies, 2017).

Chris Merkle은 PTSD의 치료를 위해 브레이브마인드를 사용한 참전 군인이다(Quart, 2016). Merkle은 VR 치료로 자신과 치료사만이 이뤄낸 치료 효과보다 더 나은 진전을 이뤄냈다고 보고했다.

브레이브마인드는 기술에 기반을 둔 미술이 인간에게 영향을 미치는 다양한 문제를 어떻게 다룰 수 있는지 보여주는 우수 사례 중 하나이다. 브레이브마인드가 원격치료의 한 형태라는 생각은 몇 가지 질문을 제기하게 한다. 그 이유 중 하나는 내담자가 VR 장비를 장착하고 있는 동안 치료사가 여전히 치료실에 함께 있기 때문이다. 내담자는 치료사에게 시각적으로 접근할 수 없고, 다만 말로만 소통할 수 있다. 원격치료에 대한 가정은 치료사가 내담자와

[그림 9.2] 브레이브마인드의 VR 전경
내담자를 중심으로 병사가 보초를 서고 있고, 중동인 2명이 뒤에서 지켜보고 있다.

[그림 9.3] 브레이브마인드의 VR 전경
내담자는 군인 2명이 있는 가상 군용 차량의 뒷좌석에 앉는다.
그들 앞 오른쪽으로 뭔가가 불에 타고 있는 장면이 보인다.

[그림 9.4] 원격치료 중인 참전 군인

군사 장비와 VR 기어를 착용한 참전 군인이 노출 요법 치료를 받기 위해 준비하고 있다.

[그림 9.5] 가상의 아프가니스탄

브레이브마인드의 설정된 중동 도시에서, 자동차에 불이 붙자
사람들이 상황을 알아보려고 자동차 주위로 모여든다.

Rizzo, A. (2015). Bravemind Images [Photo]. USC Institute for Creative Technologies

물리적으로 가까이 있지 않는 완벽한 원격의 치료와 관련이 있다는 것이다. 그러나 이 가정은 문제가 있는 것으로 판명되어 운영상 정의되지 않는다. 브레이브마인드에서 내담자 평가를 위해 기술을 이용하고, 치료사가 컴퓨터 장비로 이 결과를 측정·기록하며 학습에 사용하는 것은 원격치료 서비스의 기반을 제공하고 있다(USC Institute for Creative Technologies, 2017). 브레이브마인드의 주요 특징은 컴퓨터를 통해 내담자와 내담자의 환경을 관찰하는 기능이 있다는 점이다. 또한, VR 자체는 조작된 환경에 내담자를 배치하도록 하여 내담자를 기존의 대면 환경 설정에서 빼내어 가상의 세계로 인도한다. 다른 연구자들은 VR 시뮬레이션이 정신건강 장애의 평가와 치료에 유용한 원격치료 형식이 될 수 있다고 언급했다(Zur, 2012). 브레이브마인드를 조작하는 치료사는 여전히 환자와 음성으로 직접 접촉하기 때문에, 원격치료에 관한 논의에서 브레이브마인드를 특별한 사례로 취급할 수도 있다. 브레이브마인드는 원격치료 기반의 평가와 치료에 사용될 VR 도구 관련 부분에서 기초를 다지고 있다(제12장 참조).

원격치료 연구의 필요성

특히 미술치료의 실행에 관한 한, 원격치료의 기초와 토대가 되는 연구의 필요성을 과소평가할 수는 없다. 원격치료 기반의 평가 및 진단에 대한 타당성과 신뢰성은 기초적인 연구에서 가장 필요하다(Nickelson, 1996). 즉, 원격치료의 진단과 평가는 어떻게 해야 효과적이며, 원격치료 과정을 통해 개선될 방법은 무엇인가? 또한, 어떤 면에서 평가와 진단이 제한적일 수 있는가? 그리고 원격치료를 사용하여 새로운 평가 도구를 만들 수 있는가? 하는 것들이다(Nickelson, 1996).

최근의 인기에도 불구하고, 원격치료는 여전히 새로운 치료 방식으로 여겨진다. 이처럼 새로운 분야이니만큼 연구와 평가가 더 절실히 요구된다. 반드시 다루어야 하는 주제는 원격치료의 개발 및 관리 기준의 작성과 관련된 것으로, 어떤 표준이 필요한지 그리고 어떻게 효과성을 잘 측정할 수 있는지에 대해 더욱 깊은 이해가 필요하다. 또한, 유용성뿐만 아니라 다양한 원격치료용 애플리케이션과 웹사이트, 최신 소프트웨어의 문서화와 연구를 위한 정성적 · 정량적 연구가 필요하다. 궁극적으로 이러한 모든 이슈는 원격치료 실행의 타당성을 위한 기초연구가 될 수 있다.

또한, 다양한 문화에서 원격치료를 어떻게 이해하고 있고, 원격치료와 관련짓는지 인지하며, 다문화 환경에서 원격치료를 이용한 우수 사례를 개발하는 것도 중요하다. 각기 다른 문화에서 원격치료에 대한 준비와 수용 수준에 관한 정성적 연구는 다양한 환경에서 원격치료 기술을 이용할 때 고려해야 할 중요한 사항을 보여줄 수 있다. 그러한 연구 중 하나는 농촌 주민이 얼마나 원격치료 서비스를 받을 준비가 되어 있는지를 평가하기 위해 수행되었는데, 이 연구는 향후 농촌 지역사회에서 원격치료 서비스가 성공적으로 구현될 수 있다는 고무적인 결과를 발표했다(Jennett et al., 2003).

결론

이 장에서는 미술치료 분야에서 새롭게 부상하는 원격치료를 살펴보았다. 먼저 원격의료와 원격상담과의 상호 연관성을 살펴본 후 원격치료를 정의했다. 원격상담이 더 전문적이기 때문에, 미술치료의 원격치료 시행을 위해서는 원격상담이 제공하는 다양한 연구를 심도 있게 고려해야 한다. 우수 사례와 윤리 지침은 미술치료사가 원격치료에 참여할 수 있는 근거를 제공한다. 이와 함께, 예술이나 미술치료를 기반으로 하는 원격치료의 세 가지 사례, 즉 크리에이티브 포스, 유방암 환자를 위해 미술치료를 적용한 프로젝트, VR 기기를 이용하는 브레이브마인드를 소개했다. 마지막으로, 원격치료의 연구 요건이 논의되었다. 전반적으로, 원격치료를 가장 잘 이해하고 적합하게 활용하기 위해서는 원격치료의 유효성에 관한 기초적이면서도 토대가 되는 연구가 절실하다.

권장 사항

- 원격상담에 대한 APA 지침을 참조한다(APA, 2013). APA 지침은 여러 분야에 적용할 수 있는 귀중한 정보를 포함한다. 각 지침의 미세한 차이와 권고 사항을 이해함으로써 안전하고 윤리적인 원격치료의 시행을 보장할 수 있다.
- 학제 간 연계한다. 원격치료는 치료에 유용한 연구와 정보를 포함한 여러 산업과 치료 관행에 걸쳐 등장하고 있다. 학제 간 접근 방식을 취함으로써, 미술치료사는 연구와 임상 그리고 관련 자료로 이루어진 거대한 지적 도서관에 접근하는 것과 같다.
- 미술치료 이외의 다른 분야가 예술이나 이미지 그리고 치료 분야에서 활동할 수 있음을 인식한다. 미술치료사가 원격치료를 위해서 다른 분야를 살펴보는 것만큼 다른 분야의 전문가도 미술치료를 살펴보고 있음을 인지하는 것이 중요하다. 컴퓨터 기술과 원격치료의 특성으로 인해 사실상 치료나 상담 등 거의 모든 분야에서 이미지, 예술, 미술기반의 작업을 자신의 치료 활동에 통합할 수 있다.
- 위험을 최소화한다. 미술치료사는 종종 미술치료 서비스에 기술과 원격치료를 통합하는 것을 경계한다. 그러나 이러한 우려보다는 좀 더 효과적인 원격치료를 위해 더 많은 연구와 자료 수집에 노력을 기울여야 한다.

참고문헌

American Psychological Association (2013) Guidelines for the practice of telepsychology. *American Psychologist 68*(9), 791–800.

Andrus, B. (2017) 2017 Telemedicine reimbursement—what you need to know. Retrieved on April 1, 2018 at http://blog.evisit.com/telemedicine-reimbursement-faqs-2017

Collie, K., Bottorff, J.L., Long, B.C. and Conati, C. (2006) Distance art groups for women with breast cancer: Guidelines and recommendations. *Supportive Care in Cancer 14*(8), 849–858.

Collie, K. and Čubranić, D. (1999) An art therapy solution to a telehealth problem. *Art Therapy 16*(4), 186–193.

Creative Forces: NEA Military Healing Arts Network (n.d.) Retrieved on April 1, 2018 at www.arts.gov/partnerships/creative-forces/frequently-asked-questions

Health Resources and Services Administration (2015) Telehealth programs. Retrieved on April 1, 2018 at www.hrsa.gov/rural-health/telehealth/index.html

Institute of Medicine (2012) *The Role of Telehealth in an Evolving Health Care Environment: Workshop Summary*. Washington, DC: National Academies Press.

Javelin Technologies (2012) *PTSD Exposure Therapy—Dr. Albert "Skip" Rizzo Interview*. Retrieved on April 1, 2018 at www.youtube.com/watch?v=OK893GmwuhM

Jennett, P., Jackson, A., Healy, T., Ho, K. *et al.* (2003) A study of a rural community's readiness for telehealth. *Journal of Telemedicine and Telecare 9*(5), 259–263.

Jones, G. (2017) Providing art therapy in palliative care using telehealth technology. Retrieved on April 1, 2018 at www.baat.org/About-BAAT/Blog/121/Providing-Art-Therapy-in-Palliative-Care-using-Telehealth-Technology

Jones, J.P., Walker, M.S., Drass, J.M. and Kaimal, G. (2017) Art therapy interventions for active duty military service members with post-traumatic stress disorder and traumatic brain injury. *International Journal of Art Therapy*. doi:10.1080/17454832.2017.1388263

Malchiodi, C. (2009) Art therapy meets digital art and social multimedia. Retrieved on April 1, 2018 at www.psychologytoday.com/blog/arts-and-health/200911/art-therapy-meets-digital-art-and-social-multimedia

Nickelson, D.W. (1996) Behavioral telehealth: Emerging practice, research, and policy opportunities. *Behavioral Sciences and the Law 14*(4), 443–457.

Nickelson, D.W. (1998) Telehealth and the evolving health care system: Strategic opportunities for professional psychology. *Professional Psychology: Research and Practice 29*(6), 527–535.

Orr, P.P. (2010) Distance supervision: Research, findings, and considerations for art therapy. *Arts in Psychotherapy 37*(2), 106–111.

Peñate, W. (2012) About the effectiveness of telehealth procedures in psychological treatments. *International Journal of Clinical and Health Psychology 12*(3), 475–487.

Quart, J. (2016) Treating PTSD with virtual reality therapy: A way to heal trauma. Retrieved on April 1, 2018 at http://abcnews.go.com/Technology/treating-ptsd-virtual-reality-therapy-heal-trauma/story?id=38742665

Sathe, S. (2014) Systematic desensitization. Retrieved on April 1, 2018 at www.slideshare.net/sanikasathe94/systematic-desensitization-32071409

Spooner, H. and Baxley Lee, J. (2017) Helping veterans build connections between creative arts therapy programs and their local arts communities through telehealth. Retrieved on April 1, 2018 at https://blog.americansforthearts.org/2017/05/05/helping-veterans-build-connections-between-creative-arts-therapy-programs-and-their-local-arts

State Policy Resource Center (2017) Retrieved on April 1, 2018 at www.americantelemed.org/policy-page/state-policy-resource-center

Tuerk, P.W., Yoder, M., Ruggiero, K.J., Gros, D.F. and Acierno, R. (2010) A pilot study of prolonged exposure therapy for posttraumatic stress disorder delivered via telehealth technology. *Journal of Traumatic Stress 23*(1), 116–123.

USC Institute for Creative Technologies (2017) Bravemind. Retrieved on April 1, 2018 at http://medvr.ict.usc.edu/projects/bravemind

Zur, O. (2012) Telepsychology or telementalhealth in the digital age: The future is here. *California Psychologist 45*(1), 13–15.

제10장

애니메이션 프로젝트

– Joe Kavitski
서론과 결론 by Brian Austin

"내가 원했던 것은 훔친 물건이 아니라, 도둑질 자체였습니다."
– St. Augustine

내가 애니메이션 프로젝트The Animation Project(TAP)[1]를 시작한 데는 여러 가지 이유가 있겠지만, TAP가 유독 규율을 어기는 아이들을 대상으로 삼는 까닭은 틀림없이 내가 내 안의 어떤 것을 고치려고 하기 때문이며, 내가 실제로 겪은 다음의 에피소드를 재생산하려고 하기 때문일 것이다.

내가 열여섯 살 때의 일이다. 나는 고등학교를 중퇴하고, 동네 멕시칸 식당 판초비야스에서 일하고 있었다. 내가 일자리를 구한 이상, 학교를 그만둔 것을 어머니도 크게 문제 삼지 않으셨다. 판초비야스의 주인은 Martin Chapa였다. Martin은 멕시코 출신으로, 손수 그 식당을 차린 사람이었다. 판초비야스는 그저 식당일 뿐이었지만, 집을 떠나온 수많은 라틴 아메리카 이민자들에

1) www.theanimationproject.org

게 또 하나의 집이기도 했다. 직원들은 과테말라 사람, 코스타리카 사람, 콜롬비아 사람, 니카라과 사람, 페루 사람, 에콰도르 사람, 엘살바도르 사람, 멕시코 사람들로 구성됐다. 이민국에서 불시에 들이닥쳐 식당을 휩쓸고 가는 일이 주기적으로 벌어졌기에, 나를 포함해서 몇 안 되는 '그링고gringo'[2]들은 우리가 식당을 운영하고 있다고 주장할 태세로 망을 보곤 했다.

그전 몇 년 동안 나는 좀 문제아였다. 학교가 지겨웠다. 스케이트보드를 타는 게 제일 신났는데, 교실에서는 탈 수가 없었다. 같은 반 친구들과 나는 나무가 우거진 곳에서 만나 담배와 마리화나를 피우는 것으로 매일의 학교생활을 시작했다. 어떤 애들은 술을 마시고, 메스칼린이나 퀘일루드를 먹기도 했다. 학교 다닐 때 나는 하루를 그렇게 시작했다. 방과 후에는 집을 털었고, 저녁에는 파티를 벌이거나 차를 훔치며 지냈다.

판초비야스에서도 나의 불량한 태도는 계속됐다. 어느 날 저녁 나는 빈 그릇을 치우다가 손님들이 낸 돈을 슬쩍하는 게 일도 아니라는 걸 알았다. 계산서와 음식 주문서만 확실히 없애버리면 되지 않는가. 적어도 나는, 내가 모든 걸 다 파악했다고 생각했다. 나중에 알고 보니 주문서에 일일이 번호를 매기고 있었고, 식당 주인은 그걸 계속 확인했다. 그러니까 만약 24번 주문과 26번 주문이 처리됐다면, 사라진 25번 주문은 어떻게 된 걸까? 나는 수학을 꽤 잘하는 편이었는데도, 도둑질하는 재미에 푹 빠져서 문제를 알아차릴 수가 없었다.

전날 저녁 근무에서 짭짤한 재미를 보고, 다음날 출근했을 때 나는 식당 주인과 맞닥뜨리게 됐다. 곧 있을 저녁 타임을 준비하기 위해 테이블을 차리고 있는데, Martin Chapa가 내게 다가왔다. 그는 말했다. "Brian, 네가 지난밤에 돈을 훔쳤다는 걸 안다. 자, 여기 150달러야. 혹시 돈이 필요하면 그냥 나한테 부탁을 하렴." 그는 그러고 가버렸고 다시는 그 일을 언급하지 않았다. 무

2) 라틴 아메리카 사람들이 미국 사람을 다소 경멸적으로 부르는 말(역주).

슨 이런 사람이 다 있담? 왜 이러는 거지? 화나지 않았나? 어째서 나를 해고하지 않지? 나는 그 사람에게서 돈을 훔쳤다. 그런데 그렇게 반응하는 거야? 여하튼 나는 Chapa가 내민 돈을 챙겼다. 이제는 기억도 나지 않지만, 아마 그 돈은 코카인이나 마리화나 아니면 술을 사는 데 써버렸을 것이다. 내가 반항심에서 '벗어나는' 데는 몇 년의 세월이 더 걸렸다. 하지만 그날 일은 절대 잊은 적이 없다. 그리고 최근에야 나는 그 일을 TAP의 출범 모델로 삼게 됐다. 그날의 상호작용 직후에 느꼈던 감정을 나는 아주 생생하게 기억한다. Martin의 눈에 그때의 나는, 진짜 내 자신을 찾기 전이었지만, 그래도 '괜찮아' 보였던 것이다. 그가 보기에 나는 투자할 가치가 있었다. 그는 나의 절도 이면에 깔린 '필요'를 속 깊게 알아봐 준 것이다. 그는 내가 형편없는 놈이라는 느낌을 갖게 하지 않았다. 그리고 그는 나에게 도둑질에 대한 대안을 제시했다. 필요한 것은 요청하라고.

TAP의 핵심 철학은 그 근면했던 멕시코 사람 Martin Chapa에게서 유래한다. Martin Chapa는 어떤 판단도 내리지 않았고, 결코 내 기분을 상하게 하지 않았다. TAP의 핵심 가치 세 가지는 여기서 유래한다. 1) 투명성[Transparency]: 그는 사실 그대로 말했다. 내가 그에게서 돈을 훔쳤다고. 2) 발달[Development]: 내가 도둑질을 했음에도 그는 나를 해고하지 않았다. 성장은 가능한 옵션이었다. 3) 지원[Support]: 마침내 나는 웨이터로 승진했고, 거기서 생활비를 벌었다.

플랫폼: 3D 컴퓨터 생성 애니메이션

애니메이션이란 무엇인가?

애니메이션은 계속해서 확장되고 있는 미술의 형태로, 수많은 양식과 매체, 기술 등을 아우른다. 유명한 예로, 손으로 그린 애니메이션이나 셀 애니메이션과 같은 전통적인 2D 혹은 고전 애니메이션, 3D 컴퓨터 생성 애니메이션, 스톱모션, 콜라주 또는 컷아웃 애니메이션 등이 있다. 간단히 말해서, 애니메이션 과정은 환영을 창조해서 스틸 이미지가 움직이거나 살아 있는 것처럼 보이게 하는 것이다. 그 과정을 이해하려면, 플립북에 그려진 일련의 정적인 이미지나 드로잉을 생각해 보면 된다. 일련의 이미지 각각은 바로 앞에 있는 이미지와 조금씩 달라지면서, 움직임의 진행을 암시한다. 차가 지나가는 것을 예로 들자면, 첫 번째 드로잉에서는 차가 페이지의 왼쪽에 나타난다. 두 번째 드로잉에서는, 차가 이전 이미지보다 약간 오른쪽에 나타난다. 세 번째 드로잉에서는, 차가 좀 더 오른쪽에 나타나고, 계속 그런 식으로 조금씩 오른쪽에 나타나게 그린다. 그렇게 해서, 일련의 정적인 자동차 이미지들을 앞에서부터 빠른 속도로 책장을 넘기면서 보면, 자동차가 왼쪽에서 오른쪽으로 이동하는 것처럼 나타나는 환영이 창조된다.

또 다른 방법으로, 영화 필름의 셀룰로이드 한 토막을 보면서 애니메이션 과정을 생각해 볼 수도 있다. 셀룰로이드 필름은 개별 프레임, 그러니까 카메라로 촬영한 스틸 이미지를 담고 있다. 초당 24프레임의 속도로 프로젝터를 돌리면, 인간의 눈에 그 이미지들은 끊이지 않고 움직이는 것처럼 나타난다.

컴퓨터 생성 애니메이션이란 무엇인가?

본질적으로, 컴퓨터 생성 애니메이션의 기본 방법론은 플립북을 만들거나 셀룰로이드 필름을 프로젝터로 돌리는 것과 같다. 일련의 순차적인 스틸 이미지들을 만들고, 이 스틸 이미지들을 빠르게 연결해서 보면, 움직이는 것처럼 보인다. 차이점이라면 각 스틸 이미지의 콘텐츠가 디지털 방식으로 생성된다는 것, 그러니까 컴퓨터 프로그램의 도움으로 이미지에서 이미지로 넘어가는 움직임에 변화를 줘서 컴퓨터 생성 스틸 이미지가 움직이는 듯한 환영을 만들어 낸다는 것이다.

이러한 작업을 위해 TAP는 폴리곤 모델링 또는 '상자box' 모델링을 활용한다. 폴리곤 모델링이란 폴리곤 메쉬로 3D 오브젝트를 만드는 프로세스인데, 3D 오브젝트를 구성하는 선 또는 모서리, 꼭짓점, 면 등을 모두 조작할 수 있다. 애니메이터는 폴리곤 메쉬로 기본적인 형태, 이를테면 정육면체, 구, 원기둥, 원뿔 등등을 만들 수 있다. 이 기본 형태를 변형시키고 — 잡아 늘이거나, 크기를 조정하거나, 회전시키거나, 돌출시키거나 등등 — 쌓아 올려서 더욱 복잡한 디지털 에셋을 만들어낼 수 있다. 자동차나 건물, 심지어 인체도 폴리곤 모델링으로 만들 수 있다.

인간 캐릭터를 만들 때 인체는 가상의 골격을 갖추게 되는데, 살아 숨쉬는 인간에게 뼈대가 있는 것과 같다. 예컨대, 우리가 Martin이라는 인물을 창조한다고 해보자. 우리는 Martin이 팔을 몸통 옆에 붙이고 있다가 멀리 가리키는 동작을 취하게 할 생각이다. 그러면 애니메이터는 그 동작의 시작과 끝에 키 프레임을 만든다. 1) Martin이 몸통 옆에 팔을 붙이고 있다. 2) 팔을 들어 올려서 가리키는 사세를 취한다. 컴퓨터는 키 프레임의 시퀀스와 위치를 통해 얻은 정보로 어디서부터 팔을 들어 올리기 시작해서 어디에서 그 동작이 끝나는지 그리고 그 동작을 완수하는 데 얼마의 시간이 걸릴지를 처리한다.

이 단계에는 두 개의(팔을 몸통 옆에 붙이고 있는 Martin과 팔을 들어 올린 Martin) 이미지가 존재한다. 전통적인 2D 셀 애니메이션에서는, 아티스트가 팔을 조금씩 들어 올리는 걸 일일이 그려야만, 팔을 들어 올리는 시퀀스가 매끄럽게 보이게 된다. 인간은 초당 24프레임으로 동작을 감지한다는 점을 생각해 보면, 캐릭터의 팔을 들어 올리는 기본적인 동작조차도 상당히 많은 드로잉을 수반한다는 것을 알 수 있다! 다행히, 컴퓨터 생성 애니메이션 소프트웨어로 작업하면, 키 프레임만 설정하면 된다. 그러면 컴퓨터가 알아서 첫 번째와 두 번째 키 프레임 사이에 누락된 이미지들을 자동으로 채워 넣는다. 이 과정을 통해 키 프레임과 키 프레임 사이의 3D 에셋이 — 앞서 제시한 예시에서 보자면, 캐릭터의 팔이 ― 움직이게 된다. 애니메이터는 초당 프레임 수를 변경해서 툭툭 끊어지는 느낌을 줄이고, 관람자에게 매끄러운 동작으로 보이게끔 할 수 있다.

3D 에셋과 인체를 모델링하는 단계가 끝나면, 애니메이터는 질감이나 음영, 광원을 추가하는 등 다양한 기술을 활용하여 대상에 원하는 미적 특질을 부여하거나 오브젝트가 더욱 살아 있는 것처럼 보이도록 다듬을 수 있다. 컴퓨터 생성 애니메이션의 마지막 단계는 렌더링으로, 작업 중인 파일의 데이터를 처리해서 그 정보를 완성된 디지털 이미지로 출력하는 것이다.

매체 개요

TAP의 3D 컴퓨터 애니메이션 치료 집단3D Computer Animation Therapy Group의 목표는 컴퓨터 생성 애니메이션과 폴리곤 모델링을 사용하여, 독창적이면서도 개인적으로 의미 있는 디지털 비디오를 제작하는 것이다. 이 목표를 달성하기 위해 다음과 같은 매체가 사용된다.

컴퓨터

TAP는 계약을 맺은 장소에서 각각 집단을 운영하고, 데스크톱과 노트북 컴퓨터가 모두 활용된다. 컴퓨터는 3D 애니메이션 소프트웨어를 돌릴 수 있는 것이어야 한다. 집단치료가 진행되는 환경에는 데스크톱 컴퓨터가 설치되는데, 애니메이션 제작을 위해 컴퓨터가 있는 방을 따로 마련하는 게 이상적이다. 장소에 따라 회기 전에 노트북 컴퓨터를 설치하고 회기가 끝나면 치우기도 한다. 회기와 회기 사이에는 컴퓨터와 장비를 각 시설에서 보관한다.

애니메이션 소프트웨어

현재 TAP는 오토데스크Autodesk[3]에서 만든 3DS MAX 애니메이션 소프트웨어를 사용하고 있다. 영화, 비디오 게임, 가상현실 제작 분야의 전문적인 애니메이터를 위한 산업 표준 소프트웨어로, 이 프로그램은 앞서 논한 폴리곤 모델링 시스템에 기반해서 선정됐다. 이 모델링 기술은 배우기 아주 쉽기 때문에 참여자들이 첫 번째 회기에서 바로 형태를 조정할 수 있을 정도다. 그런 점에서 3DS MAX는 TAP 회기에서 사용하기에 이상적인 소프트웨어라 하겠다. 참여자들은 짧은 시간 안에 형태를 창조하고 움직이는 데 성공한다. 한번 성공을 맛보면 더욱 복잡한 애니메이션 기법을 배우는 데 몰두하기가 쉽다. 이렇게 새로운 컴퓨터 활용능력을 습득함으로써 참여자의 자부심 형성이라는 하나의 선순환이 시작될 수 있다. 차츰 자신감이 커질수록, 점점 더 어려운(에지 작업이나 표면에 질감을 부여하는 것 같은) 기술이 시행된다. 새로운 기술을 완전히 습득하면 자아 강도가 증대되고, 자아의 힘이 커지면 더 많은 기술을 배우고 싶게 된다.

오디오 레코딩 소프트웨어

핸드헬드handheld 마이크와 라발리(무선 클립식)에 마이크를 포함해서, 다양한 오디오 레코딩 소프트웨어를 사용하여 사운드를 컴퓨터에 바로 녹음할 수 있다. 줌 H5 핸디 레코더(오디오/비디오 편집 프로그램에서 불러올 수 있는 오디오 파일을 만들고 저장하는)처럼, 손에 들고 사용할 수 있는 디지털 오디오 녹음기를 사용할 수도 있다. 집단에 따라, 참여자들이 휴대폰의 음성 녹음 앱으로 오디오를 레코딩하는 것도 방법이다.

3) www.autodesk.com

프로젝터

집단 회기의 초반에 집단 지도 및 실시간 애니메이션 시연을 위해 컴퓨터 호환 프로젝터가 사용된다. 제작해나가면서, 참여자들은 기본적인 영화 촬영의 원리를 배우고, 카메라의 위치와 움직임에 관해 토론한다. 주어진 어떤 장면을 어떻게 나타내야 하는가에 대한 다양한 옵션을 프로젝터로 집단에 제시하고 토론한다. 프로젝터는 집단의 결속을 촉진하는 데 도움을 주는 중요한 도구로 기능한다. 참여자들은 집단 프로세스가 진행되는 데 개인들이 어떻게 기여하는지 프로젝터를 통해 알 수 있고, 나아가 대인관계의 기술과 팀워크를 개발할 수 있다.

편집 소프트웨어

대체로 집단에는 속하지 않은 TAP 애니메이터가 TAP 사무실에서 어도비 프리미어 프로그램을 사용하여 애니메이션을 편집한다.[4)]

대상 인구와 프로그램 모형

TAP는 위기에 처해 있는 12세에서 24세 사이의 젊은이들을 위한 비영리 기구다. 직접적인 서비스 제공자로서 TAP는 공립학교, 트랜스퍼스쿨[5)], 차터스쿨[6)], 위탁가정, 사회사업기관 등 다양한 기구나 재판에 연루된 청소년들을 위한 단체(소년원이나 구금 대체 프로그램) 등과 제휴를 맺고 있다.

TAP의 핵심 커리큘럼인 3D 컴퓨터 애니메이션 활용 치료 집단에서,

4) www.adobe.com/products/premiere.html

5) 여러 이유로 일반 학교에 적응하지 못하는 학생들이 다니는 소규모 정규 학교(역주).

6) 공적 자금을 지원받지만, 설립자, 부모, 교사, 지역 단체 등이 독립적으로 운영하는 일종의 대안 학교(역주).

참여자들은 애니메이션 제작을 위해 잘 짜여진 과정을 거치는 동안 쭉 팀을 이루어 협력하면서 독창적인 단편 애니메이션 비디오를 만든다. 집단 구성원들은 맞춤형 제작 스케줄을 사용해서, 비디오 제작의 핵심 단계(대본 작성, 스토리보드 만들기, 3D 모델 창조, 캐릭터 디자인, 음성 녹음, 디렉팅 등)에 참여한다. TAP 프로그램의 특별한 점은 창조적인 미술치료사와 전문 애니메이터가 함께 팀을 이루어, 위협적이지 않고 안전한 환경을 조성하고 회기를 이끌어간다는 것이다. 협력과 팀워크를 통해 대인관계 기술을 함양하는 데 초점이 맞춰진다. TAP 치료사는 참여자들이 독창적인 내러티브를 창조하고 발전시켜 나가는 동안 충동 조절이나 자기조절과 같은 감정 대처 기술을 키우도록 돕는다. 집단이 개발한 집단 스토리가 진행되는 동안 나타나는 은유와 스토리 콘텐츠를 안전하게 처리하기 위해 치료적 개입이 이뤄진다. TAP 애니메이터는 참여자들에게 컴퓨터 애니메이션 소프트웨어를 가르치고, 전체적인 애니메이션 제작을 관리하는 일을 한다.

흥미나 편안함을 느끼는 정도에 따라 참여자들은 애니메이션 제작의 여러 분야에 참여할 수도 있고, 특정 기술을 습득하는 데 집중할 수도 있다. 예컨대, 참여자가 스토리 제작 과정에 참여하기를 주저하거나 경계심을 보인다면, 기술적인 훈련에만 집중할 수도 있다. 이러한 유연성 덕분에 참여자들은 어떤 방식으로 프로젝트에 기여할 것인지 결정할 수 있고, 이는 전문적인 애니메이션 스튜디오의 직원들이 개인 업무를 수행하면서도 큰 팀의 일원으로서 팀과 협력하며 일하는 방식과 유사하다.

TAP 애니메이터의 안내에 따라, 참여자들은 고가의 업계 표준 3D 모델링 프로그램을 직접 사용해서 작업한다. 이런 기회가 아니라면 대부분의 참여자들은 그런 소프트웨어를 접할 수 없을 것이다. 집단에서 배우는 컴퓨터 활용능력은 애니메이션 및 비디오 제작 산업은 물론이고 광고/건축/패션/그래픽 디자인 등 다양한 분야의 직종에 적용될 수 있는 기본적인 기술 역량이다. TAP

의 모든 3D 컴퓨터 애니메이션 치료 집단은 회기 중에 만든 애니메이션 결과물을 상영하는 것으로 대미를 장식한다. 이러한 기념행사는 참여자들의 자아존중감과 자아 강도를 증진하고, 각 참여자가 아티스트로 발전하도록 격려하는 계기가 된다. 또한, 프로그램 전반에 걸친 긍정적인 성장을 반추하는 확실하고 건설적인 종결 이벤트가 될 수 있다.

TAP 집단 회기를 위한 기초 작업

TAP 집단 지도자들의 주요 책임 중 하나는 프로그램의 치료적 측면과 노동력 개발 측면의 균형을 맞추는 것이다. 이처럼 '유연한 시스템'을 제공하는 데 도움이 되도록, 회기를 시작할 때마다 일단의 집단 지침인 TAP 강령을 낭독한다([그림 10.1] 참조). 이 지침들은 자율적으로 안전한 환경을 조성하기 위한 길잡이로서, 집단의 약속이 지켜지도록 하기 위해 회기 중에 언제라도 환기할 수 있다. 참여자들은 TAP 강령에 대한 논의에 참여해서, 긍정적인 작업 환경을 만드는 데 필요하다고 생각되는 지침들을 추가할 수 있다. 이런 식의 협력은 치료적 동맹을 맺는 데 도움을 주고, 참여자들은 집단 지침에 대해 주인 의식을 공유하게 된다.

또한, 기본 틀을 유지하기 위해 TAP 집단 과정 전체에 걸쳐 애니메이션 제작의 각 단계에 표시를 하고 기한을 지정해 놓은 맞춤형 제작 스케줄이 사용된다([그림 10.2] 참조). 이 스케줄은 상영 일자까지 애니메이션 비디오를 반드시 완성할 수 있도록 제작의 각 단계가 언제 완수돼야 하는지 일목요연하게 보여준다. 각 회기를 시작하고 끝내는 일관된 절차를 제시하기 때문에, 학생들이 행정적인 기술을 개발하는 데 도움을 주는 도구가 되기도 할 것이다.

애니메이션 프로젝트

TAP 애니메이터 강령

1 우리는 존경심을 갖는다.
우리는 한 팀이다.
우리가 할 수 있는 최고의 애니메이션을 만들기 위해 우리는 서로가 필요하다.

2 우리는 우리의 테크놀로지를 소중히 다룬다.
우리는 그룹에서 사용되는 모든 장비를 중요하게 여긴다.

3 우리는 집중한다.
우리는 해야 할 일이 많다. 우리는 오로지 프로젝트에 관심을 기울인다.
문자를 보내거나 수다를 떠는 건 밖에 나가서 하자.

4 우리는 참여한다.
팀의 창의력은 개인이 혼자 작업하는 것보다 훨씬 강력하다.

5 우리가 이야기의 주인이다.
이것은 우리의 이야기다.
그룹이 최고의 이야기를 만들 수 있도록 TAP 지원이 도전의식을 불러일으킬 것이다.

6 우리는 그룹에 참석한다.
우리는 그룹에서 만나기를 원한다.
네가 결석한 사이에 참석한 그룹 구성원들이 이야기를 바꿀 수도 있다.

TAP 그룹은 협력 기관들의 규칙도 준수한다.

[그림 10.1] TAP 애니메이터 강령
TAP 애니메이터 강령은 팀 구성과 집단 화합을 촉진하기 위해, 의도적으로 '우리는'이라는 표현을 사용함으로써 자율적으로 집단 의례의 지침을 설정하는 방법을 택한다.

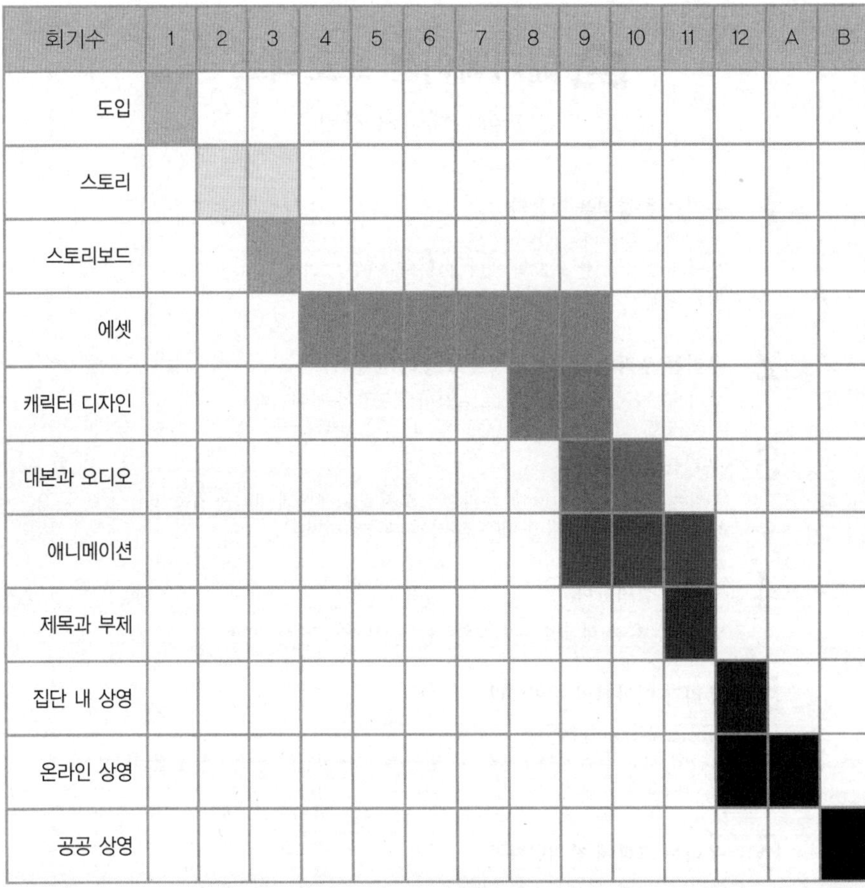

[그림 10.2] 애니메이션 프로젝트 – 제작 일정

참여자들의 TAP 입문: 내러티브 개발

TAP 직원들은 참여자들을 있는 그대로의 모습으로 만나고자 한다. 우리는 축 늘어진 바지와 거꾸로 돌려쓴 모자, 불경스러운 언사 등을 수용한다. 어떤 특별한 이론적 모형에 입각해서 그러는 게 아니고, 우리가 보기에 청소년 사법제도의 관리를 받는 청소년들은 무엇을 해라, 어디에 가라, 어떻게 행동해라 같은 말을 수시로 듣기 때문에, 그들이 정말로 무슨 생각을 하고 무엇을 원하고 어떻게 느끼는지 알기 위해서는 그들 자신의 모습이 되게 놔두는 수밖에 없을 것 같아서다. 더구나 항상 누군가로부터 무엇을 해야 할지, 무슨 생각을 할지, 어떻게 느껴야 할지에 대한 지시를 들어야 한다면, 스스로 세상을 헤쳐나갈 방법을 어떻게 개발할 수 있겠는가?

TAP 내러티브 개발의 초반 단계는 참여자들이 누구이며 어떤 배경을 가지고 있느냐에 따라 그리고 TAP 치료사의 개인적인 스타일과 접근법에 따라 다른 양상을 보인다. 그래도 내러티브 개발 과정은 대체로 대강의 아이디어와 주제가 나오고 논의되는 브레인스토밍 회기로 시작된다. 만약 어떤 집단이 아이디어를 만들어내는 데 어려움이 있다면, 스토리텔링 연습이나 자극을 사용할 수도 있다. 예컨대, 한 구금 대체 프로그램 집단에서, TAP 치료사는 질문이 적힌 종이들을 가방 안에 넣어 놓고 무작위로 뽑아서 즉흥적인 토론이 이뤄지도록 했다. 또, 보호 관찰을 받는 집단에서는 잡지 이미지들을 테이블 위에 펼쳐 놓고 참여자들이 이미지들을 배열하여 캐릭터들 간의 상황을 만들고 거기서부터 스토리를 개발해 나가는 식으로 진행했다.

어느 트랜스퍼스쿨 집단에서 경찰의 만행을 탐구한 애니메이션 다큐멘터리(The Animation Project, 2015a)나, 매일 학교 가는 길에 노숙과 빈곤, 폐건물 등과 맞닥뜨려야 하는 중학생들이 환경적 스트레스 요인을 다룬 내러티브(The Animation Project, 2015b) 등의 논픽션 스토리들이 있는가 하면, 인간 혐오 전투기가 어느 아버지와 아들에 의해 엔진을 고치고 새로이 사람들의 존경을 받게 된다는 이야기처럼, 말하는 무생물이 등장하는 본질적으로 판타지 성격을 띤 스토리도 있다(The Animation Project, 2015c).

이따금 참여자들이 내러티브 개발 과정에 저항하는 경우도 있으므로, TAP 치료사는 참여자의 관심사를 알아차리고 인정하면서, 참여를 독려하는 수단으로 삼는 것이 중요하다. 한 고등학교에서 TAP 회기를 진행할 때였다. 처음에는 참여자들이 다소 방어적이고 시큰둥한 태도를 보였다. TAP 치료사는 내러티브 개발을 잠시 멈추고, 회기에서 남는 시간에 학생들과 좋아하는 영화에 대한 이야기를 나눴다. 참여자들이 신나게 *스트레이트 아웃 오브 컴턴*Straight Outta Compton에 대한 이야기를 나누는 걸 보고, TAP 치료사는 거기서 힌트를 얻어 그 다음 회기를 시작할 때 *스트레이트 아웃 오브 컴턴*의 메이킹필름인 '촬영 뒷이야기' 클립인 *스크린 슬램*Screen Slam(2015)을 상영함으로써 학생들의 참여를 끌어냈다. 그 클립에서 영화감독 F.Gary Gray는 다음과 같이 말한다. "N.W.A.[7]를 떠올리면, 어디서 처음으로 진실을 들었는지 생각하게 된다… 검열도 없고, 필터도 없고, 아무것도 없는… 오늘날에도 여전히, 사람들은 진실에 굶주리고 있다." TAP 치료사는 집단에 질문했다. "너희들의 진실은 뭘까? 만약 우리가 검열이나 필터를 거치지 않고 애니메이션을 만들 수 있다면, 어떤 이야기를 하게 될까?" 이 집단의 참여자들은 자기들이 사는 동네에서 목격한 일들과 유사한 '진짜 스토리'를 만들고 싶다고 밝혔고, 한 십 대 청소년이 홀어머니가 생계를 꾸리는 걸 도우려고 식당에 취직하려 했는데, 그게 잘 안 되자 '스캐밍'(현금자동인출기에서 현금을 인출하기 위해 백지수표를 사용하는 방법)에 의존하다가 결국, 체포되는 이야기를 만들었다(The Animation Project, 2015d).

집단마다 스토리의 완성도가 다른 것은 불가피한 일이다. 예컨대, 소년원에서 진행된 회기의 경우 법정 심리와 석방, 새로운 입소 등으로 인해 주

7) N.W.A.는 LA를 기반으로, 1980년대 중반에 결성된 논쟁적인 힙합 그룹으로, 사회에 대한 비평과 도시 빈민가에서 겪은 개인적인 경험 등을 가사에 담았다.

마다 집단 구성원이 달라지는 바람에 집단 구성원 단 한 명만이 내러티브 개발에 참여하기를 원했고 랩 음악을 쓰기로 했다. 다른 참여자들이 만든 3D 모델이 그의 랩 음악을 뒷받침하는 비주얼 역할을 하면서, 그 프로젝트는 뮤직비디오로 발전했다(The Animation Project, 2014a).

어떤 참여자들에게는 어떤 형태나 형식이 됐든, 내러티브를 개발한다는 것 자체가 너무 위협적으로 느껴질 수도 있다. 그런 상황에서는 참여자들이 3D 모델을 만드는 데만 집중하게 할 수도 있다. 그런 집단의 최종 산물은 참여자들이 만들어낸 캐릭터나 사물을 담은 시각적인 포트폴리오나 하이라이트 릴 highlight reel일 수 있고, 오디오 없이 음악을 깔거나 무엇을 만들었는지에 대한 설명을 녹음해서 깔 수도 있다. 그런 프로젝트들 역시 성공으로 간주되고, 참여자들은 새로운 컴퓨터 기술을 습득할 권리를 갖는다. 이렇게 TAP를 수료한 참여자들은 종종 새로 TAP 과정을 신청해서, 이번에는 새로운 집단 구성원들의 멘토 역할을 하면서, 프로젝트에 대한 소유권을 가지고 집단이 더욱 복잡한 내러티브로 나아가는 것을 돕는다.

참여자가 TAP 과정을 많이 참가하면 할수록, 그 참여자의 기술은 더욱 개발된다. 이러한 사실은 애니메이션의 시각적 미학과 내러티브의 복잡성 측면에서 최종 애니메이션에 반영된다. 이는 전에 TAP 과정을 완수한 구금 대체 프로그램 집단의 참여자들을 보면 확연히 알 수 있다. 3DS Max 프로그램과 단편 애니메이션 창작 과정에 이미 친숙한 참여자들은 스토리를 심화하는 데 더욱 골똘히 집중할 수 있었다. 그 결과로 나온 애니메이션이 *참된 색깔* *True Colors*(The Animation Project, 2015e)이다. 'Whitey'라는 흰색 크레용이, 주어진 표준적인 흰 종이 위에서는 눈에 띄는 흔적을 만들 수 없었기 때문에, 알록달록한 다른 크레용들에게 괴롭힘을 당하는 이야기다. 도망친 Whitey는 자신과 외모가 비슷한 분필들을 만나서 잠시 위안을 얻는다. 하지만 Whitey는 칠판에 자기 흔적을 만들 수 없다는 걸 알고 당황한다. 그는 다시 놀림을 받는다. 그러는 동안, 알록달록한 크레용들은 난관(검은 종이)을 만나 악전고투한다. 어두운 색 종이 위에 흔적을 만드는 데 실패한 알록달록한 크레용들은 그제야 Whitey의 가치를 깨닫고, 사과하고, 다시 친구로 맞이한다. *참된 색깔* 이야기에는 인종, 거부, 수용, 우정 그리고 많은 TAP 참여자들이 처음에 팀으로 일하면서 겪어야 했던 다툼 등의 주제가 넘쳐난다. 그런 주제를 안전하고 신뢰할 수 있는 환경에서 탐구할 수 있을 정도로 집단이 긍정적인 화합을 이뤄낼 수 있었던 것은 어디까지나 여러 차례 TAP 과정을 진행했기 때문에 가능한 일이었다. 이 집단은 많은 것을 성취했다. 치료적 측면에서 참여자들은 집단 토론과 대본 작성 과정에서 사회적 · 감정적 안전성을 입증했고, 노동력 개발 측면에서는 개념 이해뿐만 아니라, 기술적인 역량의 관점에서도 전작을 뛰어넘는 비디오를 생산하는 데 필요한 컴퓨터 활용능력 및 애니메이션 기술의 증진을 이뤘다.

도전적이거나 도발적인 내러티브 콘텐츠로 작업할 때

TAP 집단이 초반에 내러티브를 개발할 때, '과격한' 주제나 도발적인 콘텐츠 혹은 치료사에게 도전적인 테마로 시작하는 경우가 종종 있다. TAP 치료사는 지속적으로 치료적 동맹을 형성하면서, 이러한 주제에 문을 닫아버리지 말고 의사소통의 문을 활짝 열어놓아야 한다. 참여자들이, 보다 건전한 결과를 도출할 수 있을 때까지 치료사는 도전적인 콘텐츠를 감내해야 하는 것이다.

학업을 따라가지 못했거나, 이전 학교에서 중퇴한 학생들을 위해 마련된 어느 트랜스퍼 고등학교 집단의 경우도 그러했다. 그 집단은 처음에 십대 두 명과 관련된 혼란스러운 내러티브를 개발했다. Shawn과 Amanda가 다리 위에 있다가 지나가는 차에 돌을 던졌다는 이야기다(The Animation Project, 2014b). 돌멩이가 달리는 차의 앞 유리를 박살내자, 자동차는 도로에서 벗어나서 나무를 들이받고, 차를 몰던 Carl(교도소에서 방금 출소한)은 권총을 꺼내 들고 십 대들을 향해 총질을 한다.

TAP 강령에 지침을 하나 추가해서, 집단 내러티브에서 지나친 폭력이나 무기를 다루지 못하도록 하면 간단한 해결책이 될지도 모르지만, 그것은 우리가 맡은 위기의 청소년들에게 가장 좋은 치료적 개입은 아닐 것이다. 또한, 도전적인 주제에 대해 허심탄회하게 대화를 나누면서 얻을 수 있는 이익을 놓치고, 현실적으로 많은 참여자들이 노출돼 있는 총기 폭력이라는 주제를 거론하면 안 된다는 애먼 생각만 심어주게 될지도 모른다. 치료의 목적은 클래스가 자유 의지로, 보다 건강한 결론에 도달하는 것이므로, TAP 치료사는 참여자들이 캐릭터에게 어떤 동기가 있고 캐릭터의 행위로 어떤 결과가 일어나는지를 분명하게 이해하고 건강한 결론을 도출할 수 있도록 이끌어야 한다.

TAP 치료사: *차를 몰던 Carl은 막 교도소에서 출소한 사람이라는 거죠?*
참여자 1: *네. 그러니까 총을 빼든 거예요.*
TAP 치료사: *좋아요, 그러면 이걸 연기해 봅시다. 내가 Carl이고 여기 내 차가 있어요.*

[TAP 치료사는 빈 책상 하나를 방 앞쪽에 끌어다 놓는다. 그는 앉아서 운전하는 척한다. Shawn과 Amanda 역할을 맡을 학생을 두 명 선정한다. 그들이 차(책상)에 돌(공책을 뜯어서 구긴 것)을 던지고, 차는 도로에서 벗어나 나무(프로젝터 운반차)를 들이받는다. TAP 치료사는 책상 위로, 푹 쓰러진다. 학생들이 웃는다.]

TAP 치료사: *내 머릿속에 어떤 생각이 떠오를까?*
참여자 1: *몸을 다쳤어요. 혼란스럽죠. 뇌진탕에 걸렸을지도 몰라요.*
TAP 치료사: *그리고 또?*

참여자 2: *두통이 있고 몸은 부들부들 떨려요. 머리가 멍할걸요. 화가 나요.*

TAP 치료사: *나는 화가 났어. 왜 화가 났을까?*

참여자 2: *그야 방금 감옥에서 나왔는데 이 아이들이 차에 돌을 던져서 하마터면 죽을 뻔했으니까요.*

TAP 치료사: *상황을 잘 정리했어요. 그리고 무슨 일이 벌어지지?*

참여자 3: *차 문을 열고 비틀거리며 내려요.*

참여자 1: *좌석 아래로 손을 뻗어 총을 잡고 빵! 빵! 빵! 본때를 보여주는 거죠.*

TAP 치료사: *그러면, Shawn과 Amanda에게 무슨 일이 벌어지지?*

참여자 1: *그 애들은 죽어요. 이야기도 끝나고요.*

TAP 치료사: *그렇게 끝이라고? 현실에서도 정말 그게 끝일까?*

참여자 2: *Carl이 아이들을 살해한다면 그걸로 끝이 아니죠. 그는 방금 감옥에서 나왔잖아요. 영리하게 행동해야 해요. 대낮에 길거리 한복판에서 총질하지는 않을 거예요.*

참여자 3: *그래도 화가 났으니까 아이들을 막 쫓아갈 수는 있죠. 하지만 총질은 하지 않을 거예요.*

참여자 1: *그래, 그럴 거 같아.*

내러티브를 극화하고 이야기의 요소들(주제, 플롯, 배경, 캐릭터, 갈등, 클라이맥스, 문제 해결)을 탐구하는 동안, 참여자들은 대화에 참여해서 원인/결과의 실체를 검증할 수 있다. 위의 사례에서 이러한 기법을 사용하면 각 캐릭터의 감정 상태를 존중하면서도 결과적으로 폭력은 줄어들게 된다.

스토리보드 만들기

스토리보드란 특정 시퀀스에 따라 그려진 이미지들로, 애니메이터에게 최종 애니메이션이 어떻게 나올지에 대한 시각적인 청사진을 제공한다. 스토리보드를 만드는 과정은 창조적인 아이디어를 시각화하거나 수정하는 데 모두 도움이 된다.

TAP 집단의 목적에 맞게, 스토리보드는 얼마든지 단순하게 — 캐릭터의 움직임을 묘사하기 위해 막대 모양이나 화살표, 텍스트 등을 사용하여 — 만들 수 있다. 참여자들은 손으로 이미지를 그리면서 전통적인 미술 제작 방식을 사용하므로, 잠시 테크놀로지를 내려놓을 수 있다. 어떤 참여자들은 꽤 상세한 스토리보드를 그리고 싶어 하고 원한다면 얼마든지 그렇게 해도 좋지만, 스토리보드의 기본 목적은 참여자들에게 스토리를 시각적으로 재현하는 것이므로, 여러 관점에서 논의해볼 수 있을 것이다. 과정의 후반에 가면, 애니메이터가 완성된 3D 캐릭터와 에셋을 가지고 샷을 설정하는 데 스토리보드가 유용하게 사용될 수 있다.

스토리보드 만들기 실습에는 5x7인치 크기의 백지 인덱스카드가 사용된다. 스토리보드용 네모 칸이 그려져 있는 8x11인치(A4 용지 크기) 종이를 사용하는 것보다 인덱스카드를 선호하는 이유는, 인덱스카드는 테이블 위에 늘이놓고 재배열할 수 있어서다. 손쉽게 가드를 더하거나 뺄 수 있으므로, 내러티브는 눈에 띄게 유연해진다. 그 덕분에 참여자들은 자기들이 스토리를 통제하고 있고, 따라서 언제든 스토리가 바뀔 수 있다는 걸 배우게 된다.

스토리보드를 배열하면서, TAP 치료사는 내러티브에 깊게 파고들 수 있는 시각적 단서를 얻게 된다. Shawn과 Amanda가 돌을 던지는 이미지는, 애초에 그들은 왜 돌을 던지는가 하는 의문을 불러일으킨다. 그렇게 해서 Shawn과 Amanda의 배경 이야기가 개발되고, 그들의 공격적인 행동은 맥락을 갖게 된다.

TAP 치료사: *Shawn과 Amanda는 왜 돌을 던졌을까요?*

참여자 1: *지루했으니까요.*

TAP 치료사: *지루했다?*

참여자 1: *네. 그 애들은 할 일이 아무것도 없었어요.*

TAP 치료사: *게임을 하거나 텔레비전을 볼 수도 있지 않을까? 아니면….*

참여자 2: *에이, 그 애들은 집에서 쫓겨났다고요.*

TAP 치료사: *저런. 무슨 일이 있었던 걸까?*

참여자 2: *파티를 열었어요. 뭐, 그런 걸 파티라고 할 수도 없어요. 그냥 친구 몇이 놀러 온 거죠.*

TAP 치료사: *파티를 열면 안 되는 거였나요?*

참여자 2: *글쎄, 그 애들도 몰랐어요. 그 애들 잘못이 아니에요. 그냥 친구들이 좀 놀러 온 거니까요.*

TAP 치료사: *아이고, 그래서 집에서 쫓겨났다고? 그때 그들이 어떤 기분이 들었을지 궁금하군요.*

참여자 2: *완전 화가 나고 열받았죠.*

TAP 치료사: *그러니까 그 애들이 화가 나서 돌을 던졌다는 건가요?*

참여자 3: *왜, 그런 거 있잖아요. 거리는 안전한 곳이 아니에요. 처음에는 그냥 걸어 다니는 거죠. 하지만 금세 문제가 생겨요. 저는 사실 게네가 돌을 던졌다고 생각하지 않아요. 제가 보기에는 그냥 다리 위에서 더위를 식히고 있었던 거겠죠. 그러다 그들 중 하나가 실수로 돌을 떨어뜨린 거예요.*

TAP 치료사: *그러니까 그 아이들이 일부러 차를 망가뜨리려고 한 게 아니고… 그건 사고였다?*

참여자 3: *네.*

TAP 치료사: *그렇다면 이야기가 좀 바뀌겠군요. 그렇죠?*

그렇게 스토리보드는 배경 이야기를 만들거나 오락가락하는 결론에 대한 시각적 길잡이를 제공한다. 또한, 스토리보드는 변화하는 환경에 대한 은유로 기능하기도 한다. 많은 참여자가 자기들에게 주어진 상황을 바꿀 수 없다는 생각을 이미 내재화한 채로 집단에 들어오기 때문이다. 어느 차터스쿨에서 있었던 일이다. 모든 참여자가 이전 학교에서 쫓겨난 경험이 있고 또다시 쫓겨날 위험에 처해 있었다. 참여자들은 참여하고 싶지 않은 마음을 이야기하면서, TAP 치료사에게 이렇게 말했다. "우리는 나쁜 애들이고 선생님이 우리를 구원하러 오신 거잖아요."

일부 참여자들이 '나쁘다'라는 생각을 지나칠 정도로 내재화하고 있는 것을 보고, 치료사는 애니메이션에서 이런 생각의 방향을 바꿨다. 학생들의 언어를 질문으로 재설정한 것이다. '구원이 필요한 나쁜 캐릭터는 누구인가?' 이렇게 애니메이션으로 표현한 '나쁜 캐릭터'라는 은유 안에서, 집단은 안정감을 느끼면서 Keyso라는 십 대 청소년이 '돈도 없고 달리 뾰족한 수도 없어서' 학교에 가지 않고 마약을 팔게 된 이야기를 개발해냈다(The Animation Project, 2015f). Keyso는 체포된 후 나이가 더 많은 어느 수감자에게 구원을 받았다. 그는 Keyso에게 학교로 돌아가서 농구를 시작하고 어머니를 빈민가에서 빼내라고 — 본질적으로 그가 저지른 것과 같은 실수를 하지 말라고 — 간곡히 부탁했다. 집단이 스토리보드를 만들어서 캐릭터가 내릴 수 있는 여러 가지 결정을 시각화하면, 그 캐릭터에 대한 다른 결론들을 계속해서 분명히 표현할 수 있게 된다.

3D 에셋 모델링

"아, 미술치료 좋죠. 돈도 별로 안 들고."

(미술치료사를 배치하는 것에 대한 병원 정신과 의사의 말 인용)

TAP 모델을 한창 개발 중일 때, 집단이 값비싼 도구(컴퓨터와 소프트웨어)를 사용해야 하는 이유를 정당화해야 했다. 연필과 마커, 물감으로도 어떤 문제들은 해결되는데, 굳이 왜 값비싼 컴퓨터와 소프트웨어를 추가해야 하는가? 테크놀로지는 참여자와 자금 제공자 모두에게 매력적으로 여겨질 수 있다는 이유를 들 수 있다. 청소년에게 프로그램을 제공하면서 이렇게 말할 수 있다는 얘기다. "차량 절도Grand Theft Auto(유명한 액션-어드벤처 비디오 게임)를 만든 것과 똑같은 소프트웨어를 사용하는 방법을 배우러 오렴." 내가 치료적 필요 및 이점을 아무리 설명해도 반응이 없던 자금 제공자들도 그저 기술력에 관한 이야기만 꺼내면 관심을 보였다. 조금 더 깊게 들어가자면, 특히 3D 애니메이션 소프트웨어와 전반적인 컴퓨터 사용 방법을 학습함으로써 다른 미술치료 재료로는 할 수 없는 '노동력 개발 차원'이 이 프로그램에 더해진다는 이유도 들 수 있겠다.

유난히 마음이 아팠던 어느 TAP 집단에서 있었던 일이다. 한 참여자가 털어놓기를, 자기 동네에서는 갱들이 너무 활개 치고 다녀서, 방과 후에 거리를 돌아다니는 게 안전하지 않기 때문에 집에만 틀어박혀 지낸다고 했다. "그러니 비디오 게임 말고 할 게 뭐가 있겠어요?" 그가 말했다. "비디오 게임은 내가 통제할 수 있는 유일한 세상이라고요." 그 참여자가 비디오 게임 아바타를 통제한다고 생각한 것은 맞지만, 여전히 그는 디자이너 팀이 만들어낸 디지털 세상에서 돌아다닌 것이다. 하지만 참여자들이 TAP에서 3D 에셋과 환경을 모델링할 때는, 그들이 보는 대로 새로운 세계를 창조하고 그 세계의 형태와 디자인을 정말로 제어하게 된다. 그러므로 3D 모델링 활동은 그 자체가 의사소통의 한 형식이며 참여자들이 집단에서 무엇을 표현하고 싶은지에 대한 귀중한 정보를 제공한다. TAP에서 3D 환경 구축에 반드시 자전적인 목적이 있다는 얘기는 아니지만, 3D 창조 행위의 결과로 나온 작품들은 종종 개인적인 의미를 지니며 TAP 회기가 진행되고 있는 환경을 반영한다.

소년원 집단의 열다섯 살짜리 참여자는 스스로 '프로젝트들The Projects'이라고 제목을 붙인 일련의 건물들을 만들었다. TAP 치료사는 그 작품을 보면서, 이미지 속의 캐릭터가 주변 건물에 비해 어울리지 않을 정도로 작게 축소된 것을 알아차렸다. 본 프로그램의 노동력 개발 성격을 감안한 TAP 애니메이터는 축척 도구를 사용해서 작업하는 다양한 방법을 시연하면서, 그 참여자에게 캐릭터와 에셋의 크기를 조절하는 기법을 교육했다.

TAP 직원이 집단 활동을 마치고 버스를 기다리는 동안 비가 내리기 시작했다. 직원은 먹구름이 몰려드는 걸 쳐다보다가, 문득 사람을 왜소하게 만들어버리는 건물의 위용을 의식했다. 당연히 다음 주 집단 시간이 돌아왔을 때, 그 참여자가 원래 자기가 만들었던 대로 건물의 크기를 유지하도록 했다. 이와 같이, 3D 세계는 현실 세계의 반영으로 나타날 수도 있지만, 참여자가 현실 세계를 어떻게 인지하는가에 대한 참된 묘사로 나타날 수도 있는 것이다. 마찬가지로, 3D 이미지의 창조가 의사소통의 비언어적 형식으로 제시될 수도 있다. 집단에서 어느 고등학생 참여자가 공원 장면을 모델링한 걸 본 TAP 직원은 회기가 끝난 후, 전날 밤에 길 건너 공원에서 한 여고생이 성폭행을 당했다는 사실을 알게 됐다.

어떤 참여자들은 테크놀로지에 끌리지만, 또 다른 참여자들은 컴퓨터로 작업하거나 애니메이션 소프트웨어를 사용하는 데 저항할 수도 있다는 점을 염두에 두는 것도 중요하다. 참여자들의 컴퓨터 활용능력은 천차만별이므로, 치료사는 참여자 각각의 관심도와 기술적 숙련도를 반드시 고려해야 한다. 참여자들을 '제작 분야' 별로 나누어 테크놀로지와 내러티브 개발에 관한 서로 다른 관심사와 강점, 친숙도 등의 차이를 해결할 수 있을 것이다.

캐릭터 창조

TAP 집단 회기에서는 참여자들이 애니메이션에 등장하는 캐릭터의 행동의 인과 관계를 파악하는 것이 중요하다. 이 과정은 참여자가 — 미학적인 캐릭터 디자인을 통해 — 처음에 캐릭터를 창조한 것에 대한 소유권을 장려하는 것으로 시작된다. 참여자들은 TAP 애니메이터들이 독자 개발한 템플릿을 사용해서 각 캐릭터의 물리적 특성을 설정한다. 아바타(비디오 게임에서 플레이어가 조작하는 '피규어'나 '캐릭터')를 만드는 것과 비슷하게, 미리 설정된 기본 캐릭터들이 참여자들에게 제시된다. 참여자들은 간단한 슬라이더 도구를 사용하여 캐릭터를 꾸민다. 이 과정에서 참여자들은 각 캐릭터의 성별과 의상, 머리 모양, 눈동자 색깔, 피부색, 키와 체격 등을 결정하면서 통제하고 있다는 느낌을 갖게 된다. 참여자들은 템플릿이 제공한 범위 내에서 작업하므로, 제공된 구조 안에서는 완벽한 통제권을 갖게 되고, 각 캐릭터의 인종과 성격이 TAP 직원의 영향을 받은 게 아니라 각 참여자의 피조물임을 확신하게 된다. 이러한 통제권은 그 집단에 대해 귀중한 정보를 제공한다. 어떤 참여자들은 의식적이든 무의식적이든 늘 자기 자신을 만들어내고 싶어 한다. 예컨대, 한 트랜스퍼스쿨 집단에서 학업에 뒤처진 어느 키 큰 남학생 참여자는 날마다 운동복을 입는 것으로 친구들에게 알려져 있었다. 이 참여자가, 자기가 수업 시간에 입고 있던 운동복과 같은 색깔의 운동복을 입힌 키 큰 캐릭터를 창조했을 때, 그의 친구들은 그가 자신과 그렇게나 닮은 캐릭터를 창조할 수 있다는 것을 칭찬했다. 그 참여자는 놀라면서, 일부러 자기를 나타내거나 자기와 닮은 캐릭터를 만들려고 한 것은 아니라고 말했다. 그는 놀라움을 말로 표현하며 웃으면서 몸을 스크린에 기댔다.

참여자들은 캐릭터에 개인적인 특성을 통합시키면서, 프로젝트에 대한 연결성을 강화한다. 하지만 또한, 참여자들이 내러티브에서 자신들의 모습을 보기 시작하고 유사한 상황에서 어떻게 반응할지를 인식할 수 있게 되면, 스토리에서 캐릭터들이 내리는 결정은 더욱 중요해질 수 있다. 이렇게 해서 '인과적인 사고'와 결과를 고려하는 능력을 강화하는 데 도움을 받게 된다. 요컨대, TAP 치료사는 스토리의 은유와 안전망 안에 머물면서 캐릭터의 행동을 탐구하는 것이다.

때로는 캐릭터 템플릿을 벗어나서 작업하고 싶어 하는 참여자가 있을 수도 있다. 어느 소년원에서 한 여성 참여자는 TAP 애니메이터와 함께 훨씬 더 상세한 캐릭터를 디자인하고 싶어 했다. 그녀의 아이디어는 거대한 해골 앞에 서 있는 뿔이 달리고 위엄이 있는 여자 데몬[demon]을 만드는 것이었다. 그 캐릭터가 완성되자 그녀는 계속해서 지옥에 보내진 데몬에 관한 내러티브를 만들어냈다(The Animation Project, 2015g). 악마[Devil]의 지배하에서 독립성을 빼앗긴 데몬은 악마를 이기고 지옥을 통치할 그녀 자신의 새로운 규칙을 만들어야 했다. 그 참여자는 확성기를 모델링하고 이제 그녀가 담당하게 된 죄수들에게 전달할 공공 서비스 공지를 작성했다. 여러 면에서 이 스토리는 그 참여자가 경험한 청소년 사법제도와 유사하게 진행되며, 그녀가 '사악한 아이(데몬)'이기에 소년원(지옥)에 보내졌고 그녀의 의지에 반하는 규정을 따를 수밖에 없다는 내용을 내면화하고 있다. 그 참여자는 무서운 권위자들(악마)에게 도전할 수밖에 없다고 느끼는 때가 종종 있었고, 자신의 삶에 대한 더 많은 통제권(악마를 이기고 그녀 자신의 규칙을 만드는 것)을 갈망했다.

이 프로젝트가 완결된 후에, 그 참여자의 작업은 변했고 그녀는 그녀가 모델링한 모든 에셋을 분홍색으로 칠했다. 그녀가 만들어낸 유치장과 법정은 법원 심리를 무사히 마치고 구치소를 떠나려는 그녀의 목표에 상응하는 환경이다. 새로운 컬러 사용에 관한 질문을 받았을 때 그녀는 이렇게 대꾸했다. "[3D] 작업을 하면 안정돼요. 그걸 만들고 있을 때는 내 인생에 대해 걱정하지 않아도 되니까요. 그런 걱정이 조금도 들지 않아요. 내가 쉴 수 있는 유일한 시간이에요."

대본 작성

집단에 따라, 참여자들이 대본을 쓸 수도 있고 TAP 치료사가 쓸 수도 있다. 대본을 인쇄해서 나눠 주거나 아니면 프로젝터에 띄워 놓고 보면서 큰소리로 읽는다. 이 단계에서는 여전히 내러티브가 변경될 수 있다. 역할을 나눠 맡을 것인지 아니면 한 사람이 대본을 읽을 것인지는 집단이 결정한다. 플롯의 '구멍' 즉, 스토리의 공백 또는 캐릭터의 결정을 재평가하면서 TAP 치료사는 참여자들과 배역을 맡아 연기를 해볼 수도 있을 것이다. 참여자들은 서로 다른 캐릭터를 연기하거나 눈앞에서 라이브액션으로 벌어지는 장면을 보면서, 각 캐릭터의 감정적인 상태에 대해 새로운 통찰을 얻을 수 있다. 캐릭터가 느끼는 감정을 차례로 밝히고 되돌아보는 법을 배우면, 참여자들이 자신의 감정을 더 잘 알아차리고 표현하는 데 도움이 된다.

애니메이션 *우연한 사고*^Accidental Mishaps^(The Animation Project, 2014b)에서, Shawn과 Amanda는 전과자 Carl에게서 도망치는 중이다. 왜냐하면 Shawn과 Amanda가 떨어뜨린 돌에 Carl이 몰던 자동차의 앞 유리가 깨졌기 때문이다. 둘은 흩어져서 가까운 숲의 서로 다른 길로 내달렸다. Shawn은 쓰러진 나뭇가지에 걸려 넘어지면서 발을 삐었고, 고통으로 비명을 지르는 바람에 Carl에게 위치가 발각된다. Amanda는 총기가 가득한 오두막을 발견하는데, 친구의 비명이 들리자 도와주려고 달려온다. 하지만 다친 Shawn 위로 Carl이 서 있는 걸 보게 된다. 고성이 오가다가 마침내 총격전이 벌어지고 모든 캐릭터가 죽어버린다. 참여자들은 Carl의 목적이 복수였다고 ― Shawn과 Amanda가 차를 부순 것처럼 그들을 부숴버리는 것이었다고 ― 말한다. 그러나 Shawn이 다리를 다쳐서 고통에 몸부림치며 무방비 상태로 땅에 쓰러져 있고 Carl은 얼마든지 Shawn을 해칠 수 있는 위치에 있는 장면을 연기하고 나자, 참여자들은 Carl이 Shawn을 부축해서 숲에서 나오는 거로 결론을 내렸다.

TAP 치료사(Carl 역할): *마침내 Shawn을 잡았잖아! 왜 그를 노와준다는 거야?*

참여자 1: *Carl은 Shawn을 해칠 생각이었어요, 그렇죠? 그런데 Shawn은 이미 상처를 입었고, 이제 Carl은 Shawn을 더 다치게 하고 싶지 않아요. 고통받는 Shawn을 보면서 Carl의 생각이 바뀌었을 거라고요. 안됐다는 마음이 들었을지도 모르죠.*

TAP 치료사: *그러면, Carl이 진정으로 원하는 게 뭘까?*

참여자 1: *이런 일이 다시는 일어나지 않길 바랄 거예요.*

참여자 2: *원상복구를 원해요. 자기 차를 원래대로 돌려놓으라고요.*

참여자 3: *아니요. 그가 정말로 원하는 건 그냥 집으로 가는 거예요. 과거는 과거로 남겨두고요.*

나머지 집단도 동의했다. 결국, 폭력에 대해 덜 반응하고, 폭력을 더욱 통제하며, 새로운 공감대의 발견으로 마침내 폭력이 사라지는 것으로 그려진 승화된 애니메이션이 탄생했다.

오디오 레코딩

대본의 최종 시안이 완성되면, 역할을 할당하는데 대개는 특정 배역을 읽고 싶어 하는 참여자들의 자원을 받는다. 여러 참여자가 같은 배역을 읽고 싶어 하면, '오디션'을 열어 전문 배우들이 일하는 방식을 실지로 보여준다. 그러면 참여자들은 각 배역을 누가 읽어야 할지 결정하는 캐스팅 디렉터 역할을 한다.

역할이 모두 정해지면, 참여자들은 오디오 레코딩을 시작한다. 배경 소음 없이 깨끗한 오디오를 담기 위해 매번 테이크를 시작할 때마다 외친다.

“조용! 촬영 들어갑니다.” 오디오 녹음을 하지 않는 참여자들은 디렉터 역할을 맡아서, 각 테이크가 끝날 때마다 건설적인 피드백을 줄 수 있다. 집단에서 테이크들을 돌려 보고, 최선의 테이크를 얻기 위해 팀으로 작업하면서 참여자들은 대인관계 기술을 개발한다. 참여자들은 가사나 템포, 곡의 전체적인 분위기 등을 통해 어떤 노래가 애니메이션의 감정적인 내용이나 주제, 장면의 리듬과 어울릴지 고려해서 애니메이션에 사용할 음악을 고를 수도 있다. 만약 가사에 비속어가 담겨 있다면, 가사 없이 음악만 있는 MR 버전으로 그 노래를 사용할 수도 있다. 음악을 전공했거나 오디오 제작에 능숙한 학생들이 프로젝트에 사용할 음악을 연주하거나 녹음, 샘플링할 수도 있을 것이다.

라이브 애니메이션

계속해서 디렉터 역할을 하면서, 참여자들은 그들이 창조한 에셋과 캐릭터가 각 장면의 3D 환경에 모이게 되는 것을 본다. 기본적인 영화 촬영 작법(샷의 유형과 카메라 앵글) 등을 논의하고 참고함으로써, 참여자들은 그들이 상상하는 장면이 어떻게 보이길 원하는지 명확하고 효과적으로 소통할 수 있게 된다. 비디오 및 오디오 편집은 대개 회기가 진행되지 않는 시간에 TAP 애니메이터가 수행한다.

제목과 부제

제목은 프로젝트에 부여한 식별 이름이다. 참여자들에게 그들의 애니메이션이 ‘정말로 다루고 있는 것’이 무엇인지, 아니면 우연히 길을 가다 만난 친구한테 그들의 애니메이션을 한 문장으로 설명한다면 어떻게 할지 분명하게 밝혀 보라고 요청한다. 제목은 문자 그대로 나타낼 수도 있고 은유와 유머를 사용할 수도 있다. *코니아일랜드에서의 내 인생**My Life in Coney Island*(The Animation Project, 2015h)에서 십 대의 내레이터는 친구들과 어울려 마지못해 대마초를 피우며 보내야 했던 코니아일랜드에서의 하루하루에 관한 이야기를 들려준다. *거절의 속삭임**Whispers of Rejection*(The Animation Project, 2015i)은 학교에서 괴롭힘을 당하는 중학생이 숲에서 만난 괴물과 우정을 나누는 이야기다. *배의 압박**Pear Pressure*(The Animation Project, 2013)은 '또래 집단의 압박'에서 유머러스하게 차용한 제목으로, 말하는 과일과 채소가 나온다.

부제는 제목을 보충한다. 부제는 참여자들이 수행한 프로젝트를 보고 관람자가 도출해내기를 바라는 교훈 등을 담고 있다. TAP 치료사는 부제를 통해 참여자들이 자기들의 작업에 부여하는 깊은 의미에 대한 중요한 정보를 얻기도 한다. 예를 들어, 신용사기에 관한 애니메이션을 만든 집단은 자기들의 작품에 *체포**Caught Up*(The Animation Project, 2015d)라는 제목을 달았지만, 부제는 *'사랑하는 사람을 보호하기 위해 어디까지 갈 것인가?**How Far Would You Go to Protect Someone You Love?*'였다. 단지 체포당할 것을 경고하는 이야기를 넘어, 참여자들은 그들의 애니메이션이 가족의 생존을 돕기 위해 수많은 십 대가 감당해야 하는 복잡한 역할에 대한 이야기라고 느낀 것이다.

제목과 부제를 만들면서 참여자들은 종종 작업에서 새로운 의미를 발견하고, 자발적으로 그 지혜를 다른 사람과 나누는 것은 물론 자기들 가슴속 깊이 새긴다. 애니메이션의 교훈을 규명하는 것은 종결 과정의 시작이기도 하며 집단의 제작 단계를 끝맺음하게 된다.

상영

상영은 집단 과정의 마지막 회기에 진행되며, 그렇게 과정이 종결된다. 상영은 회기를 진행했던 집단 룸에서 이뤄질 수도 있고, 학교 강당이나 커뮤니티센터와 같은 더 넓은 공동체를 대상으로 공개될 수도 있다. 상영의 목적은 집단 과정이 진행되는 동안 열심히 작업한 참여자들에게 보상을 주면서, 그들에게 할리우드의 성대한 프리미어에 준하는 셀럽 경험을 하게 하려는 것이다. TAP 치료사는 관람객에게 TAP 프로그램에 대해 잘 설명하고, 제작 일정과 집단 회기가 진행되는 동안 참여자들이 학습한 애니메이션 제작의 양상들을 이야기한다. 애니메이션을 프로젝터 스크린에 영사하고, 오디오 스피커는 상영 공간의 규모에 따라 정한다.

상영을 마친 후 참여자들은 한 명씩 호명되어 TAP 수료증을 받는다. 이 시간은 참여자의 강점을 공개적으로 밝히는 시간이기도 하다. TAP 치료사와 애니메이터가 번갈아 가며 프로젝트에 대한 각 참여자의 기여를 인정하고 집단 내에서 보여준 특별한 재능들을 치하한다. 또한, 참여자들은 완성된 애니메이션 사본이 담긴 디스크를 받는데, 이 디스크는 중간대상으로 기능하게 된다.

[그림 10.3] TAP 수료증

QR 코드에는 완성된 애니메이션을 볼 수 있는 웹사이트의 URL 정보가 담겨 있다.
스마트폰의 QR 리더 앱으로 스캔하면, 곧바로 온라인 동영상에 연결된다.

참여자들은 패널을 형성해서 프로젝트에 관한 이야기를 나눔으로써, 과정 중에 맞닥뜨린 어려움과 그 극복 방법을 논의하고, 참여자 각각의 회복력과 타협, 팀워크를 거듭 다질 수 있다. 그러고 나서는 질의응답 회기를 열어 참여자들이 자기들의 프로젝트와 애니메이션 과정을 구체적으로 보여주도록 한다. 참여자들이 모습을 드러내고 이야기를 하고 축하를 받게 함으로써, 참여자들은 집단으로 만들어낸 긍정적인 결론과 자신을 동일시하는 법을 배우고 커다란 공동체와 더욱 연결된 느낌을 받게 된다.

결론

"물건을 훔치는 아이는 훔친 물건을 원한 게 아니라…."

– *D.W. Winnicott*

10년에 걸쳐 서비스를 완수하겠다는 생각으로 TAP는 21명의 직원을 두고, 뉴욕시(NYC) 5개 자치구 전부에 애니메이션 집단을 운영하고 있다. 2018년에는 1,800명의 참여자를 받고, 유급 인턴 80명을 두며, NYC의 디지털 디자인 및 애니메이션 스튜디오에 자격을 갖춘 40명의 참여자를 배치하는 것이 목표다. 끝으로 Martin Chapa에게 감사의 말을 전한다. Chapa 사장님, 절도와 비행, 반항에 대해 솔직하게 반응하되 일방적으로 판단하지 않고 보듬고 돌보신 사장님의 정신은 '애니메이션 프로젝트(TAP)'에 멋지게 살아 있습니다. 정말 감사합니다[Muchas gracias]!

권장 사항

- 참여자들이 성공을 맛보게 하라. 참여자들은 취약한 상태에서 집단에 들어오는 경우가 많기 때문에 유능감을 경험하는 게 필요하다. 각 참여자에게 '전문 애니메이터'의 역할을 부여하고, 그 역할을 수행할 수 있도록 테크놀로지와 투명성, 조건 없는 지원을 제공함으로써, 참여자들이 취약한 상태에서 벗어나 더욱 연결된 느낌을 받을 수 있다. 그러는 동안 직업적인 전문성도 개발될 것이다.
- 테크놀로지와 치료 작업은 함께 가야 한다. 참여자들이 내러티브 개발을 너무 힘들어하거나 심리적으로 거리를 두고 싶어 할 때는, 3D 에셋을 모델링하거나 스토리보드를 그리는 작업을 하는 등 애니메이션 제작의 다른 단계에 참여할 수 있다. 애니메이션 테크놀로지를 활용함으로써 참여자들은 내러티브 개발이라는 치료 과정에 더 깊이 들어가기 위한 안전거리를 확보하는 한편, 정서조절·충동 조절 능력과 사회적 기술을 강화함으로써 언제라도 일할 수 있는 노동력으로 만반의 준비를 갖추게 된다.
- 과정을 믿어라. 치료사는 처음 내러티브를 창조하는 동안 자극적이고 도발적인 내용에 '문을 닫지' 말고 설령 치료사에게 도전적인 주제라 할지라도(거부하지 않고) 다룰 수 있어야 한다. 내러티브를 개발하고 그에 따른 결정을 내리면서 집단 경험을 담아내는 동안 참여자들이 마음을 푹 놓고 자신을 드러내게 하면, 참여자들은 자기들의 결정에 대해 스스로 비판적으로 생각하게 될 수 있다. 3D 컴퓨터 애니메이션 기술은 매체의 속성 때문에 집중과 인내를 요하게 되는데, 그 덕분에 TAP 집단 시간은 스토리를 지속적으로 검토하고 고쳐 나가면서 더욱 건강한 결과물을 도출하는 시간이 될 것이다.

참고문헌

Screen Slam (2015) *Straight Outta Compton: Exclusive Behind the Scenes Featurette.* Retrieved on April 1, 2018 at www.youtube.com/watch?v=HVkiwpBL6fQ

The Animation Project (2013) *Pear Pressure.* Retrieved on April 1, 2018 at www.youtube.com/watch?v=NRWpBFFY5hI

The Animation Project (2014a) *Who Will Win?* Retrieved on April 1, 2018 at www.youtube.com/watch?v=N2ASStrxXP8

The Animation Project (2014b) *Accidental Mishaps.* Retrieved on April 1, 2018 at www.youtube.com/watch?v=pjgTn-M2Apc

The Animation Project (2015a) *Where the Hammer Falls.* Retrieved on April 1, 2018 at www.youtube.com/watch?v=98bqw1Ca7tI

The Animation Project (2015b) *Going Beyond.* Retrieved on April 1, 2018 at www.youtube.com/watch?v=wr1gBPkcw9Q

The Animation Project (2015c) *Planes at War.* Retrieved on April 1, 2018 at www.youtube.com/watch?v=EscA-Km4vLMandt=123s

The Animation Project (2015d) *Caught Up.* Retrieved on April 1, 2018 at www.youtube.com/watch?v=T3nsxHkrUxk

The Animation Project (2015e) *True Colors.* Retrieved on April 1, 2018 at www.youtube.com/watch?v=B2f3xavajA4

The Animation Project (2015f) *A Baller's Life.* Retrieved on April 1, 2018 at www.youtube.com/watch?v=HMAELVM9w90

The Animation Project (2015g) *Hell PSA.* Retrieved on April 1, 2018 at www.youtube.com/watch?v=NfiTITI4tGg

The Animation Project (2015h) *My Life in Coney Island.* Retrieved on April 1, 2018 at www.youtube.com/watch?v=IBii_4iTIZ0

The Animation Project (2015i) *Whispers of Rejection.* Retrieved on April 1, 2018 at www.youtube.com/watch?v=e3SAxdz2l4k

제11장

다양한 앱의 출현

– Cathy Malchiodi

내가 처음 '컴퓨터 미술치료Computer Art Therapy'(Malchiodi, 2000)라는 것을 탐색하기 시작했을 때, 지금은 구시대의 유물이 된 맥드로라는 소프트웨어를 사용했다. 솔직히 말해 사용하는 것이 그렇게 재미있진 않았지만, 이는 가정용 컴퓨터가 마침내 소비자와 에이전시, 교육 기관에 도입된 당시에는 매우 흥미롭고 새로운 존재였다. 이 시기에 창의적 표현은 대개 기초적인 선 긋기와 자신 또는 애완 고양이의 사진을 형형색색의 사이키델릭한 스타일의 반복적 패턴으로 변형하는 것으로 국한되었다. 또한, 근력 운동의 도구로 사용하고 싶지 않은 이상, 컴퓨터를 휴대하는 것은 불가능한 일이었다.

21세기로 들어서면서 나는 태블릿(내 경우에는 아이패드)을 가방에 넣어 치료실에 가져갈 수 있게 됐고, 내담자는 이를 물감과 종이 대신에 사용할 수 있게 됐다. 내담자 집단을 대상으로 한 터치 기술의 효과에 관한 연구는 거의 없지만, 현 세대가 미술치료의 한 부분으로서 그리고 자기표현의 언어로서 터치 기술에 익숙하다는 사실에는 의심의 여지가 없다. 앱은 태블릿 기기의 핵심 구성 요소로, 간단히 말해 다양한 기능이나 활동을 제공하기 위해 설계된 컴퓨터 프로그램을 말한다. 이러한 앱은 태블릿, 스마트폰, 컴퓨터 등에 미리 설치되어 있거나 기기 사용자에 의해 개별적으로 업로드된다. 몇 가지만 예를 들면, 문서 작성, 스프레드시트, 쇼핑, 게임, 사진 보정, 미술 작업 등을 위한 앱이 있다.

디지털 이민자로서 나는 다양한 예술기반 앱을 사용하는데, 이를 통해 가상으로 드로잉, 페인팅, 콜라주, 사진 보정, 영상 편집과 같은 작업을 즐긴다(Malchiodi, 2011a) ([그림 11.1]과 [그림 11.2] 참조). 순수 미술을 전공하고 연필과 목탄, 콩테로 실제 사물을 그리는 데 오랜 시간을 바친 사람으로서 나는 터치 기술을 사용하는 가상 스튜디오 경험에 놀라움을 느꼈다. 얼마 전까지만 해도 디지털 기술을 사용한 이미지 제작은 복잡하고 비싼 전문가용 소프트웨어 프로그램을 통해서만 가능했다. 하지만 이제는 태블릿이나 스마트폰만 있다면 누구나 다양한 앱을 사용해 이미지를 만들어낼 수 있다. 대부분의 앱은 소비자에게 무료로 제공된다.

[그림 11.1] 쉬고 있는 고양이 Zoolee
아트레이지에서 제작, 포토토스터로 수정
Cathy Malchiodi 제공 © 2014

[그림 11.2] Finnegan은 #저항 운동을 연구한다
아이폰으로 제작, 포토토스터로 수정
Cathy Malchiodi 제공 ⓒ 2016

미술치료에서 앱의 새로운 역할

디지털 미술 작업에 활용할 수 있는 다양한 앱은 모든 연령대에서 사용할 수 있지만, 때로는 가장 어린 디지털 원주민이 이러한 앱 사용 방법을 직관적으로 더욱 쉽게 알 수 있는 것처럼 보인다. 디지털 도구와 기기는 그들의 삶에서 친숙한 부분이다. 하지만 젊은 사람들만이 디지털 매체나 태블릿 기술의 유일한 사용자라고 단정하지 않는 것이 중요하다. 지금까지 나는 아동과 청소년, 청년뿐만 아니라 전 연령대의 성인들을 대상으로 미술 작업 앱을 다양하게 사용해 왔다. 미술치료사들은 일부 회기에서 앱 사용에 초점을 두기도 하고, 어떤 회기에서는 드로잉과 페인팅, 콜라주처럼 보다 전통적인 매체를 사용하기 시작하거나 보완하기 위해 앱을 사용하기도 한다.

반면에 디지털 드로잉, 페인팅, 콜라주, 사진 작업에 사용 가능한 수많은 미술 작업 앱은 그것이 제공하는 가능성을 거의 알지 못하고 있는 수많은 미술치료사들을 압도하고 있다. 부분적으로 이는 디지털 매체의 물리적 특성으로 인해 야기되는 기술에 대한 지속적 저항뿐만 아니라, 미술치료에 대한 접근 방식으로서 앱을 도입하는 것에 대한 치료적, 윤리적 문제와도 관련된다. 예를 들어, 일부에서는 컴퓨터 기술의 과도한 자극적 특성(Klorer, 2009) 또는 치료에서의 중요한 개입 감소(Potash, 2009)로 인해 디지털 매체가 치료에서 관계 역동에 부정적인 영향을 미친다고 말한다. 이는 타당한 우려다. 하지만 일단 디지털에 정통한 치료사가 되면 앱이 할 수 있는 것과 없는 것에 관해 점차 더 많은 지식을 얻게 되고, 치료 과정을 촉진하기 위해 디지털 미술 작업을 강화하는 방법을 배우게 된다. 치료사들이 디지털 앱의 '역할'과 활용 적합성에 대한 미술기반 연구를 수행하는 것은 특정 상황에서 앱을 활용해 미술치료를 강화하는 방법에 관한 가능성을 실현하기 위해 매우 중요하다.

Choe(2014)는 참여디자인 접근법participatory design approach을 기반으로 아이패드에서 사용하는 특정 미술 앱을 포함한 디지털 미술 매체의 특성에 관해 연구하기 시작했다. 연구 결과에 따르면 미술치료에서 모든 개인에게 효과적인 단일 앱은 없지만, 다음과 같이 연구 참여자가 중요시하는 세 가지 고유한 특성이 있다. 1) 사용의 편리함/직관성: 탐색하기 쉽고 이해하기 쉬우며 사용자 친화적임, 2) 단순하지만 강력한 기능 및 옵션, 3) 속도, 통제, 즉각적 표현의 반응성. 또한, Choe의 연구는 미술치료에 '이상적인' 앱의 6가지 중요한 기능을 다음과 같이 밝혀냈다. "1) 옵션에 대한 치료사의 통제, 2) 별도의 안전한 포트폴리오 폴더 생성, 3) 미술 과정의 기록, 4) 혼합 매체와 멀티미디어의 통합, 5) 평가 능력, 6) 개인정보 보호와 기밀유지"(p. 150). 이 데이터로부터 얻은 중요한 결론에 따르면, 연구에서 검토한 대부분의 앱에는 임상 환경에서의 사용에 필요한 이러한 기능이 없다는 것이다. 미술 앱이 임상적 특징이나 윤리적 기준(제2장 참조)을 염두에 두고 개발되지 않았기 때문에 이러한 결론은 그리 놀라운 일은 아니다. 아래의 소아 입원 환자 사례에서 자세히 설명되는 것처럼, 태블릿 기기를 통한 앱 도입 전에 논의해야 할 문제는 기밀유지와 저장에 관련한 잠재적 이슈, 소셜 네트워킹 사이트에 게시될 수 있는 가능성이다(Malchiodi and

Johnson, 2013).

전반적인 검증은 이뤄지지 않았지만, 미술 앱이 미술치료의 어떤 영역에서 유용하게 활용될 수 있는지에 관해 점점 더 많은 합의가 이뤄지고 있다. 나는 이러한 앱을 성인(Malchiodi, 2011b)과 아동(Malchiodi and Johnson, 2013)으로 붐비는 의료 기관에서 사용했는데, 내담자들 간 감염을 최소화하는 데 있어서 아이패드가 유용했다. 또한, 여러 물질에 알레르기가 있는 내담자도 아이패드를 선호했다. 나는 또한 외상성 뇌 손상 생존자들과 함께 일하면서 그들이 소근육 운동에 어려움을 겪거나 회복하는 과정에서 연필이나 붓과 같은 미술 재료를 사용하는 단계로 나아갈 수 있도록 돕기 위해 앱을 활용했다. 이 외에 Choe(2014)는 촉각 경험에 대한 저항이나 자폐증이 있는 내담자 혹은 전통적인 미술 재료 사용에 불안을 느끼는 내담자도 미술 앱을 선호한다고 언급했다. 한편 그녀는 인터넷 중독과 강박 성향 또는 디지털 기술에 대한 불안이 있는 개인에게는 치료에 아이패드를 사용하는 것이 금기일 수 있다고 지적한다. 점점 더 다양한 미술 앱과 태블릿이 치료 맥락에서 활용됨에 따라, 우리는 이러한 디지털 표현을 보다 잘 이해하게 될 것이고, 더불어 이러한 매체가 웰빙에 대한 개개인의 욕구와 목적을 언제 가장 효과적으로 지원할 수 있는지도 알게 될 것이다.

2명의 미술치료사, 2개의 미술치료 앱

Choe의 연구는 미술치료에서 특정 용도로 사용하도록 설계된 미술 앱의 유형과 특징을 강조한다. 2명의 디지털 미술치료사가 미술치료 앱 제작과 개발을 위해 이미 디지털 영역에 뛰어들었다. Matteson(2015)은 Choe가 작성한 바람직한 기능의 목록을 기반으로 '모바일 미술치료mobile art therapy' 앱을 개발하기 시작했는데, 이는 바로 아트 테라피 드로! 앱Art Therapy Draw! app이다. 이 앱에는 포트폴리오 옵션과 보안 강화라는 두 가지 기능이 포함되어 있다. Matteson은 MADLC[Mobile Application Development Lifecycle Model]의 첫 네 단계 프레임워크를 통해 아트 테라피 드로! 앱을 개발했다(Vithani and Kumar, 2014). 참여자는 비밀번호를 설정하고 아트라커[ArtLocker]라는 보안 형식을 통해 이미지를 저장할 수 있는데, 이는 임상 미술치료 회기를 위한 바람직한 기능 중 하나다. 이 연구는 비록 앱에 대한 전문가들의 리뷰는 충분하지 않았지만, 아트 테라피 드로! 앱이 사용하기 쉽고 작동 방법이 단순하며 복잡한 기능을 최소화했다는 점을 보여주었다. 개발 중인 다른 앱과 마찬가지로, 사용자에게 필요한 도구를 제공하고 치료사에게는 치료 환경에 사용할 수 있는 옵션을 제공하기 위해 더 많은 기능이 필요하다고 Matteson은 지적한다.

컴퓨터 미술치료(제21장 참조)는 한국 서울에 있는 AAA-Lab(Artificial Intelligence, Applied Statistics, Art Therapy)에서 개발한 앱이다. 이 프로젝트는 고려대학교 김성인 교수(2017)와 함께 미술치료에 기술을 적용하고 드로잉의 그래픽 측면을 측정하는 데 관심이 있는 동료와 학생으로 이뤄진 팀이 이끌고 있다. 서양의 기준에 따르면 미술 작품을 분석하는 것은 엄밀히 말해서 '미술치료'가 아니며, 이는 일반적으로 과정 중심적 접근법으로 정의된다. 대부분의 미술치료사는 내담자가 표현한 이미지의 내용을 이해하는 데 관심이 있다. 그래서 이들은 내담자가 미술 작품의 의미를 탐색할 수 있도록 돕는 데 주력한다. 이에 반해 김 박사 팀과 같은 이들은 정신 질환, 인지 · 발달 장애, 성격 특성과 관련해 미술 작품의 다양한 특징을 평가하는 방법을 모색하고 있다(Malchiodi, 2012).

다음은 AAA-Lab에서 컴퓨터 미술치료 앱 프로젝트에 관해 언급한 내용이다.

> 그림의 명료성과 평가의 유효성을 확신하기 어려운 이유는, 미술치료사

> 들의 평가에 일관성과 신뢰도가 부족하고 평가 결과 역시 타당성이 떨어지기 때문이다. 미술치료사의 개인적 또는 주관적 경험으로 인해 발생하는 신뢰도 및 타당성 문제를 해결할 수 있는 한 가지 방법으로서 우리는 C_CREATES(Computer_Color Related Art Therapy Evaluation System)를 개발했다. (Kim, 2017, p. 11)

Matteson과 Kim은 미술치료 회기에 디지털 매체를 도입할 경우 발생하게 되는 특정한 필요성과 복잡성을 충족시키는 앱을 개발하기 위해 노력하고 있다. 그리고 독자는 현재 사용 가능한 여러 사용자 친화적인 플랫폼 중 하나에서 앱 제작 과정을 엿볼 수 있다. 예를 들어, 애피파이AppyPie[1]는 일련의 간단한 단계로 앱 개발 과정을 안내해 코딩 지식 없이 앱을 제작하는 데 도움을 준다. 이러한 유형의 앱 개발은 디지털 미술 제작용 앱보다는 비즈니스 목적의 모바일 앱을 만드는 데 유용하다. 즉, 많은 사람들이 정보를 위해 스마트폰을 사용하기 때문에 비즈니스용 모바일 앱을 만드는 것은 더 많은 사용자를 끌어들이고 브랜드 인지도를 높일 수 있는 좋은 마케팅 전략이 된다.

소아청소년 환자를 위한 태블릿 기술

현재까지는 앱이 미술치료 과정을 어떻게 지원하는지를 연구하고 설명하는 사례는 비교적 적다. 이 장에서는 병원 환경에서 소아청소년과 환자들을 대상으로 사용하는 태블릿과 앱 기술을 임상 애플리케이션의 한 예로 제시할 것이다. 더불어 병원에서 아동 치료에 사용하는 몇 가지 앱의 목록을 소개한다(박스 11.1 참조). 또한, 독자들은 새로운 운영 체제와 디지털 매체 기기 및 전송의 발전으로 인해 앱의 유용성이 수시로 변할 수 있다는 점을 알게 될 것이다.

1) https://snappy.appypie.com/appbuilder/creator-software

박스 11.1 미술 앱을 위한 권장 사항

다음은 의학적 질병이나 신체적 어려움을 겪고 있는 아동을 위한 치료에 적용할 수 있는 앱의 목록이다.

아트레이지(Art Rage). 페인팅 프로그램

드로우 썸씽(Draw Something). 사용자가 무언가를 그리고 가족이나 친구는 그것이 무엇인지 추측하는 앱

핑거 페인트 매직(Finger Paint Magic). 재미있는 가상 핑거 페인팅 경험 제공

스핀아트(Spin Art). 색색의 스핀아트 디자인을 제작할 수 있는 사용자 친화적인 앱

우주(Uzu). 다채로운 디자인을 만들기 위해 사용자가 화면에 다양한 종류의 터치를 적용할 수 있는 수상 경력이 있는 앱

비르투오소(Virtuoso). 가상 피아노 건반을 사용해 음악을 제작할 수 있는 무료 피아노 앱

아트 오브 글로우(Art of Glow). 심리적 안정을 주는 다채로운 디자인을 만들 수 있는 앱

씨켓(Thicket). 질감과 선 그리고 소리의 경험을 제공하며, 장난감이자 풍경인 동시에 거미줄이 될 수 있는 앱

메리텀 페인트(Meritum Paint). 디지털 핑거 페인팅을 위한 인기 있는 앱

드로잉 패드(Drawing Pad). 태블릿 전용으로 설계된 모바일 아트 스튜디오. 사진처럼 사실적 표현이 가능한 크레용, 마커, 붓, 색연필, 스티커, 볼펜 사용

포토월(Photowall). 이미지, 연하장, 바탕 화면, 화면 보호기를 만들 수 있는 콜라주 앱

에멀션 페인트(Emulsion Paint). 터치스크린 기술을 통해 다양한 색상의 페인팅을 제작할 수 있는 앱

포토토스터(PhotoToaster). 태블릿과 스마트폰으로 찍은 사진을 쉽게 수정하거나 편집할 수 있는 앱

앞서 언급했듯이, 디지털 매체는 환사에세 감염 확산의 위험 없이 공유할 수 있는 미술 작품을 제작하기 위한 수단을 제공한다(Malchiodi and Johnson, 2013). 격리되어 있거나 병실에 입원 중인 아동들을 치료하는 상당수 미술치료사들은 감염 가능성을 최소화하기 위한 일환으로 아이패드나 태블릿을 사용한다. 이는 특히 골수이식 환자와 같이 면역 체계가 손상되어 병실을 떠나지 못하거나 직계 가족이 아닌 다른 방문객을 만날 수 없는 환자에게 유용하다.

아이패드는 다른 사람에게 이미지를 전송하는 매체가 될 수도 있다. 예를 들어, 어느 환자는 자신이 걱정하던 다른 병실의 친구 환자에게 '디지털' 미술 작품을 선물했다. 그는 전염 위험성 때문에 전통적인 미술 재료를 사용할 수 없었지만, 아이패드를 활용해 그림을 그릴 수 있었다. 미술치료사는 아이패드에 그려진 그림을 두 장 출력해 한 장은 그림을 그린 당사자에게, 나머지 한 장은 골수이식 병동에 있는 환자에게 전달했다. 골수이식 환자는 자기와 비슷한 처지에 있는 친구에게서 선물을 받고 매우 기뻐했으며, 벽에 걸어놓은 그림 출력물을 보며 자신이 받은 지지를 되새길 수 있었다. 이처럼 디지털 매체는 병원의 감염 관리 방침을 위반하지 않고 환자들이 서로 소통하며 지지할 수 있게끔 한다.

소아 환자를 위한 태블릿 기술 사용의 또 다른 사례가 있다(Malchiodi, 2011a). 10세 남아인 Josh는 사륜 바이크 사고로 어린이 병원에 입원했다. Josh는 몇 차례 고통스러운 수술을 받았고 병원 생활에 적응하는 데 어려움을 겪었다. 세 차례에 걸쳐 그는 의료 절차를 거부했으며 간호진은 약물이나 링거를 투여하기 위해 그를 제지해야만 했다. Josh는 미술치료사나 어린이 담당 직원들과 함께 작업하는 것을 좋아했는데, 특히 아이패드로 이미지를 만드는 작업을 좋아했다.

병원 생활에 잘 적응할 수 있도록 미술치료사는 그에게 스핀아트 스튜디오SpinArt Studio와 스폰 글로우Spawn Glow라는 앱을 소개했다. 두 앱 모두 사용이

용이하고, 빙글빙글 돌아가는 가상 물감(스핀아트)을 사용하거나 화면에서 손가락으로 다채로운 선을 움직여 다양한 디자인을 제작할 수 있다. Josh는 아이패드로 디자인을 만드는 데 심취하게 됐고, 덕분에 간호진은 Josh가 불안해하거나 고통을 호소하지 않는 상황에서 보다 수월하게 주사를 놓고 일상적인 의료 조치를 수행할 수 있게 됐다.

며칠 후, 미술치료사는 Josh에게 두들 버디[Doodle Buddy]라는 앱을 통해 아이패드에서 그림을 그리는 또 다른 방법을 가르쳐주었다. 두들 버디 프로그램은 다양한 그림 도구(색연필, 페인트 브러시 선)와 특별한 효과를 제공하는데, 이는 이전에 언급한 앱처럼 화면에서 손가락만 움직이면 사용이 가능하다. 그리고 이러한 도구뿐만 아니라 동물, 환경적 요소, 기타 물체 또는 이모티콘(예를 들어, '웃는 얼굴') 등의 아이콘을 추가할 수 있는 스탬프 효과를 사용할 수 있어서 아동들에게 특히 좋은 프로그램이다. 사용자는 디지털 미술 작품에 스탬프를 찍을 때 각 스탬프별로 소리가 나오게 하는 오디오 기능도 선택할 수 있다. 배경(색상이나 해변, 산, 숲과 같은 환경 장면)을 먼저 선택하면 작품을 만드는 데 단 몇 분만 소요된다. 스크린샷 기능을 사용해 각 작품을 저장한 후에는 작품을 인쇄하거나 다른 기기로 전송해서 볼 수 있다.

Josh는 며칠 동안 두들 버디를 사용해 스탬프에 있는 바다거북에 관한 이야기를 만들었고, 이 바다거북에게 '슈퍼파워'라는 이름을 붙여주었다. 슈퍼히어로는 만화와 디지털 게임 등의 여러 매체에 흔히 등장하기 때문에 병원에서 다른 어린 환자들과 시간을 보내는 아동에게는 친근한 주제다. 처음에 Josh의 바다거북은 바닷가의 위험한 절벽에 살고 있는 불길한 거미를 포함한 여러 위협적인 캐릭터로 둘러싸여 있었다. 그는 바다거북이 자주 두려움을 느꼈지만, 결국 거미를 바다로 유인해 익사하도록 만드는 법을 배웠다고 말했다. 마침내 거북이는 특별한 섬을 찾았고 그곳에서 친절한 무당벌레를 만났다. 무당벌레 덕분에 거북이는 섬에 있는 동안 외로움을 적게 느끼게 되었고, 무당벌레는 '아주 좋은 이야기 상대'가 되어 주었다. 햇볕이 좋은 날 그들은 해변에서 함께 게임을 하기도 했다. 마침내 이야기는 바다거북이 다른 거북이들과 함께 살았던 자신의 집이 있는 안전한 고향 섬으로 돌아가는 것으로 끝을 맺었다.

이 간단한 이야기를 통해 우리는 Josh가 입원과 회복 과정에서 자신이 느꼈던 감정을 탐색하고 전달하기 위해 바다거북(자신), 위험 요소들과 위협적인 대상(입원 생활의 불편함과 심리사회적 고충), 무당벌레(치료사) 이야기를 사용했다는 사실을 어렵지 않게 발견할 수 있다. 미술치료사가 드로잉이나 조각을 위한 재료를 제공할 수도 있지만, Josh처럼 앱 사용 방법을 배우는 데 능숙한 어린 내담자에게는 자기표현을 하는 데 있어 디지털 매체가 매력적인 대안이다.

마지막으로 태블릿 기술은 주어진 공간을 벗어날 수 없는 아동의 세계를 확장함으로써 고립을 감소시키는 데에도 사용할 수 있다. 예를 들어, Malchiodi와 Johnson(2013)은 노트북에서는 스카이프를, 아이패드에서는 페이스타임을 사용해 아동이 직접 갈 수 없는 행사에 참여하거나 다른 방에 있는 친구를 방문하도록 했다. 이 기술을 통해 아동은 다른 사람들과 연결될 수 있었는데, 이는 병원 생활 중 건강을 유지하는 데 매우 중요한 요소가 되었다.

태블릿 기술의 윤리와 법

디지털 기술의 급격한 출현이 병원에서의 미술치료에 영향을 미치고 있기 때문에 디지털 미술치료의 윤리에 관해 제2장에서 자세히 언급했지만, 이번 장에도 구체적인 논의를 소개하겠다. 그리고 미술치료 수행에 있어 중요한 두 가지 영역, 즉 안전한 저장과 기밀유지를 간략하게 설명할 것이다.

앱, 태블릿, 모바일 기술 작품의 안전한 저장

이미지와 소아청소년 환자 데이터를 안전하게 저장하는 것은 현재 논의 중인 사안이다. 원격치료의 출현으로 이제 의사나 그 외의 전문가들은 일상적으로 휴대용 컴퓨터를 사용해 환자 데이터를 기록한다. 이러한 기기에는 민감한 정보를 안전하게 저장하기 위한 데이터 암호화 소프트웨어가 있다. 그러나 기기는 다른 컴퓨터와 동기화될 수 있기 때문에 데이터를 암호화한다고 해도 궁극적으로 안전한 저장에 대한 모든 문제를 해결하지는 못한다(Plovnick, 2010). 따라서 아동이 미술치료와 관련해 태블릿 기술이나 미술 앱을 사용하는 경우, 안전한 저장을 위한 절차와 정책이 사전에 수립되어야 한다. 여기에는 원격 사이트 백업, 하드 드라이브, CD나 DVD, 이미지 인쇄 등이 포함될 수 있다. 점토 조각이 돌발적으로 파손되는 것처럼 어린 환자가 노트북이나 아이패드를 파손할 경우, 또는 이러한 기기들이 오작동하거나 '충돌'하는 경우 앱을 통해 제작한 미술 작품이나 기밀 정보가 영구적으로 손상될 수 있다. 복구가 불가능할 정도의 파손 및 손실을 막기 위해서는 태블릿, 노트북용 특별 케이스 등을 사용하는 것이 좋다.

태블릿 기술과 기밀유지

기밀유지는 병원 환경에서 디지털 기술을 포함한 모든 형태의 미술 표현을 사용하는 미술치료사에게 복잡한 영역이다. 치료사는 소아청소년 환자를 치료할 때 많은 측면을 고려해야 하지만, 디지털 매체를 사용해 심리사회적 치료를 할 경우 특별히 다음 두 가지 사항을 더 유념해야 한다. 첫째는 아이패드 같은 기기에서 여러 명의 아동이 앱을 사용하는 경우, 이전 사용자의 기밀을 보호하기가 어렵다는 사실이다. 다시 말해, 아동이 컴퓨터 또는 태블릿을 사용해 미술 작품을 제작하는 경우 다음 환자가 그것을 볼 수 없는 방식으로 이미지를 저장해야 한다. 온라인 사이트는 대부분의 기기에서 '히스토리'로 기록되기 때문에 이는 복잡한 문제다. 따라서 치료사는 이전 사용자의 활동을 추적하는 데 사용할 수 있는 로그log나 그 외의 사항을 지속적으로 삭제해야 할 수도 있다.

둘째는 소셜 네트워킹 사이트와 인터넷 플랫폼 관련 문제가 있다. 어린 내담자들에게 그들의 사연을 공유하고 사회적 지지를 강화할 수 있도록 소셜 네트워킹 활용을 격려하지만, 이러한 소셜 미디어 활동은 모니터링하기가 어렵다. 언제 다른 어린 환자와 정보를 공유하는 것이 도움이 되는지, 그리고 언제 그것이 부정적이거나 위험할 수 있는지를 아동과 청소년에게 조언하는 것은 어려운 일이다. 플리커나 유튜브 같은 사이트에 디지털 사진과 영상을 게시하는 경우에도 마찬가지다. 이처럼 자신의 디지털 미술 작품을 사이트에 올려 대중에게 공개하는 것은 특정 상황에서 자부심과 숙달감, 자기효능감을 부여할 수 있다. 가정이나 병원의 침대에 갇혀 있는 소아청소년 환자에게 이러한 유형의 자기표현은 역량 강화와 연결감을 위한 중요한 요인이 될 수 있다. 반면에 환자의 미술 작품을 대중에게 공개하는 것은 사생활 침해나 기밀유지 위반 등 예측할 수 없는 부작용을 야기하기도 한다. 왜냐하면 디지털 미술 작품과 사진, 영상은 전통적 미술 작품과 달리 용이하게 전송할 수 있으며, 타인이 다운로드해 내용을 변경하거나 다른 사이트에 게시할 수도 있기 때문이다. Rice(2009)는 사이버 공간은 "잊지 않는다"라고 말한다. 일단 무언가가 사이트에 업로드, 다운로드 또는 열람이 되면 그 상황이나 이미지 기록은 인터넷상 어딘가에 항상 존재한다. 대조적으로 유형 미술 작품(드로잉, 페인팅, 콜라주, 조각)은 필요한 경우 안전하게 보관하거나 처분할 수 있다.

결론

앱과 태블릿 기술은 세상을 변화시키고 있다. 새로운 기술이 끊임없이 등장함에 따라 앱이 개선되고, 이러한 기술들이 사용자들에게 제공되는 방식 또한 변화되고 있다. 가까운 미래에도 디지털 매체는 계속 우리 곁에 존재할 것으로 보인다. 앱이 심상을 만드는 유일한 방법은 아니지만 언제 어디서나 소통과 표현을 가능하게 한다. 미술치료사와 개인의 심리사회적 문제를 돌봐야 하는 이들이 계속해서 디지털 매체를 연구함에 따라, 앞으로도 새롭고 흥미로운 앱, 특히 미술치료를 위해 특별히 설계된 앱이 계속 등장할 가능성이 높다. 그때까지 치료사는 디지털 미술 작업 앱의 고유한 특성이 자기표현을 향상시킬 수 있는 방법에 관해 계속 연구하고, 사용의 한계와 위험 역시 고려해야 한다. 앱은 분명히 개인의 미술 표현 방법을 계속 확장해나갈 것이며, 미술치료사는 이러한 매력적인 디지털 매체의 치료적, 표현적 사용과 관련한 가능성을 계속해서 발견할 것이다.

권장 사항

- 미술 작업 앱으로 실험해본다. 치료적 개입을 위한 사용법을 배우고 그 한계를 확인할 수 있는 가장 좋은 방법이다.
- 내담자, 특히 아동에게 태블릿 기술을 사용하는 것과 관련된 특유의 기밀유지 문제를 고려한다. 윤리적 문제를 파악하고 태블릿에서 제작된 이미지의 안전한 전송과 저장을 보장하는 방법을 확인하려면 제2장을 검토한다.
- 앱과 같은 디지털 기기 사용은 창의적 표현을 지원할 수 있지만, 일부 아동에게는 기술 과부하를 발생시킬 수 있음을 인식한다. 아동 · 청소년 발달에 미치는 디지털 기술의 영향과 이에 관련한 구체적 지침 및 권장 사항은 제4장을 참조한다.

참고문헌

Choe, N. (2014) An exploration of the qualities and features of art apps for art therapy. *The Arts in Psychotherapy 41*(2), 145–154.

Kim, S. (2017) *Computational Art Therapy.* Springfield, IL: Charles C. Thomas.

Klorer, P.G. (2009) The effects of technological overload on children: An art therapist's perspective. *Art Therapy 26*(2), 80–82.

Malchiodi, C.A. (2000) *Computer Art Therapy: A Virtual Studio of Possibilities.* London: Jessica Kingsley Publishers.

Malchiodi, C.A. (2011a) Art therapy materials, media, and methods. In C.A. Malchiodi (ed.) *Handbook of Art Therapy* (2nd edn). New York, NY: Guilford Press.

Malchiodi, C.A. (2011b) Art therapy with combat military. In C.A. Malchiodi (ed.) *Handbook of Art Therapy* (2nd edn). New York, NY: Guilford Press.

Malchiodi, C.A. (2012, February 26) Art therapy: There's an app for that. Retrieved on April 1, 2018 at www.psychologytoday.com/blog/the-healing-arts/201202/art-therapy-there-s-app-1

Malchiodi, C. and Johnson, E.R. (2013) Digital art therapy with children in hospitals. In C. Malchiodi (ed.) *Art Therapy and Health Care.* New York, NY: Guilford Press.

Matteson, D. (2015) Usability assessment of a mobile app for art therapy. *The Arts in Psychotherapy 43*(1), 1–6.

Plovnick, R. (2010) The progression of electronic health records and implications for psychiatry. *American Journal of Psychiatry 167*(5), 498–500.

Potash, J.S. (2009) Fast food, art, talk show therapy: The impact of mass media on adolescent art therapy. *Art Therapy 26*(2), 52–57.

Rice, J. (2009) *The Church of Facebook: How the Hyperconnected are Redefining Community.* Colorado Springs, CO: David C. Cook.

Vithani, T. and Kumar, A. (2014) Modeling the mobile application development life-cycle. In *Proceedings of the International MultiConference of Engineers and Computer Scientists* (Vol. I), IMECS, March 12–14, Hong Kong, China.

제12장

가상현실 미술치료

– *Jeff Lohrius, Cathy Malchiodi*

가상현실이란 무엇인가?

간단히 말해서, 가상현실Virtual Reality(VR)은 개인이 탐색할 수 있는, 컴퓨터가 생성한 3차원의 인터랙티브 환경interactive environment을 의미한다. 여기서 개인은 기본적으로 가상 세계의 일부가 되고, 다양한 방법으로 VR을 조작하거나 그 안에서 동작을 수행하며 VR 환경에 몰입하게 된다. VR에서는 가상현실 헤드셋이나 환경, 사물 또는 소품과 결합될 수 있는 다중투사 영상을 사용하는데, 이 장비를 사용하는 개인은 인공적인 세계를 둘러보고 그 안에서 움직이며 상호작용할 수 있다. VR 헤드셋을 통해 사용자의 바로 눈앞에서도 가능하며 대형 화면과 프로젝션 시스템을 갖춘 특수하게 고안된 공간에서도 가능하다. 그리고 VR은 햅틱 시스템이라고도 알려진 진동과 소리 그리고 그 외의 다른 감각을 포함한다.

VR은 1960년대 중반 매사추세츠 공과대학에서 최초로 개발됐으며, 그 이후로 핵심 구성 요소는 거의 변경되지 않았다. VR에서 컴퓨터는 영상을,

디스플레이 시스템은 감각 정보를 생성하며, 추적 장치는 개별 사용자의 공간상 위치와 방향에 대한 데이터를 제공한다. 한편 21세기로 들어서면서 더욱 정교한 고급 기능이 눈에 띄게 증가했다.

가상현실과 정신건강

Freeman *et al.* (2017)의 논평:

> 기술혁명이 다가오고 있다. 그 선두에는 VR이 존재한다. VR은 개인이 심리적 안녕감을 얻기 위해 새로운 학습을 하는 데 강력한 도구가 될 것이다… VR은 올바른 방법으로 사용된다면 치료적으로 도움이 되는 상황을 만들어낼 수 있지만, 이것을 현실에서 재현하는 것은 거의 불가능하다. VR은 반복적이고 즉시 이용 가능하며, 보다 나은 치료 정보의 입력을 가능하게 한다. 그뿐만 아니라 VR은 치료의 비일관성을 줄일 수 있다. (p. 2393)

많은 치료사들은 정신건강 개입에 있어 VR이 엄청난 가능성을 가지고 있다고 믿는데, 그 이유는 세상과 상호작용하는 것이 어려운 유형의 장애가 많기 때문이다. 외상 후 스트레스 반응과 공포증, 불안장애는 Freeman과 그의 팀이 VR을 통해 해결할 수 있다고 생각하는 몇 가지 문제 중 극히 일부에 불과하다.

VR을 치료 도구로 사용하는 정신건강 전문가들에 따르면, VR의 장점은 상황이 실제가 아님을 사용자가 알면서도 그의 신체와 정신은 마치 실제인 것처럼 반응하는 것이다. 즉 실제 세계보다는 VR을 통해 사람들은 어려운 상황이나 상호작용을 훨씬 쉽게 직면할 수 있으며, 새롭게 반응하고 행동하는 능력 역시 향상될 수 있다. 이는 여러 면에서 불안과 공포증 치료에 자주 사용되는 행동치료인 노출치료와 유사하다(Botella *et al.*, 2015). 간단히 말해서, VR과 마찬가지로 노출치료는 위험한 상황을 극복하기 위해 사람을 안전한 환경 속에서 고통스러운 상황에 노출시킨다. VR에서는 1인칭 주인공 시점의 아바타가 되어 직접 두려운 상황을 직면하거나 3인칭 관찰자 시점으로 멀찍이 경험할 수도 있다.

특히 VR 노출치료는 전투 외상에서 회복 중인 개인의 외상 후 스트레스 장애Post-Traumatic Stress Disorder(PTSD)를 완화하는 경우에도 사용된다(Valmagia et al., 2016). 가상 노출은 고통스러운 경험에 대한 기억을 활성화하여 이를 재검토하고 해결할 수 있게 함으로써 과활성과 그 외의 증상을 감소시킨다. 이러한 유형의 접근은 부정적 인식으로 인해 치료를 회피하는 군인을 위한 개선책으로 여겨진다(제9장의 브레이브마인드 프로그램에 대한 정보 참조).

소아청소년과는 VR 적용이 증가하고 있는 또 다른 분야다. 예를 들어 스타라이트 재단(Starlight Foundation, 2017)은 실감 나는 VR 경험을 통해 암이나 그 외의 질병을 앓고 있는 아동에게 '순간 이동'을 가능하게 하는데, 이러한 경험은 병원에 입원해 있는 아동의 상상력을 자극하는 동시에 삶의 질을 향상시키는 데에도 도움이 된다. 또한, 영화 스타워즈 시리즈 같은 미디어와 협력해 아동이 스타워즈 캐릭터가 '될 수 있게' 해주는데, 여기에는 청소년 참여자를 위한 구글 어스나 틸트 브러시 등의 구글 기술이 사용된다.

미술치료사 두 명의 VR 여정

사례 12.1

Jeff

나는 항상 디지털 매체의 새로운 도구를 아트 스튜디오(게임이나 영화 스튜디오가

독점하는 영역을 벗어나서)에 도입하기를 원했다. 대학원 재학 당시 인턴 과정을 하면서, 법정에 서야 하는 십 대 청소년에게 대안으로 제시되는 청소년을 위한 전환 프로그램을 통해 디지털 미술 도구를 기존 프로그램 프레임워크에 통합할 수 있는 기회를 얻은 적이 있다. 그곳에서 나는 디지털 태블릿과 페인팅/포토 소프트웨어, 바이오피드백 게임을 사용했다. 그리고 논문 연구를 진행하면서 미술치료 이용자를 초기 2D 미술 작품에서 짧은 컴퓨터 애니메이션 작품으로 완성시키도록 이끄는 치료적 잠재력을 보기 시작했다. 이 외에도 나는 영화감독 Chris Landreth의 작품과 그의 개념, 즉 외부 컴퓨터 애니메이션에 내포된 은유를 통해서 내면 상태의 표현을 다루는 심리적 현실주의 개념으로 영감을 받았다.

각 회기는 컴퓨터 애니메이션 파이프라인[1] 모델을 사용해 진행됐다. 스토리보드와 점토 모형을 제작하는 준비 단계부터 시작해서 내담자는 미술기반 평가의 초기 심상을 확장해 콘텐츠와 더 깊은 관계를 맺을 수 있었다. 다음 단계에서는 이전 단계의 요소들과 그 요소들 간 상호작용에 대해 내담자가 느끼는 바를 오디오로 녹음했다. 안타깝게도 이 시점에서 내담자는 본 프로그램에서 제외되어 재활 프로그램에 들어가야만 했다. 당시 우리는 애니메이션화 할 모델을 만들기 위해 전통적인 이미지나 캐릭터를 컴퓨터로 불러오기 시작했는데, 애니메이션 파이프라인에서 이 부분을 완성하는 데 상당히 많은 시간이 소요됐다.

최종 작품을 완성하지 못했음에도 불구하고, 이 과정은 내담자에게 혁신적인 것으로 입증됐다. 초기 콘셉트와 상징적 등가물로부터 시작해 그러한 표현을 완성된 애니메이션으로 구현하는 모든 과정은 창조적 연속체와 같았다. 우리는 그 길의 어디에서든 멈출 수 있었고, 과정 자체가 치유와 변화 그리고 개인적 성장을 촉진하는 데 효과적이었음을 알 수 있었다.

졸업 후 나는 미술치료 내담자들이 창조적 연속체의 치유 잠재력을 경험할 수 있도록 스튜디오를 운영했다. 내담자들은 이 과정에서 디지털 미술과 컴퓨터 애니메이션이 주목할 만한 부분임을 알 수 있었다. 그러나 시간 제약과 기술적 복잡성으로 인해 나는 원하는 결과를 얻는 데 여전히 어려움을 겪고 있었다. 한편 VR은 표현 기술의 잠재력을 열어주는 핵심 요소였다. 동시에 VR은 컴퓨터 페

1) 다중작업을 병렬적으로 처리하는 하드웨어 기법(역주).

인팅과 조각, 애니메이션 작업을 훨씬 빠르고 직관적으로 쉽게 할 수 있을 뿐 아니라, 실시간 상호작용과 현실감 같은 새로운 차원도 추가한다. 아직 나는 이러한 새로운 도구를 미술치료 프레임워크에 통합하는 여정을 시작하는 단계에 있다. 어린 시절의 기술로는 가상현실로 들어가 미술 작품 속에 존재하는 것은 꿈속에서만 가능한 일이었다. 하지만 이제 상상에 머물렀던 이러한 기술이 현실로 다가오게 됐으며, VR이 가진 치유와 연결 그리고 자기표현의 잠재력은 우리의 상상력에 따라 무한대로 발휘될 수 있게 됐다.

사례 12.2

Cathy

VR에 대한 나의 경험은 두 가지다. 나는 항공 분야의 선구자인 Amelia Earhart와 전투기 조종사인 Chuck Yeager, 뉴욕 허드슨강에 민간 항공기를 착륙시킨 Chesley 'Sully' Sullenberger에게 항상 매료되어 있었다. 그리고 마침내 믿음(어쩌면 어리석음)을 가지고 비행술을 배우기 시작했다. 레크리에이션 조종사[recreational pilot]가 되기 위한 과정에서 비행 시뮬레이션은 교육의 중요한 부분이며, 비행 면허 유지를 위해서 VR을 통한 실습이 정기적으로 요구된다. 간단히 말해서, 비행 시뮬레이터는 비행과 다양한 환경, 비행 시나리오를 인위적으로 재현하는 VR 장치이자 표준 교육의 일부다. 다른 유형의 VR과 마찬가지로 난기류, 윈드 시어, 운량, 강수 등의 요소를 재현함으로써 '조종사'에게 실제 비행 환경에서 느낄 수 있는 진동과 감각을 경험할 수 있게 한다. 미래에 내가 직접 경험하게 될지는 아직 의문이지만, VR에 대해 내가 바라고 있는 바는 Sully Sullenberger와 같이 성공적인 수상 착륙을 위해 비행 시뮬레이터를 사용하는 것이다.

나의 또 다른 VR 경험은 현역 · 퇴역 군인을 대상으로 치료하는 미술치료사이자 표현예술치료사로서의 내 직업과도 연관된다. 이들 대부분에게는 외상 후 스트레스 반응이나 외상성 뇌 손상 진단이 내려졌다. 앞서 언급했듯이 현역 · 퇴역 군인의 치료에서 이러한 상태를 다루기 위해 현재 사용하는 접근방법 중 하나로 노출치료가 있다. 미술치료사로서 나는 외상 후 스트레스 반응을 겪고 있는 제대 군인을 위한 치료적 개입 과정으로 미술치료와 함께 종종 언어적 노출치료를 사용했다(Malchiodi, 2011). 이들 중 상당수는 전투 대비의 일환으로 VR 기술을 통해 발생 가능한 전투와 대치 상황에 몰입한 경험이 있었다. 이와 유사하게, 외상 후 증상의 치료를 위해 내가 사용한 VR 프로그램 중 하나는 사막 환경 내에 있는 아프가니스탄 도시에서 펼쳐지는 가상 시나리오의 몰입형 시리즈로서, 군인들이 직면하는 위험과 실제 사건을 재현한다. 이 장에서 설명하는 VR 프로그램과 마찬가지로 헤드셋을 사용하며, 영상뿐만 아니라 소리, 진동, 심지어 냄새까지 포함한다. 비록 나는 VR 기술에 대해 아직은 초보 수준이지만, 이러한 유형의 가상 노출이 외상 반응 증상의 완화에 긍정적인 영향을 미친다는 사실에 큰 흥미를 느꼈고, 나아가 외상 후 스트레스 증상을 치유하고 회복하는 데 있어서 VR이 지닌 가치를 알 수 있었다. 앞으로 이러한 기술과 표현예술을 융합하는 방법에 관해 더 많은 탐구가 이뤄지기를 기대한다.

가상현실 미술치료

VR은 미술치료 분야에 적용할 가능성이 높을 뿐만 아니라, 표현적이며 체화된 공동 미술 작업 도구로서 혁신적이고 새로운 영역을 제시한다. 가상현실 미술 작업이라는 새로운 분야는 미술치료 이용자에게 혁신적인 방식으로 힘을 부여하고, 이들을 참여시키며, 행동하게 만드는 잠재력을 가지고 있다. 최근 핸드 컨트롤러와 함께 회전과 위치 추적 기능을 지닌 고급 VR 헤드셋이 출현하기 전까지는, 3차원 디지털 미술 표현을 위해 고급 소프트웨어와 기술 그리고 교육이 필요했다. 하지만 평평한 2차원 화면과 대조적으로 VR 미술 작업은 즉시 접근 가능하고 사용자 친화적이며 직관적이다. 그리고 3차원 공간 내에서 제작되는 전통적 미술 작품처럼, VR은 '실제 세계'에서의 창조 작품과 유사하다.

VR은 헤드셋과 핸드 컨트롤러에 맞추어 작동하는 카메라와 센서를 사용해 가상 환경 내에서 이용자의 신체 동작의 자유로운 움직임을 가능하게 하고, 이를 통해 대규모의 추적 가능한 영역을 생성한다. 또한, 핸드 컨트롤러는 가상의 객체를 누르고 당기거나 잡을 때 진동과 같은 햅틱 피드백을 제공한다. 전신의 움직임을 활용해 실제 3차원 공간 내에서 드로잉, 페인팅, 조각함으로써 개념이나 감정을 전달하는 것은 자연스러운 방법이지만(Felnhofer *et al.*, 2015), 이는 다른 디지털 도구로는 불가능한 일이었다. VR은 운동 감각의 영역을 열어 내담자를 의자에서 일어나 움직이게 하고 미술 작업에 실제로 참여하게 한다.

3D 입체영상을 살펴보고 경험함으로써 VR은 실제 경험을 모방하여 자연스럽게 규모와 깊이를 이해할 수 있도록 한다. 또 컨트롤러를 사용해 손으로 직접 객체를 조정하는데 이때 이용자의 신체는 가상 객체와 자동으로 연관이 된다. 그리고 VR 캔버스 내에 존재하는 미술 장면의 공간 배치는 작품 자체의 한 면으로 사용될 수 있다(Lang, 2016). 창작자는 자신의 작품에 몰입되어 주위를 걸어 다니거나 작품의 안팎으로 이동할 수도 있다. "미술 작품은 더 이상 바라만 보는 대상이 아니라 우리가 직접 탐색하고 그 일부가 될 수도 있는 존재다"(Lee, 2016). 내담자는 자신의 미술 작품 속으로 들어가 창조적이고 무의식적인 과정에 역동적으로 참여함으로써 자신의 환상을 탐색하고 이해할 수 있게 된다(Ehinger, 2015).

VR 미술 작업은 여러 면에서 다른 디지털 도구와 유사한 새로운 측면이 있다. 실행 취소와 재실행, 대칭으로 생성, 제작 과정을 기록하는 기능은 VR 미술 앱이 초기 프레임워크에 통합한 디지털 미술 구성 요소의 예다. 동시에 틸트 브러시 같은 반응형 브러시를 통해 사운드에 역동적으로 반응함으로써 선택된 음악에 따라 장면에 생명과 움직임을 부여하는 혁신적인 기능이 도입됐다(Lang, 2016). 예를 들어, 창작자는 틸트 브러시를 통해서 기본적으로 다양한 브러시를 사용해 3D 공간에서 드로잉이나 페인팅을 할 수 있다. 이러한 브러시의 종류는 전통적인 펜이나 브러시 선에서부터 번개와 불과 같은 특수효과에 이르기까지 다양하다. 브러시 선의 복잡성과 역동성이 VR과 결합되면 미술치료 내담자는 시각적 은유를 보다 풍부하게 표현할 수 있게 된다.

다양한 VR 미술 앱이 지닌 또 다른 요소는 동일한 VR 환경에서 다수의 개인이 공동으로 작업을 할 수 있도록 지원하는 기능이다. 이는 미술치료사가 내담자의 작품에 직접 참여할 수 있으며, '제3의 손'으로 개입할 뿐만 아니라(Kramer, 1986) VR 집단치료 회기를 진행할 수 있는 가능성을 열어준다. 또한, 공동 오픈 스튜디오를 통해서 공통의 온라인 VR 미술 작업 공간에 각기 다른 지역에 거주하는 개인들을 모일 수 있게 한다.

VR의 치료적 특성

치료 과정에서 VR 도구를 사용하는 경우 가상현실을 경험함으로써 발생하는 고유한 특성으로 인해 특정 속성이 두드러지게 나타나게 된다. 이러한 특성을 식별하는 능력을 갖춘다면 미술치료사는 의식적으로 VR을 촉진하는 상태를 만들고 지시할 수 있게 된다. 다음 문단에서는 미술치료를 지원할 수 있는 VR의 치료적 특성에 관해 설명한다.

VR 공간에서의 현실감/몰입감

가상현실의 가장 매력적인 속성은 이용자가 별개의 가상공간에서 본능적으로 현실감과 몰입감을 느낄 수 있다는 점이다. VR 헤드셋을 착용함으로써 내담자는 방해 없이 다른 공간 속으로 들어갈 수 있으며, 수행 중인 작업에 대한 주의 집중력은 즉시 향상된다. 이용자는 도구와 재료, 미술 작업에 최적인 무한대의 캔버스가 존재하는 이러한 환경에 몰입할 수 있다. 이러한 의미에서 VR은 새로운 행동을 연습하기 위한 안전한 안식처와 피난처로서의 공간이 될 수 있다. 개인적인 경험이든, 내담자들과 함께하는 작업이든, VR 헤드셋을 착용함으로 더욱 친밀한 공간을 생성할 수 있다. 이 공간은 사무실이나 스튜디오 같은 물질적 공간에만 국한되지 않으며 치료적 변화를 더욱 민감하고 유연하게 무한대로 촉진할 수 있다. 예를 들어 내담자 삶의 한 장면이나 가능한 시나리오 또는 문제 상황을 VR 미술 도구를 사용하여 만든 후, 그곳에 머무르고 재배치하거나 변형할 수 있다. 노출치료와 비슷하게 이러한 방식으로 내적인 부분과 감정, 기억을 외현화 하는 것에 대해서 탐색할 수도 있다.

VR 공간은 잠재적으로 '안아주는 환경'으로 기능할 수 있는데, 이는 긍정적인 애착 경험을 촉진하는 특성을 지닌다. 또한, 공감각 피드백은 초기 애착 상처를 회복하고 재형성하는 느낌을 줄 수 있다. 예를 들어 틸트 브러시 같은 앱에서는 오디오 반응형 브러시 기능을 통해서 심장박동과 같은 양육적 소리에 반응하여 움식이는 역동적인 브러시 표현이 가능하다.

공유되는 VR 공간

VR은 다른 개인이나 집단과의 공유를 통해 치료적 연결을 형성하는 강력한 도구다. 미술치료사는 VR을 통해 내담자의 미술 작품 속으로 들어가 이를 살펴볼 수 있는데, 작업 과정을 360° 각도의 최적 공간에서 지켜보는 것이 가능하다. 일단 작품이 완성되면 치료사와 내담자는 함께 작품을 경험하고 탐색할 수 있다.

일부 VR 앱을 사용하는 경우, 한 가상공간 내에서 수행하는 미술 작업에 여러 명이 공동으로 참여할 수도 있다. 이로 인해 미술치료 집단 또는 오픈 스튜디오 접근의 형태로 작업할 수 있는 옵션이 제공된다. 현재 VR 미술 앱에서는 자기 표상을 위한 가상 아바타를 생성하는 옵션이 아직 제한적이지만,

추가 기능이 더해진다면 가상의 미술 공간에서 개인이 자신을 표현하는 방법에 대한 또 다른 단계가 추가될 것이다.

규모

1:1의 실제 사람 비율과 같은 가상공간에 있을 때, 우리는 크기와 관련하여 강력한 본능적 효과를 경험할 수 있다. 모든 객체와 브러시 선은 자기 주도적이며 아주 작거나 거대하게 조정할 수 있는데, 내담자는 도전적인 사람과 상황이나 환경의 이미지 크기를 자신이 안전하게 통제할 수 있는 정도의 손바닥만 한 크기로 작게 조정하고 싶어 할 수 있다. 반대로 내담자는 더 큰 행동력이나 힘을 느끼기 위해 VR 속에서 자신의 모습을 더욱 크게 확대할 수도 있다. 이처럼 규모를 즉각적으로 변형할 수 있다는 점은 치료적 미술 과정에서 강력한 힘이 될 수 있다.

실제 VR 미술 작품의 크기와 관련해서도 규모는 매우 중요한 요소다. 여러 회기에 걸쳐 내담자는 거대한 크기의 온전한 세상을 만들어낼 수 있다. 걸어 다니면서 보기에는 너무 큰 작품을 감상할 수 있도록 일부 앱에서는 순간이동 옵션을 제공하기도 한다. 이를 통해 단순히 바라보거나 관찰하는 것을 넘어 관찰자는 스스로 탐색하고 발견할 수 있게 된다.

신체 움직임/상호작용

다른 매체와 달리 VR을 통해 우리는 적극적인 참여자로서 보다 온전히 존재하는 느낌을 경험할 수 있다. VR 내에서의 미술 작업은 신체 동작으로 이뤄지는 행위이며, 사용자는 자신의 신체가 미술 작업 과정과 완전히 연결되어 있음을 즉시 느낄 수 있다. 물리적으로 자신이 미술 작품의 일부분이 되거나 작품이 자신의 연장선이라는 감각을 느낄 수도 있다. 내담자는 인지활동과 여러 감각 사용을 포함하는 체화학습에 참여할 수 있는데, 이를 통해 전인적인 방식으로 성장과 변화를 촉진할 수 있다.

그뿐만 아니라, 가상공간 내에서 손을 사용하는 능력은 치료적 가능성을 열어준다. 가상의 객체를 움직이고, 만지고, 조작하는 것은 매우 직관적이고 실제적인 느낌을 준다. 2D 화면에서 이러한 행동을 디지털 방식으로 수행하는 것은 사용자가 창작 과정으로부터 분리되는 추상화 단계를 포함하게 된다. 그리고 공간 내에서 도구나 객체를 만지고 조작하는 행위는 직접적이고 실제적인 것처럼 느껴지기 때문에 사용자는 현실감과 연결감을 경험할 수 있다. 또한, VR에서 사람의 형상을 만드는 경우 드로잉, 페인팅, 또는 조각 작업 안에 들어가서 형태와 비율 그리고 자세를 구현하는 느낌을 제공하는 기능을 사용할 수도 있다. 이는 창작자를 표상적인 방식으로 친밀하게 연결하는 격렬하고도 감정적인 과정이 된다. 이 과정은 신체 본뜨기나 파피에 마세papier-mâché 기법으로 만든 인체 모형과 비슷하지만, 추후에 형상을 가상으로 변형시킬 수 있다는 점에서 차이가 있다.

물리학

VR에서 중력과 무게, 질량 같은 물리적 속성은 완전히 가변적인 성격을 지닌다. 손과 몸을 사용해 밀기, 당기기, 잡기, 던지기 같은 행동을 할 경우, VR에서 새로운 특성이 나타날 수 있다. 예를 들면 무거운 객체가 물에 뜨거나 사람이 하늘을 날 수도 있다.

자연법칙을 가지고 놀면서 개인의 행동을 지배하는 규칙에 대한 인식 또한 높일 수 있다. 그 예로, VR 환경에서 유연성을 탐색하고 경험하는 것은 사용자의 현실적인 사고방식이나 행동에 영향을 미치게 된다. 이는 가상현실 창조물의 특성인 가소성을 통해 이용자의 경직성과 제한된 사고의 확장 및 변형이 가능해지기 때문이다.

관점

다양한 시점과 관점을 취하는 것은 치료적 변화의 중요한 요소다. VR 환경에 참여하면 자연스럽게 다양한 시점을 경험하게 될 가능성이 높아진다. 여러 VR 미술 앱은 이용자에게 3인칭 관찰자 시점을 제공하는 카메라 모드를 지원한다(예를 들어, 이용자의 외부 관찰자, 이용자가 인지하는 공간보다 더 위쪽에서 아바타 내려다보기, '공중에 떠 있는 시점'). 이용자는 다른 2차원 화면을 볼 경우, 유리한 위치에서 자신이 작업하는 모습을 볼 수 있으며, VR 공간 내에서 관찰자는 화면을 보며 창작자의 작업 과정을 지켜볼 수도 있다. 이런 점에서 VR 미술 작업은 일종의 행위 예술이 될 수 있다.

1인칭 아바타를 통해 VR 공간을 탐색할 때, 이용자는 가상 세계에서 3인칭 관찰자 시점을 경험할 수 있게 된다. 그리고 아바타를 계속 조종함으로써 직접 구현한 관계와 멀리서 지켜보는 느낌 사이를 오갈 수 있다. 아직 기초적인 단계에 있는 VR 미술 앱은 현재로서는 복수의 아바타 기능을 지원하지 않지만 언젠가는 이러한 기능을 지원하게 될 것이다.

VR 미술치료 시작하기

VR 미술 작업의 표현력과 잠재력을 이해하고, 이를 구현할 수 있는 장비를 보유하게 된다면 어떻게 다른 사람에게 치료적 경험을 촉진시킬 것인가? 내담자가 VR 세계에 몰입하고 장비에 익숙해져 자유롭게 움직이며 작업할 수 있도록 돕기 위한 몇 가지 예비 단계를 소개한다.

구글 카드보드를 통한 VR 미술 소개

VR 미술치료에서 미술 작업을 이해하기 위한 가장 쉬운 방법은 이용자가 치료 시작 단계에서 직접 경험해보는 것이다. 치료사는 무료로 사용할 수 있는 구글 카드보드를 준비해두고 필요하면 언제든 명함처럼 건네줄 수 있다. VR 미술을 보여주는 훌륭한 웹사이트와 앱이 많이 있는데, 이들은 더 높은 수준의 미술 작업 장비를 도입하기 위한 기반이 된다.

장비 보정

다음 단계는 머리에 착용하는 디스플레이 장치Head-Mounted Display(HMD)와 센서, 핸드 컨트롤러를 소개하는 것이다. 먼저 편안한 착용감을 위해 내담자에게 다양한 끈과 헤드셋을 조정하는 방법을 안내한다. 그다음으로 내담자가 렌즈를 통해 볼 수 있는 것을 설명하고, 이를 명확하게 볼 수 있도록 조정한다. 마지막으로 센서 배치와 가디언 시스템[1] 그리고 이동할 위치에 관해 설명한다. 오큘러스 리프트 같은 최신 HMD는 매우 빠르고 간편하게 설정할 수 있는데, 이는 제한된 시간 내에 이뤄지는 치료에 있어서 중요한 요소가 된다.

입문자들을 위한 VR 미술 작업

훌륭한 VR 미술 앱을 다양하게 사용해보는 것은 초기 단계에서 내담자의 관심을 끌기 위한 매우 좋은 방법이 될 수 있다. 틸트 브러시Tilt Brush와 퀼Quill 같은 앱은 드로잉이나 페인팅을 위한 작업에 적합하다. 건축과 조각 작업의 경우, 블록스Blocks와 미디엄Medium은 처음 시작할 때 사용하기 편리한 앱이다. 브러시 선과 객체, 카메라 움직임을 지원하는 애니메이션 앱으로는 애님VRAnimVR과 티보리Tvori가 있다. 때로는 창작 단계로 넘어가는 것을 주저하는 내담자도 있을 것이다. 그러한 경우에는 마인드쇼Mindshow와 임바디미EmbodyMe 등의 자아상 및 정체

1) VR 가디언(Guardian)은 가상현실에서 사용할 수 있는 가상 투명한 울타리다. 가상현실 헤드셋을 쓰면 주변이 보이지 않기 때문에 체험 중 신체 일부분이 어딘가에 부딪칠 수 있다. VR 가디언은 이러한 상황에 대비하기 위한 가상현실 경계 안전 시스템이다(역주).

성 변경 기능을 지원하는 앱으로, VR과 그것의 창조적 가능성을 소개해주면 좋을 것이다.

작품 완성과 관찰 그리고 점검

이 시점에서 VR 미술치료 이용자는 가상현실 미술 작품의 몇 가지 예시를 보고 관련 장비에 익숙해졌으며, VR을 통한 미술 작업에 대해 초기 경험을 쌓았을 것이다. 다음 단계는 치료 과정을 점검하고 추후 회기를 통해 내담자를 지지하고 힘을 부여하는 방법을 확인하는 것이다. 작품을 함께 관찰하고 서로의 통찰을 나누는 것은 치료를 마무리하는 좋은 방법이 된다.

구글 카드보드로 가상현실 미술 작품 보기

구글 카드보드([그림 12.1] 참조)를 통해 사용자는 값비싼 장비로 VR에 들어가지 않고도 실제로 그것이 어떤 모습인지 경험하게 되며, 또한 VR에서 제작된 미술 작품을 볼 수 있다. 이런 점에서 구글 카드보드는 창작자와 미술치료사를 위한

[그림 12.1] 구글 카드보드

매우 상력한 노구가 된다. 다음 문난에서는 온라인상에서 10날러 미만의 가격으로 구매할 수 있는 구글 카드보드의 기본적인 사용 방법에 대해 설명할 것이다. 고급 장비로 제작한 VR 미술을 사용자가 업로드하고, 구글 카드보드 뷰어를 통해 VR에서 작품을 감상할 수 있는 여러 앱과 웹사이트가 등장했다. 아직 헤드셋과 핸드 컨트롤러를 구비하기 전이라면 구글 카드보드는 VR 미술이라는 가상 세계로 입문하는 훌륭한 방법이 될 것이다.

스케치팹

스케치팹SketchFab은 웹사이트나 앱에서 모두 사용할 수 있는 대규모의 3D 미술 저장소다. 미술 작품을 보려면 간단히 클릭한 후 파일이 로딩되기를 기다리기만 하면 된다. 한 가지 주의해야 할 사항이 있다면, 파일을 로딩할 때, 때로는 많은 양의 데이터가 소모되기 때문에 인터넷 속도에 따라 어느 정도 시간이 소요될 수 있다는 점이다. 그리고 다각형, 질감, 색상, 조명, 때로는 애니메이션과 같은 일부 요소는 렌더링되어야 한다. 만약 구글 카드보드와 스마트폰 사용이 가능하다면 우선 우측 하단의 VR 뷰어 아이콘을 클릭한다. 아이콘 위로 마우스를 가져가면 'VR에서 보기'라는 문구가 뜨며 VR 모드로 진입할 수 있다. 그 후 스마트폰이 분할 화면으로 바뀌게 되고, 좌측 상단에 화살표가 표시되면서 구글 카드보드에 스마트폰을 삽입하는 방법이 안내된다.

구글 폴리

폴리Poly는 구글이 자사의 틸트 브러시나 블록스 등의 VR 앱으로 제작한 VR 미술을 관리하기 위해 만든 웹사이트다. 일단 작품을 클릭하면 스케치팹과 동일한 방식으로 화면에서 미술 작품을 탐색할 수 있고, VR 모드로 진입하려면 VR 뷰어 아이콘을 클릭하면 된다. 일부 창작자는 자신의 작품에 '리믹스'라는 기능을 허용하기도 한다. 이렇게 작품이 공개되어 리믹스가 가능한 경우, 다른 사용자가 파일을 저장하고 자신이 가진 버전의 틸트 브러시나 블록스에서 열 수 있다. 그다음으로 작품에 자신의 창의적인 터치를 더할 수 있게 된다. 작업이 완성되면 사용자는 새로운 버전을 업로드할 수 있는데, 이는 해석과 관점을 가지고 노는 재미있는 활동이자 반응 미술의 일종이다. 때로는 한 개인이 단일 요소만으로 창작을 시작한 후 다른 사용자들이 이를 리믹스하여 창의적인 공동 작업으로 이어질 수 있다.

인스타뮤지엄

인스타뮤지엄Instamuseum은 스케치팹에서 만든 흥미로운 웹사이트로 사용자는 자신이 업로드한 인스타그램 이미지를 3D 가상 아트 갤러리에 저장할 수 있다. 우선 스케치팹 계정을 연결하면, 인스타그램 정보를 입력한 후 자신의 레이아웃을 표현하는 방법에 대한 몇 가지 옵션을 선택할 수 있다. 갤러리를 구축하고 완성작을 보기 위한 웹 주소 링크를 생성하는 알고리즘을 수행하는 데에는 몇 분 정도가 소요된다. 새로운 페이지를 방문하면 스케치팹에서 파일을 보는 것과 동일한 방식으로 화면이나 VR에서 작품을 탐색할 수 있다.

결론

이 장은 VR뿐만 아니라 더욱 향상된 방식으로 미술치료를 제공하고 수행할 수 있도록 하는 VR의 가능성에 대한 개요다. 이 장의 앞부분에서 언급했듯이 VR은 표현적이며 체화된 공동 미술 작업 도구로서 혁신적이고 새로운 영역을 제시하는데, 이러한 도구는 치료적 참여와 자기탐색을 지원한다. 또한, 3차원 공간에서 이뤄지는 전통적 미술 작품처럼 VR은 '실제 세계'에서 창조하는 것과 유사하지만, 예술적이며 치료적인 과정에 몰입할 수 있는 독특한 경험 역시 제공한다. 현재 우리는 VR 분야에 광범위하게 영향을 미치게 될 수많은 혁신의 문턱에 서 있다. 앞으로 이러한 가능성이 가상 미술치료 디지털 도구 상자의 일부가 되는 과정을 지켜보는 것은 매우 흥미로운 일이 될 것이다.

권장 사항

- 구글 카드보드는 VR에 대한 개인적인 경험을 시작하는 데 적합한 도구다. 이를 통해 보다 정교한 VR 기술이 미술치료사의 작업에 제공하는 엄청난 가능성을 즉시 이해할 수 있을 것이다.
- 노출치료와 정신건강에 관련한 VR의 현재 사용 예시를 배운다. 이 장에서는 몇 가지 출발점을 제공하는데, 여기에는 외상 후 스트레스와 입원한 아동을 위한 다양한 앱이 있다.
- VR이 제공하는 체화된 경험과 이러한 유형의 다중감각적 경험이어떻게 긍정적인 행동 및 반응을 위한 치료적 참여와 시연을 지원할 수 있는지, 동시에 내담자에게 새로운 학습 기회를 제공할 수 있는지 그 방법에 관해 고려한다.

참고문헌

Botella, C., Serrano, B., Baños, R.M. and Garcia-Palacios, A. (2015) Virtual reality exposure-based therapy for the treatment of post-traumatic stress disorder: A review of its efficacy, the adequacy of the treatment protocol, and its acceptability. *Neuropsychiatry Disorders and Treatment 11*, 2533–2545.

Ehinger, J. (2015) Filming the fantasy: Green screen technology from novelty to psychotherapy. In L.J. Cohen, J.L. Johnson, with P.P. Orr (eds.) *Video and Filmmaking as Psychotherapy: Research and Practice*. New York, NY: Routledge.

Felnhofer, A., Kothgassner, O., Mareike Schmidt, M., Heinzle, A. *et al.* (2015) Is virtual reality emotionally arousing? Investigating five emotion inducing virtual park scenarios. *International Journal of Human-Computer Studies 82*, 48–56.

Freeman, D., Reeve, S., Robinson, A., Ehlers, A. *et al.* (2017) Virtual reality in the assessment, understanding, and treatment of mental health disorders. *Psychological Medicine 47*, 2393–2400.

Kramer, E. (1986) The art therapist's third hand: Reflections on art, art therapy, and society at large. *American Journal of Art Therapy 24*, 71–86.

Lang, B. (2016, September 11) Artists are taking to "Tilt Brush" with incredible results. Retrieved on April 1, 2018 at www.roadtovr.com/artists-taking-to-tilt-brush-with-incredible-results-virtual-reality-art

Lee, C. (2016, December 3) Painting a new perspective: How virtual reality is transforming art. Retrieved on April 1, 2018 at www.techradar.com/news/painting-a-new-perspective-how-virtual-reality-is-transforming-art

Malchiodi, C.A. (2011) Art therapy with combat military. In C.A. Malchiodi (ed.) *Handbook of Art Therapy* (2nd edn). New York, NY: Guilford Press.

Starlight Foundation (2017) Starlight VR. Retrieved on April 1, 2018 at www.starlight.org/starlight-programs/starlight-vr

Valmagia, L., Letif, L., Kempton, M. and Rus-Calafel, M. (2016) Virtual reality in the psychological treatment for mental health problems: A systemic review of recent evidence. *Psychiatry Research 236*, 189–195.

제13장

소셜 네트워킹 플랫폼과 소셜 미디어

– *Cathy Malchiodi*

소셜 네트워킹 플랫폼은 엄밀히 말해 잘 알려져 있는 디지털 미술치료 도구 상자에서 발견된 '도구'가 아니다. 실제로 대부분의 미술치료사와 정신건강 전문가는 소셜 네트워크 및 소셜 미디어를 소통이나 정보 공유의 형태 그 이상으로는 인식하지 못할 수 있다. 일반적으로 미술치료사는 상담사나 심리치료사와 마찬가지로 소셜 네트워킹 플랫폼을 사용하여 동료와 소통하고, 자신이 제공하는 서비스를 홍보하고, 미술치료 분야를 대중에게 널리 알린다. 즉, 소셜 네트워킹은 시장에 광고하고, 동료들 사이에서 위상을 높이는 동시에 독립적인 업무와 치료 서비스를 제공하며, 미술치료 분야의 가치를 대중에게 홍보하기 위해 사용된다. 직업으로서의 미술치료에 대한 이해가 아직은 부족한 점을 고려할 때, 이는 충분히 이해할 수 있는 현상이다. 소셜 네트워킹은 또한 디지털 매체를 사용함으로써, 비교적 저렴한 비용으로 자신의 서비스를 홍보하고 광범위한 층의 대중에게 다가갈 수 있는 수단이 된다.

이외에도 미술치료사는 소셜 네트워킹에 개인 작품을 게시해 동료들의 반응을 얻거나(Malchiodi, 2009), 도움이 필요한 사람들에게 미술 재료나 수공

예품을 보내는 등 다소 이타적인 방식으로 소셜 네트워킹을 사용한다. 예를 들어, 오퍼레이션 삭 몽키(Operation Sock Monkey, 2017)는 자원봉사자가 만든 양말 원숭이(양말로 만든 인형)를 전 세계의 아동과 성인에게 전달함으로써 인도주의적인 활동을 지원한다. 그러나 정신건강 관리 전문가로서 미술치료사가 소셜 네트워킹과 소셜 미디어를 사용하는 목적은 단순히 개인적인 이익을 취하거나, 자선적 의도로 '사회행동으로서의 예술' 프로그램을 수행하는 것에만 국한되지 않는다. 미술치료의 목적은 다른 사람들에게 심리치료 서비스를 제공하는 것이다. 그러므로 우리는 치료적 이익을 염두에 두고 소셜 네트워킹을 사용할 수 있는 방법에 대해 이해할 필요가 있다.

소셜 네트워크와 소셜 미디어는 내담자에 의해 광범위하게 사용되고 있으며, 21세기 인간의 상호작용에 있어서 부인할 수 없는 명백한 역할을 담당한다. 이 점을 고려하면 소셜 네트워킹 플랫폼은 실제로 일부 개인의 치료적 목표를 달성하는 데 도움이 될 수 있다. 하지만 치료사가 미술 심리치료적 관계라는 프레임워크 안에서 이러한 플랫폼을 성공적으로 통합할 수 있을까? 간단히 말해서 그것에 대한 답은 복잡하다는 것이다. 그러나 원격치료, 가상현실, 디지털 스토리텔링, 그 외의 디지털 매체가 지속적으로 확장됨에 따라, 적어도 일부 미술치료 서비스에는 디지털 기술뿐 아니라 소셜 네트워킹 플랫폼도 활용될 가능성이 높다.

이 책의 앞부분에서 설명한 바와 같이 치료사들은 윤리적, 임상적, 전문적인 문제에 중점을 두고 있는데, 이러한 문제는 소셜 네트워킹과 소셜 미디어의 사용 증가로 인해 대두된 것이다(Alders *et al.*, 2011; Belkofer and McNutt, 2011; Malchiodi and Cutcher, 2012, 2013, 2014, 2015; Miller, 2017). 독자는 이 책의 제2장~제4장을 참조하여 이 문제에 관해 더욱 광범위한 논의를 할 수도 있다. 이 장에서는 내담자의 실제 미술치료 서비스를 지원하는 소셜 네트워크들 사이의 교차점과 이러한 플랫폼, 애플리케이션, 사이트가 어떻게 개인의 심리치료 과정에 활용될 수 있는지 살펴볼 것이다. 그리고 최근의 소셜 네트워크를 간단히 검토하고 치료사를 위한 권장 사항을 제시할 것이다. 또한, 내담자 집단을 대상으로 사용하기 위해 소셜 네트워킹이 어떻게 변화되어왔는지에 관한 몇 가지 예시를 제시할 것이다.

소셜 네트워킹 플랫폼과 애플리케이션 그리고 사이트의 개요

제1장에서 논의된 바와 같이 소셜 네트워킹은 디지털 통신을 통해 다른 사람들과 소통하는 것이고, 소셜 미디어는 다양한 소셜 네트워킹 플랫폼을 통해 사용자가 업로드하는 실제 정보(텍스트, 이미지, 영상)다. 이 두 용어는 사용자가 디지털 방식으로 만든 콘텐츠의 생성과 교환을 설명하기 위해 종종 상호 교환적으로 사용된다. 소셜 네트워킹과 소셜 미디어의 형태는 다음과 같으며, 이것에만 국한되지는 않는다.

- 페이스북과 링크드인 같은 사이트
- 워드프레스와 블로거 같은 블로깅 플랫폼
- 트위터와 텀블러 같은 마이크로 블로깅 사이트
- 페이스북 메신저와 스냅챗 같은 인스턴트 메시징 앱
- 스카이프, 줌, 페이스타임과 같은 통신 플랫폼
- 유튜브, 플리커, 디그, 핀터레스트, 인스타그램 등의 콘텐츠 공유 사이트
- 야후! 그룹스와 구글 행아웃 등의 토론 사이트
- 무들, 씽키픽Thinkific, 티처블Teacherble 같은 온라인 강좌 개발/콘텐츠 관리 플랫폼
- 페이스북 라이브, 페리스코프, 라이프스트리밍 같은 라이브 스트

리밍
- 세컨드 라이프 같은 가상 세계
- 데일리 스트렝스Daily Strength, 턴투미Turn2me, 미국 불안 · 우울증 협회Anxiety and Depression Association of America(ADAA) 온라인 지원과 같은 온라인 지지집단 플랫폼

이러한 플랫폼과 애플리케이션, 사이트는 시간이 지나면서 새로운 기술이 등장하고 선호되는 디지털 통신 방식이 발전함에 따라 지속적으로 변화하며 때로는 완전히 사라지기도 한다. 대다수의 사람들이 하나 이상의 소셜 네트워킹 형식이나 미디어를 사용해 소통하기 때문에(Pew Research Center, 2017), 치료사는 이와 관련한 실무 지식을 보유해야 한다. 이는 내담자의 욕구와 선호하는 소통 방식이 기술 기반 접근법과 양립할 수 있는 경우를 대비한 것이다.

윤리와 소셜 네트워킹에 관한 검토

소셜 네트워킹은 소통이나 연결과 관련해 급격히 발전하는 영역이다. 때문에 미술치료사와 정신건강 전문가는 이러한 플랫폼을 치료 과정에 어떻게 통합하면 좋을지 여전히 논의하고 있다. 제2장에서 논의된 바와 같이, 미술치료 및 상담 윤리 강령은 최근에서야 소셜 네트워킹과 소셜 미디어에 대한 지침을 포함하도록 개정됐다. 그러므로 소셜 네트워킹 플랫폼을 심리치료에 통합할 수 있는지를 결정하기 전에 모든 치료사가 다음과 같은 핵심 관행을 검토하는 것이 중요하다.

- 개인 일상과 업무 환경에서 소셜 네트워킹이 차지하는 역할을 신중히 검토하고 자신의 전문 분야 및 개인정보를 공유하기 위해 별

도의 소셜 미디어 계성을 만든다.

- 소셜 미디어 계정의 개인정보 설정을 알아보고 정기적으로 '확인'하여 개인정보 설정이 자신이 원하는 바와 현행 윤리강령을 충족하는지를 확인한다.
- 내담자를 위한 소셜 미디어 정책과 동의서를 자체적으로 작성한다(부록 4 참조).
- 자격심사위원회에 의해 결정된 소셜 네트워킹과 소셜 미디어 규칙 및 규정의 변경 사항을 항상 파악하도록 한다.

마지막으로, 1996년에 제정된 건강보험 정보의 이전 및 그 책임에 관한 법률Health Insurance Portability and Accountability Act(HIPAA) (US Department of Health and Human Services, 2017) (제2장 참조)이 소셜 네트워크나 소셜 네트워킹 앱, 소셜 미디어를 통해 미국의 치료적 프레임워크 내에서 이뤄지는 내담자와의 소통에 중추적 역할을 한다는 것을 기억해야 한다. 그리고 내담자의 데이터를 전송하거나 교환하면서 해당 국가의 규정을 항상 참조해야 한다. 디지털 통신의 사용과 관련한 주요 문제는 사생활 침해나 기밀유지 위반에 대한 가능성이다. 간단히 말해서 치료사는 소셜 미디어 커뮤니케이션에 치료 회기나 진단 정보와 관련된 내용을 포함하지 않도록 유의해야 한다. 그러나 서면 허가가 주어지는 경우 HIPAA는 내담자와 치료사의 비공식적인 소통을 허가한다. 대부분의 치료사들은 되도록 인간적인 소통 방식으로 내담자와 상호작용하기를 원한다. 하지만 소셜 네트워킹이 확산됨에 따라 조력전문가에게 정보를 전달하기 위해 이를 이용하고자 하는 개인이 점차 많아질 것이라는 점은 확실하다. Kaplan(2011)은 치료사가 소셜 미디어 사용을 주저할 수도 있지만, "'이 특정 도구가 특수한 욕구를 지닌 특정 내담자를 돕기 위한 최선의 방법인가?'라고 질문해야 하는 경우도 있다고 지적한다"(p. 4). 즉, 어떤 상황에서는 전통적인 상호작용 방식이 필요하지만 어떤 상황에서는 기술이 필요하다는 것이다. 그러나 어떠한 경우든 궁극적인 목표는 내담자를 항상 보호하고 그들을 위한 최선의 이익을 염두에 두는 것이다.

소셜 네트워킹과 사회적 지지

소셜 네트워크가 미술치료에서 일정 위치를 차지할 수 있는 중요한 이유 중 하나는 이것이 어떤 사람들에게는 사회적 지지를 증진시킨다는 증거가 있기 때문이다. 사회적 지지는 개인이 일생 동안 신체와 정신의 건강을 유지하는 데 핵심적인 요소다. 사회적 지지가 삶의 질을 향상시킴으로써 여러 긍정적인 결과를 통해 예방 효과를 제공한다는 것은 잘 알려진 사실이다. 최근 우리는 스트레스나 외상적 사건에 노출됐을 경우 회복탄력성을 향상시킴으로써, 외상에 의해 유발된 장애 증상을 감소시키는 것이 중요하다는 점을 배웠다(Masten, 2014). 간단히 말해서 사회적 지지는 도움이나 조언, 지도를 통해 소속감을 심어주고 자아존중감을 향상시킬 뿐만 아니라 안정감을 준다. 이제 우리는 여러 온라인 소셜 네트워킹 사이트를 통해 다른 사람들과 연결되고 소통함으로써 이러한 경험을 많이 할 수 있게 되었다(Wright, 2016).

소셜 네트워킹과 소셜 미디어가 인간관계에 미치는 영향은 여전히 이해하기 어렵지만(자세한 논의는 제4장 참조), 우리는 이들이 특정 상황에서 긍정적인 형태의 사회적 지지가 될 수 있다는 건 분명히 안다. 예를 들어, 불안이나 우울증을 겪고 있는 일부 사람들은 익명의 대면 방식으로 이뤄지는 지원을 선호하는데, 이는 동일한 경험을 가진 다른 사람들과의 연결을 통해 이뤄진다. 시골 지역에서 투병 중인 사람의 경우, 장애와 먼 거리로 인해 치료를 위한 정기적 방문이 어렵다면 온라인 네트워킹만이 조력전문가의 치료를 받을 수 있는 유일한 수단이 될 수 있다. 이러한 유형의 네트워킹은 제9장과 제18장에서 설명한 것처럼 원격의료를 통하거나, 특별히 설계된 비공개 그룹과 같은 다른 형태의 디지털 통신을 활용해 이뤄질 수 있다(이 장 뒷부분의 예시 참조).

나는 종종 평판이 좋은 지지집단 사이트를 치료의 보조 수단으로 추천하기도 하는데, 그 이유는 내가 직접 온라인상의 사회적 지지를 경험했으며 일부 소셜 네트워킹 그룹에서 발견한 가치를 부분적으로 입증할 수 있기 때문이다. 최근 나는 가족 중 한 명이 희귀병 진단을 받게 되면서, 질병에 대한 정보뿐만 아니라 환자의 간병인과 나머지 가족 구성원을 위한 도움을 얻기 위해 인터넷 검색을 시작했다. 다행히도 믿을 만한 의료 정보가 있었을 뿐만 아니라, 내가 이후에 간병인 자격으로 가입하게 된 '비공개 그룹(그룹 관리자의 심사를 통한 회원 자격 부여)'도 있었다. 그룹의 일상적인 역동은 네트워킹 그룹이 어려운 상황에 처한 사람들의 삶에 얼마나 기여할 수 있는지에 대한 학습 경험을 제공했다. 암 생존자는 대부분의 지역에서 대면 지원을 받을 수 있지만, 희귀병 환자들은 의료진을 포함한 그 누구에게도 자신의 고충과 증상, 심리사회적 문제를 진정으로 이해받기 어렵다고 생각한다. 마찬가지로, 연구원인 나의 남편은 온라인 '게시판'을 사용하는 안전한 소셜 네트워크를 통해 또 다른 희귀한 질환을 가진 환자들을 위한 지지집단을 운영했다. 여기서 환자와 그 가족은 정보를 게시하고 이야기를 공유하며 질문을 할 수 있었다. 또한, 온라인 게시판은 과거에 이러한 질병을 앓았던 경험이 있거나 미래에 진단받을 유전적 위험이 있는 개인을 추적하는 수단으로도 사용됐다.

페이스북과 같이 더 널리 알려진 소셜 네트워킹 사이트에는 광범위한 지지집단이 있다. 치료사는 페이스북 같은 플랫폼의 온라인 지지집단에 가입하는 경우에도 개인정보 설정 방법과 그룹의 공개(누구나 토론을 볼 수 있음)나 비공개(참여자는 요청이나 초대로 승인되며, 토론은 외부인이 볼 수 없음) 여부에 따라 다른 사람들이 볼 수 있는 사항이 결정된다는 것을 내담자에게 알려주어야 한다. 또한, 비공개 그룹에 가입한 경우에도 그들이 이 그룹의 참여자라는 것을 다른 사람들이 알 수 있다. 나는 내담자가 비공개 그룹에 가입했다고 말하면 인터넷에 게시된 것은 그 어떤 것도 완전히 사적일 수 없으며, 그들이 공유하는 정보(예를 들어, 검사 결과/진단, 위치/개인정보)의 유형을 고려해야 한다는 점을 상기시킨다.

미술치료사로서, 나는 내담자와 온라인 지지집단이나 다양한 창의적 그룹(예를 들어, 비주얼 저널링 그룹)에서 미술 작품을 공유하는 것에 대해 토론한다. 이러한 그룹은 참여자들에게 엄청난 격려와 힘을 줄 수 있다. 하지만 소셜 네트워크 플랫폼에 게시된 이미지는 삭제된다 할지라도 여전히 인터넷의 일부로 남아 있거나 다른 사람들이 다운로드할 수 있다. 특히, 나는 내담자들에게 미술치료에서 만든 이미지를 인터넷에 게시하지 말 것을 요청하는 동시에 이러한 이미지는 내담자 의무 기록의 실제적인 일부임을 강조한다. 하지만 내담자는 자신의 회복 이야기가 담긴 작품을 자랑하거나 공유하고 싶을 수 있고, 이를 소셜 네트워크에 게시할 수 있기에 내담자는 나의 요구 사항을 어려운 일로 느낄 수 있다. 그러나 안전한 온라인 공간에서 이뤄진다고 할지라도 치료 과정에서 제작된 이미지를 공유하는 행위에는 위험이 따를 수 있으며, 치료사는 디지털 공유의 장단점을 탐색하기 위해 내담자와 이에 대해 반드시 사전에 논의해야 한다.

미술치료+행복 프로젝트

미술치료+행복 프로젝트Art Therapy+Happiness Project(ATHP) (2012; Malchiodi, 2015)는 미술 참여자들이 스스로 선택한 커뮤니티에서 함께 활동하기 위해 소셜 네트워킹 형식을 활용하는 예다. 이는 특히 시각적 자기표현과 긍정성 사이의 접점에 중점을 두는데, 긍정심리학(Seligman, 2012)과 회복탄력성 연구(Masten, 2014) 그리고 자기자비(Neff, 2011)에서 발견된 원칙을 기반으로 한다. 이런 방향을 담은 로고([그림 13.1] 참조)는 커리큘럼 내에서 강조하는 개념적 프레임워크와 연결, 자비, 용기, 공헌과 같은 네 가지 긍정적인 힘 그리고 매우 중요한 창의적 과정의 경험을 나타낸다. 3명의 미술치료사(필자, Janet McLeod, Emily Johnson Welsh)가 프로그램을 공동으로 진행하고 있으며, 현재까지 이 프로그램은 온라인 플랫폼에 참여한 최대 500명의 개인을 대상으로 세 번 진행되었다. 아래 문단은 페이스북, 링크드인, 트위터, 다양한 블로그, 전자 뉴스레터 같은 소셜 네트워킹 플랫폼을 이용하는 잠재적 참여자에게 ATHP를 소개하는 내용이다.

> 우리는 삶의 크고 작은 여러 사건으로 인해 어려움에 빠졌을 때, 미술 작업은 보다 회복탄력적으로 반응할 수 있도록 도와주는 4가지 긍정적인 힘을 통해 우리를 '더욱 행복하게' 만들 수 있다고 믿는다. 이러한 4가지 긍정적인 힘은 연결, 자비, 공헌, 용기이며, 우리 모두는 자신의 창의성을 긍정적인 힘으로 사용할 수 있다. 이 힘은 우리가 다른 사람들과 깊이 연결되고, 다른 사람과 자신에 대한 자비를 경험하며, 삶을 긍정하고 의미를 부여하는데 공헌한다. 또 우리의 이야기와 진실을 말할 수 있는 용기를 갖도록 격려하고 동기를 부여한다. ATHP에서 우리는 앞으로 4개월 동안 창의성과 긍정성을 자극하기 위한 새로운 활동, 기법, 아이디어 등을 선보일 예정이다. 여러분은 인쇄물을 다운로드하거나, 영감을 주고 개념을 가르치는 영상을 감상하며, 다른 참여자가 만든 사진과 이미지를 볼 수 있는 동시에 전 세계의 비슷한 생각을 가진 창의적인 영혼들과 상호작용할 수도 있다. (Trauma-Informed Practices and Expressive Arts Therapy Institute, 2012-2018)

다음은 그룹에 도입된 많은 활동 중 하나로, 로고([그림 13.1] 참조)에 표현된 개념적 프레임워크를 사용한 활동이며 본 내용은 사이트에 게재되어 있다.

[그림 13.1] 미술치료+행복 프로젝트 로고

디자인 제공 Josh Kale[1]

당신은 커뮤니티, 연결, 용기, 공헌을 어디에서 찾을 수 있는가? Malchiodi가 설명한 것처럼 이러한 4가지 긍정적인 힘은 삶의 크고 작은 여러 사건으로 인해 어려움에 처했을 때 우리가 더욱 회복탄력적으로 반응할 수 있도록 도와준다. 동시에 이러한 커뮤니티는 우리 삶에서 표현되고 만들어지는 핵심 요소로서의 네 가지 힘과 창의성에 초점을 맞추고 있다. 첫 번째 활동은 이 네 단어를 사용해 자신을 그룹에 소개하고 자신만의 창의성 바퀴Wheel of Creativity를 제작하는 것이다. 원, 만다라, 파이, 접시 또는 렌즈로 묘사되는 바퀴의 이미지는 우리의 문화 세계와 자연계 모두에 널리 퍼져 있다! 대개 이러한 형태는 미술 작업에 사용될 경우 균형과 움직임, 집중을 불러온다고 여겨진다. (Trauma-Informed Practices and Expressive Arts Therapy Institute, 2012–2018)

ATHP는 미술치료에서 발견된 접근법을 강조하는 우수 사례를 통합하지만, 이

1) www.joshkale.com

프로그램은 심리치료를 목적으로 의도된 것이 아니며 모든 참여자에게 이를 설명하는 면책조항을 명시한다. 참여자들이 상호작용하는 온라인 프로그래밍의 시작 단계에서는 참여와 관련한 몇 가지 기본 지침 역시 필요하다. 이는 프로그램에 참여하는 사람들 사이의 '네티켓(네트워킹 에티켓)'과 관련한 커뮤니티 규칙을 위반하는 사람을 제외할 수 있는 권리를 포함한다. 운영자는 온라인 그룹의 욕구와 의도, 구조에 근거해 이러한 지침을 작성할 수 있다. 그러나 온라인 참여를 위해 이용할 수 있는 좋은 모델이 이미 다양하게 존재한다. 소통과 행동에 관한 기본 지침을 설명하고 특정 프로그래밍이나 온라인 커뮤니티에 맞도록 개정할 수 있는 발전된 행동 강령이 있으며, 이는 크리에이티브 커먼즈(Creative Commons, 2018)를 통해 찾을 수 있다.

다른 유사한 온라인 미술 작업 커뮤니티와 마찬가지로 ATHP 또한 자기 주도적인 성격을 지닌다. 즉, 다양한 미술 과정과 활동에 얼마나 참여하고 싶은지는 참여자들에게 달려 있다. 다음은 참여자들에게 이 개념을 소개하는 설명이다.

> 이 과정은 자신이 원하는 만큼 참여할 수 있는, 자기 주도적인 과정이다. 메뉴의 링크를 클릭하여 방문할 수 있는 여러 프로젝트가 있다. 우리는 진행하면서 계속 새로운 프로젝트를 추가할 것이며 이것 역시 메뉴에서 볼 수 있을 것이다. 모든 프로젝트는 연말까지 볼 수 있고 참여할 수 있다. 우리는 새 프로젝트에 관한 업데이트 정보를 알리기 위해 메일을 정기적으로 발송할 것이며, 여러분은 ATHP 웹사이트를 방문하여 그 내용을 확인할 수 있을 것이다. 각 프로젝트에는 활동에 대한 설명이 있으며, 이중 대다수는 설명을 문서로 첨부하여 컴퓨터에서 다운로드 및 인쇄를 할 수 있게 해놓았다. 그 밖에도 '공유와 댓글' 기능을 통해 자신의 작품과 작업 과정에 대한 의견을 게시하고, 커뮤니티 내 다른 사람들에게 답변할 수도 있다.[2]

2) https://www.trauma-informedpractice.com/online-live-courses/art-therapy-happiness-project/

ATHP의 대다수는 참여자들이 온라인상에 이미지와 댓글을 게시함으로써 진행되지만, 프로그램에서 가장 인기 있는 기능 중 하나는 일반 우편을 통해 주기적으로 진행되는 '창작물 교환[art swap]'이다. 창작물 교류를 하고 싶은 커뮤니티 회원은 등록 후 자신이 만든 작은 작품을 특정 그룹에 우편으로 보내고, 이를 받은 사람도 자신의 작품을 다시 우편으로 보낸다. 창작물 교환의 대상이 되는 품목의 크기는 일반 우편 크기의 봉투에 맞게 고안되어 있어 참여자는 우편 요금을 절약할 수 있다. 비록 대부분의 ATHP 경험은 디지털 통신과 소셜 네트워킹을 통해 이뤄졌지만, 이러한 창작물 교환의 인기는 참여자들이 여전히 직접 만나는 방식의 소통을 갈망한다는 점을 강조한다. 이러한 직접적인 소통은 '구식' 소통 방식인 편지에서 찾아볼 수 있는데, 가상의 소통이나 관계와는 다르게 편지에는 실시간으로 만지고, 잡고, 볼 수 있는 유형 미술이 포함되어 있다.

내가 다양한 온라인 학습과 참여적 경험을 개발하고 출시함으로써 배운 한 가지는 온라인 강좌나 지지집단에 등록하는 사람들 중 일부만이 실제로 참여하여 프로그램을 계속 진행한다는 것이다. 이는 다른 가상 플랫폼에도 공통으로 적용되는 사항이다. 하지만 이것이 참여자가 자료를 이용하지 않는다는 의미는 아니다. 그들은 단지 프로그램 사이트에 댓글이나 이미지를 게시하는 것을 편하지 않게 느낄 수 있다. 그뿐만 아니라 ATHP와 같은 온라인 학습은 자기 주도적이기 때문에 사람들은 주의를 집중하는 부분에서 더욱 어려움을 겪는다. 온라인 프로그램의 도전 중 하나는 오랜 기간 동안 참여하는 것이다. 최근 콘텐츠에 대한 정보, 새로운 활동과 문서의 링크를 주간이나 격주로 업데이트하면 참여자가 지속적으로 참여하는 데 도움이 될 수 있다. 그러나 온라인 프로그래밍이 무료인 경우(요금 부과 없음) 해지율이 높은 경우가 많다. 그 이유는 비록 적은 금액일지라도 금전적인 투자는 사람들이 '지불한 것에 대한 대가를 얻도록' 유도하기 때문이다.

마지막으로, ATHP는 사람들이 이미지를 업로드하고 토론에 참여할 수 있게 해주는 닝Ning이라는 소셜 네트워킹 플랫폼을 사용한다. 사용자들은 운영자가 사이트에서 보내오는 메일을 통해 새로운 프로젝트나 활동을 소개받는다.

'드립 콘텐츠Drip content'는 또 다른 옵션으로, 일부 교육 및 학습 관리 플랫폼에서 사용할 수 있다. 다시 말해서 운영자는 새로운 활동과 콘텐츠를 자동으로 전송하기 위해 미리 시간을 설정할 수 있다. 이를 통해 운영자는 강좌 커리큘럼 전체를 설치해놓고 참여자들이 그중 일부만 특정 시간(예를 들어, 일주일에 한 번, 격주나 매월)에 접근할 수 있도록 할 수 있다.

군인 배우자를 위한 회복탄력성과 미술치료 집단

나는 ATHP에서 배운 것을 바탕으로 특별히 내담자 집단을 위한 온라인 프로그래밍을 추가로 개발했다. 미술치료사로서 나의 업무 중 하나는 현역 군인과 그 가족을 위한 표현예술 '회복탄력성' 프로그램을 개발하는 것이다. 이 프로그램의 성공적인 부분 중 하나는 군인들의 아내를 대상으로 하여 지속적으로 진행되는 집단인데, 이들 중 대다수는 복무 기간 동안 혼자서 가정과 아이들을 돌봐야 한다.

이전의 회복탄력성 집단에서 함께하던 상당수 참여자들이 기지를 떠나게 되면서 그들은 그간 함께해오던 사람들과 지속적으로 연락을 주고받는 게 도움이 될 것이라고 제안했다. 이러한 요구를 해결하기 위해 나는 권한을 부여받아 시간 제한적인 온라인 플랫폼을 만들었다. 당시 플랫폼을 만들면서 내가 첫 번째로 고려한 사항은 안전하고, 사용자 친화적이며, 신뢰할 만한 기술이었다. 다행히도 나와 내담자가 만나는 군사기지에서는 보안 플랫폼을 설정할 수 있었는데, 이는 ATHP에서 사용된 것과 유사했다. 하지만 비디오 기능이 지원됐기에 6명의 집단 구성원은 나뿐만 아니라 서로의 모습도 볼 수 있었다.

[그림 13.2] 온라인 회복탄력성 프로그램의 '창작물 교환'을 위해 꾸며진 트럼프 카드

이미지 제공 Cathy Malchiodi

군인과 그 가족들은 약속이나 임무 완수에 대한 강한 책임감을 가지고 있기 때문에 집단원들은 온라인 8회기에 모두 참여하는 데 동의했다. 회복탄력성에 관한 활동과 짧은 독서 시간이 매주 예정된 온라인 비디오 회기 전에 진행되었다. 그 결과 우리는 대면 회복탄력성 집단에서 작품을 제작했던 것과는 다르게, 온라인 회기 시간은 배운 것을 토론하고 이미지를 공유하는 데 사용했다. 비록 이것이 다소 단점으로 작용하는 경우도 있었지만, 참여자들은 온라인상에서 이야기를 나누고 서로의 소식을 듣기로 결정했다. 그들은 창의적인 결과물을 공유할 수 있는 기회를 소중히 여겼고, 비디오를 통해 다른 이들과 공유하는 과제를 완성할 수 있도록 서로에게 동기를 부여했다. ATHP에서와 같이, 참여자들은 이전의 대면 집단에서 경험한 것을 바탕으로 창작물 교환을 요청했는데, '자기자비와 용기'라는 주제로 트럼프 카드를 꾸미는 활동을 수행했다

([그림 13.2] 참조). 참여자들은 비디오 통신에 좋은 평가를 내렸지만, 대부분은 창작물 교환을 함으로써 다른 집단원들과 연결되어 있다는 느낌을 가질 수 있었다고 언급했다. 이는 유형의 미술 창작물이 서로에게 받은 정서적 지지를 상기시킴으로써 얻어진 결과다.

만성 통증 환자를 위한 무들 기반 심리교육 집단

무들*modular object oriented dynamic learning environment*(Moodle)은 원격 교육을 원하는 모든 사람들이 이용할 수 있는 무료 오픈소스 학습관리시스템이며, 대학과 기업에서 주로 사용된다. 그것은 텍스트 로드, 문서 게시, 영상, 파워포인트, 퀴즈 추가, 간단한 피드백 요청과 이미지를 포함한 과제 업로드 등 다양한 맞춤형 기능을 제공한다. 사용자가 상호작용하며 의견이나 질문을 게시할 수 있도록 하는 그룹 및 '갤러리' 기능도 지원이 가능하다. 이와 더불어 무들 사이트의 기능을 확장할 수 있는 다양한 플러그인이 있는데, 이는 무들 웹사이트[3]에서 무료로 다운로드할 수 있다. 무들은 누구나 이용할 수 있는 무료 플랫폼이지만 처음에는 배우기가 어렵다는 점을 이해하는 것이 중요하다. 무들에서 효과적인 강좌나 학습 경험을 쌓기 위해서는 몇 가지 심화된 이해가 필요한데, 이 경우 온라인 튜토리얼이 도움이 된다. 하지만 무들은 대개 사용자 친화적인 성격을 갖고 있기 때문에 일단 배우고 나면 매우 다양한 용도로 사용될 수 있다.

통증 관리 병원의 요청에 따라 나는 무들을 플랫폼으로 사용하여 만성 통증 환자를 대상으로 한 심리교육 프로그램을 설계했다. 앞서 설명한 회복 탄력성 프로그램과 같이 암호로 보호되는 안전한 사이트를 사용했으며 병원에서 승인된 사람에게만 접속 권한을 부여했다. 이곳의 환자들은 등과 엉덩이나

3) www.moodle.org

관절의 통증부터 편두통 같은 두통이나, 긴장 관련 상태 등을 유발하는 다양한 증상을 지니고 있었다. 무들은 이러한 사용자가 개별 학습자로서 참여하도록 구성할 수 있기 때문에 프로그램에 등록한 환자는 익명성을 유지한 채 자신의 속도에 맞춰 접속하고 사용할 수 있다. 무들 프로그램에는 통증 자가평가로부터 심신요법에 이르는 6개의 '모듈(주제)'이 포함되어 있다. 각 모듈은 해당 주제와 추가적인 자기 돌봄 전략을 요약하여 다운로드 가능한 형태로 제공했다.

프로그램 옵션 중에는 신체 윤곽을 이용한 통증 추적과 스트레스 해소를 위한 간단한 드로잉 등 몇 가지 미술 체험 활동이 있었다. 그리고 온라인 활동에 참여한 환자는 원한다면 자신의 작품을 사이트에 게시하여 운영자의 검토를 받거나, 혹은 모든 참여자에게 열린 그룹 토론에서 작품에 대한 의견과 감상평을 공유할 수 있었다. 비록 모든 참여자가 작품을 게시하지는 않았지만, 작품 게시는 이를 선택한 사람들의 경험과 학습에 새로운 관점을 더했다. 놀랍게도, 이러한 참여자 중 일부는 미술치료를 받기로 결정했는데, 이는 통증과 그 관리에 관한 사항을 단순한 드로잉 활동이나 온라인 집단과의 공유를 통해 배울 수 있다는 점에 놀라움을 느꼈기 때문이다.

결론

소셜 네트워킹은 이제 개인적인 소통뿐만 아니라 많은 내담자와의 전문적인 상호작용에서도 언제 어디서나 사용할 수 있게 됐다. 물론 이로 인한 문제점 역시 존재하지만 다행히 소셜 네트워킹이 미술치료에 도움이 된다는 새로운 증거가 있다. 미술치료사는 소셜 네트워킹과 소셜 미디어를 단순히 서비스를 홍보하거나 직종을 활성화하기 위한 플랫폼으로 간주할 수도 있다. 하지만 내담자의 욕구를 최우선으로 둔다면 우리는 소셜 네트워크를 통해 내담자를 지원하는 방법을 지속적으로 이해하고 탐색할 수 있을 것이다. 이 장에서 설명한 심리교육적, 치료적 적용에 대한 개요와 예시를 참고해 더 많은 치료사가 새로운 플랫폼을 연구하고 설계하길 바란다. 더불어 창의적, 참여적, 사용자 친화적, 윤리적이고 안전한 소셜 네트워킹 경험을 통해 내담자들을 지원할 수 있는 다양한 방법들을 모색하기 바란다.

권장 사항

- 소셜 네트워킹과 소셜 미디어를 자기 홍보와 마케팅이나 사회행동을 위한 플랫폼으로만 간주하기보다는, 내담자를 지원하는 디지털 통신 수단으로서 어떻게 사용할 것인지를 탐색한다.
- 다양한 온라인 지지집단을 살펴보고, 이러한 형태의 디지털 통신이 일부 내담자 집단을 위한 사회적 지지를 향상시킬 수 있는 방법에 관해 자세히 알아본다.
- 내담자와의 소셜 네트워킹과 소셜 미디어 상호작용에 관한 자격심사위원회의 현행 규정을 정기적으로 검토한다. 동시에, 자신의 소셜 네트워크 계정과 개인정보 설정을 검토한다.
- 소셜 네트워킹을 통해 온라인 미술 작업 커뮤니티에 참여한다. 직접 경험해본다면 소셜 네트워킹 플랫폼이 어떤 상황에서, 어떤 방식으로 내담자에게 도움이 되는지 효과적으로 알 수 있을 것이다.

참고문헌

Alders, A., Beck, L., Allen, P.B. and Mosinski, B.B. (2011) Technology in art therapy: Ethical challenges. *Art Therapy 28*(4), 165–170.

Art Therapy + Happiness Project (ATHP) (2012) Welcome to the Art Therapy + Happiness Project. Retrieved on April 1, 2018 at www.trauma-informed practice.com

Belkofer, C.M. and McNutt, J.V. (2011) Understanding social media culture and its ethical challenges for art therapists. *Art Therapy 28*(4), 159–164.

Creative Commons (2018) *Code of Conduct*. Retrieved on April 1, 2018 at https://wiki.creativecommons.org/wiki/Slack/Code_of_Conduct

Kaplan, D. (2011) Legal and ethical issues surrounding the use of social media. *Counseling and Human Development 43*(8), 4–13.

Malchiodi, C.A. (2009, November 2) Art therapy meets digital art and social media. Retrieved on April 1, 2018 at www.psychologytoday.com/blog/arts-and-health/200911/art-therapy-meets-digital-art-and-social-multimedia

Malchiodi, C.A. (2015, May 31) The Art Therapy + Happiness Project. Retrieved on April 1, 2018 at www.psychologytoday.com/blog/arts-and-health/201505/the-art-therapy-happiness-project

Malchiodi, C.A. and Cutcher, D. (2012) Issues and ethics of art therapy in a digital age. Retrieved on April 1, 2018 at www.slideshare.net/healingarts/digital-art-therapy2012-presentation-by-cathy-malchiodi-phd-and-don-cutcher-atrbc

Malchiodi, C.A. and Cutcher, D. (2013) Art therapy and ethics in a digital age. Retrieved on April 1, 2018 at www.slideshare.net/healingarts/digital-art-therapy-and-social-media-ethics-cathy-malchiodi-phd-lpat-lpcc-reat-atrbc-and-donald-cutcher-atrbc

Malchiodi, C.A. and Cutcher, D. (2014) Art therapy and ethics in a digital age. Retrieved on April 1, 2018 at www.slideshare.net/healingarts/digital-art-therapy-and-social-media-ethics-2014-cathy-malchiodi-phd-lpat-lpcc-reat-atrbc-and-donald-cutcher-atrbc

Malchiodi, C.A. and Cutcher, D. (2015) Ethics and art therapy: How do art therapy ethics measure up? Retrieved on April 1, 2018 at www.slideshare.net/healingarts/ethics-and-digital-art-therapy-presentation-with-cathy-malchiodi-phd-and-don-cutcher-atrbc

Masten, A. (2014) *Ordinary Magic: Resilience in Development*. New York, NY: Guilford Publications.

Miller, G. (2017) *The Art Therapist's Guide to Social Media*. New York, NY: Routledge.

Neff, K. (2011) *Self-Compassion: The Proven Power of Being Kind to Yourself*. New York, NY: HarperCollins.

Operation Sock Monkey (2017) About OSM. Retrieved on April 1, 2018 at www.operationsockmonkey.com/about

Pew Research Center (2017, May 17) Tech adoption climbs among older adults. Retrieved on April 1, 2018 at www.pewinternet.org/2017/05/17/tech-adoption-climbs-among-older-adults/#

Seligman, M. (2012) *Flourish: A Visionary New Understanding of Happiness and*

Well-Being. New York, NY: Simon and Schuster.

Trauma-Informed Practices and Expressive Arts Therapy Institute (2012–2018) Art Therapy + Happiness Project. Retrieved at www.trauma-informedpractice.com/online-live-courses/art-therapy-happiness-project

US Department of Health and Human Services (2017) Health information privacy. Retrieved on April 1, 2018 at www.hhs.gov/hipaa/index.html

Wright, K. (2016) Social networks, interpersonal social support, and health outcomes: A health communication perspective. *Frontiers in Communication 1*. doi: 10.3389/fcomm.2016.00010

제3부

임상과 교육의 적용

제14장

입원 아동 · 청소년의 디지털 미술치료

– Mary K. Kometiani

표준화되고 보편화된 기술의 역할은 현대사회와 사람들의 생활 방식을 변화시켰다. 사람들은 현대 기술을 통해 일상생활에서 독서, 학습, 사교, 창조 그리고 소통을 한다. 아동은 어릴 때부터 온라인에 접속해 완전히 다른 방식으로 미디어에 접근함으로써 사회적, 기술적 혁명을 자연스럽게 경험하고 있다(Hicks, Grimson, and Smith, 2013). 이러한 이유로 임상가들은 환자에게 최상의 치료를 제공함과 동시에 치료를 수행하면서 유연성과 창조성, 개방성을 지녀야 한다. 현대사회가 치료 방법에도 영향을 미쳤기 때문에 치료사는 디지털 미술치료가 갖는 치유 가능성과 입원한 아동 · 청소년을 포함한 다양한 내담자에게 제공하는 여러 잠재적 이점에 대해 지속적으로 연구하고 평가할 필요가 있다.

지난 수년간 미술치료사들은 임상 환경에서 디지털 미술치료의 중요성에 관해 저술해왔다(Carlton, 2014; Choe, 2014; Malchiodi, 2009). 소아청소년과 병원과 같이 바쁘고 현대화된 환경에서 미술치료에 디지털 미술을 활용하는 것은 필수적이라 할 수 있다. 디지털 미술은 사용하기 편하고, 병상에서 활용할 수 있는 앱이 다양하게 나와 있을 뿐 아니라 위생 관리와 이동성이 용이하고 비용이 적절하기 때문에 자주 선호되는 방법이다. 초보자부터 전문 예술가에 이르는 다양한 연령 집단에 적합한 미술 앱이 지속적으로 증가함에 따라 기술을 활용한 미술도 발전하고 있다.

디지털 미술 작업은 방대한 색상 선택과 멀티미디어 옵션, 광범위한 공유 기능을 제공할 뿐 아니라 인터넷에서 수많은 이미지를 검색해 콜라주를 만들 수 있게 함으로써 비록 기존의 미술 매체보다 더 많은 가능성을 제공하지 못한다 할지라도 기존과 동일한 여러 기능을 제공할 수 있다(Malchiodi and Johnson, 2013). 디지털 미술 매체는 쉽게 조작할 수 있고 대규모 저장 용량을 확보할 수 있는 편리한 형식으로, 성공적인 미술 작업과 용이한 오류 수정 그리고 최대한의 예술적 자유를 제공한다(Darewych, Carlton, and Farrugie, 2015). 이러한 디지털 미술 매체에서는 냄새와 지저분함 그리고 질감을 느낄 수 없는데, 이것은 촉각에 민감한 환자들에게는 이점이 된다. 또한, 전통적인 매체를 사용할 때 위축되거나 작업이 어려운 발달 장애인들의 자율성을 촉진한다. 디지털 매체는 감각자극을 감당할 수 없거나 비식품^{non-food object}을 섭취할 가능성이 있는 내담자에게도 좋다(Alders *et al.*, 2016). 이 밖에도 디지털 미술치료는 지적 장애나 감각 문제가 있는 개인과 감염 위험, 마비, 자세 또는 체력 저하로 인해 치료 중 미술 재료를 사용할 수 없는 개인에게도 권장된다.

이 장에서는 몇몇 디지털 미술 앱에 관한 개요와 입원한 아동·청소년의 미술치료에 기술을 사용할 경우의 이점에 대해 설명한다. 그리고 디지털 미술치료를 적용한 몇 가지 사례를 제시한다. 마지막으로 병원 환경에서의 디지털 미술치료 사용과 관련한 윤리적 고려 사항과 유일무이한 고유한 도전에 대해 설명하고, 우수 사례를 위한 권장 사항을 안내한다.

입원한 아동 · 청소년의 디지털 미술치료

창의적 미술치료가 소아청소년 환자의 삶의 질을 향상시킨다는 것은 널리 알려진 사실이다(Madden *et al.*, 2010). 한 연구에서는 미술치료가 환자의 기분을 개선시키고, 통증과 스트레스 그리고 메스꺼움을 감소시킨다는 점을 입증했다(Chapman *et al.*, 2001; Madden et al., 2010; Siegel et al., 2016). 또한, 미술치료는 의학적 진단에 대한 불안과 정서적 영향을 다루는 효과적이고 역동적인 방법이 된다(Nesbitt and Tabatt-Haussmann, 2008). 의료미술치료^Medical art therapy^는 입원에 대한 반응이라는 의미 있는 형태로 환자의 욕구와 소망, 경험을 표현하게 함으로써 이는 환자가 힘든 사건을 대처하는 능력을 향상시키는 데 도움이 되며 행복감을 변화시킨다(Councill, 2012). 미술치료 회기가 표현적 미술 작품으로 이어지든, 아니면 단순한 그림 그리기 활동으로 이어지든, 미술은 질병에 대한 실제적 반응이자 입원 너머 삶까지도 반영한다(Councill, 2012). 의료미술치료는 증상 관리와 정서적 카타르시스, 의미 부여 등 명확하고 설득력 있는 여러 장점이 있다.

의료미술치료와 마찬가지로 디지털 미술치료는 병원 환경에서 전통적 미술치료와 유사한 경험을 제공하며, 이는 다음과 같다.

- 소아청소년 환자가 겪는 통증, 공격성, 피로, 스트레스, 메스꺼움, 우울을 해결할 수 있는 적극적이고 참여적인 과정
- 진단과 입원에 대한 감정이나 반응을 표현할 수 있는 방법의 선택권(앱, 페인팅 프로그램, 사진, 영화)과 기회 제공
- 지루할 때의 자극
- 의료 경험의 정상화
- 소아청소년 환자에게 통제권을 줌으로써 힘을 부여

- 의료 치료에 대한 순응도 증진
- 아동과 청소년에게 의료 절차와 입원, 질병에 대한 반응을 표현할 수 있는 적절한 방법을 제공함으로써 미래에 대한 희망 부여
- 삶의 질과 개인의 안녕감 향상

일반적으로 병원 환경에서의 디지털 미술치료 사용에는 두 가지 포괄적 접근법이 있는데, 바로 자극 그리고(혹은) 이완과 심리치료적 디지털 미술 작업이다. 우선 디지털 기술은 소아청소년 환자에게 단순히 자극 그리고(혹은) 이완을 줄 수 있다. 이것은 색상, 선, 질감, 소리와의 간단한 접촉 경험만으로 구성될 수도 있다. 이러한 경우 앱은 고통스러운 절차 중에 긴장을 풀고 지루함을 덜어주거나, 환자의 관심사에 적절히 반응하여 치료적 관계를 시작하게 하는 방법으로 사용될 수 있다. 따라서 미술치료 앱은 환자의 스트레스를 줄이고 자기 조절의 기회를 제공하는 방법으로서 매우 유용하며 계속해서 탐색될 필요가 있다.

사례 14.1

9세 여아인 Jocelyn은 겸상 적혈구 빈혈증sickle cell anemia 진단으로 인한 통증 위기를 관리하기 위해 입원 기간 동안 미술치료를 받았다. 그녀는 주삿바늘을 찌르는 것에 대해 극도의 불안감을 호소했다. 이에 미술치료사는 불안을 통제하기 위한 안정의 방법으로 Jocelyn에게 아이패드를 제공했다. 그녀는 블룸Bloom이라는 앱을 사용했고, 색상과 소리를 선택하는 과정을 통해 스트레스나 통증보다는 앱으로 패턴을 구성하는 데 더욱 집중했다. 이를 통해 Jocelyn은 자기 조절 기술을 강화하고, 다가오는 의료 절차 준비에 대한 긴장감을 줄이는 동시에 치료 순응도를 증진하는 기회를 얻게 되었다.

심리치료적 디지털 미술 작업은 전통적인 매체를 사용하는 미술치료와 같은

목표를 가지고 있다. 그것은 바로 환자가 치료에 온전히 몰두하게 할 뿐 아니라 미술 작품을 통해 개인의 깊은 내면적인 생각과 감정을 표현하도록 하는 것이다. 휴대용 기기를 사용하는 경우, 이미지의 색상과 크기 선택부터 시작해 모든 움직임이 개인에 의해 의도적으로 결정되기 때문에 기존의 종이 형식보다 훨씬 개인적인 성격을 띤다. 이러한 형태의 디지털 미술치료는 자기 반영적이며 질병의 여러 측면을 대처함과 동시에 입원에 대한 의미를 부여하도록 도움을 줄 수 있다.

질병이 진행되면서 Jocelyn은 골수이식을 받았고 감염되지 않기 위해 몇 주 동안 격리됐다. 이 상황에서 소독이 용이한 태블릿은 감염 위험이 거의 없는 안전한 대안책이 되었다. Jocelyn은 표현력이 뛰어나고 열정적인 환자였는데, 기운이 없고 통증을 느낄 때조차도 미술치료에 흥미를 보였다. 때로는 통증으로 인해 침대에서 겨우 일어나 앉는 것만이 가능했다. 이러한 시기에 전통적인 미술 재료를 사용했다면 여러 어려움이 따랐을 것이며, 또한 상당한 에너지가 소모되었을 것이다.

아이패드를 제공받은 Jocelyn은 에듀케이셔널 졸로 크리에이티브 플레이 스컵쳐Educational ZoLO Creative Play Sculpture라는 앱을 자주 사용하곤 했는데, 이 앱에서는 갤러리 기능을 통해 다채로운 색상의 형태와 상징을 선택하고 조작할 수 있었다. 그녀는 종종 장식적인 형상을 사용해 자신의 가족과 가족 모임의 전통을 상징화했으며, 특히 어머니와 형제들이 함께 식사하는 이미지를 여러 개 만들었다. 왜냐하면, 그녀의 가족에게 식사 시간은 가족이 모두 모이는 성스러운 시간이었기 때문이다([그림 14.1] 참조). Jocelyn에게 디지털 미술은 질병과 치료로 인해 가족과 떨어져 있는 상황을 극복하고, 입원 기간 동안 느끼는 상실감을 표현하는 수단이 되었다. 미술치료사는 그녀에게 사랑받는 느낌, 안정감, 가족들과 함께하는 기분을 떠올리게 해주는, 자연스러운 기회를 제공해주었다. 미술치료를 통해 Jocelyn은 정서적 욕구를 표현할 수 있었고, 그녀의 형제를 돌보느라 함께할 수 없었던 가족과도 자신이 만든 생생한 디지털 미술 작품을 통해 활발하게 연결될 수 있었다.

[그림 14.1] 가족의 저녁 식사를 표현한 Jocelyn의 콜라주

입원한 아동 · 청소년의 디지털 미술치료 매체

드로잉과 페인팅

디지털 드로잉과 페인팅은 병원에 있는 아동이나 청소년에게 전통적인 미술 재료와 유사한 기술과 환경을 제공한다. 손가락, 마우스 스틱mouth stick, 마우스, 스타일러스, 디지털 브러시를 사용하여 드로잉과 페인팅을 제작할 수 있다. 사용하는 미술 앱에 따라 불투명도, 색감, 레이어링, 두께를 다양하게 설정할 수도 있다. 이 외에도 드로잉과 페인팅에 가해지는 압력을 작업 과정에서 복제하는 것이 가능하며, 정밀도를 조정하고 스머지 툴을 통해 선을 흐리게 할 수도 있다. 또한, 실행 취소 기능은 디지털 오류를 쉽게 수정하게 해주므로 드로잉과 페인팅 작업에 매우 유용하다.

미술 작업에서 손가락을 사용하는 것은 전통적인 드로잉 도구를 사용하는 것과 유사하며(Diggs, Lubas, and De Leo, 2015), 스타일러스를 사용하면 드로잉과 지우기 그리고 음영의 복제가 가능하다. 아트 펜 스타일러스는 드로잉 동작에 대한 압력 민감도와 기울기 민감도 기능을 제공한다. 그리고 펜슬 스타일러스를 사용할 경우 연필과 유사한 촉감을 경험할 수 있는데, 일반 연필과 매우 유사하게 음영을 처리하고 선 두께를 변경할 뿐만 아니라 압력을 조정할 수도 있다. 스타일러스는 드로잉과 지우기 모두를 위한 도구로 사용될 수 있기 때문에 사용자는 마치 실제로 연필을 사용하는 것과 같은 감각을 느낄 수 있다 (Diggs *et al.*, 2015). 이러한 도구는 정밀도의 세밀한 조절을 가능하게 하며, 환자의 힘과 속도에 맞추어 반응한다. 미술 앱과 함께 사용하는 경우, 작업 중에 다양한 선을 그리고 조절하기 위해 직선 브러시 팁과 각진 브러시 팁 또는 정밀한 팁이 있는 브러시 기능을 활용하면 된다. 비록 이러한 도구가 디지털 미술치료에 필수적인 것은 아니지만 미술 작업 경험과 기술 습득 능력을 향상하는 데 도움이 될 수 있다.

유연성을 지닌 이동식 기기는 회복을 위한 새로운 방법과 통제 및 힘의 부여에 대한 새로운 감각을 제공함으로써 심각한 의료적 문제가 있는 사람들의 삶을 변화시켰다. 예를 들면, 운동 조절에 어려움이 있는 환자motor control impairment들이 디지털 미술 작업을 위해 사용할 수 있는 다양한 적응적 도구들이 있다. 환자가 직접 움직임과 통제를 지시하는 데 사용되는 마우스 스틱을 위한 다양한 옵션도 있다. 개별 맞춤형 스타일러스 스트랩은 더 나은 그립감을 가능하게 하며 소근육 운동에 문제가 있는 환자가 더욱 쉽게 드로잉을 할 수 있도록 지원한다. 또한, 광 감지기를 사용해 태블릿에서 항목을 선택하고 작품을 제작할 수 있게 하는 메커니즘인 '라이트 펜'은 화면에 압력을 가할 수 없는 사람들에게 유용하다(Malchiodi and Johnson, 2013). 음성 조절과 음성 인식 기술을 사용하는 고급 방법도 존재한다. 이러한 기기는 종종 소외되거나 혜택을 받기 어려운 개인들에게 도움이 된다. 앞으로도 이러한 내담자들이 미술치료에 참여하기 위해서는 다양한 종류의 적응적 도구가 필요하다.

사례 14.2

통증완화 치료를 받는 6세 여아인 Destiny는 유아기에 희귀한 신경 질환인 횡단성 척수염transverse myelitis을 진단받았고, 그 결과 좌반신 마비를 얻게 되었다. 비록 미술 작업을 위해 손을 움직이는 것이 불가능했지만, 그녀는 혀와 입을 다양한 방식으로 사용해 마우스 스틱을 조작함으로써 예술가라 불리기에 손색이 없을 정도로 다양한 페인팅 기법을 구사할 수 있었다. 주로 아이패드 미술 앱을 사용해 그녀는 드로잉과 페인팅 작업을 즐겨하고 야외의 다채로운 이미지를 자주 그리곤 했다. 그녀가 그린 무지개와 흐린 하늘의 이미지는 평화와 아름다움을 상징했다. 비록 일반적인 야외 활동에는 참여하기 어려웠지만, 미술은 그녀가 자기 자신을 표현하고 지지받고 있음을 느끼는 동시에 새로운 숙달감을 증진시킬 수 있는 강력한 수단이 되었다. Destiny의 미술 작업과 작품을 통해 가족들은 그녀를 격려하고 그녀가 가진 힘과 능력을 깨닫게 되었다. 또한 창의적 비전을 함께 공유함으로써 온 가족이 함께하는 느낌을 가질 수 있었다. 미술을 통해 그녀는 견딜 수 없는 것을 견딜 수 있게 되었다. 또한 활기찬 색채와 결합된 이미지를 통해 자신이 질병을 받아들였다는 메시지를 전달했다. Destiny는 자연과 열정적으로 교감하는 모습을 그림으로 보여주었으며, 그녀의 이미지는 그녀가 살아 있는 아름다운 세계의 목격자일 뿐 아니라 그 세계의 일부라는 사실을 반영했다.

콜라주

콜라주는 위협적이지 않고 효과적이며 참여적일 뿐 아니라 적응하기 쉽고, 표현적인 매체로서 생각과 감정의 표현, 또한 의식적이거나 무의식적인 스토리텔링까지도 가능하게 한다(Diggs *et al.*, 2015).

사례 14.3

8세 여아인 Sarah는 자동차 사고를 당하고 외상과 심한 열상으로 고통을 겪었다. 그녀는 복부를 치료하기 위해 여러 차례 수술을 받았다. 그녀는 몸에 꽂은 배액관 때문에 튜브와 병을 항상 달고 있었다. 그리고 통증 관리에 어려움이 있었기 때문에 긴 입원 기간 동안 제대로 앉아 치료 회기에 참여하기가 힘들었다. 하지만 콜라주 작업을 위해 아이패드를 사용하게 되면서 제한적으로 움직이거나 침대에 누운 상태에서도 효과적으로 미술 작업에 참여할 수 있었다. 병원에 여러 달 입원해 있었고 기념일에 참석하지 못했기 때문에 그녀는 디지털 콜라주를 통해 그들의 사진과 기념일 아이콘을 카드에 담아 멀리 떨어져 있는 그녀의 가족이나 친구들과 함께 축하했다. 콜라주 작업을 통해 Sarah는 사랑하는 사람들에 대한 솔직한 이야기를 할 수 있게 됐고, 더불어 병원에서 퇴원 후 가족과 함께하는 삶에 대한 의지와 소망을 표현할 수 있는 기회를 얻게 됐다.

사진, 영화 그리고 비디오

디지털 사진은 비용이 효율적이며 암실이나 화학물질 없이 간단히 편집 작업을 하고 결과를 즉각적으로 얻을 수 있다(Peterson, 2010). 특수 효과는 이미지 자르기, 색 배합과 색조 변경, 텍스트 추가, 보정, 얼굴 외형의 대폭 수정 등의 조작을 포함하며 쉬운 응용과 실험을 통해 적응할 수 있다. 디지털 사진은 어린 환자가 원본 이미지에 다양한 기술을 적용한 후 '되돌리기' 기능을 통해 언제든지 원래대로 되돌릴 수 있다는 장점이 있다. 이것은 디지털 기술 없이는 불가능한 일이다(Thong, 2007). 디지털 사진은 색상 변화 필터를 추가하거나 채도를 변경하는 것과 같이 다양한 변화를 위한 가능성을 제공한다. 또한, 의료미술치료의 여러 치료적 목표를 달성할 수 있는 가능성을 제공한다. 미술치료에서 디지털 사진을 사용하는 것은 환자의 관점을 표현하는 것이자 성찰과 의미 부여의 한 형태가 된다. 미술은 통제감을 부여하고 새로운 기술을 배우는 과정을 통해 발달적으로 적합한 방식의 기술을 터득하도록 한다(Malchiodi and Johnson, 2013). 이 외에도 내담자와 사진 작업을 진행할 경우, 이미지의 은유와 사진의 관점에 대한 강조는 미술치료사에게 유용한 도구가 된다.

사례 14.4

말기 신장 질환end stage renal disease을 진단받은 청소년 Mike는 신장 이식을 기다리며 일주일에 3번의 투석을 받았다. 그는 투석 치료를 받는 동안 통증, 경련, 혈압 감소, 피로로 인해 고통받았다. 혈액 이동을 위해서 기계와 연결된 튜브 때문에 팔의 움직임에도 제한이 따랐다. 이는 이동성에도 영향을 미쳐 투석을 받는 동안 Mike는 전통적인 미술 재료를 사용하는 데 어려움을 겪었다. 말기 신장 질환 환자는 건강과 관련한 삶의 질 저하와 심리사회적 복잡성 그리고 낮은 학업 성취도라는 위험에 노출되는데, 이는 질병과 그 관리가 일상생활의 신체적, 정서적 기능에 중대한 영향을 미치기 때문이다(Tjaden et al., 2016). 투석 환자를 대상으로 한 미술치료는 주로 대처 전략 제공, 스트레스 관리, 적극적 경청과 지지, 의학적 순응도, 자기표현을 목표로 한다(Schreibman, 2013).

Mike는 투석 치료 기간 동안 언제나 미술치료사를 반갑게 맞이했다. 치료사는 그의 이야기를 적극적으로 경청하고 지지했으며 그에게 영성과 기도가 매우 중요하다는 사실을 말했다. 하지만 Mike는 미술 작업을 하기에 부적절한 상태거나 기계 혹은 의료진이 수행하는 의료 절차로 인해 미술치료에 참여하는 것이 어려운 경우도 있었다. 그는 피로로 인해 회기를 진행하기 어려운 상태가 되기 전에 작업을 완수할 수 있는, 간단하고 효율적인 미술치료 작업을 선호했다.

기억에 남는 한 회기에서 Mike는 투석실에 자신을 연결해 표현했다. 투석실에서 수많은 시간을 보낸 그는 하늘색 구름을 배경으로 한 독수리 벽화에 애착을 보였다. 치료를 받는 과정 중에 독수리의 존재를 느꼈던 것처럼 그는 새와 그 상징에 관한 연관성을 감지하게 됐다. 그리고 독수리를 작품의 주제로 사용하는 것에 관심을 보였다. 두들 부스Doodle Booth 앱을 사용해 Mike는 벽화 사진에서 원하는 부분을 잘라냈고, 사진에 장식적인 요소를 추가할 수도 있었다. 그리고 앱을 통해 자신이 좋아하는 성경 구절을 입력했는데, 이는 다음과 같다."피곤한 자에게는 능력을 주시며 무능한 자에게는 힘을 더하시나니 소년이라도 피곤하며 곤비하며 장정이라도 넘어지며 쓰러지되 오직 여호와를 앙망하는 자는 새 힘을 얻으리니 독수리가 날개치며 올라감 같을 것이요 달음박질하여도 곤비하지 아니하겠고 걸어가도 피곤하지 아니하리로다"(이사야 40장 29-31절). 이 인용문은 Mike의 치료 단계를 신앙과 연결시켰다. 그의 작품은 신장 이식에 대한 희망과 동시에 치료 여정이 진행되는 동안의 지속적인 인내와 용기를 상징한 것이었다.

모든 사진은 일종의 자화상을 나타내며 과거와 미래의 개인적 이야기를 반영한다(Weiser, 1999). 투석실 벽화의 사진을 표현한 Mike의 디지털 미술 작품은 미래의 꿈과 목표에 대한 자신의 관심을 명확하게 보여주었다. 마이크에게 있어서 작품 활동([그림 14.2] 참조)은 자신의 질병을 이겨내고, 미래를 충실하게 살 수 있다는 희망과 현재 상황을 견디고 다룰 수 있는 수단이었다. 그의 자화상에 표현된 독수리는 질병과 끝없는 듯한 치료 일정으로부터의 궁극적인 자유를 상징했다. Mike는 이미지 속의 독수리처럼 날아오르기를 소망한 것이다.

[그림 14.2] 희망과 자유를 표현한 Mike의 자화상

영화

키드 픽스 스튜디오Kid Pix Studio는 최근 영화 제작 프로그램으로 인기를 얻고 있는 컴퓨터용 멀티미디어 작업 공간이다. 이 프로그램에 참여하는 동안 젊은 예술가들은 다양한 도구를 이용해 가상의 쇼를 제작할 수 있다. 연필 도구와 선 도구, 페인트 도구로 그림을 그릴 수 있고, 배경 설정, 스탬프, 음성 텍스트 기능을 사용할 수도 있다. 또한, 움직이고 말하는 캐릭터를 생성하고 각 부분을 통합하여 하나의 애니메이션으로 만들기 위해 사운드 효과를 넣을 수도 있다. 아동이라도 이 프로그램을 사용할 경우 이러한 몇 가지 사항을 선택하여 간단한 영화를 제작할 수 있다.

사례 14.5

진료 일정으로 인한 잦은 학교 결석은 Mike에게 심리사회적 문제의 원인이 됐으며 결과적으로 그는 강력한 상상력과 공상 세계를 발전시키게 됐다. 영화를 보면서 그는 다른 사람들, 그리고 집과 병원 밖의 세상과 연결될 수 있었다. 슈퍼히어로가 나오는 액션 영화를 좋아한 Mike는 특히 키드 픽스 스튜디오에 흥미를 보였다. 이 프로그램을 사용하여 영화의 배경과 인물들 그리고 선과 악의 전투에 관한 줄거리를 만들 수 있었는데, 이것은 컴퓨터상에서 몇 번의 클릭만으로 완성이 가능한 작업이었다.

Mike는 그의 병의 진행과 건강을 위한 투쟁을 이해하는 방법으로 영화 제작을 사용했으며 이를 통해 상상력을 발휘하여 자신의 신체에 대한 공격성을 표현했다. 공격성은 진단의 영향으로 인한 정상적인 반응이며, 미술치료는 고통에 대해 의미를 부여하는 한 방법이 된다(Councill, 2012). 그는 디지털 미술로 작업하는 동안 자신의 공격성을 표출했으며 질병을 이겨내고 신체적 증상을 극복하려는 의지를 보여주었다. 그 과정에서 미술치료사는 높은 수준의 상징적인 이야기와 은유를 관찰할 수 있었다. 그리고 Mike는 디지털 기술을 사용하여 질병으로 인해 잃은 것들에 대한 개인적인 슬픔을 표현했다. 또한, 이러한 과정을 통해 분노를 표출하고 희망을 유지할 수 있었으며, 질병과의 투쟁을 극복하기 위한 고통스러운 과정에 대해 의미를 부여할 수 있었다.

비디오

비디오 치료는 환자가 직접 스토리텔링, 음악, 미술, 비디오 제작을 통합함으로써 자신의 상황을 개선해가는 방법이다(Kreitler, Oppenheim, and Segev-Shoham, 2012). 비디오 치료 과정에서 환자는 아이디어를 떠올리고, 대본을 작성하고, 배경을 설정하고, 최종 영상을 편집한다. 비주얼 스토리텔링 기법을 이용하면 환자는 작가, 연기자, 실행자, 감독, 편집자, 진행자 등 여러 역할을 맡게 된다(Kreitler *et al.*, 2012). 비디오 미술치료는 불안을 완화하고 통증을 관리하는 데 도움이 될 수 있다. 미술은 상징을 통한 무의식적 소통으로서 기분 개선과 삶의 질 향상을 위한 재미있고 만족스러운 기회를 제공한다. 또한, 새로운 기술을 배우고 대처 전략을 사용함으로써 자아는 강화된다(Kreitler *et al.*, 2012). 미술치료에 비디오 형식을 도입하면 감정이 다시 연결되는 것을 느낄 수 있을 뿐만 아니라 영화의 은유적인 깊이를 더할 수 있다. 동시에 이 과정에서 내담자와 미술치료 간의 치료적 라포가 빠르게 형성될 수도 있다(Alders *et al.*, 2016).

사례 14.6

아이무비 앱[iMovie app](대부분의 애플 운영 체제에 설치되어 있음)은 환자와 함께 영화를 제작하는 비교적 쉬운 방식으로, 특히 고통스러운 일을 다루는 데 도움이 된다.

8세 여아인 Ava는 몇 주간의 입원 기간 동안 질병 진단을 위한 여러 검사를 받았다. 그녀는 흔치 않은 몇 가지 부작용을 겪고 있었는데, 이러한 증상으로 인하여 학교생활에 적응하는 데 어려움을 겪었다. 정기적인 사회성 결핍과 잦은 결석으로 그녀는 교우 관계에서 어려움을 겪고 있었기 때문에 괴롭힘에 관한 영화를 만들고 싶다는 의사를 표현했다. 미술치료사는 몇 회기에 걸쳐서 Ava가 줄거리를 구성하고, 자신의 동물과 수제 인형들을 바탕으로 캐릭터를 생성하고, 배경을 제작하는 등 작품을 촬영할 수 있도록 그녀를 지원했다.

영화에서 그녀는 인형들을 통해 한 학생이 다른 학생 한 명을 괴롭히는 장면과 이에 대한 교사의 개입을 연출했고, 그 후 괴롭힌 학생의 죄책감을 표현했다. 이 장면을 촬영하는 동안 Ava는 이전에 자신이 비슷한 괴롭힘을 당했고, 그것이 본인의 자아존중감과 자아상에 부정적인 영향을 미친 것을 인정했다. 간결하지만 기억을 환기시키는 이 영화는 Ava에게 작가와 감독 그리고 배우가 될 수 있는 자유와 가장 고통스러운 개인적 문제를 강력하고 호소력있게 표현할 수 있는 기회를 제공했다. 영화가 완성된 후 그녀와 치료사는 비공개 상영회를 열어 완성작을 함께 감상했고, Ava는 미래에 가족이나 친구들에게 본인의 영화를 보여주고 싶은 강한 열망을 표현했다.

개인과 연관된 주제로 영화를 만드는 작업은 Ava가 그녀의 이야기에 목소리를 내고 자신만의 결말을 구성할 수 있게 했다. 이는 그녀의 삶의 질을 향상시킨 강력하고도 유효한 경험이었다. 이 영화 이면에 숨겨져 있던 Ava의 목적은 자신의 이야기를 공유하고 개인적이며 보편적인 문제로 인한 감정을 표현하는 것이었다. 또한, 괴롭힘으로 인해 발생하는 영향뿐만 아니라, 이러한 문제적 관행이 자신의 학교에서 영원히 사라져 피해자가 더 이상 나오지 않기를 바라는 소망을 다른 이들에게 전하는 것이었다.

이러한 다양한 사례를 통해 우리는 디지털 미술이 현대적인 형태의 자기표현 방식을 제공한다는 것을 알 수 있다. 이러한 자기표현은 치료 순응도, 감각자극, 통증과 스트레스 관리, 정서적 표현, 의료 절차 수행에 대한 지원, 기술 습득, 힘의 부여와 같은 의료미술치료의 목표를 달성하기 위해 매우 중요하다. 또한, 디지털 미술은 통제감을 향상시키며 고통스럽고 고립된 경험을 정상화한다. 라포 형성과 창의적 표현을 위한 다양한 미술 앱이 있는데, 이를 통해 치료사는 소아청소년 환자의 내적 세계와 그들의 개인적이고 힘든 치료 여정에 대해 소통할 수도 있다. 이 장에서는 디지털 미술치료의 수행에 관해 간략히 설명하고 있지만, 디지털 미술치료에는 다양한 방식으로 사용하고 적용할 수 있는 무한한 잠재력이 있다. 디지털 미술치료는 유연한 방식을 바탕으로 적극적, 참여적인 과정을 제공하며, 이를 가장 필요로 하는 아동에게 소망과 치유 그리고 향상된 삶의 질을 제공할 수 있다.

의료 환경에서의 디지털 미술치료 지침

의료미술치료사는 다른 새로운 미술 기법이나 미술 재료를 도입할 때와 마찬가지로 디지털 미술치료를 위한 재료와 도구에 익숙해져야 한다. 안전하고 적절한 적용을 하는 데 있어서 발생할 수 있는 문제들을 예측하기 위해서다. 이는 치료가 갑자기 중단될 가능성이 있고, 개인치료 시간이 매우 소중하게 여겨지는 병원 환경에서 특히 중요하다. 디지털 미술치료에서도 미술치료사의 역할에는 변함이 없지만, 앱과 다양한 도구의 조작 방법을 미술치료사는 숙지해야 한다. 여기에는 실행 취소, 확대/축소, 팔레트 옵션, 텍스트 삽입, 추가적 장식 요소 등의 기능이 포함된다. 치료사가 적절하게 준비만 한다면 환자는 간단한 의료미술치료 회기에서도 디지털 미술의 가능성을 충분히 경험할 수 있다. 끊임없이 진화하는 기술, 앱의 빠른 발전, 기술적 기기의 혁신, 배우고 숙달하는 데 시간이 소요되는 참여 과정 때문에 치료사는 정보를 얻기 위해 많은 노력을 기울여야 한다(Malchiodi and Johnson, 2013). 이를 통해 환자는 치료사가 기기를 최대한으로 활용할 수 있다는 신뢰를 가지고 앱의 기능과 자신의 감정을 탐색할 것이다.

병원 환경에서 디지털 미술을 사용할 때 생기는 가장 큰 도전 중 하나는 작품이 쉽게 삭제될 수 있으며, 기술적 어려움과 관련한 부정적인 가능성이 항상 존재한다는 것이다. 이러한 원치 않는 손실은 진단과 입원으로 인해 이미 많은 상실을 경험하고 있는 아동·청소년에게 추가적인 부담 요소가 될 수 있으며, 디지털 미술은 치료사로부터 환자를 고립시키고 분리시키는 존재로 여겨질 수 있다(Diggs *et al.,* 2015). 때때로 의료미술치료 회기 진행 중에 침대에 누워있는 내담자가 아이패드를 들고 있는 경우, 미술치료사는 내담자가 수행하는 창의적 과정의 세부적인 부분을 전부 관찰하기가 어려울 수 있다. 따라서 디지털 미술을 사용할 때 치료사는 내담자에 대한 집중과 적당한 관심 사이의 균형을 유지하는 것이 필요하다. 디지털 미술은 작업 과정에서 환자가 미술치료사와 어느 정도 일정 거리를 유지하도록 만드는데, 이는 태블릿의 작은 사이즈와 환자가 태블릿을 잡는 방식으로부터 비롯된 것이다. 이러한 거리 유지는 미술치료 과정에서 목표로 여겨지기도 하는 바람직한 경험이 될 수도 있다.

선택을 할 수 있는 임상 집단에서 치료사는 접촉이나 냄새와 같은 감각적 경험의 결여가 기술 사용의 단점이 될 수 있다는 것을 명심해야 한다. 그러나 환자의 감각이 너무 예민할 수 있는 의료 환경에서는 이러한 접근법이 선호될 수도 있다. 환자가 움직일 수 없거나 병원 침대에서만 제한적으로 움직이는 경우, 특성상 작은 사이즈의 태블릿이 선호될 수 있다. 그럼에도 불구하고 의료 환경에서 디지털 미술 사용에 대한 또 다른 비판은 아이패드를 이용한 디지털 미술이 지나치게 정돈되어 있으며 크기가 제한적이라는 점이다. 반면에 병원에서 디지털 미술 사용에 대한 실질적인 장점은 위생적이며, 감염을 통제할 수 있다는 점이다. 비록 일부 미술치료사는 디지털 미술의 특성에 관해서 크기가 작고 질감이나 냄새가 없으며 해결해야 할 과제를 동반하는 것으로 규정하지만, 오히려 이러한 이유들은 의료 환경에서의 디지털 미술치료 사용을 지지하는 근거가 된다.

마지막으로, 아이패드에는 올터레인all-terrain 케이스[1]를 끼우는 것이 권장된다. 병원 환경에서 사용되는 강력한 위생 처리 용품으로부터 아이패드를 보호하기 위해서이기도 하지만, 휴대하고 사용할 때 케이스가 기기를 최대한으로 보호해주기 때문이다. 이러한 케이스는 충격, 파손, 먼지 그리고 물에 강하다. 특히, 힌지 플러그hinged plugs는 포트, 커넥터, 버튼 그리고 아이패드의 내구성을 보호해준다. 또한, 미술 작업을 하기에 편안한 각도로 아이패드를 탁자나 무릎 위에 올려놓을 수 있도록 받침대 역할을 할 수도 있다.

디지털 미술을 활용한 의료미술치료에서의 윤리적 고려 사항

미술치료 자격심사위원회의 윤리 기준에 따르면 미술치료사는 내담자의 기밀을 유지하고 안전한 환경을 제공해야 한다(ATCB, 2016). 의료미술치료사는 언제나 환자의 신원을 보호해야 하며, 기술 기기를 사용할 때 항상 주의해야 한다. 이는 병원 환경에서 미술치료를 위해 여러 병실을 이동할 때 특히 중요한 사항이다. 또한 미술치료사는 병원에서 기술을 이용할 때 환자 정보의 기밀유지와 관련해 최대한 주의를 기울여야 한다. 일부 병동은 환자들이 서로를 알뿐만 아니라, 서로의 가족과 병력까지 안다는 점에서 소규모 커뮤니티와 유사하기 때문에 환자 정보의 기밀을 유지하는 것은 미술치료사에게 매우 중요한 과제다.

미술치료사는 환자를 식별하는 정보를 다루거나 저장할 때 항상 주의를 기울이고 이러한 정보를 보호해야 한다. 그리고 다른 회기를 진행하기 전에는 이전 회기에서 만들어진 작품이 태블릿이나 기기에서 제거됐는지 항상 확인해야 한다. 아이패드는 사진을 여러 자료와 파일에 저장할 수 있기 때문에, 임상가들은 앱과 사진 앨범 그리고 사진 업로드가 이뤄졌을지도 모르는 다

1) 올터레인은 탁월한 방수, 방진 기능으로 기기를 보호하고 외부 압력과 낙하로 인한 손상을 막는다. 특히 이 케이스의 수면 부유기능은 기기가 물에 빠졌을 경우 즉시 떠오르도록 하여 분실 위험을 줄인다(역주).

른 위치에서 이미지가 제거됐는지를 정기적으로 확인해야 한다. 우수 사례 기준에 따르면 미술 작품은 안전하고 식별할 수 없는 방식으로 저장되어야 하며, 미술치료사는 내담자에게 미술 작품을 저장하는 위치와 방법을 알릴 의무가 있다(AATA, 2013). 그리고 치료사는 다른 내담자가 접근할 수 없는 하드 드라이브나 보안 장치에 환자가 만든 작품의 안전한 사본을 보관하도록 권장한다(Alders *et al.*, 2016). 또한, 미술치료사는 기밀유지에 만전을 기할 뿐 아니라 환자와 보호자에게 각각의 디지털 미술 작품이 저장되어 있는 위치를 알려야 한다. 치료 회기 중에는 부모의 참석이 필수적이지 않기 때문에 이러한 일은 소아청소년과 의료 환경에서는 특히 어려울 수 있다. 그밖에도 각 병원들은 디지털 미술 작품 보관에 대한 자체 규정을 가지고 있을 수 있으며, 미술치료사는 해당 지침을 준수해야 한다.

결론

기술이 치료 환경의 일부가 된 곳이라면 명백한 미술 매체로 자리 잡은(Thong, 2007) 컴퓨터를 무시하는 것은 어려운 일이다. 실제로 기술은 현대사회를 신속하고 획기적으로 변화시켰고, 앞으로 기술 발전이 어떻게 이뤄질지, 그러한 발전이 미술치료에 어떠한 영향을 미칠지는 예측하기 어렵다. 의료미술치료사는 이 분야에 필요한 중추적인 변화를 간과해서는 안 된다. 동시에 그들은 기술의 힘에 반응하고, 자신들의 직업과 미래의 내담자들, 특히 디지털 미술 작업의 발전으로 인해 참여 능력이 향상된 소아청소년과 환자들에게 다가올 불가피한 변화를 수용해야 한다.

디지털 기기와 소프트웨어는 입원한 아동 · 청소년에게 무제한의 선택 옵션을 제공하며 이러한 선택은 종종 통제와 숙달을 경험할 수 있는 가장 좋은 방법이 된다. 불안감을 표출하기 위해 디자인 구성 작업을 하든, 미래에 대한 믿음과 소망 혹은 개인의 투쟁을 표현하든, 심각한 의학적 진단의 영향으로 인한 공격성을 상징적으로 묘사하든, 이 세상에서의 실존에 관한 개인의 관점을 보여주든, 우리는 이 장에 제시된 사례들을 통해 소아청소년과 환자를 대상으로 한 디지털 미술치료의 놀라운 능력을 확인할 수 있다. 어린 환자들은 현대 미술 매체를 통해 창조하고 참여하며, 이를 통해 그들의 두려움과 꿈 그리고 소망을 표현한다. 디지털 미술은 미술치료사와 내담자를 위한 막대한 잠재력을 보유하고 있으며, 다양한 수단을 제공할 뿐만 아니라 의료미술치료의 수행 영역을 확장시킨다. 디지털 매체는 오직 윤리적 의무와 제한된 사고에 의해서만 제약을 받게 될 뿐이며, 향후 주요 미술치료 도구로 발전할 수 있는 막대한 역량을 보유하고 있다(Peterson, 2010). 예술가는 항상 새로운 시각을 받아들여 왔으며, 기술은 현재를 보여주는 렌즈와 같다.

권장 사항

- 디지털 미술이 가진 많은 이점을 통해 입원 환자가 의미 있는 표현의 기회를 가질 수 있다는 점을 인식한다. 이러한 이점에는 유연성, 작은 사이즈, 즉각적 결과, 위생 관리의 용이함, 무제한적 선택권, 멀티미디어 옵션 등이 있다. 또한 냄새가 없으며, 지저분하지 않고, 질감이 없다는 것도 장점이 될 수 있다(병원에서 환자들이 사용하기에 용이함).
- 기술 적응형 디지털 미술 도구와 프로그램에 대한 이해도를 높인다. 디지털 미술은 특히 지적 장애나 감각 문제가 있는 개인뿐만 아니라, 감염 위험과 마비, 에너지 부족으로 인해서 치료 중에 전통적인 미술 재료를 사용할 수 없는 개인에게 유용하다.
- 기술 적응형 디지털 미술 도구와 프로그램에 대한 이해도를 높인다. 디지털 미술은 특히 지적 장애나 감각 문제가 있는 개인뿐만 아니라, 감염 위험과 마비, 에너지 부족으로 인해서 치료 중에 전통적인 미술 재료를 사용할 수 없는 개인에게 유용하다.

- 전통적인 미술심리치료와 마찬가지로 디지털 미술심리치료를 통해 개인의 깊은 내면의 생각과 감정을 표현하는 미술 작품을 제작할 수 있다. 디지털 미술심리치료는 입원한 아동·청소년의 불안, 고통, 스트레스, 우울, 공격성을 효과적으로 표출할 수 있는 도구가 된다.
- 디지털 미술치료가 환자의 개인정보 보호와 관련해 병원 환경에서의 윤리적 문제를 일으킬 수 있다는 점을 인식한다. 기밀을 유지하고 적절하게 디지털 미술 작품을 저장하도록 유의해야 한다.

참고문헌

Alders, A., Beck, L., Allen, P.B. and Mosinski, B. (2016) Technology in art therapy: Ethical challenges. *Art Therapy 28*(4), 165–170.

American Art Therapy Association (AATA) (2013, December) Ethical principles for art therapists. Retrieved on April 1, 2018 at www.arttherapy.org/upload/ethicalprinciples.pdf

Art Therapy Credentials Board (ATCB) (2016, September) *Code of Ethics, Conduct, and Disciplinary Procedures*. Retrieved at www.atcb.org/resource/pdf/2016-ATCB-Code-of-Ethics-Conduct-DisciplinaryProcedures.pdf

Asawa, P. (2009) Art therapists' emotional reactions to the demands of technology. *Art Therapy: Journal of the American Art Therapy Association 26*(2), 58–65.

Carlton, N.R. (2014) Digital culture and art therapy. *The Arts in Psychotherapy 41*, 41–45.

Chapman, L., Morabito, D., Ladakakos, C., Schreier, H. and Knudson, M. (2001) The effectiveness of art therapy interventions in reducing post traumatic stress disorder (PTSD) symptoms in pediatric trauma patients. *Art Therapy 18*(2), 100–104.

Choe, S. (2014) An exploration of the qualities and features of art apps for art therapy. *The Arts in Psychotherapy 41*, 145–154.

Councill, T. (2012) Medical art therapy with children. In C.A. Malchiodi (ed.) *Handbook of Art Therapy* (2nd edn). New York, NY: Guilford Press.

Darewych, O.H., Carlton, N.R. and Farrugie, K.W. (2015) Digital technology use in art therapy with adults with developmental disabilities. *Journal of*

Developmental Disabilities 21(2), 95–102.

Diggs, L.A., Lubas, M. and De Leo, G. (2015) Use of technology and software applications for therapeutic collage making. *International Journal of Art Therapy 20*(1), 2–13.

Hicks, P., Grimson, J.B. and Smith, O.P. (2013) With a little help from my friends: Experiences of building a virtual community for children with cancer. *Journal of Community Informatics 9*(2). Retrieved on April 1, 2018 at http://ci-journal.net/index.php/ciej/article/view/840

Kreitler, S., Oppenheim, D. and Segev-Shoham, E. (2012) Fantasy, art therapies, and other expressive and creative psychosocial interventions. In S. Kreitler, M.W. Ben-Arush, and A. Martin (eds.) *Pediatric Psycho-Oncology: Psychosocial Aspects and Clinical Interventions* (2nd edn). Chichester: Wiley-Blackwell.

Madden, J., Mowry, P., Gao, D., Cullen, M. and Foreman, N. (2010) Creative arts therapy improves quality of life for pediatric brain tumor patients receiving outpatient chemotherapy. *Journal of Pediatric Oncology Nursing 27*(3), 133–145.

Malchiodi, C. (2009) Art therapy meets digital art and social media. Retrieved on April 1, 2018 at www.psychologytoday.com/blog/arts-and-health/200911/art-therapy-meets-digital-art-and-social-multimedia

Malchiodi, C.A. and Johnson, E.R. (2013) Digital art therapy with hospitalized children. In C.A. Malchiodi (ed.) *Art Therapy and Healthcare*. New York, NY: Guilford Press.

Nesbitt, L.L. and Tabatt-Haussmann, K. (2008) The role of creative arts therapies in the treatment of pediatric hematology and oncology patients. *Primary Psychiatry 15*(7), 56–62.

Peterson, B.C. (2010) The media adoption state model of technology for art therapy. *Art Therapy 27*(1), 26–31.

Schreibman, R.C. (2013) Art therapy and hemodialysis: Coping creatively with kidney failure. In C.A. Malchiodi (ed.) *Art Therapy and Healthcare*. New York, NY: Guilford Press.

Siegel, J., Iida, H., Rachlin, K. and Yount, G. (2016) Expressive arts therapy with hospitalized children: A pilot study of co-creating healing sock creatures. *Journal of Pediatric Nursing 31*, 92–98.

Thong, S.A. (2007) Redefining the tools of art therapy. *Art Therapy 24*(2), 52–58.

Tjaden, L.A., Grootenhuis, M.A., Noordzij, M. and Groothoff, J.W. (2016) Health-related quality of life in patients with pediatric onset of end-stage renal disease: State of the art and recommendations for clinical practice. *Pediatric Nephrology 31*, 1579–1591.

Weiser, J. (1999) *PhotoTherapy Techniques: Exploring the Secrets of Personal Snapshots and Family Albums* (2nd edn). Vancouver, Canada: PhotoTherapy Centre Press.

제15장

표현 리믹스 치료

디지털 미디어 아트 사용을 통한 청소년의 참여

– *Jeffrey Jamerson*

이 장에서는 내가 표현 리믹스 치료Expressive Remix Therapy(ERT)라고 부르는 모델에서 디지털 미디어를 사용한 창의적 참여 활동에 관해 살펴볼 것이다. 또한 청소년들을 치료적, 교육적으로 참여시키기 위한 디지털 미디어 아트의 활용 방법을 설명할 것이다. 이 장에 제시된 디지털 예시들은 URL 링크를 통해 접속할 수 있으며, 모두 내담자/학생을 대상으로 디지털 미디어 기술/아트를 도구로 사용하여 수행할 수 있는 작업과 관련된 것이다.

나는 25년 이상 가정위탁 보호 제도 내에 있는 청소년들과 함께 일했다. 업무 초창기에는 현장에서 직접 청소년들을 돌보는 여러 업무를 경험했고, 이후에는 다양한 아동 복지 프로그램과 서비스에서 리더 역할을 맡았다. 청소년을 직접 보살피는 직원이자 관리자로 일하면서 나는 위탁 아동을 치료적, 교육적으로 참여시키기 위한 다양한 창의적 방법을 고안해왔다. 현재 나는 캘리포니아 로스앤젤레스 지역에 거주하는 아동과 가족들을 위해 다양한 서비스를 제공하는 비영리 단체의 임원으로 재직 중이다. 우리 직원들은 청소년의 서비스 참여를 위한 효과적인 방법을 찾기 위해 끊임없이 노력하고 있다. 정신건강 및 아동 복지 서비스의 상당 부분은 이 분야의 전문가와 준전문가가 내담자에게 '처방'하는 방식으로 제공된다. 때때로 이러한 처방적 접근은 내담자나 이용자의 의견과 선택을 위한 여지를 거의 남기지 않는다. 이는 좌뇌 사고에 근원을 두고 있으며, 문제 해결의 선형적 과정에 근거한다.

나는 아동과 청소년이 선호하는 언어나 자기표현이 놀이 및 미술을 통해 표현된다고 생각한다. 그러나 처방치료 모델(근거기반실천)이 지배적인 현실로 인해, 나는 아동 복지와 정신건강 분야에서 표현적 놀이 및 미술에 근거한 모델을 거의 본 적이 없다. 내가 생각하기에 ERT는 아동과 청소년을 위한 놀이 및 미술기반 서비스를 지향하는 진보적 단계라고 본다. 이는 두뇌 전체를 활용하며, 미술과 놀이에 중점을 둔 접근법이다. 앞서 논의한 바와 같이, ERT는 음악의 요소들을 리믹스하는 것이 아니라 학문 분야의 요소들을 매시업하는 것이다. 내러티브 치료와 표현예술치료 그리고 디지털 미디어 아트의 혼합을 상상해보라. 이 세 가지 분야를 혼합한 것이 바로 ERT다.

표현 리믹스 치료

표현 리믹스 치료(ERT)의 핵심어는 *표현*이나 *치료*가 아니다. 물론 이들은 그 자체로 매우 강력한 단어임에도 불구하고 핵심어는 리믹스다. 나는 리믹스를 재구성, 재작성 또는 수정과 유사한 것으로 본다. 리믹스의 고전적 의미는 음악 제작 분야에서 비롯된 것으로, 이미 존재하는 것을 가져와 창의적으로 바꿈으로써 일상적인 것을 완전히 새롭고 신선하게 변형하는 과정이다. 다음 문단은 음악 분야에서 사용되는 리믹스의 예시와 함께 우리가 이를 표현 리믹스와 내러티브 치료에서 사용할 수 있는 방법에 관해 보여준다.

리믹스나 매시업을 만들기 전 DJ는 기존의 요소들을 어떻게 함께 사용할 것인지 구상해야 한다. 그리고 이를 위해서 서로 다른 노래의 부분들을 섞으면 어떻게 들릴지를 미리 상상할 필요가 있다. 그다음 단계로 DJ는 상상한 아이디어를 취합해 그것이 듣는 사람에게 놀라움을 불러일으킬 만큼 새롭고 독창적인 것인지 시험한다.

이는 뮤지션이자 프로듀서인 Danger Mouse의 손에서 탄생한 유명한 현대 매시업 중 하나로 설명할 수 있다. Brown(2016)은 Danger Mouse가 어떻게 두 뮤지션의 서로 다른 장르와 시대의 작품을 절충해 혁신적인 앨범을 만들었는지를 설명한다. Danger Mouse는 Beatles의 호평을 받은 *화이트 앨범*White Album에서 리믹스 된 반복적인 연주 음악을, Jay-Z의 *블랙 앨범*Black Album에서는 멋진 아카펠라 가사를 가져왔고, 이들을 합친 결과물을 *그레이 앨범*Grey Album이라 칭했다. 대부분의 청취자들은 Mouse의 *그레이 앨범*을 처음 듣고는 당혹스러워했는데 그 이유는 개념이 단순하면서도 연주와 제작은 심오했기 때문이다(Brown, 2016).

이는 이 장에 기술된 접근법과 유사한 특성을 지닌다. 비록 나는 Danger Mouse도 아니고 매시업 음악 작업을 하지도 않지만, 미술치료와 내러티브 치료, 디지털 미디어 아트의 특정 요소들을 혼합하여 청소년을 돕고 지원하는 새로운 양식인 매시업을 만들기 위한 방법을 구상했다. 음악 매시업에 포함된 곡들이 단독 곡만으로도 청취자와 댄서들로부터 긍정적인 반응을 이끌어 낼 수 있는 것과 마찬가지로, 위에서 논의한 각 분야도 내담자/학생들의 치료적, 교육적 참여를 이끌어낸다는 목표에 기여할 수 있다. 이와 함께 새로운 매시업이나 리믹스는 표현 리믹스 모델을 쓰고 있는 치료사와 참여자의 긍정적 반응을 증폭시킬 것으로 기대된다. 이 모든 것을 구성하는 여러 요소들을 잘 살펴보고 이러한 요소가 이야기 매시업에서 어떻게 잘 어우러지는지를 살펴보도록 하자.

ERT 속 이야기의 중심적 역할

ERT의 중심 주제는 이야기를 하고, 디지털 미디어를 사용해 그 이야기들을 리믹스하는 과정에서 예술을 창조하는 것이다. 단어와 이야기는 객관적인 사실이 아니다. 이들은 미묘한 특성을 지니고 있어서, 이를테면 보는 이의 '색깔'을 취한다. 즉, 변형이 쉽고 역동적이며 가변적이다. 이들은 인간의 창의적인 의지에 의해 옮겨지거나 변화될 수 있는데, DJ가 기존의 곡을 창의적으로 리믹스하는 과정과도 유사하다. 이 장을 통해 나는 아래에 제시된 사항을 독자들이 배우거나 습득하기 바란다.

- 새로운 형태의 디지털 아트 제작 방법을 배운다.
- 디지털 미디어 아트를 사용해 이야기를 리믹스하는 능력을 개발한다.
- 스토리텔링 과정을 성찰/분석할 수 있는 능력을 향상시킨다.

생생한 ERT 사례

여러분은 아마도 이것이 *체내에서* 어떠한 모습인지 질문할지도 모른다. 다음은 내가 인생을 바꿀 만한 경험을 바탕으로 쓴 이야기다. 이 과정의 첫 번째 단계는 이야기를 적은 후에 그 이야기를 창의적으로 표현(또는 리믹스)하는 방법을 다양하게 구상해보는 것이다. 이 이야기는 나에게 매우 큰 영향을 주었던 여행에 관한 것이다. 1985년, 직업도 없고 가진 돈도 거의 없었던 나는 아프리카 여행을 꿈꿨고, 그 후 1년 만에 가장 친한 친구와 인생의 중대한 변화를 위한 촉매제 역할을 하게 될 여행을 시작했다. 다음은 이 이야기의 일부다.

> 모든 감각기가 당신에게 평소 일상적인 경험에서 벗어난 놀라운 정보와 감각을 동시에 제공한다고 상상해보라. 나는 5시간 동안 탑승했던 네덜

란드 KLM 747기가 서아프리카 라이베리아에 위치한 비교적 작은 공항의 활주로에 갑자기 멈춰 섰을 때 이를 경험했다. 승객들이 짐칸에서 소지품을 꺼내기 위해 자리에서 일어나자 나는 주위를 둘러본 후 그들을 따랐다. 그때 갑자기 옆에 있던 아프리카 남성이 웃으며 "이곳이 처음인가 보네요"라고 말했고, 나는 당황스러운 표정으로 "어떻게 아세요?"라고 물었다.

그는 작은 웃음을 터뜨리며 강한 라이베리아 억양으로 말했다. "음, 우선 당신은 소매가 긴 셔츠를 입고 있어요." 비행기 문이 열리면서 달이 없는 어두운 밤이 드러나자 나는 이에 대해 잠시 생각해 보았다. 열린 문을 향해서 비행기 통로를 걸어가는 동안 이마에는 땀방울이 맺혔다. 그리고 내 머릿속은 바쁘게 움직였다. 질문이 몰아쳤다! 어떻게 밤에 이렇게 더울 수 있지? 밖이 이렇게 어두웠었나? 공항은 어디에 있었지? 그때 몇 개의 불빛이 뚜렷해졌다. '아, 저기 있네.' 나는 활주로 건너편에 위치한 작은 터미널을 발견하고는 이렇게 생각한 것이다.

불안을 떨쳐버리기 위해 심호흡을 하자 곧바로 퀴퀴한 탄내가 대기를 가득 채웠다. 그때 나는 비로소 내 자신이 더 이상 미국에 있지 않다는 사실을 깨달았다. 이곳은 바로 내 고향인 캘리포니아 패서디나가 아닌 것이다! 하지만 일단 공항 안으로 들어가자 내 눈은 검은 얼굴과 낯선 방언에 곧바로 적응했다. 이날은 내 인생을 완전히 뒤바꿔놓은, 7개월에 걸친 아름다운 서아프리카 여행의 첫 번째 밤이었다.

[그림 15.1]은 이 이야기를 '단어 구름'(특정 텍스트나 주제에 사용되는 단어들로 구성된 이미지이며 각 단어의 크기가 그 빈도나 중요성을 나타냄)으로 표현하고 리믹스한 것이다. 이 이야기에서 가져온 텍스트를 디지털 프로그램에 붙여 넣어 나는 아래와 같은 창의적인 그림을 만들었다. 이러한 디지털 프로그램이나 앱은 중복되는 단어에 가중 선호도를 부여하는 알고리즘을 사용하는데, 그림 속 단어들은 크기가 클수록 이야기에서 더 자주 나타난다. 단어 구름으로 이야기를 리믹스함으로써 "우리의 담화에서 가장 지배적인 단어는 무엇인가?"와 같이 우리가 말하는 내용 중 중요한 것을 나타낼 수 있다.

[그림 15.1] 아프리카 모험 단어 구름

다시 말하지만, ERT는 내담자가 다양한 예술적 방법을 통해 리믹스될 수 있는 이야기를 만들도록 돕는다. 이는 단지 미묘한 방식으로 이야기를 개작하는 것이다. 이야기는 도공의 손에 들린 점토와 같이 가변적이므로, 나는 이것을 간단하게 *이야기 가소성*이라고 부른다. 이야기가 주는 이러한 미묘한 경험은 일종의 자기 역량 강화라고 할 수 있다. 그 이유는 특히 극적이거나 충격적인 이야기의 경우 내담자가 그 이야기의 지시를 받는 것이 아니라, 리믹스 회기 안에서 그 이야기들을 창의적으로 다루는 내담자의 뜻대로 이야기가 진행된다는 것을 깨닫게 되기 때문이다.

ERT와 미술기반 접근법의 통합

기법으로서의 ERT는 전문가의 치료 도구를 확장하기 때문에 매우 효과적이다. ERT 덕분에, 더 많은 치료 기법을 사용해 변화를 일으킬 수 있게 됐다. 이야기를 바꾸거나 변화를 주는 것이 목적이라면, 이를 수행하기 위해 디지털 아트를 사용하는 것은 어떨까? 구체적으로는 이미지와 그림, 상징을 사용할 수 있을 것이다.

"천 마디 말보다 한 번 보는 것이 더 낫다"라는 말이 있다. 리믹스 치료는 그림과 단어를 사용한다. 전통적인 미술치료와 유사한 기법을 사용하지만, 여기서 한 걸음 더 나아가 이미지를 디지털화하거나 애니메이션화하여 내담자나 참여자가 연결될 수 있는 보다 생생한 형태의 예술 이야기를 만든다. 필자의 아프리카 여행 이야기를 기억하는가? 첫 번째 리믹스는 단어 구름이었다. 아래 링크는 같은 이야기를 세 개의 아이패드 앱(메가포토MegaPhoto, 오토랩AutoRap, 피나클 프로Pinnacle Pro)을 사용하여 키네틱 타이포그래피 작품으로 리믹스한 것이다. 나는 앞서 나온 '아프리카' 단어 구름에 있는 단어를 아이패드 앱인 오토랩으로 읽음으로써 이 작품의 오디오 버전을 만들었다. 오토랩은 녹음된 단어로 노래를 만드는 기능이 있는 앱이다.[1]

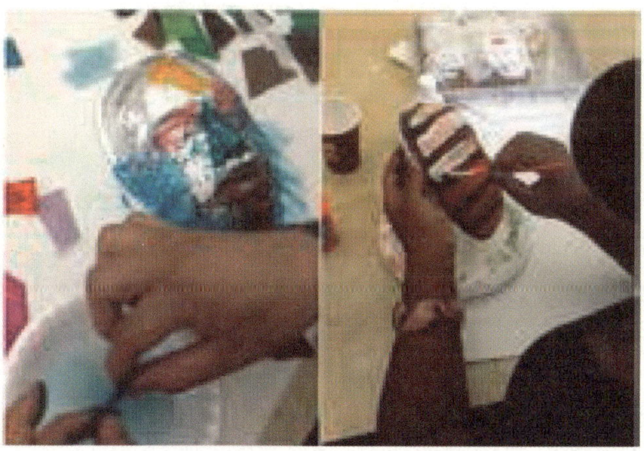

[그림 15.2] 가면 만들기 활동

1) www.dropbox.com/s/r51lgkvqe8iv8yr/Africa.mp4?dl=0

우리가 청소년을 위해 활용한 또 다른 디지털 개입은 '애니메이션 가면' 만들기다. 이러한 개입은 디지털 미디어 사용을 페인팅이나 콜라주와 같은 기법을 통해 좀 더 전통적인 형태의 촉각 미술과 혼합한다. 예를 들어 참여자는 티슈페이퍼, 물감, 잡지에서 오려낸 이미지, 다양한 형태의 천과 구슬로 마분지 가면을 장식한다([그림 15.2] 참조).[2)]

인력 개발을 위한 교육 도구로서의 디지털 미디어

오늘날의 청소년들은 타고난 소셜 미디어 전문가다. 다방면에서 그들은 얼굴을 맞대고 하는 대화보다 문자를 주고받는 것을 더 편안하게 여긴다. 트위터, 스냅챗, 인스타그램, 텀블러, 유튜브, 플리커 같은 다양한 소셜 미디어를 사용하는 것이 그들에게는 매우 자연스러운 일이다. 나는 2006년도에 학교 환경에 있는 내담자들과 일하면서 이러한 변화를 목격하기 시작했고, 결과적으로 '청소년들과 연결된 기술을 사용하여 서비스를 제공하는 것은 어떨까?'라고 스스로에게 질문하게 됐다(Jamerson, 2013).

실제로 이 질문을 한 것은 나 자신만이 아니었다. 특히 교육 영역에서는 더욱 그러했다. 2014년, 나는 미국 캘리포니아 로스앤젤레스에서 개최된 DML^Digital Media Learning^이라는 전국 학회에 참석했다. 그곳에는 디지털 미디어 학습의 사용이 미국 전역의 빈민 지역에서 어떻게 적용되고 있는지 보기 위해 400명 정도의 인원이 참가했다. 이 행사의 기조 연설자는 CNN의 정치 평론가이자 칼럼니스트인 Van Jones였다. 그는 개회사에서 기술 분야의 고용과 취업 전망에 관련한 지형이 어떻게 변화해왔으며, 향후 5년 동안 또 어떻게 급변할 것인지 강조했다.

2) www.youtube.com/watch?v=aSp2DJ6Hl84andfeature=youtu.be

Van Jones는 신흥 기술직을 채울 수 있는 충분한 자격을 갖춘 사람이 없을 것이라고 말했다. 그다음으로 수백만 명의 젊은 유색 인종들과 대부분의 아프리카계 미국인들이 공석이 몇백 개밖에 되지 않는 프로 스포츠와 엔터테인먼트 분야의 일자리를 놓고 어떻게 경쟁하는지에 대해 비교하며 서술했다. 그리고 래퍼나 힙합 스타가 되고자 노력 중인 도시 청소년들을 만나면 자신이 어떤 말을 하는지에 관한 개인적인 이야기를 이어갔다. Van Jones는 이러한 청소년들에게 "나에게 너의 랩을 보여주지 말고, 너의 앱을 보여줘!"라고 말한다. 이 발언은 이미 포화 상태에 이른 스포츠와 엔터테인먼트 산업보다 훨씬 더 긍정적인 전망을 보유한 산업을 향해서 유색 인종 젊은이들의 인식이 희망적으로 변화하고 있음을 의미한다.

시카고의 빈민 지역 일부는 '하이브hive'라고 불리는 소규모 집단이 표면화되기 시작하면서 변화를 경험했다. YMCA나 소년 소녀 클럽Boys and Girls Club에서 운영 중인 청소년 지원 프로그램을 청소년이 디지털 기술 개발을 배울 수 있는 수단이나 공간을 포함하도록 개편한다고 상상해보라. 시 전역의 도서관들도 코딩, 로봇 공학, 디지털 음악 제작, 그래픽 디자인에 관한 주간 수업을 제공함으로써 그 뒤를 이었다.

이러한 수업에 참여한 청소년은 '디지털 배지'라고 불리는 것을 받게 되는데, 이것은 그들이 특정 디지털 분야에서 기술 역량을 보유하고 있음을 인정받을 수 있는 한 방법이다. 이러한 디지털 배지를 가진 청소년들은 판도라와 페이스북, 트위터 같은 기술 회사들에 디지털 영역에서 자신이 이룬 성취를 증명할 수 있게 된다. 얼마 전만 해도 이런 회사들은 대학 졸업생만을 고용해왔고, 이러한 대학 졸업생 중 극소수만이 빈민 지역에서 온 청소년들이었다. 하지만 이러한 상황은 점차 변화되고 있으며 시카고 빈민 지역 청소년들의 관심사도 함께 변하고 있다. 한때 방과 후 활동으로 스포츠를 신청했다면 이제는 디지털 기술 하이브digital tech hives에 가입하는 것이다. 예를 들면 다음과 같다.

> 하이브 시카고Hive Chicago는 박물관, 도서관, 옹호 단체, 고등교육 기관, 방과 후 프로그램, 기술 스타트업 등 85개의 청소년 개발 중심 기관으로 구성되어 있다. 커넥티드 러닝Connected Learning이 추구하는 가치에 따라 하이브 시카고 프로그램은 다양한 기회를 제공한다. 청소년들은 개인적 관심사와 또래 문화, 시민 참여에 관심을 가지게 되고, 생산 중심과 수작업, 기술 습득에 초점을 맞추게 된다. 디지털 미디어 사용과 기술, 웹을 활용해 학습 기회를 넓히고 다양화할 수도 있다. 또한, 또래나 멘토와의 관계에서 의미 있는 지지적 상호작용을 경험하며, 학교와 지역사회에서 공평하고 편리한 학습 기회를 제공받는다. (Hive Chicago, 2018)

디지털 미디어 학습을 주제로 한 학회에 참석하면서 나는 한 가지 사실을 알게 되었다. 많은 강연이나 워크숍들이 디지털 학습과 사용 능력, 역량과 관련되어 청소년들을 지원하는 것에 맞춰져 있다는 것이었다. 『디지털 청소년 네트워크: 도시 커뮤니티에서 디지털 미디어 시민성 함양The Digital Youth Network(DYN): Cultivating Digital Media Citizenship in Urban Communities』(Barron *et al.*, 2014)이라는 책의 저자들은 다음과 같이 언급하고 있다.

> DYN 학습 모델은 보다 큰 단위의 커뮤니티 내에 존재하는 중첩된 친화 공간의 집합이라는 개념으로 가장 잘 설명할 수 있다. DYN은 학교 수업과 방과 후 수업 그리고 온라인 공간이 합쳐진 것이다. 이를 통해 청소년들은 개인적, 학문적으로 의미 있는 방식으로 디지털 미디어 사용 능력을 개발하고 적용할 수 있는 기회를 제공받는다. 더 많은 경험을 지닌 또래 학생들과 교육학을 배운 멘토이기도 한 성인 작가들에 의해 지도와 도움을 받는 학생들은 디지털 작품을 제작하고, 그들의 작품을 공유하며, 그들이 습득한 디지털 미디어 기술과 이에 대한 이해를 보여준다….
>
> DYN 학습 모토의 궁극적 목표는 21세기 생산적인 직업과 번영하는 삶, 시민적 참여를 위해 학생들을 준비시키는 것이다. 이를 위해 '디지털 미디어 시민성'으로 통칭하는 세 가지 특성의 함양을 목표로 한다. DYN

> 학습의 커리큘럼은 학생들이 (1) 디지털 미디어의 중요한 소비자, (2) 디지털 미디어의 건설적인 생산자, (3) 더 나은 미래를 위한 사회적 지지자가 되는 것에 중점을 둔다. (pp. 22-23)

포스트구조주의와 이야기 통제 그리고 역량 강화

포스트구조주의Post-Structuralism와 사회정의는 내러티브 치료 및 ERT 모두에 방향을 제시하고 영향을 주는 자연스러운 두 가지 근본적 힘이다. 포스트구조주의적 관점으로 세상을 봄으로써 우리는 자신의 이야기를 통제할 수 있는 힘을 얻는다. 하지만 구조주의자와 포스트구조주의자의 관점 사이에는 철학적인 차이가 있으며, 각 관점은 치료와 사회 복지 그리고 교육 등의 분야에서 서비스를 제공하는 사람의 시각과 행동에 직접적인 영향을 미친다. 에반스턴 가족 치료 센터Evanston Family Therapy Center의 웹사이트에서 그 차이점을 알아볼 수 있다. 다음 내용은 에반스턴 가족 치료 센터 웹사이트에서 발췌한 것으로, 두 관점을 비교한 것이다.[3]

구조주의적 관점

- 참여자를 유형이나 집단으로 분류한다.
- 전문가는 이야기 만드는 것을 통제할 수 있다.
- 전문가는 참여자의 이야기를 해석하고 의미를 부여한다

포스트구조주의적 관점

- 개인의 자기 정체성에 가치를 둔다.
- 참여자는 이야기 구성에 있어 발언권과 선택권을 갖는다.
- 참여자는 이야기 해석에 있어 힘과 통제력을 갖는다.

---

3) www.narrativetherapychicago.com/narrative-worldview/

요약하면 포스트구조주의는 구조주의를 넘어선 진화적 단계다. 이러한 진화적 단계는 담화가 지닌 힘을 소위 전문가로부터 서비스를 제공받는 개인으로 이동시킨다. 그리고 특정한 고유의 이야기를 매우 중시하는데, 이처럼 포스트구조주의적 형태의 연구들이 개인적 이야기에 주의를 기울이는 것은 매우 바람직한 현상이다.

이러한 변화에 비춰볼 때 ERT에서의 본질적인 질문은 "누가 내 이야기를 통제하는가?"다. 이에 대한 답변으로 '이런, 내 이야기를 통제하는 사람은 바로 나구나!'라는 것을 ERT 참여자가 직접 발견하게 된다. 이러한 깨달음은 디지털 미디어 아트를 사용해 이야기를 외현화하고 리믹스 함으로써 계속 발견된다. 하지만 앞서 논의한 바와 같이, 사람들은 주관적으로 이야기를 구성할지라도 한편으로는 시대와 문화 현상을 반영한 관습적인 이야기들을 수용하려는 경향이 여전히 강한 편이다.

이러한 이야기(즉, 다른 사람의 이야기)를 수용하는 것은 때로는 독이 될 수 있고, 사회적 억압이나 개인적 우울을 경험하게 할 수도 있다. 예를 들어, 아동 복지 제도를 경험한 위탁 청소년들은 필자가 '개인의 허구 이야기'라고 칭하는 것을 습득하기 쉽다. 이 개인의 허구 이야기는 그들의 정신건강 차트에서 보이는 수많은 문서의 형태로 나타나는데, 위탁 청소년들과 만나고 함께 일하는 많은 전문가와 준전문가들에 의해 만들어지고 사용된다.

우리는 아동 복지 또는 정신건강에 관한, 일반적이고 전형적인 차트를 흔히 본다. 1cm에서 많게는 5cm 두께의 이러한 차트에는 위탁 청소년이 어떤 사람인지에 대한 제3자의 기술이 담겨 있다. 다시 말해 사회 복지사, 치료사, 위탁 부모, 교사, 정신과 의사 등이 위탁 청소년에 대한 자신의 의견을 기록해놓는 것이다. 나는 이러한 의견을 가리켜 '개인의 허구 이야기'라고 칭한다. 조력전문가들은 위탁 청소년들의 담화를 만드는데, 이와 관련해 Combs와 Freedman(2012)은 이렇게 말한다.

> 그 규모가 크든 작든 간에 어떠한 사회 집단에서든 우리는 모두 서로의 이야기에 참여하는 참여자다. 우리는 각자 다른 사람들의 신념과 의도, 행동에 의해 영향을 받는 동시에 주기도 한다. 그리고 우리는 집단적으로 담화에 참여한다. Rachel Hare-Mustin(1994)은 담화를 '공통의 가치를 공유하는 진술과 관행 그리고 제도적 구조의 체계'라 정의한다… 포스트구조주의자들은 그 누구도 다른 사람의 경험에 대해 객관적인 전문가가 될 수 있는 위치에 있지 않다. (p. 1036)

여기서의 문제는 이러한 모든 조력전문가들이 자신을 포스트구조주의자로 여기지 않는다는 점이다. 실제로, 많은 이들이 여전히 자신을 다른 사람들의 상황에 관한 전문가라 여긴다.

많은 위탁 청소년들이 아동 복지 제도 내 전문가들의 담화와 보이지 않는 규범, 기대에 순응하고 이를 수용한다. 여기 위탁 청소년의 개인적 허구 이야기를 구성하는 꼬리표(또는 담화)의 몇 가지 예시가 있다. 이러한 담화는 비록 전문가와 준전문가들에 의해 만들어졌지만, 시간이 흐르면서 위탁 청소년들은 이를 '나는'의 진술 형태로 받아들인다. 예를 들어, 우리는 위탁 청소년들이 자신의 조력자들에 의해 만들어진 심리학 용어를 자기 입으로 그대로 말하는 것을 비교적 자주 들을 수 있다. 이러한 언어 표현에는 "나는 학대의 피해자다", "나는 방임의 피해자다", "나는 정신 질환을 앓고 있다", "나는 조울증이다", "나는 심리적 안정을 위한 약물치료가 필요하다", "나는 특수교육 학생이다", "나는 버려졌다"와 같은 진술 등이 있다.

이러한 꼬리표는 비록 의도하지 않았더라도 사회적 억압의 한 형태가 될 수 있다. 의도적이든 아니든 꼬리표는 "누가 내 이야기를 통제하는가?"라는 중심 질문으로 다시 돌아오게 된다. 내러티브 치료와 ERT를 경험한 이들은 "아니, 그들은 내 이야기를 통제하지 않는다. 내가 내 이야기를 통제한다"라고 답할 수 있다. 내러티브 치료나 ERT 같은 포스트구조주의적 틀을 통해 의도하지 않은 사회적 억압에서 벗어나, 자신의 의지에 따른 사회정의를 지향하는 경향이나 전환이 발생하게 된다. 바로 이 지점에서 위탁 청소년은 비로소 정의를 경험하게 되는데 이는 자신의 이야기를 통제하는 방법을 배우게 되기 때문이다. Combs와 Freedman(2012)은 다음과 같이 제안한다.

> 이를 통해 우리는 어떻게 사람들이 자신의 삶에서 특권을 가진 작가로서의 지위를 확고히 다질 수 있는지를 알 수 있다.
>
> 이야기치료사들은 사람들이 이야기를 통해 그들의 삶과 관계에 의미를 부여한다고 믿는다. 그리고 이야기치료사로서 우리는 White가 흔히 '풍부한 이야기의 발전'이라고 부르는 것을 사용해 상담자들과 교류하는 데 관심이 있다. 우리는 자신이 선호하는 경험과 의도를 말하는 사람들이 자기 삶에 관한 이야기를 하고, 또 말하고, 발전시켜가도록 촉진하는 데 목표를 두고 상담한다. 이러한 말하기를 통해 우리는 문제적 이야기에서는 명확히 인식할 수 없었던 가능성을 경험하도록 촉진한다. 우리는 문제를 해결하는 데 초점을 맞추기보다 사람들이 문제적 이야기가 아닌 다른 삶의 이야기에 몰입함으로써, 문제적 이야기에서 얻은 것과는 다른 가능성과 방향을 제공받도록 돕는 데 집중한다. 이것을 통해 이야기 내부로부터 문제와 사람들의 관계가 변화될 수 있다. (p. 1034)

위탁 청소년의 디지털 미디어 아트 참여

내 직장에는 청소년을 위한 디지털 미디어 워크숍을 제공하는 디지털 미디어 연구소가 있다. 앞서 언급한 DYN과 하이브 모델처럼, 우리는 청소년들이 포스트구조주의적 시각으로 작업에 참여하고, 자신만의 이야기를 만들어내고, 디지털 미디어를 사용해 이러한 이야기들을 리믹스하도록 가르친다. 청소년들은 비트 만들기(에이블톤 소프트웨어를 사용한 음악 제작), 디지털 콜라주(어도비 포토샵 사용), 애니메이션 가면, 디지털 스토리텔링(아이무비 사용), 슈퍼히어로 창작 등의 다양한 워크숍에 참여할 수 있다. 디지털 미디어 연구소는 [그림 15.3]과 [그림 15.4]에 나와 있으며, [그림 15.5]는 논리 모델을 보여준다.

[그림 15.3] 디지털 미디어 연구소에서 비트 만들기 1

[그림 15.4] 디지털 미디어 연구소에서 비트 만들기 2

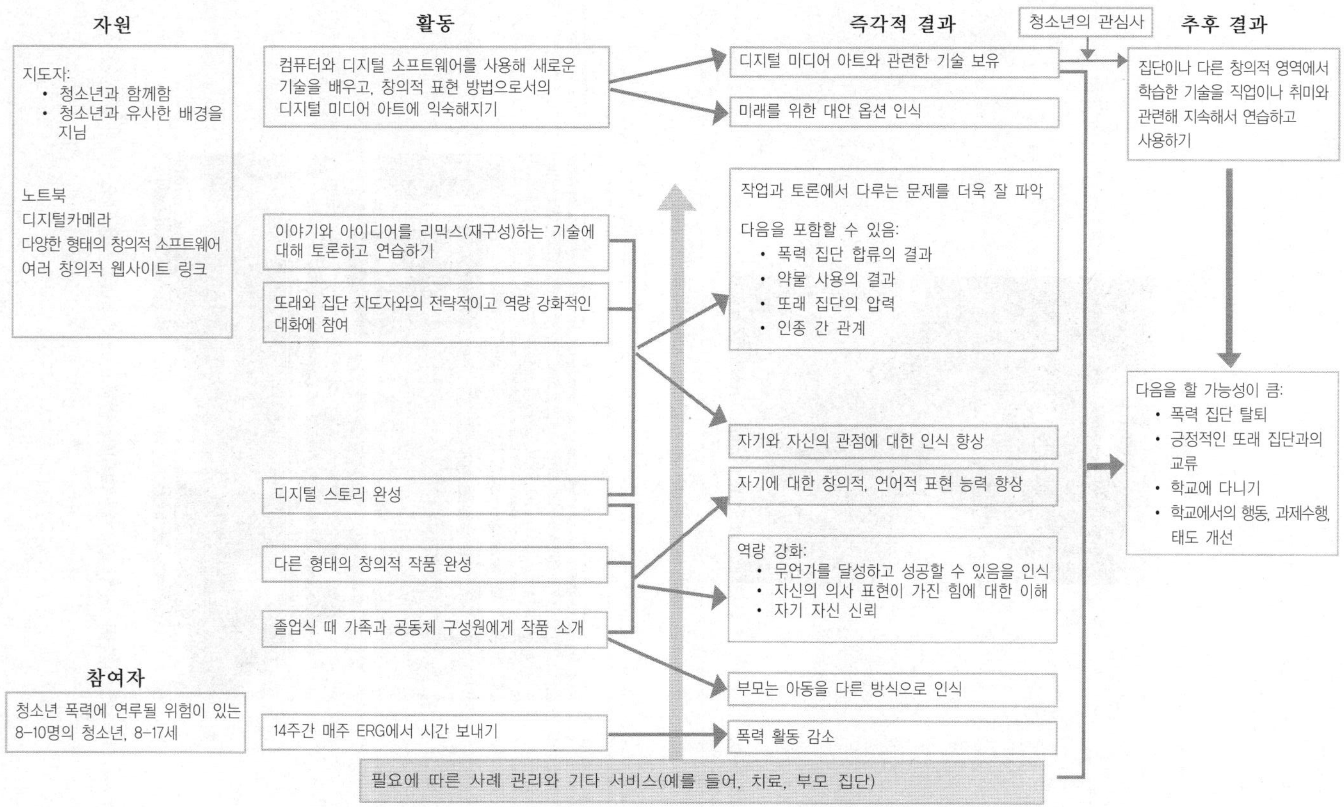

[그림 15.5] 표현 리믹스 집단 상세 모델

표현 리믹스 집단 개요

이번 단락에서는 참여자의 목표와 목적, 디지털 활동의 영상 사례에 대한 URL 링크를 포함하여 ERT의 주간 활동 개요를 독자들에게 제공한다.[4)]

창의적 탐험 1: 디지털 스토리텔링

1주: 집단 역동에 대해 토론하고, 규칙을 만들며, 디지털 스토리를 설명하고 시연하기

2주: 디지털 스토리텔링 프로젝트 시작

3주: 디지털 스토리텔링 프로젝트 완료

창의적 탐험 2: 애니메이션 가면

4주: 창의적 탐험 1을 완료하고, 집단 지도자가 과정을 시연한 후 가면 제작 시작

5주: 가면 색칠

6주: 치료용 질문지를 작성하고, 답변을 대본으로 사용하여 가면을 애니메이션화하기

창의적 탐험 3: 만화, 잡지 표지, 영화 포스터

7주: 창의적 탐험 2 완료. 지도자가 유익한 주제(예를 들어, 왕따, 폭력단, 십 대 임신)를 활용한 만화 제작 시연. 참여자들은 제시된 주제를 바탕으로 만화 줄거리 제작

8주: 전주의 주제나 창의적 탐험 1의 디지털 스토리 주제를 바탕으로 모의 잡지 표지 제작

4) www.youtube.com/watch?v=TD02w83CSWoandfeature=youtu.be

9주: 디지털 스토리를 위한 모의 광고 포스터 제작

창의적 탐험 4: 가상 세계 창조

10주: 창의적 탐험 3 완료. 지도자가 가상 세계 창조의 예시 보여주기. 참여자들은 소프트웨어를 사용해 긍정적인 주제의 가상 세계 창조

11주: 자신만의 가상 세계 창조 시작

12주: 가상 세계 창조를 계속 진행하여 프로젝트 완료

창의적 발표 무대

13주: 창의적 탐험 4 완료. 초대된 가족과 친구들이 참여자들의 창의적 작품을 감상하고 축하하기

참여자의 목표 및 목적

- 창의적 표현 방법으로서의 디지털 미디어 아트에 익숙해지기
- 아이패드와 스마트폰, 디지털 소프트웨어를 사용해 새로운 기술 배우기
- 이야기와 아이디어를 리믹스(재구성)하는 기술에 대해 토론하고 연습하기
- 또래와 집단 지도자와의 전략적이고 역량 강화적인 대화에 참여
- 시작부터 끝까지 디지털 스토리 완성

디지털 자원에는 다양한 형태의 하드웨어(아이패드, 노트북, 스마트폰, 디지털 카메라), 창의적 소프트웨어 프로그램, 디지털 아트 웹사이트 및 튜토리얼 링크 등이 있지만 이에 국한되지는 않는다.

기술 사용의 경험이 많지 않은 사람들은 위축되곤 하는데, ERT의 일부 참여자들도 예외가 아니다. 경험상 나는 창의적 디지털 작업을 수행하기 전에 참여자들을 대상으로 오리엔테이션과 튜토리얼을 수행하는 것이 중요하다고 느꼈다. 또한, 많은 참여자들이 리믹스 과제의 초기 아이디어를 나의 원래 생각보다 더 예술적이고 가치 있는 것으로 리믹스하는 것을 보면서 감탄하기도 했다. 이러한 리믹스의 리믹스 유형은 모든 집단 회기에서 발생하며, 작품을 만들어내는 과정에서 놀라움이라는 요소가 수반된다는 사실을 거듭 확신시켜준다.

결론

ERT 집단에서 제작된 디지털 아트는 교육용으로 제작된 작품뿐만 아니라, 치료 과정에서 만들어진 다른 형태의 예술 작품과도 많은 공통점을 갖는다. 여러 측면에서 볼 때, 예술 작업에 있어서 중요한 요소 중 하나는 실제로 작품이 창조될 때 동반되는 놀라움이라는 요소다. 표현 리믹스 집단 안에서 내가 혹은 다른 이들이 촉진하는 것을 볼 때마다 나는 참여자들이 제작한 디지털 아트에 기분 좋은 놀라움을 느낀 적이 많이 있었다. 하지만 자신의 디지털 아트 작품에 보이는 참여자들의 반응을 관찰할 때면 더욱 큰 보람을 느낀다. 많은 사람들이 작품을 만든 직후에는 별로 말이 없지만, 일단 말을 시작하게 되면 그 과정이 얼마나 재미있었는지에 대해서 설명한다. 그리고 작업 과정이 처음 생각했던 것보다 훨씬 쉬웠다고 말한다.

필자는 여러분이 내담자 또는 학생들과 함께 치료 및 교육 영역 내에 위치한 디지털 미디어 아트의 세계를 성공적으로 탐험하길 바란다. 더불어 여러분이 이 분야를 혁신적으로 발전시켜 나가기를 진심으로 바란다.

권장 사항

- 새로운 형태의 디지털 아트를 제작하는 방법을 배운다.
- 디지털 미디어 아트를 사용해 이야기를 리믹스하는 기술을 개발한다.
- 스토리텔링 과정을 성찰할 수 있는 능력을 향상시킨다. 내러티브 치료와 포스트구조주의, 사회행동은 이 과정의 핵심 요소다.

참고문헌

Barron, B., Gomez, K., Pinkard, N. and Martin, C. (2014) *The Digital Youth Network: Cultivating Digital Media Citizenship in Urban Communities.* Cambridge, MA: MIT Press.

Brown, M. (2016) Danger Mouse | biography, albums, and streaming radio. Retrieved on April 1, 2018 at www.allmusic.com/artist/danger-mouse-mn0000674440/biography

Combs, G. and Freedman, J. (2012) Narrative, poststructuralism, and social justice: Current practices in narrative therapy. *The Counseling Psychologist 40*(7), 1033–1060.

Hive Chicago (2018) About Hive Chicago. Retrieved on May 15, 2018 at https://hivechicago.org/about

Jamerson, J. (2013) Expressive remix therapy: Using digital media art in therapeutic group sessions with children and adolescents. *Creative Nursing 19*(4), 182–188.

제16장

원 프로젝트

성인 대상의 치료적 사진

– Bryce Evans

사람들이 치유되도록 돕는 것과 관련하여 종종 개인이나 상담사/치료사에게 필요 이상으로 더 큰 장애물이 되는 첫 번째 단계가 있는데, 이는 바로 의사소통이다. 현대사회는 표현하고 의사소통하며 연결되기 위해 주로 언어(전 세계의 다양한 언어들에 걸쳐)에 집중해왔으며, 이를 통해 우리는 개인으로서 그리고 집단으로서 성장과 발전을 이룰 수 있었다. 하지만 우리가 익숙하게 사용해 온 언어의 한계에 부딪힐 때 문제가 발생하게 되는데, 특히 이것은 심각한 개인적 고통과 수치심 그리고 트라우마와 연관되는 경우에 주로 나타나게 된다.

내가 십 대였을 때 극심한 우울과 불안을 겪었는데, 당시에는 그 고통에 대해 다른 사람과 의사소통하기가 힘들었기 때문에 문제 해결을 위해 적절한 자원을 접하는 데에도 어려움이 있었다. 그 결과 나는 카메라를 사용하게 됐고 사진을 최후의 수단으로 삼아 감정을 표출하기 시작했다. 오랫동안 억압되어온 신념과 생각, 나 자신의 여러 부분들을 성찰하고 표현할 수 있는 완전히 새로운 세계가 열린 셈이었다.

이런 방식으로 내 문제를 다뤄오다가 몇 년이 지나서야 나는 내가 특정한 과정을 고안하고 사용해왔다는 사실을 깨달았다. 당시에는 내가 하는 일에 대해 부분적으로만 인식하고 있는 상태였다. 돌이켜보면 당시 나는 사진과 창의적 글쓰기를 통해 우울과 불안에 관한 이야기를 시작할 수 있게 되었다. 그리고 이렇게 이야기를 하는 것이 점차 편안해지면서 나의 정체성, 그리고 정체성과 나 자신의 문제들과의 관계에 대해서 깊이 통찰하게 되었다. 더불어 이러한 과정에서 활용했던 일련의 단계와 특정한 기법에 관해서도 탐구할 수 있었다.

그 시기에 내가 제작한 작품은 'one'이라는 제목의 사진 시리즈로 알려지게 됐고, 이후 '원 프로젝트THE ONE PROJECT'[1]로 발전했다. 당시에는 사진의 치료적 힘에 관한 논의가 부족했고, 또한 말로 표현할 수 없는 문제를 해결하는 데 있어 사진 역시 창의적 글쓰기와 함께 누구나 쉽고 편리하게 사용할 수 있는 도구가 된다는 사실도 거의 논의되지 않고 있었다. 이 장에서는 개인 사진을 통해 치유의 경험을 제공하는 플랫폼인 원 프로젝트를 살피면서 치료적 사진이 개인의 정신건강을 돕는 방법에 관해서 알아볼 것이다.

의사소통과 치료적 표현의 세계적 추세

내가 겪고 있던 우울과 불안을 설명하기 위해 나의 사진들을 사용한 것처럼, 원 프로젝트는 이미 전 세계에서 발생하고 있는 무언가에 맥락과 구조를 수립하는 중요한 단계였다. 인터넷 접속이 용이해지고 고품질 카메라 폰이 증가함에 따라 점점 더 많은 사진이 촬영되고 공유되며, 매년 상상할 수 없는 숫자의 사진이 대량으로 합성되고 있다.

사람들은 치료적 목적이든 아니든 사진을 점점 더 많이 찍게 되면서

1) https://theoneproject.co

사진의 치료적 이점을 우연히 발견하게 되었다. 어떤 독자들은 스트레스를 심하게 받은 날이면 사진 찍는 행위가 자신에게 어떤 도움이 될지 구체적으로 생각해 보지 않은 채 그냥 카메라를 들고 산책하러 나가기도 할 것이다. 또한, 어떤 독자들은 자신의 최근 사진에서 경향과 패턴(예를 들어, 흑백에 대한 새로운 선호)을 발견하고, 이것이 사랑하는 사람을 잃은 슬픔과 연결되어 있음을 깨달을 수도 있다. 그리고 이러한 과정을 통해 사진을 찍는 것이 어떻게 도움이 됐는지를 이해하기 시작할 것이다. 프로젝트 참여자 중 한 명인 Melanie Hood는 다음과 같이 언급한다.

> 사진은 내가 정신건강을 위해 지금까지 해온 일 중 가장 최고라고 말할 수 있다. 사진은 내가 빈 둥지 증후군, 즉 어머니의 죽음을 극복하는 데 도움을 주었고 어린 시절의 트라우마를 다루고 이해하는 데에도 도움이 되었다.

나는 수많은 사람들이 프로젝트에 참여하자마자 곧바로 의미 있는 관계로 발전하는 것을 보면서 *사진이 그들의 개인적 성장과 치유에 어떠한 도움을 주었는지를 깨닫게 되었다.* 어디에 거주하든, 어떤 모국어를 구사하든, 사람들은 사진을 통해 자신이 겪고 있는 어려움을 표현할 수 있었다. 또한, 언어와 물리적 장벽을 넘어 서로 연결되거나 공감할 수도 있었다. 나는 온라인이나 오프라인을 통해 우리가 더욱 긴밀하게 연결될수록 사진의 중요성이 더욱 커질 수밖에 없을 것이라고 믿는다. 이러한 표현 방식은 언어적 의사소통의 문을 열어준다. 그뿐만 아니라 영혼에 울려 퍼지는 사진은 단순히 공유하거나 보는 것만으로도 우리에게 엄청난 가치를 안겨준다.

치료적 사진

치료적 사진Therapeutic photography이란 의식적이든 무의식적이든 개인의 치유와 성장, 이해를 목적으로 사진을 찍고 분석하고 사용하는 행위를 일컫는다. 적극적으로 사진을 구성하고 분석하고 성찰하는 활동이 창의적 글쓰기와 함께 수행될 때, 우리는 자기 자신과 세상을 보는 방법에 대해 더 많이 배울 수 있다. 그뿐만 아니라 미술 표현은 말로 표현하기 어려운 경험들, 가령 암 진단이라든가 우울 혹은 불안, 복잡하게 얽힌 강렬한 감정 등을 드러내도록 도와준다. 사진은 누구나 자신을 표현하고 치유하기 위해 사용할 수 있는 미술과 창의성의 한 형태로서, 가장 접근하기 쉬운 동시에 덜 위협적인 매체다.

사진을 찍고 분석하고 토론하는 과정을 통해 사람들은 자기 자신과 세상에 대한 관점을 서서히 탐색하고 변화시킬 수 있다. 이런 관점은 탐색과 공유, 성찰의 능력을 키워가고 자기 자신과 주변 사람들 그리고 주변 세상에 대한 이야기를 활발하게 창작해감에 따라 점점 더 중요해진다. 말로 표현할 수 없는 이야기를 사진에 담고 이것을 자랑스러운 작품으로 만들어낼 때, 우리는 숙달감을 발달시킬 수 있다. 마찬가지로, 자신의 사진을 공유하고 다른 사람들로부터 긍정적인 피드백을 받는 것은 자신감을 형성하는 데 도움이 되며, 다른 사람들에게 자신의 의견과 생각 그리고 이야기를 더욱 편안하게 표현하는 데에도 도움이 될 수 있다. 이러한 기법과 실행의 여러 이점들은 사람들을 심각한 우울로부터 회복시키고, 불안을 통제하거나 경감시키고, 불안 문제의 지속이나 재발을 막는 데 필요한 변화를 가져온다.

사진을 찍거나 편집하는 행위는 많은 이들에게 매우 치료적이며 이후 그 사진으로 후속 작업(사진에 대해 질문하거나 그에 대한 이야기를 쓰는 것, 그 이상의 것들)을 하는 것 역시 그렇다. 또한, 과거의 사진들은 시간이 흐르면서 우리가 한 인간으로서 얼마만큼 성장했는지, 우리 자신과 세계에 대한 관점이 어떻게 변해왔는지를 깊이 통찰하고 되돌아보게 해준다.

초창기의 '원 프로젝트'

원 프로젝트의 첫 번째 버전을 개발하고 사진이 가진 치료적 힘을 발견하기 시작한 당시, 이 모든 것은 나 자신이 여러 해 동안 겪었던 우울과 불안을 통찰하는 과정 중에 이뤄졌다. 여러 이야기(제목이나 시와 창의적 글쓰기 같은 짧은 단락을 곁들인 사진)를 통해서 나는 외부의 검열 없이 너무 오랜 기간 머릿속을 맴돌았던 생각들을 탐색하기 시작했다. 나는 탐색할 필요가 있다고 느꼈던 다양한 주제에 맞는 개념을 창조하기 시작했다. 이러한 주제에는 학교/졸업/직업, 부/돈/물질적인 것/행복, 관계/분열, 인터넷/우정/사람들 간의 연결, 학교/괴롭힘/우울, 꿈/어둠/외로움/자살 등이 있었다. 각각의 사진을 제작하는 과정에서 나는 압박감이 해소되고 나를 짓누르던 무게가 덜어지는 것을 느꼈으며, 오랫동안 나 자신을 괴롭혔던 문제와 이에 관한 이야기를 제3자의 관점으로 바라볼 수 있게 되었다. 간단히 말하자면, 그동안 내가 겪었던 고통을 더 잘 이해하고 조절할 수 있게 되었다.

이 모든 일은 대부분 나 혼자 힘으로 이뤄낸 것이었으며 작업 이면에 숨겨진 참된 의미에 대해서 다른 사람들과 이야기를 나눈 적이 거의 없었다. 나는 사진 속 모델이 될 사람들을 이 과정 안으로 천천히 추가했다. 이 과정 역시 기꺼이 도와주려는 몇몇의 엄선된 사람들에게서 도움을 받은 매우 사적인 과정이었다. 그럼에도 불구하고 이러한 간단한 상호작용을 통해 나는 사람들이 내가 하는 일의 핵심을 어떻게 이해하고 연결하는지를 볼 수 있었으며, 그들은 그것을 삶에 적용해 깊은 치유와 대화 그리고 연결을 위한 문을 여는 데 사용했다.

불필요하다고 여겨질 수도 있는 이러한 느리고 작고 점진적인 단계를 통해, 나는 오랜 기간 이 문제에 대해 침묵하고 아무것도 하지 않았던 과거의 무기력을 극복할 수 있었다. 특히 나는 우울과 불안을 겪고 있는 많은 사람들이 이러한 비슷한 경험을 한다고 본다. 각 단계는 이러한 주제(사적이거나 공적인)와 관련하여 나 자신을 표현하는 것이 편안해지도록 도움을 주었다. 그뿐만 아니라 자신감을 형성하는 데 도움이 됐고, 내가 겪었던 문제와 이러한 고통을 받는 이유 그리고 이러한 일을 겪는 사람이 *나 혼자만이 아니라는 점을 계속해서 깨닫게 해주었다.*

2010년, 사람들의 우울과 불안을 해소하기 위해 최초로 시작된 사진 커뮤니티인 원 프로젝트는 이제 전 세계적인 운동이자 건강을 위한 온라인상의 도구로서, 사람들이 진정한 자신의 모습을 잘 표현할 수 있도록 돕고 있다. 이 프로젝트는 사람들을 연결하고, 우울과 불안으로 고통받는 사람들을 돕기 위해 치료적 사진 기법을 사용하는 개인 온라인 플랫폼을 포함한다. 이러한 온라인 플랫폼은 전 세계적으로 이용 가능하며 카메라 기술의 사전 지식을 필요로 하지 않는다. 이외에도 원 프로젝트는 무료 온라인 강좌를 통해 치료적 사진 기법을 사용하는 방법에 대해 배울 기회를 제공하며, 지역사회와 연계된 정신건강을 위한 도구들을 제공하기도 한다. 이것은 많은 사람들이 참여하고 있는 간단한 과정으로, 치료사와 함께 또는 개인 스스로 자신의 문제를 다루는 데 있어 명확한 단계와 지침을 제공할 수 있다.

[그림 16.1] 레비쉬 파사드

Bryce Evans 제공

[그림 16.2] one으로 돌아가기

Bryce Evans 제공

[그림 16.3] 길을 잃고 방향을 찾다

Bryce Evans 제공

사진을 통한 치료적 이점

사진이 자조self-help의 형태가 될 수 있는 방법에는 여러 가지가 있지만, 원 프로젝트를 통해 알게 된 몇 가지 치료적 이점은 다음과 같다.

- *자연과 환경으로 연결*

사진은 종종 밖으로 나가 자연과 연결되도록 동기를 부여한다. 사진을 찍기 시작할 경우 여러분은 새롭고 독특한 견해, 즉 또 다른 관점을 찾도록 만드는 힘을 느낄 것이다. 이러한 힘은 여러분을 문밖으로, 이웃에게로 그리고 종종 도시로 나아가도록 이끌어 움직이게 하고 '머릿속에서 벗어나게' 하는 것이다.

- *자기표현과 성찰*

사진은 치료적 이점뿐만 아니라 자기 자신과 세계관에 관한 강력한 개인적 통찰을 제공할 수 있는 자기표현 및 성찰의 한 형태다. 사진을 구성하거나 편집하는 방식에서 어떠한 패턴이 나타나기 시작할 경우, 그것은 단순히 개인적인 선호이거나 또는 더 의미 있는 무언가를 나타내는 암시일 수도 있다. 또한 사진은 시간이 지남에 따라 관점이 어떻게 바뀌었는지를 보여주고 이를 상기시키는 역할을 할 수도 있다.

- *관점 전환*

사진을 찍을 때 우리는 그야말로 새로운 혹은 각양각색의 렌즈를 통해 세상을 바라보는 것이며, 이는 사진이 가져다주는 관점 전환에 대한 은유가 될 수 있다. 사진은 우리가 기존의 관점에서 벗어나 색다른 관점과 더 많은 아름다움, 더 많은 가능성을 볼 수 있게 한다. 관점의 작은 변화처럼 단순한 무언가는 우리의 삶에 깊은 영향을 미칠 수도 있다. 이는 특히 시간이 지남에 따라 이뤄지는 많은 변화들과 맞물릴 때 더욱 그러하다.

• *아름다움 탐색*

손에 카메라를 들고 있을 때 우리는 자연스럽게 세상에 존재하는 아름다움을 더 자주 찾기 시작한다. 예를 들어, 우리의 눈이 다음 사진을 찾도록 훈련될 때 일상은 새로운 의미와 빛을 띠기 시작한다.

• *비언어적 의사소통*

사진은 비언어적인 의사소통의 역할을 한다. 미술 작품처럼 비언어적 의사소통의 수단으로서 사진은 말로 표현하기 어려운 것을 더욱 쉽게 표현하는 방법이 될 수 있다. 또한 많은 사람들은 다른 사람의 사진을 보고 "와, 이건 내가 느끼는 것과 완전히 똑같아!" 혹은 "이 이미지를 보면서 외로움이 줄어드는 걸 느꼈고, 나와 같은 고통을 다른 사람들도 겪고 있다는 걸 알게 됐어요. 고마워요"와 같은 반응을 보인다. 사진에 관한 이야기는 사람들이 자신의 사적인 고통을 훨씬 더 편안하게 나눌 수 있게 하는, 놀랍도록 강력한 대화의 촉매제가 된다.

• *마음챙김과 몰입 그리고 초점*

사진은 명상과 유사한 형태의 마음챙김(현재 상태 자각)이 될 수 있다. 이는 우리의 마음이 혼란스러운 생각에 사로잡히기보다는 외부에 집중할 수 있도록 도와준다. 이미지를 편집하거나 검토하는 과정에서도 비슷한 일이 일어날 수 있다. 이러한 과정을 통해 우리는 그 공간이나 그 순간에 다시 '그곳'에 있는 우리 자신을 발견하게 된다. 또한 사진을 찍을 때 '몰입'하고 있는 우리 자신을 종종 발견할 수 있는데, 이러한 몰입은 마음의 진정이나 스트레스 완화 등 명상과 유사한 여러 건강상의 이점을 제공한다.

• *통제력 습득*

사진을 찍기 위해 카메라를 들 때, 우리는 통제력을 다시 터득한다. 즉 원하는 방식으로 이미지를 나타낼 수 있는 수동 모드를 설정하여, 그에 따라 프레임 안에 있는 것(혹은 밖에 있는 것)에 대해 통제력을 발휘할 수 있는 것이다. 이런 의미에서 사진은 사람들이 자신의 창의적인 목소리에 대한 통제력을 회복하기 위해 사용할 수 있는 한 가지 방법이 될 수 있다.

• *긍정적 피드백 경험*

사진을 공유하는 것은 친구들과 사랑하는 사람들, 전 세계의 다른 사람들로부터 긍정적인 피드백을 얻을 수 있는 좋은 방법이 될 수 있다. 사진 작품을 공유하고 긍정적인 피드백을 받는 것은 자신감을 형성하고, 창의적인 의견을 공유하게 해주며, 그 과정을 지속할 수 있는 동기를 부여한다.

• *사회적 유대 형성*

사진은 사람들과의 접촉이나 관계 형성을 돕는 사회적 활동이 될 수 있다. 예를 들어, 인물 사진을 가까이에서 촬영하려고 한다면 당연히 그 사람에게 가서 촬영해도 괜찮은지 동의를 구해야 할 것이다. 비슷한 방식으로, 카메라는 사람들과 연결되고 사회불안을 극복하기 위한 훌륭한 방법이 될 수 있다.

• *무의식으로의 연결*

사진은 무의식과의 연결 고리가 될 수 있으며 개인의 강력한 통찰을 발견하는 데 도움이 될 수 있다.

결론

앞서 언급했듯이, 나는 대부분의 사람들이 친구나 가족을 통해서든 전문적인 지원을 통해서든 필요한 도움을 받지 못하게 하는 가장 큰 장벽은 정보의 부족이 아니라 의사소통이라고 생각한다. 많은 국가에서 정신건강과 관련된 자금 지원 및 자원 부족 문제가 있어 수백만 명의 사람들이 필요한 지원과 관리를 받지 못하지만, 처음부터 그 문으로 들어가지 않거나 대화조차 시작하지 않는 사람들이 훨씬 더 많다. 어떤 사람들은 그저 침묵해버림으로써 문제를 발견하거나 알아가는 데 어려움을 겪고, 결국 자신이 다뤄야 할 문제가 무엇인지를 제대로 이해하지 못한다. 또한, 어떤 사람들은 오명을 두려워하거나, 타인으로부터의 비난이나 판단 혹은 수치심을 마주하지 않고 자신의 고통에 대해 어떻게 말을 해야 할지 확신이 서지 않을 수 있다. 나는 이러한 경우에 치료적 사진이 가장 큰 도움이 된다고 생각한다.

미술치료와 건강이라는 더 넓은 영역에서 치료적 사진을 추가적인 도구나 방법으로 받아들임으로써, 우리는 건강을 위한 한정된 자원과 사회 기반시설에 대한 부담을 완화할 수 있다. 동시에 전문적인 지원 여부와 관계없이 개인이 자신의 치유와 성장을 위한 역량을 강화하도록 도움을 줄 수 있다.

권장 사항

- 치료적 사진과 원 프로젝트 같은 프로그램은 개인이 어려운 문제를 표현할 수 있도록 돕는다.
- 개인적인 치료 과정을 수행할 수 있도록 개인이 쉽게 사용할 수 있는 도구를 제공하고, 필요한 경우 전문가의 도움을 권한다.
- 치료적 사진을 임상 치료 과정에 통합하여 검사와 대화 그리고 성찰을 촉진하거나 내담자에게 치료 회기 사이의 과제로 부여할 수 있다.

제17장

DIBAAJIMOWIN
디지털 구술 이야기

– Debra Johnson-Fuller, Elizabeth Warson

디지털 스토리텔링은 미국 내 인디언 거주 지역에서 사용되는 문화 반응적인 여러 기술 접근법 중 하나로, 건강 관련 주제에 관해 효과적으로 소통하고 안녕감을 증진시키며 관찰자와 참여자 모두에게 의미구성의 경험을 제공한다(Haigh and Hardy, 2011). 디지털 이야기는 일반적으로 2~3분 정도 지속되는데 영상, 텍스트, 애니메이션, 음성 내레이션 같은 멀티미디어 자료를 포함하며 무료 소프트웨어 프로그램을 종종 활용하기도 한다. 또한, 디지털 스토리텔링 워크숍은 참여자들이 협력적이고 지지적인 환경에서 자신만의 이야기를 만들 수 있도록 훈련하기 위해 설계됐다. 암 환자 공동체 내에서 디지털 스토리텔링은 힘을 부여하고 삶을 긍정하게 하는 효과적인 방법으로 입증됐는데(Høybye, Johansen, and Tjørnhøj-Thomsen, 2005), 서로의 경험을 공유함으로써 참여자들의 안녕감이 향상됐다는 연구 결과가 이를 뒷받침한다(O'Neill and Hardy, 2008).

디지털 스토리텔링은 의료계에서 질병과 건강에 대한 인식을 전달하는 촉매제 역할을 해왔다(O'Neill and Hardy, 2008). 2009년 이후 원주민 사회는 이러한 디지털 형식에 흥미를 보이게 됐는데, 이는 그들이 강한 구전 전통을 가지고 있기 때문이며, 부분적으로는 엔디지드림즈nDigiDreams[1]가 수행한 기초 작업 때문이기도 하다. 아직까지 디지털 스토리텔링이 건강 증진 및 교육에 미치는 영향에 관한 증거 기반 연구는 충분히 이뤄지지 않았다. 하지만 엔디지드림즈와 파트너들의 작업 과정에서 도출한 이차적 견해에 따르면, 원주민들은 디지털로 공유된 이야기에 호의적으로 반응했으며 텍스트나 일방적인 교훈적 자료보다 이를 더 선호했다.

미국 인디언과 알래스카 원주민에게 있어서 질병 예방 및 인식은 공동체로서의 자기 자신을 치유하는 것에 중점을 둔다. 원주민들이 만성질환의 문제 그리고 그것이 개인과 가족, 공동체에 미치는 영향을 수긍한다는 것은 그들에게 생겨난 심리적, 생리적 측면의 동반질환에 대해 더 깊이 이해한다는 의미이기도 하다(Bombay, Matheson, and Anisman, 2009). 디지털 구술 이야기의 목적은 공동체 구성원들이 부족 역사에서 차지하는 그들의 위치, 질병과 건강에 대한 인식, 의약과 의료 산업에 대한 접근 방식 그리고 그들 자신과 공동체에 대한 이해를 말하고 또 말하고, 정의하고 또 정의함으로써 이야기를 발전시켜 나가는 능력을 갖추도록 지원하는 것이다. 그에 따라 궁극적으로 변화하는 건강과 안녕감의 환경에 대한 자신의 반응을 표현할 수 있는 사람이 되도록 하는 것을 목표로 한다. 원주민 공동체 내에서 디지털 구술 이야기는 혁신적이고 문화 반응적인 접근법으로 구성되는데, 이러한 접근법은 기술이 발달하고 질병 상태가 변화하고 의학이 발전함에 따라 새로운 이해와 능력 그리고 인식을 형성하고 활용한다. 이러한 점에서 디지털 스토리텔링은 원주민 공동체와 의료계에서 질병과 건강에 대한 인식을 전달하는 촉매제 역할을 하는 것으로 입증됐다(O'Neill and Hardy, 2008).

암 환자 공동체 내에서 디지털 스토리텔링은 힘을 부여하고 삶을 긍정하게 하는 효과적인 방법으로 입증됐는데(Høybye *et al.*, 2005), 서로의 경험을

1) http://ndigidreams.com/ds.html

공유함으로써 참여자들의 안녕감이 향상됐다는 결과가 이를 뒷받침한다(O'Neill and Hardy, 2008). 이는 특별한 중요성을 지니는데 왜냐하면 미국 인디언과 알래스카 원주민이 양질의 의료 서비스에 접근하는 것을 방해하는 문화적, 지리적 장벽을 경험하기 때문이다(Office of Minority Health, 2016). 미국에서 페이션트 보이스[Patient Voices] 프로그램(O'Neill and Hardy, 2008)과 미국 국립 의학 도서관[National Library of Medicine][2]의 유관 기관인 미국 인디언과 알래스카 원주민 건강 기록 보관소[American Indian and Alaska Native Health archives]는 건강 관련 이야기를 참고할 수 있는 토론회를 개최한 적이 있다. 하지만 이러한 이야기들은 원주민 공동체의 건강 증진과 암 교육에 큰 영향을 미치지 못했다. 2011년 이래로 레이크 슈피리어 치페와의 퐁 뒤 라크 원주민 부족[The Fond du Lac Band of Lake Superior Chippewa]은 원주민 중심 상담과 디지털 스토리텔링 교육을 제공하는 여성 소유 회사인 엔디지드림즈와의 지속적인 협력을 통해 디지털 스토리텔링의 선두에 위치해 있다. 그리고 미국 국립 의학 도서관의 건강 관련 디지털 스토리텔링을 위한 보조금을 통해 엔디지드림즈는 민 노 아야 윈 복지센터[Min No Aya Win Human Services Center]와 1년간 협력할 수 있었다. 이러한 자금 지원 기회를 통해 제1저자인 암 건강 교육자 Debra Johnson-Fuller는 퐁 뒤 라크 복지부를 위한 건강 관련 디지털 스토리텔링 교육 과정을 성공적으로 구축하고 수행할 수 있었다.

의의

미네소타 원주민 부족의 만성질환과 암

미국 질병 통제 예방 센터(Centers for Disease Control and Prevention: CDC, 2012)에 따르면 1) 운동 부족, 2) 영양 부족, 3) 흡연, 4) 음주가 만성질환을 유발하는 4

2) https://americanindianhealth.nlm.nih.gov

가지 주요 건강 위험 행동이다. 이 중 암의 주요 원인인 흡연은 사망의 두 번째 주요 원인으로, 흡연율이 50%를 넘는 미네소타 원주민 부족에게 매우 큰 문제이기도 하다(Fond du Lac Band, 2012). 암은 건강한 생활 습관과 정기적인 검진을 통해 예방 가능한 질환이지만, 북부 미네소타에 거주하는 미국 인디언 집단은 다른 인종/민족 집단에 비해 암 발생률과 사망률이 두 배나 더 높다.

미네소타 원주민 부족 공동체는 오지브웨 보호구역에 속한 7개의 치페와Chippewa 원주민 부족과 4개의 다코타Dakota 원주민 부족 공동체로 구성된다. 치페와 원주민 부족 내의 암 통제 계획은 서로 다르고 조직화되지 않았으며 다양한 종류의 문제를 다룬다.

미국 인디언과 알래스카 원주민을 위한 미술치료

현재 미국 인디언 거주 지역에서는 두 명의 미술치료사가 연구를 수행하고 있다. 그중 한 명은 정식 간호사이자 암 교육자인 Cueva 박사로, 문화적으로 적합한 미술기반 개입에 관해 연구해오고 있다. 이 연구는 미국 암 학회American Cancer Society(ACS)의 자금 지원을 받는 알래스카 원주민 대상의 예술기반 암 교육(Arts-based Cancer Education with Alaska Native People, 2011)과 CHR 암 교육 모듈(Cueva *et al.*, 2010)의 일환으로 수행되고 있다. 다른 한 명은 이 장의 제2저자인 Elizabeth Warson이며, 그녀 또한 문화적 적합성에 초점을 맞춘 연구를 수행하고 있다. 이 연구는 암 생존자와 그 가족들의 스트레스 및 고통 관리를 위해 미술기반의 심리사회적 개입을 설계하고 수행하는 데 있어서 문화적 적합성을 연구하는 것이다(Warson, 2008, 2012a, 2012b). 두 연구자의 접근법은 모두 건강에 대한 원주민의 관점을 참작하는데, 이 관점은 마음, 몸, 영혼, 맥락 사이의 상호 관련성을 고려하는 등 상관성에 기반한다(Cross, 1997, 2001; Hodge, Limb, and Cross, 2009).

혁신

지난 10년 동안 디지털 스토리텔링의 수행은 건강 증진과 관련된 분야에서 문화 반응적인 연구 방법으로 부상했다(Gubrium, 2009). "디지털 이야기는 자신의 이야기를 소유하고 말할 수 있는 수단을 제공함으로써 건강과 회복력에 영향을 미칠 수 있다"(Gubrium, 2009, p. 187). 혁신적인 지역사회 기반 참여 연구[community-based participatory research](CBPR) 방식으로서, 디지털 스토리텔링은 저자의 맥락 안에 위치하며 이야기 과정을 통해 공유된 의미가 부각된다. 그뿐만 아니라 디지털 이야기는 워크숍 과정에서 공동으로 창작되며, 이를 통해 사람들은 이해를 공유하면서 서로 연결되어 있다는 느낌을 키워가게 된다. 디지털 구술 이야기 워크숍은 참여자들이 주도하는 주제를 포함함으로써 그 형식에 있어 전통적인 포커스 그룹 연구 방법을 넘어선다(Gubrium, 2009). 그리고 원주민 공동체의 측면에서 볼 때, 스토리 서클[story circle]은 디지털 스토리텔링 과정의 필수 요소다.

2011년 이후로 레이크 슈피리어 치페와의 퐁 뒤 라크 원주민 부족은 엔디지드림즈와의 지속적인 협력을 통해, 그들의 공동체를 위한 디지털 스토리텔링 프로그램을 공동으로 설계했다. 이 둘의 파트너십을 통해 미국 국립 의학 도서관의 자금 지원을 받는 프로젝트가 시작됐으며, 그 결과 다양한 교육 프로그램과 워크숍이 진행됐다. 그뿐만 아니라 원주민의 건강과 안녕감에 초점을 맞춘 디지털 이야기 보관소도 생겨났다. 이후 암 건강 교육자이자 부족 멤버인 Debra Johnson-Fuller의 진행하에 퐁 뒤 라크 원주민 부족은 남성 집단을 대상으로 디지털 스토리텔링을 시행함으로써, 디지털 스토리텔링 커리큘럼을 제작하게 됐다.

이러한 혁신적인 기술 접근법을 보완하기 위해 참여자들은 긍정적 탐구의 일부로서, 스토리 서클에서 언급된 생각과 느낌 그리고 인식을 처리하고 자발적으로 공유하기 위한 수단으로 비주얼 저널을 활용한다. Warson(2012a, 2012b; Mercer, Warson, and Zao, 2010)은 미국 인디언 암 생존자들과 그들의 가족이 제작한 항목에서 새로운 주제를 탐색하는 비주얼 저널링 연구를 몇 건 수행했다. 디지털 스토리텔링 워크숍 과정에 비주얼 저널링을 포함하는 경우, 결과적으로 자기 돌봄 습관이 형성되고 잘 유지될 수 있었다. 또한, 사진치료 기법이 포함된 스토리보딩 과정은 이야기의 공동 저술을 강화시킬 수 있다. 저자들은 특히 사진치료 기법에 관한 Weiser 박사(1999)의 저서를 참조한다. Weiser 박사의 저서는 내담자가 촬영한 사진, 내담자의 사진, 자화상, 가족사진과 앨범, 사진 투사 등 5가지의 권장된 접근법을 다룬다. 한편, 디지털 스토리텔링 커리큘럼에 미술치료 개입을 포함하는 경우 기술 혁신을 강화하고, 워크숍 체험으로 얻은 자기 돌봄 습관을 유지시킬 수 있는 수단을 제공해준다.

미술치료 분야에서 멀티미디어 접근법이 증가하고 있는데, 이러한 접근법에는 원격치료 애플리케이션(Collie *et al.*, 2006)과 컴퓨터 기반 디지털 미술작업(Orr, 2012) 그리고 아이패드 애플리케이션(Malchiodi, 2012)이 있다. 이러한 창의적 도구는 사진치료 기법과 결합하여 여러 이점을 제공한다. 그중 대표적인 것으로는 서비스 제공을 개선하고, 장애가 있는 개인들을 위한 숙소를 제공하며, 이야기 과정을 위한 새로운 토론회를 만든 것이다.

접근법

디지털 구술 이야기의 워크숍 형식

Deborah Johnson-Fuller가 고안한 디지털 구술 이야기 워크숍 형식은 레이크 슈피리어 치페와의 퐁 뒤 라크 원주민 부족을 대상으로 설계됐는데, 스토리 서클이라고 하는 집단 오리엔테이션을 포함한다. 그리고 디지털 스토리텔링 교육을 받은 멘토나 이야기 수집자는 참여자와 짝을 이뤄 이야기를 공동으로 창작한다.

워크숍은 Gubrium(2009)이 설명한 참여적 방법을 바탕으로 구성하며 3일간 수련 센터에서 실시한다. 고요한 수련 환경에서 참여자는 지원자들의 도움을 받아 집중적인 워크숍에 참여할 수 있다. 이러한 환경은 자기 돌봄과 교훈적 가르침의 균형을 이뤄주며, 암에 관한 이야기를 지지적 집단 환경 안에서 공유할 수 있는 '안전한' 장소를 제공한다. 워크숍은 일반적으로 분기별로 진행되며, 최대 10명의 참여자와 동일한 수의 '이야기 수집자'나 멘토로 구성된다. 워크숍 시작 전에 참여자들은 스캔할 이미지와 영상 또는 사진을 준비해오고, 각자의 멘토를 개인적으로 만나 자신의 암에 관한 이야기 '초안'을 디지털 방식으로 녹음한다.

집단 워크숍은 3일 동안 6단계에 걸쳐 진행된다. 1단계에서는 디지털 스토리텔링 과정에 대해 개략적으로 설명하고 샘플 이야기를 검토한다. 주요 지도자인 Debra Johnson-Fuller는 관점 구성, 극적 논점, 정서적 내용, 목소리, 사운드트랙/음악, 통일성, 속도로 구성된 디지털 스토리텔링의 7가지 요소를 시각적으로 보여준다(Lambert, 2006).

2단계는 스토리 서클 집단 안에서 이야기 과정을 공유함으로써 만들어지는 대본의 공동 창작에 초점을 맞춘다. 스토리 서클의 형식은 새로운 주제를 논할 수 있는 안전하고 지지적인 환경을 제공한다는 점에서 Yalom(2005)의 실존주의 집단치료 형식을 반영한다.

3단계는 보다 교육적인 성격을 지니는데, 소프트웨어에 대한 개요와 실제 시연을 제공한다. 3단계의 목적은 기술적 요소를 활용하여 스토리 서클에서의 통찰과 공동의 나눔을 통합하는 것이다.

4단계는 최종 초안에 통합하기 위해 참여자들의 이야기 대본을 완성하는 것을 목표로 한다. 그들의 이야기는 사운드 스튜디오[Sound Studio]나 오다시티[Audacity] 같은 무료 편집 소프트웨어를 사용해 음성 녹음한다. 이 단계에서 이야기 수집자들은 음성 녹음 소프트웨어의 시연을 위해 참여자들과 개별적으로 작업한다.

5단계에서는 디지털 스토리의 시각적 레이아웃이나 메뉴를 고려한다. 이야기 수집자는 참여자들이 작성한 대본이 콜라주 요소와 사진치료 기법을 사용하여 제작한 스토리보드와 함께 전체적으로 나란히 맞춰지도록 도와준다.

마지막 단계는 무비 메이커나 이와 유사한 프로그램을 사용하여 최종 편집하는 것이다. 최종 스토리 서클을 위한 디지털 이야기 제작을 목표로 하여 소프트웨어 및 편집 기능을 직접 시연한다. 그리고 최종 스토리 서클 참여자들을 위해 디지털 이야기를 상영하는 것으로 워크숍을 종료한다. 이야기에 최종 편집이 필요한 경우, 민 노 아야 윈 복지센터의 Debra Johnson-Fuller와 후속 약속을 정하고 편집하게 된다.

프로그램 참여자

참여자는 21세에서 85세의 미국 인디언과 알래스카 원주민 암 생존자를 대상으로 한다. 이들은 미네소타의 시골이나 도시에 위치한 부족 공동체 지역에 거주한다. 워크숍에는 모든 종류의 암 환자들이 참여할 수 있으며, 생존 기간에 대한 제한은 없다. 참여자 모집은 퐁 뒤 라크 원주민 부족을 대상으로 한 암 교육 프로그램을 통해 형성된 파트너십을 활용한다. 약 10명의 참여자가 3개의 워크숍 중 하나에 참가하며, 한 해 참여자 수는 총 30명이다.

평가 방법

디지털 스토리텔링의 효과성을 평가하기 위해 저자들은 삶의 질적 요소Qualitative of Life(QOL) 향상과 암 지식에 관련한 사전 및 사후 SF-36v2 건강 조사SF-36v2 Health Surveys를 실시할 예정이다. 이 조사는 환자의 관점에서 기능적 건강과 행복을 측정하기 위한 36개의 항목을 수집한다(Ware *et al.*, 2000). 그리고 8개의 건강 영역을 고려하는데, 여기에는 '신체적 기능', '신체적 역할', '신체적 통증', '일반적 건강', '활력', '사회적 기능', '감정적 역할', '정신건강'이 포함된다(Ware *et al.*, 2000). 이는 보편적인 척도로서, 국제 삶의 질 평가International Quality of Life Assessment(IQOLA) 프로젝트의 일환으로 50여 개국에서 번역됐다. 발표된 신뢰도 통계는 최소 기준인 0.80을 초과하며, 정신건강 및 신체 점수의 경우 0.90을 초과한다(Ware *et al.*, 2000). SF-36v2 값은 기준치로서 워크숍 전에 주 1회, 총 3주 동안 측정된다. 또한 SF-36은 워크숍 첫째 날과 셋째 날에 사전, 사후 검사로 진행될 것이다.

3인으로 구성된 자문 위원회와 협력하여, 기존의 유효한 모델을 바탕으로 암 발생 전후의 관련 지식을 측정하는 조사를 개발하고 미네소타 원주민 부족의 문화적 적합성을 고려하여 이를 수정할 것이다.

긍정적 탐구

긍정적 탐구를 통해 미국 인디언 암 환자의 삶의 질에 영향을 줄 수 있는 건강 교육과 건강 증진, 신념에 관한 지배적인 인식의 연구가 진행될 것이다. 또한, 미네소타 원주민 부족의 삶의 질에 영향을 미칠 가능성이 있는 암 교육과 건강 증진, 문화적 신념에 관한 지배적인 인식을 연구하기 위해 질적 기준(사전 면담)과 프로그램의 평가(사후 면담)가 진행될 것이다. 이러한 평가적 접근에서는 긍정적 탐구에 참고할 수 있도록 자원 또는 강점 기반 모델을 통합하여 개별 면담을 하게 된다. 더불어 긍정적인 관계를 촉진하기 위해 긍정적 탐구에서는 네 가지 과정의 주기를 활용하여 질문하는 방식을 사용한다(Cooperrider and Whitney, 2001).

- *발견:* 효과적이며, 문화적으로 적합한 과정 분별하기(인식하기)
- *상상:* 효과적으로 작업할 수 있는 과정을 구상하기(결과를 그려보기)

- *설계:* 협력과 공동체 참여를 통해 효과적으로 작업할 수 있는 우선순위 과정을 정하고 계획하기(공동으로 구성하기)
- *실현:* 구상한 것을 시행하기(지속하기)

이러한 강점 기반 평가 방식은 관대함, 용기, 존경, 지혜와 같은 원주민의 가치를 강화하게 된다.

멘토 교육

네 명의 멘토나 이야기 수집자를 위한 디지털 스토리텔링 교육은 일반적으로 두 단계로 진행된다. 첫 번째 단계는 5일간의 교육으로 이뤄지는데, 자신의 디지털 이야기를 성공적으로 완성하고 멘토나 이야기 수집자의 역할을 이해하는 것을 목표로 한다. 두 번째 단계에서는 참여자의 상호작용을 통해 이뤄지는 경험학습에 대해 다루며, Debra Johnson-Fuller의 멘토링이 이뤄진다. 첫 번째 교육이 완료되면 참여자 상호작용과 디지털 형식의 사용 역량을 평가하기 위한 후속 교육을 현장에서 실시한다. 이 교육의 목적은 이야기 수집자들이 각자의 공동체를 위해 디지털 워크숍을 실시하고, 프로그램 평가에 참여하도록 하는 것이다. 교육 담당자들은 초기 교육을 마친 후 커리큘럼 출력 자료를 사용할 수 있다. 그리고 진행 중인 커리큘럼의 복사본은 교육을 받지 않은 일반 대중에게 배포되는 것이 금지된다.

디지털 스토리텔링 교육과 자원

인터넷에는 디지털 스토리텔링 '도구'를 활용한 수많은 무료 자원이 있는데, 이는 스토리텔링 웹사이트로부터 교육 환경을 제공하는 앱에 이르기까지 다양하다(Pappas, 2013). Huson 외 전문가들은 학교 기반 환경에서 디지털 스토리텔링 프로그램을 구축하는 데 중요한 역할을 했던 유용한 아이패드 자원을 보유하고 있는데, 이러한 학교 기반 환경은 Warson이 행동건강 전문가behavioral health specialist[3]로서 집단을 촉진한 장소이기도 하다(n.d.). 디지털 스토리텔링의 효과를 증진하기 위해 Johnson-Fuller는 콜로라도의 대안 고등학교에서 학생들을 대상으로 Warson과 함께 3시간 동안 현장 워크숍을 진행했다. 이 실습 교육은 디지털 스토리텔링 집단을 촉진하기 위한 기반을 제공하고, 학생들과 함께하는 참여적 접근 방식의 토대를 마련했을 뿐만 아니라 아이패드, 앱, 마이크, 컴퓨터의 사용을 통한 의미구성의 경험을 가져다주었다.

건강 증진과 복지 서비스 영역에서 디지털 스토리텔링 워크숍이 참여적 접근 방식으로 기능하기 위해서는 추가적인 교육, 슈퍼비전, 커리큘럼 개발, 평가 방법이 필수적이다. 이 장에서는 주로 건강 증진에 관한 공동 구성적이고 참여적이며 지속 가능한 접근을 제공하기 위해서 디지털 스토리텔링 워크숍의 '안착'에 초점을 맞추고 있다. 이는 미국 원주민 자문위원과 공동체 구성원, 멘토들의 지도를 바탕으로 한다(Warson, 2008). Johnson-Fuller가 미국 원주민 암 생존자들을 위해 디지털 구술 이야기를 성공적으로 수행한 것은 미국 국립 의학 도서관National Library of Medicine, 미국 인디언의 건강American Indian Health에서 찾아볼 수 있다(n.d.).

1993년 이후로 스토리센터StoryCenter, 구 디지털 스토리텔링 센터Center for Digital Storytelling[4]는 디지털 스토리텔링을 위한 최고의 '공간'으로 알려져 있다. 센터에서 경험할 수 있는 "집단 진행 과정과 이야기 창작 방법은 반영적 실행reflective practice, 전문 개발 도구, 교육학적 전략 그리고 교육, 공동체 형성, 지지를 위한 수단으로서의 역할을 한다"(n.d.). 스토리센터가 제공하는 프로그램은 보통 3일

3) '행동건강 전문가'는 건강 상담의 다섯 가지 접근방법 중 하나인 '건강 중심 상담'을 주로 진행한다. 참고로 건강 상담에는 의료 상담, 환자 상담, 건강 증진 상담, 건강 중심 상담, 건강 중심 심리치료의 다섯 가지 접근방법이 있다(역주).

4) www.storycenter.org

간의 워크숍에서 온라인 웨비나webinar와 상급 과정, 지도자 집중 과정에 이르기까지 다양하다.

2011년 이후로 레이크 슈피리어 치페와의 퐁 뒤 라크 원주민 부족은 디지털 스토리텔링의 선두에 위치하게 됐는데, 여기에는 엔디지드림즈와의 지속적인 협력이 큰 영향을 미쳤다. 엔디지드림즈는 국립 의학 도서관을 통해 건강 관련 디지털 스토리텔링 보조금을 1년간 지원받음으로써 민 노 아야 원 복지센터와 협력할 수 있었다. 그뿐만 아니라 이러한 자금 지원 기회를 통해 Debra Johnson-Fuller는 퐁 뒤 라크 복지부를 위한 건강 관련 디지털 스토리텔링 커리큘럼을 성공적으로 만들고 수행할 수 있었다.

권장 사항

- 디지털 스토리텔링에 내재된 의미구성 과정을 이해하는 데 있어 가장 중요한 것은 자신의 이야기를 탐색하는 것이다. 이 과정은 2페이지 분량의 이야기를 대본으로 작성하고 이미지를 수집하며 스토리보드를 제작하는 과정을 포함하는데, 이를 통해 사전에 아이디어를 '구상'할 수 있다.
- 장비, 소프트웨어, 다운로드, 교육/튜토리얼 프로그램에 투자하기 전에 무료 앱과 사용 가능한 전자기기를 미리 시험해보기를 권장한다. 디지털 이야기는 스마트폰이나 태블릿처럼 사용이 용이한 전자기기를 사용하여 제작할 수 있다.
- 집단 진행 과정뿐만 아니라 사회적 변화와 개인 치유 그리고 탐구의 동인으로서 디지털 스토리텔링이 가진 가능성을 이해한다. 디지털 이야기를 공동으로 구성하는 과정은 그 자체로서 변혁적인 의미구성의 경험이 될 수 있다.

참고문헌

Bombay, A., Matheson, K. and Anisman, H. (2009) Intergenerational trauma: Convergence of multiple processes among First Nations peoples in Canada. *International Journal of Indigenous Health 5*(3), 6–47.

Centers for Disease Control and Prevention (CDC) (2012) Chronic disease prevention and health promotion. Retrieved on April 1, 2018 at www.cdc.gov/chronicdisease/overview/index.htm

Collie, K., Bottorff, J.L., Long, B.C. and Conati, C. (2006) Distance art groups for women with breast cancer: Guidelines and recommendations. *Journal of Supportive Care in Cancer 14*(8), 849–858.

Cooperrider, D.L. and Whitney, D. (2001) A positive revolution in change: Appreciative Inquiry. *Public Administration and Public Policy 87*, 611–630.

Cross, T. (1997) Understanding the relational worldview in Indian families (Part I). *Pathways Practice Digest 12*, 4.

Cross, T. (2001) Spirituality and mental health: A Native American perspective. *Focal Point 15*, 37–38.

Lambert, J. (2006) *Digital Storytelling: Capturing Lives, Creating Community.* Minneapolis, MN: Life on the Water.

Malchiodi, C.A. (2012, February 26) Art therapy: There's an app for that. Retrieved on April 1, 2018 at www.psychologytoday.com/blog/the-healing-arts/201202/art-therapy-there-s-app-1

Mercer, P., Warson, E. and Zao, J. (2010) Visual Journaling: An intervention to influence stress, anxiety, and affect levels in medical students. *The Arts in Psychotherapy 37*(2), 143–148.

National Library of Medicine (n.d.) American Indian health. Retrieved on April 1, 2018 at https://americanindianhealth.nlm.nih.gov/cancer.html

nDigiDreams (n.d.) Digital storytelling. Retrieved on April 1, 2018 at http://ndigidreams.com/ds.html

Office of Minority Health (2016) Surveillance for health behaviors of American Indians and Alaska Natives: Findings from the Behavioral Risk Factor Surveillance System, 1997–2000. Retrieved at https://minorityhealth.hhs.gov/omh/content.aspx?ID=3442

O'Neill, F. and Hardy, P. (2008) Designing patient-shaped healthcare: Hearing patient voices. *White Rose Health Innovation Partnership Technology Bulletin.* Retrieved on April 1, 2018 at www.patientvoices.org.uk/pdf/articles/wrhip14.pdf

Orr, P. (2012) Technology use in art therapy practice: 2004 and 2011 comparison. *The Arts in Psychotherapy 39*, 234–238.

Pappas, C. (2013) 18 free digital storytelling tools for teachers and students. eLearning Industry. Retrieved from https://elearningindustry.com/18-free-digital-storytelling-tools-for-teachers-and-students

Ware, J.E. with Snow, K., Kosinski M. and Gandek, B. (2000) *SF-36 Health Survey: Manual and Interpretation Guide*. Boston, MA: Quality Metric.

Warson, E. (2008) Art-based narrative inquiry with Native American breast cancer survivors. Doctoral dissertation, Colorado State University. Dissertation International Abstract Section A: Humanities and Social Sciences, 70(2-A), 2009, 487.

Warson, E. (2012a) Healing across cultures: Arts in healthcare with American Indian and Alaska Native cancer survivors. In C. Malchiodi (ed.) *Art Therapy and Health Care*. New York, NY: Guilford.

Warson, E. (2012b) Healing pathways: Art therapy for American Indian cancer survivors. *Journal of Cancer Education 27*(1), S47–56.

Weiser, J. (1999) *PhotoTherapy Techniques: Exploring the Secrets of Personal Snapshots and Family Albums* (2nd edn). Vancouver, Canada: The PhotoTherapy Centre.

Yalom (2005) *Theory and Practice of Group Psychotherapy* (5th edn). New York, NY: Basic Books.

제18장

집단미술치료와 원격의료

– Gudrun Jones, Rachel Rahman, Martine Robson

암 환자들은 자기 자신의 건강 인식, 자신의 정체성에 대한 도전, 자신을 둘러싼 감정 관리, 치료에 대한 수많은 결정을 내려야 할 필요를 조율해나가는 과정이 있고, 이 과정에서 암 진단에 대한 심리적 영향은 잘 기록되어 있다(예를 들어, Blake-Mortimer *et al.*, 1999). 결과적으로 이 기간 동안, 심리사회적 지지는 지속적으로 환자의 상태에 긍정적인 영향을 미친다(Spiegel, 2002). 특히 집단심리치료는 환자 집단의 심리 적응을 지원하고 삶의 질과 암 생존율을 향상하는데 매우 효과적인 것으로 밝혀졌다(Blake-Mortimer et al., 1999, National Institute of Clinical Excellence, 2009).

그러나 항암치료를 받는 환자의 경우 집단심리치료에 직접 참여하는 것이 면역 억제로 인한 불쾌감을 유발할 수 있다(Chang, Khort, and Maeker, 2014). 또 환자들은 피로, 메스꺼움과 같은 치료의 부작용으로 인해 일상적 교류에 어려움을 겪고, 이에 따라 집단치료에 온전히 참여하지 못할 가능성이 있다. 게다가 지방에 있는 환자들은 이동 거리 때문에 집단심리치료 참석이 제한적일 수 있다.

이것이 도심에서 떨어진 웨일스 지방의 항암치료 중인 환자들이 심리사회적 지지를 받지 못하는 이유가 된다. 일부 내담자에게 원격의료가 대면치료(Collie and Čubranić, 1999)의 단순한 대체 방법이 아닌 선호 선택인 점을 고려할 때, 연구진은 이러한 원격의료 서비스 개발이 필요하다고 생각했다. 원격의료는 대면치료가 가진 여러 단점을 극복할 수 있다. 원격의료는 환자가 가정에서 컴퓨터나 노트북을 사용하여 다른 장소에 있는 치료사와 만나고 대화할 수 있도록 한다. 이러한 방식은 완전히 새로운 것이 아니라, 이전에 한 대학이 실시한 연구로서 완화의료팀을 가정에 연결하는 서비스였다(Keenan *et al.*, 2016). 연구진은 내담자의 긍정적 반응, 즉 미술치료사가 원격의료로 연결된 환자들과 좋은 관계를 발전시킬 가능성에 고무됐다. 하지만 이것이 집단치료에는 적용되기 어려운 몇 가지 요인들이 발견됐다.

주 저자인 필자는 정신역동적 미술치료와 국립임상 우수 가이드(NICE, 2004) 레벨 2가 적용되는 '응급 처치' 인지행동치료를 핵심으로 하는 이중의 암 관리 접근법을 제공해 왔다. 다른 임상 집단과 함께 집단미술치료 회기를 운영하면서 의사소통의 질이 중요하다는 것을 깨달았다. 이때 미술치료는 환자들이 자신의 어려움, 암 진단과 같은 실제적 경험을 이야기할 수 있는 안전하고, 우호적이고, 일관된 장소를 제공하는 것을 목표로 한다. 미술 작품의 창조는 상징과 은유를 통해 의미 있는 경험을 나누고 소통할 수 있는 추가적인 수단이 된다. 그것은 다른 곳에서는 말하지 않는 생각과 감정을 표현할 수 있는 장소, 가족이나 친구들에게 부담을 주지 않고 부정적인 감정이나 분노의 감정을 표현할 수 있는 호의적이고 안전한 공간을 제공한다.

필자는 단 회기, 장기간 회기, 오픈 집단 등 여러 요구에 따라 수년 동안 다양한 방식의 미술치료 집단을 운영해 왔다. 전통적인 간접 방식인 정신역동적 미술치료법에 더해 주제와 시각적 예시 그리고 함께 작업하는 집단을 내담자에게 제공하는 직접적인 접근 방식을 사용해왔는데, 이런 방식은 내담자들이 순간순간 생각과 주제를 드러내는데 용이했다. 그러나 기술을 통해 원격으로 의사소통하는 것은 매우 다른 상황을 만들어냈다. 통신이 두절되거나 대화가 겹치는 등의 어색한 순간들이 있었다. 이것은 이상적인 치료 공간은 아니었으며, 그래서 어떻게 해야 집단이 효과적으로 소통할 수 있는 치료 공간을 개발할 수 있을까 하는 의문이 들었다. 따라서 원격의 공간에서 어떤 유형의 활동이 가능한지, 어떤 방식으로 집단의 원활한 관계가 이뤄질 수 있는지 고민해야 했다. 이것은 기술 극복에 대한 지도가 없는 새로운 영역을 탐구하는 신선한 경험이 됐다.

이번 장에서는 원격의료 집단미술치료가 내담자와 치료사, 구성원 사이에 어떤 영향을 끼쳤는지를 논의하기 위해 현지 대학 심리학 부서와 협력한 연구 프로젝트의 환자 면담 자료와 치료 보고서를 중심으로 살펴보고자 한다. 그밖에 이러한 일들이 환자, 치료사라는 닫힌 치료 공간 밖에서는 내담자의 의사소통에 어떤 영향을 미치는지 논의하고자 한다.

원격의료 인프라

모든 참여자는 필요한 기술을 제공받기 위해 건강위원회에서 지원하는 화상회의 소프트웨어가 탑재된 노트북을 사용했다. 환자들은 원격의료를 위한 화상회의에 접속해 아이디와 비밀번호를 입력해야 했다. 이를 위해 연구진은 참여자를 직접 만나 원격의료 과정을 소개하고 소프트웨어 사용과정을 시연했다. 이는 초기의 기술적인 문제가 원격의료에 끼치는 부정적인 영향을 예방하기 위한 것이었다.

프로젝트 후반부에는 지역 보건위원회가 채택한 화상회의 프로그램을 사용할 기회가 있었다. 이 프로그램은 1:1 테스트에서 원활히 작동했고 이메일을 통한 초대와 수락, 로그인이 수월했고 다운로드 링크를 클릭하면 자동으로 가상 회의에 연결할 수 있었다. 몇몇 환자들이 이 과정에 어려움을 느꼈고 연구보조원들의 지원이 필요했다. 하지만 보다 심각한 것은 1:1 연결은 잘 작동했으나 외곽지역의 광대역 서비스가 원활하지 않아 집단 화상회의에 연결하기 어려운 기술적인 문제였다. 비디오 링크를 유지할 수 없는 등의 기술적 결함으로 인해 일부 환자들이 중도 포기하는 사례가 발생했다. 결론적으로 연구진은 지역 보건위원회에서 채택한 소프트웨어 대신 우리가 초기에 운용했던 소프트웨어로 변경해야 했다.

가상공간에서의 미술치료

초기 준비 단계에서 연구진은 8주간 매주 진행되는 두 개의 소집단을 운영할 수 있는 충분한 인원을 모집했다. 이 장에서 연구 참여자의 이름은 신원보호를 위해 모두 가명을 사용했다. 첫 번째 집단은 지역의 병원 근처에 사는 45~55세 사이의 여성인 Sian(가명)과 Sheila(가명)였다. 그리고 두 번째 집단은 69세 남성 Ashley(가명)와 60대 여성 Gemma(가명), 30대 후반의 여성 Kate(가명)였다. 이들은 병원에서 30분에서 1시간 정도 떨어진 곳에서 거주했다.

A4(210mm x 297mm) 크기의 스프링제본 저널, 분필, 파스텔, 페인트, 붓, 접착제, 다양한 색종이를 포함한 아트팩이 각 참여자에게 전달됐다. 그들의 저널과 재료는 개인적인 사용과 참조뿐 아니라 회기 밖에서의 사용을 위해 보관됐다.

8번의 회기는 각각 90분으로 이뤄졌고 규칙적인 패턴을 따랐다. 미술치료 과정은, 암 진단에 수반되는 감정과 경험, 일상의 관심사, 미래에 대한 생각 등 온갖 것들을 공유하는 방식으로 시작됐다. 이후 20여 분 동안 환자가 선택한 주제를 사용해 그림을 그리거나 작품을 만들었다. 그 후 참여자들은 다른 사람들과 자신의 작업을 공유하고 5분간의 이완 운동을 마친 뒤 회기를 종료했다.

연구진은 미술치료를 통한 참여자의 기대, 관심, 경험 등을 기록하기 위해 회기 전과 후, 중간에 이들을 대상으로 면담을 진행했다. 반구조적 인터뷰 방식으로 토론 주제에 따라 면담 일정을 계획하고 안내했지만, 관련된 주제 외에도 자유롭게 그들의 관심사를 이야기할 수 있도록 배려했다. 면담은 보통 참여자의 건강 상태에 따라 30분에서 1시간 정도 진행됐고 분석을 위해 녹음됐다.

원격미술치료를 위한 기술적 과제

연구에 참여한 환자들이 자신의 집에서 편안하게 접속하는 동안, 나를 늘 둘러싸고 있던 미술치료실의 일상적인 용품들이 없는 모임 공간에 내가 있다는 것을 깨달았다. 원격미술치료의 특징을 반영하듯 미술치료사의 환경 역시, 컴퓨터 화면과 참여자들의 음성으로 대체됐다. 물리적으로 멀리 떨어져 있을 때도 치료사와 집단 구성원 사이가 지지적 관계로 발전할 수 있는지 의문이 들었다. 어느 집단이든 첫 회기에 참석할 때는 집단 내의 다른 구성원들에 대한 두려움이 있으며, 이번 역시 사전 면담에서 자신이 말하고 듣는 것들에 대한 걱정을 표현했다. 그들은 집단치료가 자신들에게 도움이 될지, 암에 대한 다른 사람들의 이야기가 자신들의 기분을 더욱 악화시키거나 혹은 자신들의 이야기가 다른 사람들에게 듣기 힘든 이야기가 되진 않을까 걱정했다. 기술적인 문제로 인해 원격의료에서 소외되거나 고립되는 것에 대해 굉장히 고민스러웠다. 나는 원격미술치료 공간에서 집단원 간 의사소통의 질은 어떤지, 어떤 방식으로 관계를 맺을 수 있을지, 모든 구성원이 충분히 자신의 이야기를 할 수 있을지 매우 걱정됐다.

처음 몇 번의 접속은 기술적으로 최악의 상황이었다. 미술치료사로서 추구하는 지지적인 미술치료 공간이 아니었기 때문에 항상 이러한 상황을 염두에 두었다. 종종 음성과 화면의 연결이 끊겨 집단원이 다시 접속했기 때문에 계획한 치료법을 원격 공간에 제공하기 위해서는 인내를 가져야 했다. 이러한 기술적인 문제에도 불구하고 참여자들은 감정을 표현한 풍부한 이미지를 만들었고, 솔직한 이야기들을 공유했다. 이것은 아직 불완전한 기술일지라도 원격의료가 참여자들의 경험과 작품을 공유할 수 있는 안전한 공간으로 발전할 가능성을 보여주었다. 참여자들은 예술 작업이 익숙하지 않음에도 주제를 해석하고 자신의 경험을 설명하는데 독창성과 자신감을 보여주었다. 이런 경험은 원격기술을 미술치료에 결합할 수 있다는 자신을 갖게 했다.

기밀유지

기밀유지와 안전한 장소에 대한 민감함을 유지하기 위해 회기가 진행되는 동안 가정에서 조용한 공간을 준비할 것을 제안했다. 현실적으로 이것이 항상 가능한 것이 아니었으며, 와이파이나 인터넷 연결 상황에 따라 제한적이었다. 때로는 회기 중에 반려동물이 등장하거나 우편배달부, 지역의 간호사들이 방문할 수 있었다. 치료 공간의 경계로 비춰보면 이런 곳은 전형적인 미술치료 공간이 아니었다. 그러나 회기 중에 이 같은 방해 요인을 식별하고 집단원들과 공유할 필요가 있었다. 가능한 한 안전하고 비밀이 보장되는 치료 공간을 지키기 위해 예상되는 방해들을 명시하는 것이 중요했다.

미술치료에 있어서 전통적으로 치료사는 치료의 초기부터 종결까지의 작품을 관리한다. 원격의료를 통한 작업에서는 작품에 대한 관리 역할에 얼마나 충실했는지, 회기가 끝난 후 작품들에 대한 반응작업을 얼마나 놓쳤는지 떠올랐다. 회기 내에서 작품을 보는 시간은 제한적이었다. 치료사와 집단원 모두 미술 작업을 한 사람의 언어적 묘사에 의존하고 있었다. 원격기술이 작업을 관찰할 수 있는 촉각적인 경험을 놓치고 있다고 생각했지만 반대로 개인정보 보호를 중요하게 생각하는 참여자들은 그렇게 생각하지 않는다는 것을 면담을 통해 깨달았다. 많은 사람이 화면의 '거기'에 있을 때의 20분을 어떻게 즐겼는지 이야기했지만, 각자 작품을 만들고 공유하는 동안에는 서로의 공간을 침범하지 않았다. 다른 사람들이 관찰하지 않는다는 것이 자신의 작업에 대해 더 편안하고 자신감을 느끼게 했고, 일부는 개인적인 의미를 투영해 자신의 환경으로부터 영감을 얻었다고 이야기했다.

원격미술치료에서 나타난 환자의 표현 사례

나는 항상 어떤 종류의 용기containers를 사용하는 은유가 언어를 흥미롭게 하고 마음의 상태를 묘사하며 작업을 하는 사람들에게 장난스럽고 창의적인 사고를 장려할 수 있다는 것을 발견했다. 상자, 보트, 보물상자, 집, 방 같은 것을 용기의 예로 들 수 있다. 겉과 속이 있는 용기는 감정과 경험을 담거나 그것이 밖으로 쏟아지거나 빠져나가는 모습을 묘사할 수 있다. 이런 주제는 풍부한 아이디어와 내면 탐색의 원천이 된다. 예를 들어 『The Book of Symbols』(Ronnberg and Martin, 2010)에서 배boat는 여행에 대한 감정을 불러일으킨다. 저자들은 "배는 그동안 어머니나 사랑스러운 위대한 여성 그리고 선장이나 항해자가 가진 힘과 상처의 측면에서 자주 거론된다"라고 말한다(p. 450).

질병과 치료의 시기를 맞닥뜨렸을 때 의료진, 가족, 친구들과 관계 맺고 관리하는 데 있어, 통제력을 상실하고 무력함을 느끼는 것은 흔하다. 첫 회기에서 배에 대한 은유는 개인적인 여행이나 고립감, 외부적 지지나 내부적 자원에 대한 논의를 가능하게 했다. 선박의 유형, 기상 조건, 항해 위치와 관련된 창의적인 놀이가 이뤄졌다. 배를 통한 은유가 환자들의 성격적 특징을 드러내고 직면한 상황의 감정을 표현했다. 이 이미지들은 환자가 나누고자 하는 개인적이고 감정적인 정보를 제공했다. 이런 과정을 통해 회기를 어떻게 진행할 것인가에 대한 명백한 대답을 얻을 수 있었다.

환자들에게 있어 가족과 친구와의 의사소통 문제는 예술 작업뿐 아니라 면담에서도 공통된 주제였다. Sian의 그림은 의사소통의 여러 단계와 관련되어 있었다. 그녀는 질병의 진단, 치료와 관련된 자신의 감정과 경험을 표현할 수 있었기 때문에 자신의 그림에 만족했다. 그 그림은 그녀가 가진 타인과의 소통과 친밀감의 조절 문제를 반영했다. 그녀의 배는 출렁이는 바다에 혼자 있었고, 가족과 친구들을 상징하는 배와는 멀리 떨어져 있었다. 그녀는 필요하면 라디오로 도움을 청할 수 있지만 혼자 배에 있고 싶다고 했다. 그녀에게 언제 도움을 청하고 받을지를 선택하고 조절하는 일은 매우 중요했다. 이 회기에서 환자의 가족과 친구들이 얼마나 도움을 주고 싶어 하는지, 때로는 불쾌한 감정과 부담을 내색하지 않고 혼자 받아들여야 한다고 설명하는 것이 얼마나 어려운 것인지에 대한 토론이 있었다. 참여자들은 면담에서 자신의 집에서 의사소통을 관리하고 연결 여부를 결정하는 것이 더 쉽다고 말하며 원격 연결이 주는 조절 기능을 보고했다.

Kate는 일시적으로 원격 연결이 제대로 되지 않았을 때 전자메일을 통해 자신의 글을 공유할 수 있었다. 이는 각 회기나 회기 종료 후 디지털 또는 전자적으로 연결하는 다양한 방법의 가능성을 보여주었다.

반향

하필 집에서 혼자 멀리 떨어진 곳에서
왜 카누일까? 어쩌면 나를 위한 공간이었을지도 모르지,
내 일부는 고독을 갈망하지만,
다른 사람에게 내 상황을 말하고 싶어.
나의 병은 교활하고 용서되지 않고 잔인해
증상이 없어서, 다달이, 화가 나 정말 바보 같아
걱정 마, 행복하자, 정신 차려
안정과 평온을 유지해,

오 피곤한 날들이여, 그저 몇 시간 동안만이라도 괜찮다면,
힘이 넘치지는 않아도 일어나서 돌아다닐 수 있을 만큼
나를 둘러싼 좋은 것을 보고 웃고
왜 혼자인지, 난 혼자여야 한다고 생각해
나의 열쇠야.

이 시에서 Kate는 배(카누)의 이미지를 통해 자신의 고립된 상황과 경험을 표현했다. 그녀에게 있어 통제와 균형을 유지하기 위한 고립의 욕구와 자신의 시를 복사해달라고 요청한 다른 환자들과 관계를 맺고 싶은 그녀의 욕망 사이에 긴장감이 일었다. 다른 집단원은 중간 면담에서 가족들에게 자신이 느끼는 감정을 설명하기 위해 Kate의 시를 보여주었다고 말했다. 원격치료 회기의 의미 있는 의사소통의 예로서 이것이 환자의 생활 속에서 다른 사람들과의 대화에 어떻게 영향을 미치고 촉진하는지를 보여준다.

원격의료 집단에서의 미술치료사의 역할

회기에서의 교류가 깊어졌음에도 불구하고 여전히 기술적 연결의 취약성이 사람들을 더 나쁘게 만들지는 않을까 하는 의구심이 계속됐다. 두 집단의 초기 회기에 이어 또 다른 회기에서 같은 일을 겪게 할 수 없다고 느꼈다. 이런 참을 수 없는 생각들은 항암치료로 힘든 사람들이 어떻게 느꼈을지 좋지 않은 상상을 하게 했다. 확실히, 그들은 이 믿을 수 없는 방식으로는 우리와 함께 연결되는 집단으로서, 유대감을 가질 수 없을 것이다. 결국, 참여자에게 계속하길 원하는지 물어보지 않을 수 없었다. 하지만 놀랍게도 그들은 모두 승낙했다. 그들은 분명 서로 연결되어 있었고 이 빈약한 접촉으로 지지받고 있었다. 하지만 나는 접속 실패가 계속되는 위험에 대처할 수 있을지 불안감이 가시지 않았다. 이런 상황이 그들의 질병과 치료 그리고 검사 결과가 초래하는 취약성과 불확실성을 반영한다는 것을 염두에 두었고, 기술적 어려움을 통해 직접 경험할 수 있었다. 그러나 환자들의 요청에 따라 우리는 인내했다.

몇 주 후 나는 원격의료에 참여한 집단이 창조적인 과정에 참여했다는 확신을 갖기 시작했다. 작품과 관련된 생각과 아이디어를 공유하는 것은 각 집단원의 생각과 병에 대한 경험에 접근하는 통찰력을 주었다. 이미지를 만드는 일 자체가 집단 안에 풍부한 공유의 장을 제공하고 있다는 생각에 기쁘고, 흥분됐다. 참여자들 사이에 의미 있는 의사소통이 일어났다는 것에 기분이 좋았지만 한 가지 의문이 생겼다. 미술치료사는 이 집단에 실제로 필요한가?

원활한 분위기 속에서 집단원의 풍부하고 표정 있는 대화가 오갔다. 미술치료사가 거의 말할 필요가 없었다. 이 집단이 동료들과의 포럼처럼 미술치료사 없이도 잘 운영될 수 있을지 궁금했다. 많은 환자가 암 환자들에게 귀중한 지원의 원천인 온라인 포럼에 대해 말해주었다. 그러나 연구가 종료될 무렵 환자들은 회기에서 치료사의 역할에 대해 분명하게 언급했다. 기술적 특성상 집단의 크기를 2명에서 4명으로 제한했고, 이 같은 숫자는 환자들에게 서로의 감정과 이야기를 관리해야 한다는 불안감을 불러일으켰다. 미술치료사의 역할 감소에도 불구하고 환자들은 이 같은 부담을 치료사가 덜어주는 것이 얼마나 필요한 부분인지 이야기했다. 치료사가 다른 사람의 감정을 책임졌기 때문에 집단원들은 그럴 필요가 없었다.

흥미롭게도, 환자들은 힘의 균형에 대해 논의하는 지점을 만들었다. 나는 '책임자'나 '지도자'로 보이지 않았고 관계에서 '동등한 사람'으로 언급되었다. 기술의 원격성과 환자가 자신의 소유 공간에 존재하는 것은 우리가 의료 환경의 맥락에서 흔히 겪게 되는 많은 힘의 역학을 제거하는 것처럼 보였다. 치료 공간에 대한 통제력 부족이 환자들에게 나쁘게 인식될 거라는 우려와는 달리, 환자들에게 유용한 새로운 유형의 관계를 만들어냈다.

집단 원격의료 의사소통의 장점

치료적 관계가 의미 있는 대화를 만드는 동안, 집단원들이 원격 연결을 할 때 계속해서 얼마나 효과적으로 서로 결속할 수 있는지 주의를 기울였다. 환자에 따라, 암의 종류, 질병의 단계가 달랐고 나이와 배경도 달랐다. 환자들은 연구자들과의 면담에서 이 문제를 논의했다. 서로 다른 암 진행단계에 대한 다양한 경험이 어떤 관계를 만들지, 어떤 영향을 미칠지를 탐구했다.

컴퓨터를 매개로 한 의사소통이 직접 대면하는 의사소통보다 덜 효과적이거나 '덜 실제적'이라는 가정에도 불구하고, 원격의료 집단이 솔직하고 열린 토론을 위한 독특한 공간을 만들었다는 것이 환자 면담을 통해 분명해졌다. 사랑하는 사람이나 친구들과 감정을 공유하는 것에 대해 불안을 느끼던 환자들은 이 집단에서 안도감을 찾았지만, 이 집단과 평생의 우정을 쌓는 것은 원하지 않았다. 말기나 재발 환자들이 새로운 진단을 받은 사람들에게 불안을 줄 우려가 있었다. 마찬가지로, 회복 중인 사람들은 '가짜'로 보이거나 더 많은 지원이 필요한 누군가를 대신하진 않을까 우려했다. 많은 이들은 발전된 관계를 쉽게 종료할 수 있는 것을 정해진 회기가 주는 장점으로 언급했다. 흥미롭게도, 환자 다섯 중 네 명은 수줍음이나 추가적인 약속의 두려움 때문에 어떻게 대면 모임을 모면할지 설명했다. 기술이 제공한 거리는 솔직하고 정직한 공유의 기회인 동시에 필요에 따른 단절의 자유로 보였다.

초기에 우리는 이것이 관계의 발전과 진화된 소통의 질에 어떤 영향을 미칠지 궁금했다. 그러나 후기 면담에서 열린 소통 방식이 집단원 간의 친밀한 관계를 촉진하는 것으로 나타났다. 환자들은 일주일 내내 그들의 생각을 사로잡은 구성원을 이야기하며 대화를 성찰하고 다른 사람들은 어떻게 대처하는지 궁금해했다. 예를 들어, Gemma는 건강상 몇 주 동안 연결이 제한되어 시각적으로 접근할 수 없었지만, 그들의 눈에 그녀는 집단의 일원으로서 변함이 없었다. 다른 단계의 암에 대한 그러한 관심은 집단에 도움이 됐다. 후기 단계에 있는 환자들은 항암치료 과정인 다른 집단원들을 독려하며 위안을 얻었고, 반면에 초기 단계에 있는 환자들은 비록 스스로의 싸움이지만 항암치료를 하고 건강을 되찾은 사람들과의 대화로부터 힘과 동기를 얻었다.

기술통신 자체의 성격도 집단에 흥미로운 요소가 되었다. 대화가 중복되고 방해받는 상황에서 평상시 방식으로 대화하는 것은 불가능했다. 연구진은 초반에 이것이 인위적이고 어색한 상호작용을 일으킬 것이라고 걱정했다. 일부 참여자들, 특히 지리적으로 가까운 곳에 있다는 것을 알고 있는 사람들은 초기 면담에서 직접 만나서 어떻게 즐길지 논의했는데, 이는 아마도 대면적 상호작용이 컴퓨터 매개 통신보다 우월하다고 가정했음을 의미한다. 이 참여자들은 진료를 기다리는 동안 실제로 잠깐 만났었다. 그들이 나중에 회고했듯이, 이 잠깐의 대화는 자신의 집에서 멀리 떨어진 곳에서의 만남이 주는 사생활과 편안함을 새롭게 인식하게 했다. 원격의료 기술은 공공과 민간에서 새로운 종류의 공간을 만들었다. 이 공간에서, 그들은 서로 가발을 쓰는 것을 싫어한다는 것을 알게 되었고, 둘 다 쓰고 있는 가발을 벗어던지는 것에 동의할 만큼 충분한 자유를 느꼈다! 물론, 그들이 전통적인 치료 회기에서 만났더라도 비슷한 관계로 발전했을지도 모른다. 그러나 점점 명확해지는 것은 기술을 통한 의사소통이 직접 대면하는 상대에게 반드시 부족한 관계가 아니라는 점이다.

환자들의 성찰 과정은 집단의 역동성과 치료 과정에 있어 기술을 통한 의사소통이 가지는 이전과는 다른 이점들을 강조했다. 대면 집단치료 회기에서는 서로 끼어들고 대화가 겹치는 것을 흔히 볼 수 있고 때때로 치료사가 이를 관리한다. 원격치료에서는 동시에 말하는 것이 불가능하며, 일반적으로 동의하는 맞장구와 걱정하는 뜻의 추임새들도 대화에 방해가 됐다. 중첩된 대화가 소통을 지연시킨다는 것을 환자들이 알게 되면서 끼어들지 않고 차례로 말하고 듣는 것이 대화의 자연스러운 부분이 됐다. 따라서 이 기술은 듣고 말하기 위한 독특한 공간을 만들었다. 환자들은 응답할 필요가 없는 자유로움이 대화에 기여할 수 있는 방법에 대해 고민하기보다는, 각자가 말하는 것에 더 깊이 귀를 기울일 수 있다고 평가했다. 일부 참여자들은 회기 전 면담에서 우세한 목소리나 의견을 예상했지만 이러한 우려는 근거가 없었고 이러한 형식으로 인해 최소화됐다. 예를 들어, 키가 작은 한 참여자는 단체 환경에서 다른 참여자들과의 신체적 조건 때문에 주눅이 들거나 압도당했던 경험을 떠올렸다. 원격치료 화면은 머리와 어깨까지 신체적으로 동일한 장면을 만들어 주었기 때문에 이 참여자는 원격으로 연결할 때 위화감이 줄어들었다.

일반적인 의사소통에서는 장벽으로 여겨지지만, 신체적 고립이 주는 다른 혜택들도 존재했다. 예를 들어, 수줍음이 많고 집단과의 상호작용이 어려웠던 두 명의 참여자는 면담에서, 만약 대면치료 모임이었다면 참석하지 않았을 것이라고 털어놓았다.

요약하면, 집단원들이 의식적으로 불필요한 반응을 제한하고 대화가 펼쳐질 수 있도록 서로의 공간을 허용함으로써, 처음에는 기술적 한계로 보였던 것들이 오히려 집중적이고 의미 있고 정중한 의사소통을 가져오는 것으로 밝혀졌다.

결론

결론적으로 이 두 집단은 기술적으로 매개된 의사소통이 의미 있고, 친근하고, 배려하고, 지지하며, 유머러스하고, 까불기도 하고, 재밌었다. 동시에 신난과 치료 부작용의 결과로 나타나는 공포, 상실, 우울과 불안에 대한 진지한 논의를 가능하게 한다는 것을 보여주었다. 전달의 핵심이 되는 기술을 사용하는 환자들을 위해 새로운 서비스를 설정하고, 전달하고, 평가하는 과정이 지치고 힘들었지만, 결국에는 매우 보람된 일이었다. 우리의 경험을 통해 다음과 같이 몇 가지 중요한 관찰과 권고사항을 강조하고자 한다.

분명히 이러한 방식의 서비스는 모든 사람의 요구를 충족시킬 수 없겠지만, 면역력이 떨어지거나 대면 집단에서 역학관계에 대한 압박과 질병에 대해 다른 사람의 이야기를 듣는 두려움을 가진 환자들은 이런 방식이 아니었다면 집단치료에 참여하기 어려웠을 것으로 보인다. 참여자들은 사생활을 중시하고 제공된 기술을 통제했으며, 보이지 않는 곳에서 작품을 만들 수 있었기에 자신감을 가질 수 있었다. 아마도 이러한 가상연결이 억압을 줄이고 더 솔직하게 소통할 수 있도록 허락했을 것이다.

각 회기에서 제작된 글이나 시각적 미술 작품을 보면, 대면 미술치료와 가상 미술치료 회기는 차이점보다 유사점이 더 많았다. 이 프로젝트를 하면서, 디지털 기술이 작품을 만들거나 창작 과정을 탐험하는 또 다른 방식의 공간을 제공한다는 것을 알게 됐다. 현재와 미래에 원격치료는 원격 및 전자적 수단들을 통해 새롭고 다른 방식의 심리적 지원을 제공할 것이다.

권장 사항

- *원격의료는 미술치료 서비스에 대한 접근성을 높인다.* 재정적 제약으로 심리적 지원이 제한되는 농촌의 경우, 건강위원회를 통한 원격의료는 의료 전문가와 환자 모두에게 더 나은 가용자원을 제공함으로써 둘 사이의 거리를 좁힌다. 농촌 환자가 미술치료사를 비롯한 전문가 서비스에 접근할 수 없는 캐나다, 호주 등지에서는 더욱 친근한 기술이다. 분명히 이것은 심리적 지지와 치료를 제공한다. 우리는 미술치료사와 다른 전문가들이 원격의료의 가능성을 탐구하도록 권장한다.

- *기술적 인프라가 항상 장벽이 되는 것은 아니다.* 소규모 농촌 병원에서 기술 지원이 부족할 수 있지만, 이 연구는 원격치료를 받는 환자들에게 심리사회적 치료가 가능하고 이익이 된다는 것을 확인했다.

- *원격치료 기술은 시간이 지남에 따라 변화한다.* 원격치료와 디지털 기술

은 빠르게 움직이고 있지만, 지역 대학과 함께 연구하는 것은 미래의 지식 중추에 덧붙일 작은 모험적 연구들을 개발할 기회를 제공한다. Collie와 Čubranic(1999)은 미술치료사들에게 이 같은 작은 연구 프로젝트에 참여하는 것을 권장한다.

참고문헌

Blake-Mortimer, J., Gore-Felton, C., Kimerling, R., Turner-Cobb, J.M. and Spiegel, D. (1999) Improving the quality and quantity of life among patients with cancer: A review of the effectiveness of group psychotherapy. *European Journal of Cancer 35*(11), 1581–1586.

Chang, S., Khort, H. and Maeker, H.T. (2014) Monitoring the immune competence of cancer patients to predict outcome. *Cancer Immunology and Immunotherapy 63*(7), 713–719.

Collie, K. and Čubranić, D. (1999) An art therapy solution to a telehealth problem. *Art Therapy 16*(4), 186–193.

Keenan, J., Rahman, R. and Hudson, J. (2016) *Experiences of palliative care patients accessing psychosocial support through telehealth.* Conference proceedings at the European Health Psychology Society and BPS Division of Health Psychology Annual Conference 2016. Aberdeen.

National Institute of Clinical Excellence (2004) *Improving Supportive and Palliative Care for Adults with Cancer.* Cancer Service Guideline CSG4. London: NICE.

National Institute of Clinical Excellence (2009) *Early and Locally Advanced Breast Cancer: Diagnosis and Treatment.* Guideline CG80. London: NICE.

Ronnberg, A. and Martin, K. (eds.) (2010) *The Book of Symbols: Reflections on Archetypal Images.* Köln: Taschen.

Spiegel, D. (2002) Effects of psychotherapy on cancer survival. *Nature Reviews Cancer 2*(5), 383–389.

제19장

자폐 진단 성인의 창의적 표현을 위한 디지털 기기

– Olena Darewych

전 세계의 사람들은 그들의 생각과 감정을 다양한 방법으로 표현한다. 어떤 사람은 그들의 생각을 말로 표현하고 어떤 사람은 그림이나 움직임을 통해 그들의 감정을 전달한다. 오늘날의 정보통신 기술 시대에, 휴대용 디지털 기기는 산업사회에서 개인이 선호하는 일상 표현 수단 중 하나다. 현재 임상 분야에서, 입원한 어린이(Malchiodi and Johnson, 2013), 학습장애가 있는 개인(Hallas and Cleaves, 2017), 치매에 걸린 노인(Mihailidis *et al.*, 2010), 자폐 스펙트럼 장애[Autism spectrum disorder](ASD)가 있는 청년(L'Esperance, 2017)을 위한 미술치료 표현 매체로서, 디지털 기술을 통합할 가능성을 인정받고 있다.

ASD와 디지털 기술

ASD는 신경 발달 장애로 서구에서는 그 비율이 점점 높아지고 있다. 미국 질병통제예방센터[Centers for Disease Control and Prevention](2016)에 따르면, 매년 68명 중 1명이 8세 이전에 ASD 진단을 받는다. 결과적으로, 북미에서 더 많은 수의 미술치료사가 ASD 장애가 있는 어린이, 청소년, 성인들을 치료하고 있다. ASD가 있는 사람은 흔들기, 손 날리기, 혼잣말하기 등 상동 행동을 하며, 언어적 · 비언어적 의사소통, 상상력, 사회적 참여 그리고 상징적 표현에서 결손을 보이는 경향이 있다(American Psychiatric Association, 2013). 또 ASD가 있는 특정 개인들은 도전적 사회관계에 관련된 불안과 함께(Gillot and Standen, 2007) 생각과 행동을 조직하고 배열하는 기능적 수행에 어려움을 보인다(Hill, 2004). 게다가, 어떤 사람들은 촉각과 후각의 감각적 문제들과 싸운다. 감각 민감성이 낮은 사람들은 종종 촉각에 자극적인 다양한 사물들과 상호작용하기를 갈망하고 미술 활동을 하면서 음악을 듣는 것을 선호하는 반면, 감각 민감성이 높은 사람들은 질감과 향기를 가진 재료를 거부하고 침묵 속에서 미술 활동을 하는 것을 선호하는 경향이 있다(Bogdashina, 2016).

디지털 기술을 미술치료 회기에 통합하는 것은 최근 현상이기 때문에, ASD가 있는 사람들을 위한 이 현대적인 치료 경향을 탐구하는 연구가 발전하기 시작했다. 최근의 캐나다 지역사회 기반의 질적 현상학 연구에서, Darewych, Carlton과 Farrugie(2015)는 당시 자폐증 센터에서 전통적인 집단미술치료 프로그램에 등록된 ASD 및 기타 발달 장애 성인들을 위한 새로운 미술치료 매체로서 디지털 기술을 탐구했다. 연구 참여자들은 인간 중심 심리치료(Rogers, 1951)와 강점 기반 이론적 접근(Niemic, Shogren, and Wehmeyer, 2017)에 바탕을 둔 개별 디지털 미술치료에 매주 1시간, 총 5회기를 참석했다. 회기를 기획한 미술치료사는 참여자들의 창작, 소통 및 디지털 능력을 관찰하면서 계속해서 강점을 찾고자 했다. 반 구조화된 회기는 각 성인의 인지 및 신체적 요구 수준에 맞게 조정되었고, 준비 활동, 미술기반 개입, 마무리 활동이라는 세 가지 항목으로 나뉘었다.

각 회기는 회기 시작 전 종이로 만든 아홉 개의 이모티콘 감정표현(화남, 행복, 사랑, 온화함, 슬픔, 어리석음, 교활함, 놀라움, 불행함)으로 시작하고, 회기가 끝날 때도 감정표현 이모티콘으로 끝났다. 회기 동안 참여자들은 암호로 보호된 두 개의 휴대용 디지털 기기로 레노버 요가 13.3인치 윈도우 8 터치스크린 울트라북™과 삼성 7인치 갤럭시 탭 3 안드로이드 터치 태블릿을 사용했다. 윈도우 8 노트북은 대형 화면, 이젤처럼 생긴 위치설정, 암호화된 폴더, 즉석인쇄 기능 때문에 선택되었다. 안드로이드 태블릿이 포함된 이유는 선택한 창작 응용 프로그램이 모두 윈도우 8 플랫폼과 호환되지 않았기 때문이다.

아트레이지, 프레쉬 페인트, 크래욜라 아트 스튜디오, 컬러링 만다라, 샌드 드로우, 젠 브러시와 같은 미술 작업 앱이 참여자들에게 소개되었다. 지에스 키즈! 쉐입앤컬러, 넘버 링크, 퍼즐 터치, 스티커 테일이 4가지 창작 게임활동 응용 프로그램이 참여자들의 인지 패턴 형성, 문제 해결 및 순서배열 기술을 유지하고 강화하기 위한 몸풀기와 함께 끝부분에 소개되었다. 참여자들은 디지털 캔버스에 둥근 스타일러스, 노마드 브러시 스타일러스 또는 그들의 손가락으로 그림을 그렸다. 참여자들은 침묵이나 배경 음악 속에서 디지털 미술을 창작할 수 있는 선택권이 있었다. Alders와 그녀의 동료들(2011)은 높은 감각 민감성의 ASD가 있는 개인은 전통적인 촉각 미술 매체보다 무질서하고 질감이 없는 디지털 캔버스와 더 효과적으로 상호작용한다는 개념의 핵심 연구결과를 뒷받침했다. 다음 장에서는 앞서 언급한 디지털 미술치료 연구 회기에 참여했던 Max(가명)의 경험을 보여주는 사례가 수록되어 있다. Max의 사례는 디지털 미술 창작 과정, 전통적인 미술기반 개입에서 디지털 캔버스로의 전환, 치료사의 역할, 긍정적인 치료 결과 그리고 창의적 여정을 따라 발견되는 간헐적인 기술결함 등을 강조한다.

사례 19.1

ASD가 있는 24세의 성인 Max는 매주 한 시간씩 5회에 걸쳐 개인 디지털 미술치료에 참여하기로 자원했다. 그는 말과 글로 의사소통이 가능한 쾌활한 사람이었다. 그의 말에는 몇 가지 반복적인 표현이 포함되어 있었다. 비록 집단 환경에서의 사회적 상호작용이 그에게는 불편한 일이었지만, 다른 사람들과 눈을 마주치는 것은 편안했다. 보통의 감각 민감성을 가진 개인으로서, 그는 일상적인 미술활동, 아크릴물감과 파스텔로 창작하는 전통적인 집단미술치료 모임에 참석하는 것을 즐겼다. 미술 작품의 단계적 배열을 완성하는 것이 그에게는 쉽지 않았다. 그는 집에서 컴퓨터로 비디오 게임을 했다.

Max의 디지털 미술치료 회기는 자폐증 센터 내 독립 공간에서 열렸는데, 그 공간은 윙윙거리는 형광등 불빛이 희미하게 비쳤고, 바닥에는 촉각 재료 바구니(예를 들어, 퍼지볼, 슬링키, 펠트 조각들)가 있었는데, 이는 디지털 미술 작업 전에 Max가 감각휴식[sensory break]을 할 필요가 있었기 때문이다. 그 치료실 안에는 잉크젯 컬러프린터가 있어서, Max가 원하는 경우, 매회기 그의 디지털 미술 작품을 출력할 수 있었다. Max는 연구 회기를 시작하기 전에 디지털 시험운영 회기에 참여했는데, 이 회기에서 미술치료사는 두 개의 휴대용 디지털 기기와 미술 작업 앱을 사용하여 편안함을 평가했다. 시험운영 기간 동안, Max는 가상 아크릴물감, 분필, 크레용, 파스텔, 펜, 연필, 수채화 물감이 포함된 드롭다운 툴박스 방식의 프레쉬 페인트 미술 작업 앱에 관심을 보였다. 하지만 그는 제한된 잉크 붓 색상 팔레트 때문에 안드로이드 젠 브러시 그림 앱에는 흥미를 갖지 않았다.

1회기

첫 번째 회기에서, Max는 윈도우 8 노트북이 이젤 위치에 설치된 테이블 앞에 앉도록 요청됐다. 그는 처음에 종이로 된 이모티콘 표를 작성했다. Max는 발달 장애가 있는 사람들을 위한 새로운 대학 과정에 참여하기를 고대하고 있었기 때문에 '행복함'에 동그라미를 그렸다. 준비 활동으로 다양한 난이도를 가진 스도쿠와 같은 퍼즐 게임 앱인 넘버 링크를 가지고 놀았다. 이 게임의 목적은 선을 넘지 않으면서 보드에 빈칸을 남기지 않고 색상의 숫자 쌍을 연결하는 것이었다. 곧, Max는 격자 위 모든 색깔에 이름을 지었고, 집게손가락으로 레벨 1을 독립적으로 완성했는데, 그는 이것을 도전적으로 생각했다.

넘버 링크 게임을 마친 후, 그는 작품 제작에 참여할 준비가 되었다. 미술치료사는 Max에게 프레쉬 페인트 앱을 사용해 난화(Cane, 1951)를 그리도록 지시했다.

[그림 19.1] 꽃

미술에 기초한 난화 개입은 치료사가 Max의 즉흥적인 난화로부터 시각적 감각에 존재하지 않는 사람, 장소, 사물의 상징적 표현을 발전시키는 그의 상상력을 검사할 수 있게 했다. Max는 눈을 감고 매끄러운 질감의 디지털 캔버스 위에 둥근 스타일러스로 붉은 난화를 그렸다. 몇 초 후, 그는 눈을 뜨고 난화를 보고 "내겐 꽃처럼 보여요"라고 말했다. 그러고 나서 그는 난화를 오렌지색 꽃으로 발전시키고 그 이미지에 '꽃'이라는 제목을 붙였다([그림 19.1] 참조). 프레쉬 페인트를 가지고 그림을 그리는 것이 어떤 점이 좋냐고 물었을 때, 그는 "쉽고, 재밌어요. 난 손가락과 스타일러스를 쓰는 게 좋아요"라고 말했다. 회기가 끝날 무렵, Max는 설정된 배경 화면(예를 들어, 농장, 물 아래)에 스티커(예를 들어, 육상 동물, 해양 어류)를 붙여 그림을 만드는 윈도우 8 그림제작 앱인 스티커 테일즈를 가지고 실험했다. 그는 한 장면의 농장을 완성하고 나서야 이동할 준비를 했다.

Max는 마무리 이모티콘 차트의 '온화함'에 동그라미를 그리면서, 오늘 회기 동안 얼마나 즐겁게 디지털 작품을 만들었는지 말로 강조했다.

2회기

두 번째 회기에서, Max는 추수감사절 주말을 고대하고 있었기 때문에 회기 시작 전 이모티콘 차트에 '행복함'에 동그라미를 쳤다. 준비 활동은 Max가 제공한 이미지나 앱에서 가져온 사진으로 간단한 퍼즐(12조각)부터 복잡한 퍼즐(300조각)까지

만들 수 있는 창의적인 윈도 8 퍼즐 게임 앱인 퍼즐 터치로 실험했다. 내장된 시계는 사용자 스스로가 시간을 잴 수 있게 해줬다. 즉시, Max는 "나는 퍼즐이 좋아요"라고 말했다. 미술치료사는 앱을 열고 그에게 퍼즐 이미지들의 완성본을 보여줬다. Max는 열심히 동물 이미지를 골랐고 둥근 스타일러스로 12조각의 퍼즐을 완성하기 시작했다.

퍼즐을 푸는 동안, Max는 음악 듣기를 요청했다. 미술치료사와 Max는 함께 무료 유튜브 클립에서 그가 가장 좋아하는 노래 중 하나를 검색하고 내려받았다. Max는 퍼즐을 만들면서 흥얼거리고 노래를 불렀다. 그는 12조각의 퍼즐을 1분 만에 완성했다. Max는 디지털 퍼즐 활동을 너무 좋아해서 퍼즐 터치의 자연 이미지로 다른 퍼즐을 만들어달라고 요청했다. 이번에 미술치료사는 Max에게 2분 안에 실행할 수 있는 24조각 퍼즐을 완성하도록 요구했다. 두 번째 퍼즐을 완성한 후, Max는 퍼즐 터치에 있는 도시 이미지 중 하나를 열어 24조각의 퍼즐을 완성하는 데 도전했다. 미술치료사는 앉아서 Max가 미소를 지으며 24조각의 퍼즐을 완성하는 것을 목격했다.

그 후 미술치료사는 Max에게 지에스 키즈! 쉐입앤컬러 앱을 사용해 기본적인 모양을 검토하라고 안내했다. 그는 모든 모양을 외우는 것을 좋아했지만 아동 중심의 디자인 때문에 그 앱에 끌리지 않았다. 그 순간, 미술치료사는 Max를 위해 프레쉬 페인트 앱을 열어 작업했을 때의 기억을 이용해 도형을 그려달라고 부탁했다. Max는 오렌지색의 원, 사각형, 삼각형을 그렸다([그림 19.2] 참조).

[그림 19.2] 모양

다음으로, 미술치료사는 그에게 집, 나무, 사람House-Tree-Person(H-T-P)(Buck, 1948)을 그려달라고 했다. HTP 이미지가 상징적으로 그린 사람의 정체성을 반영한다는 이론이 있었다. Max는 유튜브에서 내려받은 음악(Darewych et al., 2015)을 들으면서, 프레쉬 페인트의 디지털 검정 펜을 선택해 둥근 스타일러스로 삼각형 지붕과 삼각형 창으로 네모난 집을 그렸다. 그 후 Max는 자유화를 그리게 해달라고 요청했다. 그가 자유화를 완성했을 때, 미술치료사는 Max에게 자유화와 디지털 집 그림을 저장하고 인쇄하는 방법을 가르쳐 주었다.

두 번째 회기의 마지막 활동은 넘버 링크나 퍼즐 터치를 사용하는 것이었다. Max는 열광적으로 퍼즐 터치를 선택하고 네 번째 퍼즐을 만들었다. 다른 방법으로 도전하며 다양한 퍼즐을 완성하는 그의 능력은 회기 내에서 그의 자신감을 끌어 올렸다. Max는 회기 종료 감정표현 차트 중에'행복함'에 표시를 했고, 회기의 마지막 말은 "컴퓨터를 사용하는 것이 재밌어요, 음악을 듣는 것도 재밌어요"였다.

3회기

세 번째 회기에서, Max는 회기 시작 전 감정표현 차트에 '행복함'에 동그라미를 그렸고, 준비 활동으로 프레쉬 페인트를 사용해 자유화를 그렸다. 그는 혼자 노트북 바탕화면의 프레쉬 페인트를 열고, 넓은 붓을 골라 디지털 캔버스 전체를 빨간색으로 칠하기 시작했는데, 이것이 그가 가장 좋아하는 색이기 때문이었다. 그는 터치스크린 표면 전체를 하나의 색으로 칠하는 일에 완전히 몰입했다. 그러고 나서 그는 페인트 드라이 옵션을 사용해 두 번째 파란색 층을 추가했고, 그 그림에'빨강과 파랑'이라는 제목을 붙였다([그림 19.3] 참조). 그는 앱의 다양한 페인트 창에서 붓질의 너비 옵션을 높이 평가했다.

자유화를 마치고, 미술치료사는 Max에게 안드로이드 태블릿을 제공하고 간단한 원형의 디자인 템플릿을 가진 명상 컬러링 만다라 앱을 소개했다. Max는 흥분하며 만다라 템플릿을 선택하고 자동 색 채우기 옵션을 사용하여, 작은 원에 파랑, 녹색, 회색, 주황색 및 빨간색을 칠했다([그림 19.4] 참조). 손가락을 색칠하고 확대하면서, 그는 즐겁게 "오, 멋져! 대박이다! 집중해야 해"라고 말했다. Max는 그의 만다라 작업에 자부심을 느꼈고, 그 만다라를 인쇄해 달라고 부탁했다. Max는 인쇄 버튼을 눌렀지만, 노트북과 프린터 사이의 무선 네트워크가 중지되어, 이 디

[그림 19.3] 빨강과 파랑

[그림 19.4] 만다라

지털 그림을 만질 수 있는 인쇄물로 받기 위해 다음 회기까지 기다려야 했다.

회기 종료를 위해, Max는 퍼즐 터치를 선택했다. 미술치료사가 그의 '빨강과 파랑'그림을 불러와 퍼즐로 바꿔보는 건 어떤지 질문했다. Max는 즉시 "네!"라고 외쳤다. 미술치료사는 디지털 그림을 12조각 퍼즐로 전환하는 방법을 보여줬는데, 그것을 그가 조용히 1분 안에 실행했다.
했다.

회기가 끝날 무렵, Max의 회기 종료 이모티콘은 '흥미로움'이었다. 음악 밴드 원 디렉션[One Direction]이 마을에 오고 있었고, 그는 콘서트에 참석하기를 기대하고 있었다.

4회기

네 번째 회기에서, Max는 기분 좋게 치료실로 들어가 평소처럼 의자에 앉았고, 회기 시작 전 이모티콘 차트에 펜으로 '행복함'에 동그라미를 그렸다. Max는 즉시 음악 밴드 원 디렉션의 이미지를 보여달라고 요청했다. Max와 미술치료사는 함께 구글을 열고 이미지를 검색했다. 그 이미지를 보고 유튜브 동영상에서 원 디렉션의 음악을 들으면서, Max는 지난주 콘서트에 참석한 경험을 공유하며, 콘서트 동안 "나는 결코 노래를 멈추지 않아요"라고 말했다고 했다. Max는 미술치료사와 함께 그의 감정과 최근의 음악 이벤트에 대한 기억을 되돌아보는 기회를 즐기는 것 같았다.

다음으로, 미술치료사는 모래사장을 배경으로 바닷가 물건의 스티커를 붙이고 난화를 할 수 있는 그림 앱을 탐험하기 위해, Max에게 안드로이드 태블릿을 제공했다. 임상 환경에서, 앱은 촉각적 요소 없이 모래 놀이치료 상자를 대체할 수 있었다. Max는 몇 개의 간단한 모래 그림을 그렸지만, 그 그림들을 저장하지 않았다. 이것은 그가 모래 난화를 쓸어버리기 위해, 소리와 함께 가상의 파도를 일으키는 이미지 삭제 버튼을 누르는 것을 좋아했기 때문이다. 그는 난화를 그리는 동안, "정말 재밌어요! 나는 모래에 그림을 그리는 것을 좋아해요"라고 말했다.

Max는 끝날 때까지 앱으로 계속 난화를 그리기를 원했다. 회기가 끝날 무렵, 미술치료사는 오늘 회기에서 무엇이 좋았는지 Max에게 물었다. 그는 "모래에 그림 그리는 거요, 나는 치료사 선생님이 좋아요"라고 대답했다. 미술치료사는 Max에게 다음 주가 마지막 디지털 미술치료 시간이 될 거라고 상기시켰다. 그래서, Max는 디지털 미술치료 회기가 끝나가고 있다는 사실 때문에 이모티콘 차트에서 '슬픔'에 동그라미를 그렸다.

5회기

다섯 번째 회기에서, Max는 빠르게 회기 시작 전, 이모티콘 차트에 '행복함'에 동그라미를 그리고, 배경 음악을 틀지 않고 곧바로 준비 활동을 위해 프레쉬 페인트를 사용해 노트북에 자유화를 그렸다. 그는 독자적으로 얇은 페인트 붓을 선택했고 디지털 캔버스를 빨간색으로 칠하기 시작했다. 다시 한번, 캔버스 전체를 하나의 색으로 칠하는 것이 그를 사로잡은 것처럼 보였다. 그가 혼자 빨간 그림을 저장한 후, 미술치료사는 Max에게 그가 '가장 좋아하는 날[A Favorite Kind of Day](AFKD)(Manning, 1987)'을 그려달라고 요청했다. Max는 최선을 다해, 그림이 아닌, 디지털 캔버스에 다음의 단어들을 적었다. '원 디렉션(음악 밴드 이름)', '미술 수업', '나는 당신이 좋아요'([그림 19.5] 참조). 그는 자폐증 센터에서 음악을 듣고 미술 프로그램에 참여하는 것을 가장 좋아한다고, 그리고 디지털 미술치료 시간에 미술치료사가 같이 있는 것을 좋아한다고 미술치료사에게 말로 알려줬다.

회기가 끝날 때, Max는 혼자서 자신의 '가장 좋아하는 날'을 인쇄하고 회기 종료 이모티콘 차트는 완성하지 않기로 했다. 대신, 그는 구두로 미술치료사에게 디지털 미술치료 회기가 끝나가고 있다는 것이 슬프다고 말했다. 대화가 끝나갈 때쯤 미술치료사가 전통적인 매체와 디지털 매체 중 어떤 것이 좋았는지 물었을 때, Max는 둘 다라고 명시했다. 또 그는 전통적인 미술치료 회기에 비하면 개별적인 디지털 미술치료 회기에서 미술치료사로부터 그가 받는 전적인 관심이 더

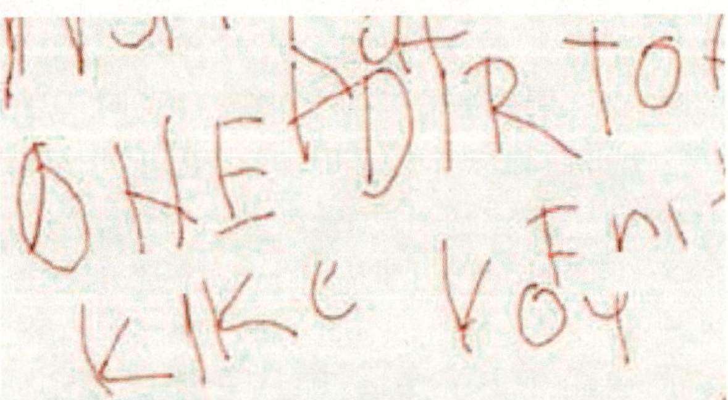

[그림 19.5] 가장 좋아하는 날

좋다고 강조했다. 비록 디지털 미술치료 회기가 끝났지만, Max는 자폐증 센터에서 진행하는 전통적인 집단미술치료 모임에 계속 참석했다.

다섯 번째이자, 마지막 회기가 끝났을 때, 미술치료사는 Max의 디지털 이미지를 USB 드라이브에 저장했다. 그것은 수석 연구자 사무실에 있는 잠긴 서류 보관함으로 옮겨졌다.

요약

Max는 매주 5회에 걸쳐, 개별 디지털 미술치료 연구 회기에 참여했다. 한 시간의 반구조적 회기 내내, 그는 두 개의 디지털 휴대용 기기와 상호작용하면서 편안함을 보였고, 한 창작 활동에서 다른 활동으로 쉽게 옮겨갔다. 그는 유튜브 동영상에서 내려받은 음악을 배경으로 틀어놓고 둥근 스타일러스로 디지털 캔버스에 그림을 그리는 것을 선호했다. 프레쉬 페인트는 다양한 미술 기구, 다층적 채색 특징 그리고 실수를 교정하기 위한 지우개 도구를 갖춘 드롭다운 도구 상자 때문에 그가 가장 좋아하는 미술 작업 앱이었다. 젠 브러시는 색상 팔레트가 제한되어 있었기 때문에 그가 가장 좋아하지 않는 미술 창작 앱이었다. 그는 문제 해결 게임인 님버 링크를 어려워했다.

그는 디지털 캔버스에 전통적인 미술치료의 개입을 쉽게 완성했다. 난화(Cane, 1951)는 상상력 넘치는 생각들을 격려했고, HTP(Buck, 1948)는 그가 자신감을 얻도록 도움을 주었으며 그리고 AFKD(Manning, 1987)는 그의 현재 삶에서 중요한 사건과 사람들에 대한 정신적 이미지를 불러일으켰다. 세 번째 회기까지, Max는 앱 탐색, 미술 작품 저장 그리고 디지털 그림 인쇄에 더 적극적인 역할을 했다. 그것은 차례로 디지털 기기에 대해 더 큰 통제 감각을 얻도록 허락했다.

미술 창작 앱은 Max가 그림과 글쓰기의 훌륭한 운동 기술뿐만 아니라 시각 및 청각처리 기술 유지에 도움을 주었지만, 가위로 종이를 자르고, 구슬을 꿰고, 진흙을 굴리는 것과 같은 다양한 기술 개발에는 도움이 되지 않았다. 퍼즐 터치 창작 활동 앱은 문제 해결, 패턴 및 색상 인식, 순서배열 기술을 강화하도록 도왔다(〈표 19.1〉 참조). 회기 시작 및 회기 종료 이모티콘 차트는 Max가 언어적으로나 비언어적으로 현재 삶의 사건과 미술치료사와 관련된 문제들에 대한 자신의 내적 감정과 생각을 외부화하는 데 도움을 주었다.

〈표 19.1〉 Max의 디지털 미술치료 회기

회기		창의적 활동	어플리케이션	기능 발달
1	준비 활동	패턴게임	윈도우 8, 안드로이드 넘버링크	패턴, 색 인지, 문제 해결
	미술 작업	난화(Cane, 1951)	윈도우 8, 프레쉬 페인트	창의성, 상상력, 의사소통, 동기유발
	마무리	비사회적 스티커 게임	윈도우 8, 스티커 테일즈	색, 패턴, 상징인지
2	준비 활동	퍼즐 만들기 모양 만들기	윈도우 8, 프레쉬 페인트 윈도우 8 지에스 키즈! 쉐입스앤컬러	패턴, 색 인지, 비사회적 상징 문제 해결
	미술 작업	집 나무 사람(H-T-P) (Buck, 1948)	윈도우 8, 프레쉬 페인트	창의성, 자아개념, 의사소통
	마무리	퍼즐 만들기	윈도우 8, 프레쉬 페인트	문제 해결, 청각처리
3	준비 활동	자유화	윈도우 8, 프레쉬 페인트	창의성, 동기유발
	미술 작업	만다라	안드로이드 컬러링 만다라	주의력
	마무리	퍼즐 만들기	윈도우 8 퍼즐 터치	문제 해결
4	준비 활동	음악 밴드 이미지	유튜브	사회적 상징, 청각처리
	미술 작업	모래 그림	안드로이드 앱	창의성, 상상력, 의사소통, 비사회적 상징
	마무리	만다라	안드로이드 컬러링 만다라	좋아하는 것에 집중
5	준비 활동	자유화	윈도우 8, 프레쉬 페인트	창의성, 동기유발
	미술 작업	가장 좋아하는 날 (AFKD; Manning, 1987)	윈도우 8, 프레쉬 페인트	상상력, 의사소통, 상징
	마무리	자유화와 글쓰기	윈도우 8, 프레쉬 페인트	의사소통

전통적인 미술치료 회기와 마찬가지로, 디지털 미술치료 시간에 미술치료사의 역할은 Max에게 안전하고 도움을 주는 치료 환경을 제공하고, 건강한 내담자 – 치료사 관계를 구축하고, 그의 창작 과정이 펼쳐지는 모습을 지켜보고, 그의

인지적 · 신체적 강점과 한계를 평가하고, 그를 창조적, 인지적, 감정적 성장으로 이끌고, 그에게 새로운 도전 매체가 나타났을 때 그를 돕는 것이다.

전체적으로, 디지털 미술치료 회기는 Max가 언어적 · 비언어적 자기 표현을 하고, 디지털 기술을 확장하고, 그의 청각과 시각적 감각을 세상과 연결하고, 그의 상상력을 활용하고, 자신의 가치를 느끼게 했다.

결론

21세기에, 디지털 기기는 발달 장애가 있든 없든, 모든 연령대의 개인들을 위한 정통적 표현 수단이며 급변하는 기술 시대에도 여전히 남아있을 것이다. 기술에 정통한 내담자들은 이제 기술적으로 유능하고 세부적인 관리에 숙달된 그들의 치료사를 기대하고 있다. 미술치료사와 미술치료 프로그램 기능들은 임상 이론 체계, 도구와 개입으로 최신 상태를 유지해야 하는 윤리적 의무가 있다(Corey *et al.*, 2015).

자폐 진단을 받은 아동들을 대상으로 한 그의 초기 연구로 알려진 오스트리아의 소아과 의사 Hans Asperger는 1953년 독일 출판사에서, ASD가 있는 개인과 함께 일하는 임상 의사와 교육자는 "어떻게든 '자폐증'이 되어야 한다"라는 도발적인 발언을 했다(as cited in Silberman, 2016, p. 106). 바꿔 말하면, 미술치료사는 ASD가 있는 내담자와 최소한의 눈 마주침, 비언어적 의사소통에 익숙해져야 하고 감각 민감도가 높은 사람들에게 낮은 감각 임상 환경을 제공해야 한다. ASD가 있는 특정 개인에게 지속적으로 눈을 맞추고, 촉각을 자극하는 미술 재료와 연결하고, 언어적 자기 반영 대화를 요청하는 것은 그들의 불안감을 가중시킬 수 있다. 또한, ASD가 있는 특정 개인들은 사회적 관계 문제로 인해, 본인이나 사람보다는 장소나 사물과의 연결을 선호한다. 때문에, 미술치료사들은 치료사보다 창작 디지털 기기에 더 큰 신체적 · 심리적 매력을 가지고 있는 내담자를 존중할 필요가 있다. 그런 임상적 상황에서, 내담자는 창조적이고 무질서하고 자유로운 디지털 기기를 통해, 본질적으로 미술치료사와 연결된다.

자폐증 연구는 ASD가 개인의 수명 전반에 걸쳐 상당한 건강 손실을 불러온다는 것을 계속 강조하고 있다(Hirvikoski *et al.*, 2016). 그 결과 미술치료사들은 ASD가 있는 아동, 청소년, 성인 그리고 노인들이 창의적인 활동을 할 수 있도록 의미 있는 치료 프로그램을 시행할 필요가 있다. 이것은 결국 불안, 우울, 사회적 고립을 완화하고 그들의 심리적 건강과 복지를 증진한다.

미술치료 분야에서 디지털 기술을 탐구하는 연구는 여전히 드물지만, 새로운 연구 결과들은 디지털 기술이 ASD 및 기타 발달 장애가 있는 개인의 복지를 개선하는 효과적이고 창의적인 치료 도구가 될 가능성을 보여주고 있다. 따라서 필자는 미술치료사, 창의적 예술치료사, 표현 예술치료사들에게 창의성, 호기심과 용기를 가지고 현대의 디지털 터치스크린 기기를 수용하라고 요구하는 바이다.

권장 사항

- ASD가 있는 개인과 함께 디지털 기술의 이점과 한계를 살펴봐야 한다. ASD 및 기타 발달 장애가 있는 개인들을 위한 창의적이고 숙련된 도구로서, 연구자는 디지털 터치스크린 기기의 이점과 한계를 계속 탐구해야 한다.
- 디지털 캔버스가 '선호 매체'일 수 있음을 인식해야 한다. 최근 미술기반 평가를 활용한 것 중, 고기능 ASD가 있는 성인의 상상력을 조사하는 Darewych, Newton과 Farrugie(2017)의 혼합 방법 연구에서, 연구 참여자들은 전통적인 또는 디지털 매체로 그들의 그림을 완성할 수 있는 선택권이 있었다. 그런데 흥미롭게도, 참가자들이 선호하는 매체는 디지털 캔버스였다.
- 치료에 사용할 소프트웨어를 개발하기 위해 앱 개발자와 협력해야 한다. 어린이와 청소년들을 위한 사용자 친화적인 예술 작업과 창의적인 활동 앱은 많이 개발되었기 때문에, 연구원은 앱 개발자들과 협력하여 성인 임상 집단을 위한 간단한 소프트웨어 프로그램을 설계할 필요가 있다.
- 기존의 매체와 디지털 매체 모두를 통해 약점보다는 강점에 집중해야 한다. 미래의 임상 지침은 고객들이 미술치료 회기에서 전통적인 매체와 디지털 매체를 혼합하는 것을 포함할 수 있다. 미술치료사들은 그것들의 약점이 아니라 ASD와 다른 발달 장애가 있는 내담자들의 강점에 따르는 임상 프로그램을 설계하고 시행하는 것이 중요하다.

참고문헌

Alders, A., Beck, L., Allen, P. and Mosinski, B. (2011) Technology in art therapy: Ethical challenges. *Art Therapy 28*(4), 165–170.

American Psychiatric Association (2013) *Diagnostic and Statistical Manual of Mental Disorders* (5th edn). Arlington, VA: American Psychiatric Publishing.

Bogdashina, O. (2016) *Sensory Perceptual Issues in Autism and Asperger Syndrome:*

Different Sensory Experiences—Different Perceptual Worlds (2nd edn). London: Jessica Kingsley Publishers.

Buck, J.N. (1948) The H-T-P technique: A qualitative and quantitative scoring manual. *Journal of Clinical Psychology Monograph 4*, 1–120.

Cane, F. (1951) *The Artist in Each of Us*. Craftsbury Common, VT: Art Therapy.

Centers for Disease Control and Prevention (2016) New data on autism: Five important facts to know. Retrieved at www.cdc.gov/features/new-autism-data/index.html

Corey, G., Schneider Corey, M., Corey, C. and Callanan, P. (2015) *Issues and Ethics in the Helping Professions* (9th edn). Belmont, CA: Brooks/Cole.

Darewych, O.H., Carlton, N.R. and Farrugie, K.W. (2015) Digital technology use in art therapy with adults with developmental disabilities. *Journal on Developmental Disabilities 21*(2), 96–102.

Darewych, O.H., Newton, N. and Farrugie, K.W. (2017) Investigating imagination in adults with autism with art-based assessments. *Journal on Developmental Disabilities 23*(2), 25–34.

Gillot, A. and Standen, P.J. (2007) Levels of anxiety and sources of stress in adults in autism. *Journal of Intellectual Disabilities 11*(4), 359–370.

Hallas, P. and Cleaves, L. (2017) "It's not all fun": Introducing digital technology to meet the emotional and mental health needs of adults with learning disabilities. *International Journal of Art Therapy 22*(2), 73–83.

Hill, E.L. (2004) Executive dysfunction in autism. *Trends in Cognitive Sciences 8*, 26–32.

Hirvikoski, T., Mittendorfer-Rutz, E., Boman, M., Larsson, H., Lichtenstien, P. and Bolte, S. (2016) Premature mortality in autism spectrum disorder. *British Journal of Psychiatry 208*(3), 232–238.

L'Esperance, N. (2017) Art therapy and technology: Islands of brilliance. In R.L. Garner (ed.) *Digital Art Therapy: Materials, Methods, and Application*. London: Jessica Kingsley Publishers.

Malchiodi, C.A. and Johnson, E.R. (2013) Digital art therapy with hospitalized children. In C.A. Malchiodi (ed.) *Art Therapy and Health Care*. New York, NY: Guilford Press.

Manning, T.M. (1987) Aggression depicted in abused children's drawings. *The Arts in Psychotherapy 14*, 15–24.

Mihailidis, A., Blunsden, S., Boger, J., Richards, B. *et al.* (2010) Towards the development of a technology for art therapy and dementia: Definitions of needs and design constraints. *The Arts in Psychotherapy 37*(4), 293–300.

Niemic, R.M., Shogren, K.A. and Wehmeyer, M.L. (2017) Character strengths and intellectual and developmental disability: A strengths-based approach to positive psychology. *Education and Training in Autism and Developmental Disabilities 52*(1), 13–25.

Rogers, C.R. (1951) *Client-Centered Therapy: Its Current Practice, Implications and Theory*. Boston, MA: Houghton-Mifflin.

Silberman, S. (2016) *NeuroTribes: The Legacy of Autism and the Future of Neurodiversity*. New York, NY: Avery.

제20장

디지털 매체를 사용한 미술기반 연구

– Shaun McNiff

미술기반 연구에 디지털 미디어가 미치는 영향에 대한 탐구를 하기 전에 우선 탐구 방식 체계를 구체적으로 정의해야 한다. 수행하고자 하는 연구는 어떤 특성을 갖고 있으며, 연구와 관련된 개념은 무엇이 있고, 연구를 수행하는 목적은 무엇인가? 미술기반 연구란 어떻게 정의되어야 하는가? 연구 환경의 패러다임은 어떠한가? 연구의 목표는 무엇인가?

구체적인 제반 배경을 확립한 후에야 디지털 미디어, 특히 영상 형태의 디지털 미디어가 제시하는 효용뿐만 아니라 연구 절차와 결과의 특성에 유의미하게 미치는 영향을 구체적으로 살펴볼 수 있을 것이다. 비디오를 통한 미술치료는 실제 행동을 기록하고 *과정*과 *결과*의 지속적인 이중성을 더욱 근본적으로 연구와 임상에 적용할 수 있게 한다. 그뿐만 아니라 본 장에서는 비디오 영상 편집과 실험 과정을 탐구해 미적으로 흥미로운 표현을 하고, 새로운 결과물을 창조하고 예술적 결과를 제시해 기존의 선형분석에서 한 발자국 더 나아가는 과정을 미술기반 연구의 본질적 특성에 근거하여 살펴볼 것이다.

미술기반 패러다임에서 연구의 본질

미술치료와 여타 학문은 '연구'에서 분명히 드러나는 본질적 차이를 가지기 때문에, 미술기반 패러다임 연구라는 과정 자체가 받아들여지기 쉽지 않다. 저자는 연구를 구체적인 규범이 존재하고 체계적인 탐구 과정으로 여기며, 미술치료의 경우 미술에 기반을 둔 것으로 간주하고 있다. 단순하고도 직접적으로 연구를 정의할 경우 질적, 양적 연구의 여러 갈림길과 무수한 종류의 양적 연구에 실질적인 대안을 제시한다. 여러 미술치료가 예술적 관행에 부합하지 않는 패러다임에서 인정받고자 하고 있으며, 이러한 추세는 가장 효과적인 미술치료 방식 탐구에 상당한 혼란을 야기하고 있다.

미술기반 연구(McNiff, 1998, 2013)는 모든 미술 분야의 창작에 활용되고 있으며, 연구를 수행하는 개인 및 집단의 기본적인 연구 방식을 구성한다. 미술기반 연구는 예술적 표현이 선형적이고도 논리적인 이성과 언어로는 접근하기 어려운 의사소통 및 이해 방식을 도모함을 인지하는 것이다. 치료에 미술을 활용하는 이유 역시 마찬가지인데, 역설적으로 연구에 있어서 예술적 표현은 미술치료에 의해 덮어지고 반박된다. 그 이유는 미술치료를 주류 과학 이론으로 정당화하고자 하는 시도가 많이 이루어지고 있는 경향 때문이다. 결과적으로 오히려 미술치료가 비주류 치료 방식이 될 수 있다는 우려를 부추기게 되었다. 그 근거를 나열하자면, 첫째로 예술과 그 깊이는 과학으로 설명하거나 과학적인 것으로 치부할 수 있는 것이 아니며, 둘째로 사회과학 및 인문과학은 법칙과 같은 원칙을 수립하는 데 효과적이지 않기 때문이다(MacIntyre, 2007). 아이러니하게도, 미술기반 연구는 사회과학이 인간 경험의 예측 불확실성을 받아들이는 연구에 더 효과적인 접근 방식을 확립하는 데 도움이 될 수 있다. 그렇기 때문에 규칙과 법칙으로 인간의 삶을 설명하고자 하는 불가능한 노력보다는 실행에 더 완벽함을 기하고 실생활 환경에서 제대로 참여하고자 하는 탐구에 더 효과적인 접근법 구성에 도움이 될 수 있다.

아마도 가장 본질적으로, 예술은 미술기반 연구 실행의 근거가 된다. (McNiff, 2014a). 나는 미술치료를 예술적 결과물을 그 특성을 제대로 담아내지 못하는 과학적 분류나 수치로 표현하기보다는 예술적 결과물이 그 자체로 유의미하다고 받아들였으면 한다. 그리고 지성인이라면 분명한 근거를 무시하지 않고 이를 받아들일 것이라 전제해 더욱 체계적인 노력을 통해 예술을 기반으로 하는 의사소통을 최적화하고 최대화하고자 한다.

예술적 근거를 생성하고, 살피고, 제시하는 과정은 여태까지 당연한 것으로 여겨졌던 연구에 대한 전제와 충돌할 수밖에 없다. 저자의 경험에 비추어 보건대, 미술기반 탐구를 지지하는 영역에서도 세 가지의 끊임없는 충돌이 있었다.

우선, 인간의 경험과 관련된 모든 학문적 영역에서 연구를 수행하는 개인은 '자료'를 수집하고 '분석'한 이후, '주제'를 식별하고자 함을 전제한다. 미술기반 연구에 있어서 예술과 관련된 대상과 표현활동은 '자료'로 단순히 치부할 경우 그 의미가 축소되고 훼손된다. 이러한 전제와 단순히 수집하고자 하는 접근법은 예술적 탐구를 저해하는 결과를 낳는다. 미술기반 연구에서 예술은 단순히 수집되는 것이 아니라 창조되는 것이다. 나는 탐구, 이해 및 결정의 특정 형태와 관련하여 자료를 생성하고 활용하고자 하는 행동을 존중하며, 나의 업무 전반에 걸쳐, 특히 리더 역할을 할 때 자료(숫자, 의견, 동향 등)와 긴밀한 작업을 해온 바 있다. 그러나 예술적 대상은 하나의 인간과 마찬가지로 복잡하고도 변화무쌍한 가변적 관계를 가진, 살아 움직이고 표현하는 존재이다. 그렇기 때문에 단순히 일종의 공식에 따른 수집과 분석으로 예술적 대상에 접근할 수 없다.

둘째로, 분석 과정은 해석과정의 일부이지 전체가 아니다. 분석 절차는 선형적 · 논리적 사고 영역에서 기능하며, 통합적인 맥락에서 여러 요소들을 분리하고 분해한다. 하지만 예술에 대한 해석은 분석 그 이상이라고 할 수 있다. 예술에 대한 해석은 대상과 개인 사이의 관계를 더욱 총체적으로 검토하여, 상호 교감을 기반으로 한 *새로운 삶*과 이해를 구성하는 동적인 교류라고 할 수 있다. 예술 대상과 표현적 행위는 재료의 속성과 특징을 통해 표현하며, 예술 대상과 표현적 행위 그 자체로는 유의미하지는 않다. 그렇기 때문에, 미술기반 연구에서 '자료 분석'은 유일한 방식이나 근본적인 연구 방식이 될 수 없다. 우리는 분석 과정에서 근본적으로 연구 활동으로부터 파생되는 연구 대상과 과정을 해석하고, 관여하고, 고민하고, 상상하고, 긴밀한 관계를 맺는다.

마지막으로, 예술과 삶에는 주제theme가 있지만, 예술적 표현의 모든 요소들을 주제 및 서사적 편견으로 정의할 수 없다. 미술기반 연구는 주제의 영역을 넘어서는 패턴, 구조, 근본적 요소, 힘과 에너지, 표현 등의 요소로 이어지기도 한다. 이렇듯 자료와 주제분석에 기초한 미술치료의 학문적 연구는 미국심리학회American Psychological Association(APA) 형식의 '한계'에 서술될 정도로 특정 연구 패러다임에 대한 전적인 의존의 한계를 보여주고 있다. 그렇다면 예술이 사람과 상황을 치유하고 변화시키는 것을 어떠한 예술적 근거 및 미술기반 실험으로 입증할 수 있단 말인가? 또한, 그러한 결과를 타인에게 어떻게 가장 효과적인 방식으로 전달할 수 있단 말인가? 이 두 질문은 오늘날의 미술 재료 및 의사소통 체계와 관련한 경험에 근거하여, 미술기반 연구에 디지털 매체를 사용해야 함을 제시한다. 하지만 연구 절차에서 이러한 도구를 어떻게 사용할지를 논하기 전에, 궁극적인 연구 목적 및 목표, 개념적인 틀을 논하고자 한다.

임상가 연구의 중요성

나의 모든 미술치료와 관련한 활동은 임상과 불가분한 연구와 밀접한 연관이 있어, 나는 이를 '*임상가 연구*practitioner research'라고 칭하고자 한다. 처음 미술치료를 했을 때, 예술적 표현을 기록했으며 특정 회기 내에서 무슨 활동을 했고, 사람들이 어떤 반응을 했는지를 상세하고 체계적으로 기록했다. 초기부터 임상에 온전히 집중하고, 다른 사람들을 확실하게 도울 수 있는 방법으로 일을 하고자 노력했다. 나는 모든 회기에 있어서 임상적이고 경험론적인 실험, 성찰, 평가를 했으며, 학생 및 다른 미술치료사들에게 도움이 될 만한 발견과 기록을 하고자 했다. 또한, 창작 과정과 작품 감상을 접하며, 미술이 개인과 집단을 치유하는 방식을 탐구했다. 이러한 일련의 과정은 임상을 기반으로 한 연구 과정이었다. 달리 말하자면 임상가 연구의 목적은 다른 사람들의 업무를 돕고자 하는 완전한 기법의 수립이다.

오늘날 연구는 임상과는 별개이며, 특정 거리를 두고 연구에 객관성을 주장하는 학문적으로 훈련된 '연구자'에 의해 수행된다는 가정이 널리 퍼져 있다. 이러한 관념들은 또한 미술치료 분야에 만연하고, 본질적으로 거의 명명되지는 않으나 핵심적인 패러다임이 충돌할 수 있는 상당한 혼란을 야기한다. 심리치료와 미술치료 임상의 선구자들은 그들의 개인과 집단적 임상가의 연구를 통해 이러한 학문들을 확립했다. 그들은 다른 이들이 적용할 수 있는 방법을 만드는 것을 목표로 치료 과정과 결과를 체계적으로 검토하면서 다른 사람들과 무엇을 했는지 연구했다.

연구를 수행하는 미술치료사의 방식, 스타일, 경험, 기술은 결과에 영향을 미치지만, 임상가 연구의 주된 강조점은 실행 방식과 개인적인 상황을 초월하여 완전한 형태를 이루고자 함이다. 예를 들면, 미술에 대한 움직임을 통한 반응을 나눈 서사의 실험은 임상을 기반으로 한 것이지만, 연구 자체는 개인의 실행을 완벽하게 하는 것을 초월해 해당 기법을 사용하고자 하는 사람들과 그 결과를 나누기 위함이다. 임상 방식은 이론의 여지없이 경험적이며, 자율적이고, 개인을 초월한 방식이라고 할 수 있다. 현실은 모든 층위의 경험에 있어서 참가자들의 상호작용으로써, 근본적으로 모든 존재는 상호의존하고 있으며 완전히 분리될 수 없다. 그렇기 때문에 특정 치료 기법에 대한 실험적 연구를 치료사가 아니라 다른 사람이 수행해야 한다고 주장한다면 이는, 첫째로 현실에 부합하지 않고, 둘째로 존재할 수 없는 더 객관적인 맥락이 있음을 전제하는 것이며, 셋째로 특정 기법을 완벽하게 구축한 임상가의 혜안, 기술, 헌신으로 이루어진 탐구의 핵심을 부인하는 것이다.

본 연구의 목표는 예술적 표현 및 인류의 경험이 공유하고 있는 속성과 조화되어 존재하는 실무적이고 경험론적 기법 및 접근법을 수립하는 것이다. 이러한 방법론을 확립하고 공유하게 되면, 개별 치료사의 방식과 이해, 특정 치료 상황에서 참여자의 요구, 특정 상황 및 환경의 영향에 따라 무한한 방식으로 활용될 수 있을 것이다. 그렇기 때문에 본 연구의 목적은 일반적인 가치를 가진 경험론적 구조로 임상을 개선시키는 것이다. 하지만 임상에 적용시키는 방식은 인간 경험이 가변적이고 예측 불가능하기 때문에 각기 다를 수밖에 없다. 미술기반 연구에서 파생된 다른 경험론적 기법의 예시로, 미술치료사에 임상 슈퍼비전 및 반응작업으로 이루어지는 탐구 및 이해 방식으로의 미술작업(Fish, 2006, 2016)과 이와 밀접한 관계를 가진 미술치료사의 회기 동안의 미술 작업(Lett, 2016; Moon, 1997) 등이 있다. 언급된 기법들은 치료사가 홀로 그리고 타인과 함께 미술 작업을 수행하여 더욱 완벽해지며, 탐구 과정에 영상 및 디지털 미디어를 도입해 연구 주제 및 기법의 영역의 폭을 넓힐 수 있다.

영상 수집의 경험적 과정과 결과

영상은 문서화, 기록, 실제 행동과 예술 과정의 지각을 가능하게 한다. 이러한 과정은 여러 다른 관점에서 동시에 이루어진다. 특정 행위가 일어나고 나서 예술적 과정을 필기와 기억으로 기록하기보다, 영상은 특정 행동을 다시 재생해 보고 검토할 수 있게 함으로써 여러 기록 방식을 보완한다. 그렇기 때문에 예술적 표현 과정은 완성된 작품처럼 영구적이고 구체적인 존재로 남게 된다. *과*

*정과 결과물 모두의 경험론적 형태*로 접근할 수 있게 되는 것이며, 과정의 경험론적 형태의 경우 영상 기술을 통한 스크린샷 이미지로 작품의 여러 모습을 살펴볼 수 있게 한다. 이러한 관점에서 미술 작품은 완전한 형태로 자리매김하기보다는 여러 형태로 반복된다.

이러한 관점에서, 연구에서의 영상 활용은 오랜 기간 동안 미술치료에 존재했던 과정과 결과물의 불필요한 분리를 초월할 수 있게 한다. 여러 주체의 상호의존성과 관련하여 더욱 통합적인 관점을 구축해, 특정 대상이 계속 변화하고 있으며, 과정에 있어 필수적인 존재라는 이해를 확장시킨다. 이렇듯 예술 활동의 영상 기록은 *시각적 이미지가 점진적으로 구성되는 모습과* 관련된 질문과 문제의 탐구를 가능케 한다. 기록 과정은 모든 시각 예술이 행위 예술처럼 시공간에서 재현, 움직임, 실시간으로 이루어지는 행동임을 보여준다.

영상 활용과는 대조적으로, 정적인 시각 이미지를 통해 결과와 근거를 제시하는 경향은 미술치료에 깊이 배어 있으며, 모든 층위에서의 문헌 및 학술 발표에 분명히 드러나고 있다. 나는 이러한 점을 출판물(McNiff, 1992, 2004, 2009)을 통해 계속 주장해 왔다. 이러한 양식은 특정 시기의 학문적 관행이 사고와 소통을 지배하는 방식을 여실히 보여주고 있다. 특히 비디오와 같은 새로운 디지털 매체가 여전히 연구와 임상에 충분한 영향력과 잠재적 가능성을 발휘하지 못한다는 점이 흥미롭다. 여기에는 여러 가지 이유가 있겠지만, 가장 중요한 것은 사회과학 패러다임의 패권과 관련된 미술치료 분야의 연구에 대한 여러 전제일 것이다.

두드러지는 예외를 제외하고, 최근 몇 년 동안 미술치료 저널 출판물은 학문적으로 오랜 기간 동안 고수해 왔던 스틸 이미지 표현에서조차 실제로 더 멀어졌다. 여러 편견, 전제, 의견의 영향을 받은 그래프, 표, 수치가 만연하다. 이 모두는 미술 작업 과정과 그 결과와는 거리가 멀어 보이는 전문용어와 개념으로 점철되어 있다. 미술치료는 과정의 중요성을 끊임없이 강조하고 있으나, 출판물과 연구에서는 과정을 보기 힘들다. 대조적으로, 예술적 패러다임을 기반으로 한 미술기반 연구는 다른 방향을 취해 기록 과정과 결과 제시 모두에 있어서 예술적 표현의 실제 경험을 나타내고자 최선을 다하고 있다(McNiff, 2014b).

1970년대 초기 실험(McNiff and Cook, 1975; McNiff, 1981)에서, 마치 생물학 분야에서 현미경을 쓰고 천문학에서 망원경을 쓰듯, 인간 행동을 살펴보는 것처럼 영상을 활용할 수 있음을 발견했을 때, 해당 연구의 중점은 제5장에서 설명한 바와 같이 미술치료에서 영상을 어떻게 활용할 수 있는지였다. 이렇듯 디지털 미술 제작 도구를 변함없이 계속 사용해 왔지만, 내가 슈퍼비전하는 모든 미술기반 연구에서 영상을 주된 연구 방법으로 사용할 것을 장려하게 된 일은 최근의 일이다.

이렇게 영상 활용이 늦어지게 된 이유는 어떤 면에서는 공식적인 학술 연구의 쉽게 바뀌지 않는 관행 때문이라고 할 수 있겠다. 심지어 미술기반 연구에서도 예전과 같이 정적인 시각 자료를 제시하고 과정을 서술하곤 했다. 어설픈 말과 설명은 창조적 작업이 주는 경험적 차원의 감각과 에너지를 전달할 수 없음을 지각하고도 이러한 행태가 계속되었다. 경험은 특정 경험을 관찰하는 개인의 생각과 말로 축약할 수 없는 것이며, 어쩌면 가장 중요하게도, 언어로 구성한 것은 특정 개인의 구성과 표현인 경우가 빈번하다. 행동의 본질적이고도 경험적인 특성은 언어에서 소실될 수 있다. 그러니 더 직접적이고도 완전한 방식으로 *행동 그 자체로 말하게 하는 것*은 어떨까? 영상 기록조차도 경험을 온전하게 제시할 수 없지만, 언어로 재구성한 것보다는 나을 것이다. 영상 기반의 세심한 연구는 물론 미술치료의 까다로운 전문적 제반 배경과 시간 및 자원 측면에서 쉽지 않을 수 있지만, 영상이 이토록 학술적 연구에서 제대로 다뤄지지 않는지는 쉽게 이해할 수 없다.

나는 최근 박사 연구를 지도하는 과정에서 세 가지 주된 이유로 디지털 기록으로 전환하였다. 첫째, 위에 기술한 원칙을 준수하는 과정에서 미술기반 연구에 대한 신뢰와 관심이 높아졌고, 둘째, 매우 간편한 편집 기술과 함께 고품질 디지털 저장 기기(소형 핸드헬드 및 웨어러블 카메라)의 성능과 일반적 사용이 증진되었으며, 마지막으로, 추측에 근거한 질문과 비교해, 경험적 예술 과정의 즉각적인 효과를 탐구하는 관심이 증가했기 때문이다. 이러한 요소와 여타 요소들의 융합이 비디오를 사용해 예술 활동을 기록하고, 스크린샷을 통해 광범위한 스틸 이미지를 낳았다. 요컨대, 예술 매체의 특성은 연구의 본질과 그 질문과 쟁점에 상당한 영향을 끼쳤다고 할 수 있다.

나는 미술기반 연구에서 비디오 사용에 대한 포괄적인 개요를 시도하는 대신, 광범위한 가능성을 인정했다. 또한, Ross Prior(2018)의 *학습 · 교수 연구에서의 예술 사용*^Using Art as Research in Learning and Teaching^에서 비디오를 사용한 미술기반 연구 개발에 대한 가상의 상세한 예시를 소개하였다(McNiff, 2018). 이렇게 미술기반 연구에서 다룰 수 있는 질문과 연구 방법은 예술 그 자체만큼이나 광범위하다. 비디오와 디지털 매체에 대한 경험을 바탕으로, 기술의 특정한 사용 방법은 용도의 확장과 기술의 진보와 더불어 크게 성장하고 변화할 것이라고 확신한다. 그러므로, 여기에서는 완전히 다른 방식으로 연구에 접근하는 비디오 사용의 두 가지 기본적인 측면에 집중한다. 하나는 작업을 표현하기 위해 활동을 기록하는 능력이고 하나는 과정을 이해하고 해석하기 위한 편집 과정의 역할이다.

영상을 사용한 과정 기록

내가 슈퍼비전하는 미술기반 연구에서 영상 활용은 후속 연구단계에서 공동연구자[실험 과정 참여자로서, 사람과 '함께' 하는 실험이자 사람을 '대상'으로 하는 실험(Reason, 2003)]와 함께 작업하기 전에 특정 연구 방법을 직접 체험하고, 시험하고, 완성하고자 단독으로 실험을 수행하는 사람을 참여시키는 방식으로 이루어진다. 이 단독 실험을 통해 연구 질문과 연구 방법을 다듬는다. 연구 접근의 일차적인 전제로서, 스스로 하지 않는 것을 누군가에게 부탁하는 것은 옳지 않기 때문에, 예술 연구의 중심은 단독 작업이다. 특정 예술적 과정과 그 완성 방식을 이해하고자 한다면 그렇게 하는 것이 타당하다. 미술기반 연구는 새로운 실천 방법을 개발하는 것 외에 미술치료에 사용되는 다양한 재료의 특성과 효과를 탐구한다. 영상 기록은 연구를 수행하는 사람이 완전히 혼자가 아니라는 점에서 본질적인 역할을 한다. 카메라는 목격자 역할을 하며, 무슨 일이 일어났는지를 기록하며 독자적 증거를 제시한다.

단독 회기와 공동 회기 모두, 여러 대의 카메라로 녹화했다. 예를 들어 페인팅, 드로잉 또는 작품 제작의 경우, 삼각대에 고정된 카메라가 2차원 표면 또는 전체 대상에 맞춰 녹화하도록 조정했다. 예술가의 이마에 달린 웨어러블 카메라는 눈의 움직임을 따라가며, 작업 중인 손의 클로즈업 영상을 제공했다. 또 공동 연구자와 함께 작업하는 동안 연구 수행자가 카메라를 사용할 수도 있었다. 이로 인해 다른 카메라에는 잡히지 않는 유리한 지점의 영상이 만들어졌다. 흥미롭게도, 카메라를 사용하는 것은 완전한 시각을 제한 또는 방해하기보다 다른 사람의 작업을 주목하는 데 초점이 맞춰져 있었다.

영상을 통한 미술기반 연구를 구분하는 또 다른 특징은 연구원이 카메라를 예술적으로 활용한다는 점이다. 미술치료에 있어 카메라의 능숙한 사용이 영상 결과물의 표현에 영향을 미치듯 연구 역시 마찬가지다. 이하에서 논의할 바와 같이 장면의 질과 편집 양상은 영상 표현 및 다른 사람들에게 상당한 영향을 미친다. 미술기반 연구의 예술적 표현은 인간 경험에 대한 객관성의 허상을 보여주는 많은 요소 중 하나이다. 스틸카메라로 완전히 기계적으로, 일어난 일 그대로 영상을 기록한다고 하더라도 카메라는 특정한 공간적 위치 및 장면의 지각적 특징을 가진다. 그렇기 때문에 매체의 표현 방식을 개선해야 한다. 서술한 문제들과 현실은 디지털 매체로 미술기반 연구를 수행할 수 있는 수많은 가능성을 연다.

연구 과정을 반영하는 예술적 수단으로서의 비디오

실제 실험 활동에서 영상을 수집하는 것만큼 예술적 해석과 성찰의 태도로 비디오를 편집하는 과정 역시 중요하다. 이러한 활동은 전통적인 사회과학적 접근법과 미술기반 연구를 구분하는 구분 점이 된다. 촬영한 영상을 검토하고 편집하는 과정은 미술기반 연구 내에서 일어나는 해석 및 예술적 표현을 여실히 보여주고 있다.

사람들이 "특정 회기, 일련의 회기 또는 특정 순간을 기록한 비디오 영상을 어떻게 바라봐야 하는가?"라고 물었을 때, 나는 *예술적으로,* 가장 영향력 있는 미적 결과물을 만들 목적으로 편집을 진행하는 영화 제작자처럼 하라고 말한다. 예술가로서의 편집자는 *새로운 것을 만든다.* 이것이 이미 존재하는 것을 분석하는 것과의 근본적인 차이점이다.

내가 지도하는 연구의 공통적 특징은 공동 연구자와 함께 회기 장면들을 5분에서 7분으로 종합하여 비디오를 편집해 제작하는 것이다. 비디오 시청은 공동 연구자가 작업 전체를 해석하고 필수 요소 및 결과를 파악하는 전반적인 과정에 기여하는 기회를 제공한다. 만약 이전의 회기들이 시각 예술 작품 제작과 관련이 있다면, 이러한 표현들은 마지막 회기에서 검토의 형태로 나타난다. 편집된 영상에는 공동 연구자가 이전 작업을 검토하고, 다시 느낄 수 있도록 역동적이고도 실질적인 요소들이 추가된다. 치료에서 영상을 활용하듯, 편집된 영상을 보여줌으로써 공동 연구자의 기여를 확인할 수 있으며, 이는 검토와 통찰, 논의를 활발하게 촉진시킨다. 그뿐만 아니라 미술치료 회기에서도, 짧고 미적으로 자극적인 영상이 길고 문자를 통해 이루어지는 표현에 비해 창의적이고 통찰력 있는 반응을 야기할 가능성이 더 크다. 공동 연구자가 몇 시간 동안 영상을 시청할 의향이 있는 경우, *간결하고 세심하게 만들어진 밀도 높은* 영상만큼 생산적일지는 논쟁의 여지가 있다.

편집의 예술적 편향은 위에서 언급한 바와 같이 가장 기계적이고 문자 그대로의 보이는 어떤 프레젠테이션도 하나의 관점에서 제시되기 때문에 그 과정의 일부로 볼 수 있다. 그렇기 때문에 영상의 목적은 연구 참여자와 검토 자료 사이의 관계를 더 깊게 하는 것이다. 나는 편집 과정과 축약된 기록은 연구를 수행하고 있는 사람이 연구 질문에 집중하도록 도움을 주고, 또한 무관한 일탈을 방지할 수 있다는 것을 알았다.

일련의 회기를 간략한 영상으로 합성하는 과정에서의 난관 중 하나는 보여줄 대상을 고르는 일이다. 비교적 짧은 기간의 활동을 시청하는 경우에도, 영상 클립을 상당히 많이 편집해야 하는 경우가 있다. 특히 가슴 아픈 제스처나 이미지를 계속 볼 수 있도록, 장면을 일시 중지와 함께 표시할 경우 더욱 그러하다. 위에서 언급한 바와 같이 영상 해석과 편집은 기존 부분의 확인 그 이상의 분석을 요한다. 본질적으로 단순한 정보 수집이 아니라, 이전에 없던 것을 만들어내는 미적 구성 및 창조적 표현의 과정이기 때문이다.

나는 명백하고 은밀한 행동 모두를 가장 명확하게 보여주는 간단명료한 영상을 만들 것을 권한다. *시네마 베리테*cinéma vérité[1]가 강조하는 가치와 같이, 그러한 영상은 인위적인 장치나 평론 없이도 행동 그 자체로 말하게 한다. 영상을 편집할 때, 특히 회기 내에서 존재하지 않았던 다른 소리나 음악, 이미지를 추가할 때 이러한 목표를 상기해야 한다. 영상 반영 및 기록은 오락이나 쇼를 만드는 것과는 다르다. 또한, 나는 실험적 작업의 반추 과정에 공동 연구자들이 참여하며, 영상을 시청하면서 편집된 영상에 서면상의, 혹은 구어적인 결론을 넣는 것 역시 지양해야 한다고 말하고 싶다. 이전에 강조한 바와 같이 영

1) 영화의 사실성을 보다 강조하는 사실주의적 경향을 모두 칭하는 용어(역주).

상편집자는 최종 영상에 대한 선택과 해석을 할 것이다. 이런 성향은 창조 과정에서 내재되어 있으며, 연구의 측면에서 인정된다. 이는 연구 참여자의 의도된 반응과 이해를 요구하고자 하는 검토 과정의 단정적인 논평과는 확연한 차이가 있다.

여러 대의 카메라를 사용하며 두 배, 세 배로 늘어난 회기 기록 영상에서 연구자의 선택을 돕자면, 장시간 동안 반복적으로 작품을 보며 해당 영상을 삶의 일부로 만들기를 권장한다. 독창적인 생각을 알리거나 강화하는 *감동적인 결정적 순간*[Cartier–Bresson]을 확인해야 한다. 또한, 창의적 과정이 처음부터 알려지지 않았거나 계획되지 않은 결과를 만드는 방법을 사용하여 이의를 제기하거나. 완전히 새롭고 예상치 못한 것을 첨가할 수도 있다. 인터뷰의 녹음과 녹취를 통한 방법에서는 대부분 가공되지 않은 장면이 반복적으로 재생된다. 하지만 텍스트 기반의 인터뷰와는 대조적으로, 비디오는 서술 범위 밖의 몸짓, 일시 정지 그리고 다른 미묘한 표현들을 만들어낸다.

예술 제작 회기의 비디오 화면에는 대개 실험 과정에 참여한 모든 사람의 대화와 언어적 반응이 포함될 것이다. 그밖에, 영상에 대한 최종 감상을 비디오로 기록하고 모든 논의는 대화록으로 만든다. 나는 이 텍스트 또한 원본 영상을 보는 것처럼 반복해서 검토하기를 권장한다. 키워드로 인터뷰를 코드화하는 컴퓨터 기술은 점점 더 표준화되고 있어 텍스트의 내용을 구성하고 패턴을 식별하는 데 도움을 줄 수 있다. 하지만 이 방법은 때때로 단순히 사람의 좋은 밀버릇과 나쁜 밀버릇을 반영하는 정보의 기계적이고 반복적인 난어들의 정량화에 제한되어 있다. 내가 학생들에게 말했듯이, 이러한 도구는 탁월하고 미묘한 특징으로 시간이 지나 우리의 감성에 영향을 미치는 근본적인 읽기, 관계 속에 담긴 글과 행동을 읽는 것을 대신할 수 없다.

또한, 미술기반 연구자들은 필수적인 요소와 결과를 구분하기 위해 비디오 감상에 대한 반응작업을 수행할 수 있다. 만약 연구 회기가 페인팅, 잉크, 점토 등의 작업을 포함했다면, 연구를 수행하는 사람은 같은 유형의 예술적 표현에 참여함으로써 회기의 장면에 반응하고 성찰하게 된다. 이러한 반응 작업은 행동과 느낌의 뚜렷한 이해 방식을 통해 물리적 · 신체적 · 촉각적 · 다중감각적 형태의 해석과 이해를 제공한다. 따라서 통찰력과 결과를 구분하고 발전시키는 방법으로서 예술 작업이 녹화되고 반복적으로 시청된다.

영상을 선택하고 다양한 클립에서 편집된 영상을 구성한 후에 전체적인 예술적 체계가 필요하다. 많은 경우 회기 내에서 순서에 따라 일련의 행동을 보여주는 것이 적절하다. 하지만 문자적이고 선형적인 기록에서 벗어나 궁극적으로 표현력을 극대화할 수 있는 예술적 구조를 지지한다. 화면의 다중적 창과 같은 다양한 장치는 효과를 응축하거나 증가하는 데 모두 사용할 수 있다. 이 모두는 매체를 통해 움직이는 다중적인 본성을 이해하는 것을 목표로 한다.

통합하기

비디오를 이용한 미술기반 연구는 논문이나 그 일부 그리고 공개적인 발표를 위해 최적의 영상을 만들어 전체 연구 과정을 보여준다. 비디오를 만드는 데 사용되는 모든 편집 과정은 개별 공동 연구자의 회기를 통합하고 전체 연구 과정을 보여주는 편집 비디오를 만드는데 적용된다. 시각 예술과 관련된 연구는 종종 기밀유지를 위해 신원을 밝히지 않은, 손과 몸에 초점을 맞춘 영상을 사용한다. 그러나 공동 연구자가 참여 여부를 확인하고 합의하더라도, 재료를 다루는 클로즈업 장면이 어떻게 프레젠테이션에 영향력과 명료함을 강화하고 집중시키는지 확인할 수 있었다.

전체 연구의 최종 비디오 프레젠테이션은 필수적인 결과물 축약에 집중하는데, 보통 12분 이하의 비디오가 포함된다. 편집 과정을 통해 근본적인 원리를 포착하려는 노력은 연구의 전반적인 정확성과 전달력을 향상시킨다. 박사학위 논문 같은 경우에는, 비디오 프레젠테이션을 전체적으로 전통적인 표준에 부합되는 서면 문서로 보충한다. 비디오와 텍스트는 함께 작동하고 서로를 보완한다. 간결한 형식의 서면 확인 결과는 편집 과정과 비교해 압축적이고 그 반대도 성립한다. 그러나 우리는 결론적으로 예술적으로 제작된 비디오가 학문적 글의 첨가 없이 설득력 있는 자립적 증거를 제시한다고 판단하고, 편집 과정 내내 이 목표를 달성하기 위해 노력한다. 바라건대, 이 최종 연구는 서로 다른 시간적 요구와 한계를 지닌 다양한 장소에서 발표될 것이다.

예술적으로 매력적인 비디오 기록의 결과가 연구의 핵심이자 중심이다. 그리고 이 결과는 그것으로부터 확장된 전체적인 연구 경험과 학습 방법에 뒤이은 다른 많은 가능성을 만들어낸다. 편집 과정을 통한 창조적인 비디오 형상과 연구 계획에서 예기치 못한 경험의 발견이 미술기반 연구를 구별하는 또 다른 특징이다. 기존 개념에 따른 정보 분석이라기보다는 이전 회기들을 기반으로 편집 과정이 구축된다. 편집된 비디오는 이전의 일을 해명하지만, 예술적 과정과 마찬가지로, 융[Jung]이 말한 바와 같이, 예술적 반응과 창작에 대한 기여 모두를 초월하는 이미지를 창조한다.

결론

영상은 더 완벽하고도 다중감각적인 표현 과정을 위한 기회를 제공한다. 언어와 설명을 초월하고 미술치료 과정의 다중감각적 형태와 더 밀접하게 일치한다. 다시 말해, (언어 중심의) 심리치료 관행의 보완으로서 미술치료 사용에 대한 정당성을 확보해주는 존재들이다. 미술치료 분야에서처럼, 우리는 자연스럽게 경험의 계속된 움직임으로부터 감동적이고 결정적인 순간을, 특정 회기나 대화의 광범위한 흐름으로부터 필수적인 요소로 여겨지는 요소들이 함축된 순간을 선택한다.

완성된 미술 작품의 가시적 존재와 역사 전반에 걸친 배타적 강조는 역동적 · 운동적 · 촉각적 · 시간적 특징을 갖는 창작행위에 대한 난독과 회피로 이어졌다. 비디오는 특정한 시공간에서 일어나는 다른 역동적인 예술 형태와 함께 이러한 한계에 대한 판도를 바꾸고, 시각적 예술을 통합한다. 그리고 가장 중요한 것은 비디오와 같은 예술적 매체의 특징과 능력이 미래에 발생할 연구 질문과 논의의 종류, 그것들을 탐구하는 데 사용되는 방법들에 큰 영향을 미친다는 것이다. 매체는 메시지를 만들고, 더 나아가 생각, 경험, 연구 과정과 결과, 그리고 우리가 공유하는 현실감각과 의미를 생성한다.

권장 사항

- 어떤 매체든 작품을 만드는 자신을 찍어 연습을 시작하고, 특정한 연구 질문이나 방향 없이 단순히 창작 과정에 초점을 맞춘다.
- 웨어러블 카메라와 작업 중인 손에 초점을 맞춘 삼각대에 고정된 카메라로 10분 이내의 장면을 녹화한다. 이 동영상을 이 장에서 논의된 방법과 원칙을 탐구하기 위한 기준으로 사용한다.
- 그 과정을 신뢰하고 연습하면, 매체와 그 특성을 이해하고 그것을 공식적인 연구에 활용하는 데 도움이 될 것이다.

참고문헌

Fish, B. (2006) Image-based narrative enquiry of response art in art therapy. Doctoral dissertation. Retrieved on April 1, 2018 at ProQuest Dissertations and Theses database (UMI No. 3228081).

Fish, B. (2016) *Art-Based Supervision: Cultivating Therapeutic Insight through Imagery*. New York, NY: Routledge.

Lett, W. (2016) *Creative Arts Companioning in Coconstruction of Meanings*. Melbourne, Australia: MIECAT Institute.

MacIntyre, A. (2007) *After Virtue: A Study in Moral Theory* (3rd edn). Notre Dame, IN: University of Notre Dame Press.

McNiff, S. (1981) Video enactment in the expressive therapies. In J. Fryrear and B. Fleshman (eds.) *Videotherapy in Mental Health*. Springfield, IL: Charles C. Thomas.

McNiff, S. (1992) *Art as Medicine: Creating a Therapy of the Imagination*. Boston, MA: Shambhala.

McNiff, S. (1998) *Art-Based Research*. London: Jessica Kingsley Publishers.

McNiff, S. (2004) *Art Heals: How Creativity Cures the Soul*. Boston, MA: Shambhala Publications.

McNiff, S. (2009) *Integrating the Arts in Therapy*. Springfield, IL: Charles C. Thomas.

McNiff, S. (2013) *Art as Research: Opportunities and Challenges*. Chicago, IL: University of Chicago Press.

McNiff, S. (2014a) Art speaking for itself: Evidence that inspires and convinces. *Journal of Applied Arts and Health 5*(2), 255–262.

Kaplan, D. (2011) Legal and ethical issues surrounding the use of social media. *Counseling and Human Development 43*(8), 4–13.

Malchiodi, C.A. (2009, November 2) Art therapy meets digital art and social media. Retrieved on April 1, 2018 at www.psychologytoday.com/blog/arts-and-health/200911/art-therapy-meets-digital-art-and-social-multimedia

Malchiodi, C.A. (2015, May 31) The Art Therapy + Happiness Project. Retrieved on April 1, 2018 at www.psychologytoday.com/blog/arts-and-health/201505/the-art-therapy-happiness-project

Malchiodi, C.A. and Cutcher, D. (2012) Issues and ethics of art therapy in a digital age. Retrieved on April 1, 2018 at www.slideshare.net/healingarts/digital-art-therapy2012-presentation-by-cathy-malchiodi-phd-and-don-cutcher-atrbc

Malchiodi, C.A. and Cutcher, D. (2013) Art therapy and ethics in a digital age. Retrieved on April 1, 2018 at www.slideshare.net/healingarts/digital-art-therapy-and-social-media-ethics-cathy-malchiodi-phd-lpat-lpcc-reat-atrbc-and-donald-cutcher-atrbc

Malchiodi, C.A. and Cutcher, D. (2014) Art therapy and ethics in a digital age. Retrieved on April 1, 2018 at www.slideshare.net/healingarts/digital-art-therapy-and-social-media-ethics-2014-cathy-malchiodi-phd-lpat-lpcc-reat-atrbc-and-donald-cutcher-atrbc

Malchiodi, C.A. and Cutcher, D. (2015) Ethics and art therapy: How do art therapy ethics measure up? Retrieved on April 1, 2018 at www.slideshare.net/healingarts/ethics-and-digital-art-therapy-presentation-with-cathy-malchiodi-phd-and-don-cutcher-atrbc

Masten, A. (2014) *Ordinary Magic: Resilience in Development.* New York, NY: Guilford Publications.

Miller, G. (2017) *The Art Therapist's Guide to Social Media.* New York, NY: Routledge.

Neff, K. (2011) *Self-Compassion: The Proven Power of Being Kind to Yourself.* New York, NY: HarperCollins.

Operation Sock Monkey (2017) About OSM. Retrieved on April 1, 2018 at www.operationsockmonkey.com/about

Pew Research Center (2017, May 17) Tech adoption climbs among older adults. Retrieved on April 1, 2018 at www.pewinternet.org/2017/05/17/tech-adoption-climbs-among-older-adults/#

Seligman, M. (2012) *Flourish: A Visionary New Understanding of Happiness and Well-Being.* New York, NY: Simon and Schuster.

Trauma-Informed Practices and Expressive Arts Therapy Institute (2012–2018) Art Therapy + Happiness Project. Retrieved at www.trauma-informedpractice.com/online-live-courses/art-therapy-happiness-project

US Department of Health and Human Services (2017) Health information privacy. Retrieved on April 1, 2018 at www.hhs.gov/hipaa/index.html

Wright, K. (2016) Social networks, interpersonal social support, and health outcomes: A health communication perspective. *Frontiers in Communication 1.* doi: 10.3389/fcomm.2016.00010

제21장

미술치료 평가와 연구를 위한 컴퓨터 미술치료

– 김성인

미술치료 지식은 미술치료사 개인의 전문 지식과 경험에 기초해 대체로 경험적이고, 주관적이며 실증적이다. 미술치료의 이 같은 특징은 미술치료사들의 의사결정과정을 복잡하고 어렵게 만든다. 이러한 의미에서 미술치료는 경제 수요예측, 일기예보, 질병 진단, 사법 판결과 같은 분야와 유사하다(Kim *et al.*, 1992). 이 분야에서, 특히 인공지능과 같은 컴퓨터 기술의 활용 목적은 스스로 생각하고 배우고 개선할 수 있는 인간의 지적 행동을 모방한 컴퓨터를 만드는 것이며, 이러한 기술은 이미 진행 중이고 상당한 성과를 거두고 있다.

컴퓨터 시스템은 미술치료가 미술치료의 구조적 지식을 구축함으로써 주관적 평가, 사전적 형식의 일대일 해석, 심지어 모순된 해석 등 기존 미술치료 평가의 한계를 극복하는 방법을 제공할 수 있다. 미술을 매개로 하는 미술치료에 컴퓨터 과학을 접목한 학제 간 접근법은 미술치료의 잠재력과 가치를 크게 확장할 수 있다. 과학적 사고를 수반한 첨단 컴퓨터의 기술 지원을 받는 미술치료는 모든 연령대의 신체적, 정신적, 정서적 건강을 개선하고 향상하는 데 있어 최대의 효과를 거둘 수 있다.

컴퓨터 미술치료Computational Art Therapy(CAT)의 1차 목표는 예술적 요소와 체계적인 해석에 대한 객관적이고 정량적인 평가를 제공하고, 미술치료 도구를 전산화하며, 이론과 임상의 개선을 위한 새로운 방법론을 개발함으로써 미술치료를 과학으로 확립하는 것이다. 컴퓨터 미술치료는 정량적인 통계방식을 포함해 다양한 컴퓨터 기술을 활용한 미술치료 방법으로 정의할 수 있다. 이는 원격 회기의 소통 매체 혹은 드로잉 도구로써 컴퓨터를 제한적으로 사용하는 것과는 다르다. 더 나아가 인공지능과 같은 컴퓨터 기술을 적용해 그림을 평가하고 해석하는 것을 말한다.

이번 장에서는 컴퓨터 미술치료와 관련된 주요 원리와 몇몇 현대 미술치료 평가를 향상하기 위한 구체적 적용 방법을 설명하고자 한다. 컴퓨터 미술치료와 그 응용에 대한, 보다 포괄적인 이해를 위해, 『컴퓨터 미술치료Computational Art Therapy』(Kim, 2017)를 읽는 것을 추천한다. 이 장은 그 책의 프롤로그를 요약한 것이다.

컴퓨터 미술치료의 필요성

미술치료에서 컴퓨터 기술의 현재 상황

1946년 인류 최초의 컴퓨터가 등장한 이래, 컴퓨터 기술은 괄목할 만한 발전을 이루며 인류 사회에 큰 영향을 끼쳤다. 급변하는 컴퓨터 기술을 채택함으로써 제조업, 디자인, 교육, 의학, 법률 등 다양한 분야가 현저한 발전을 이뤘다. 다른 분야와 비교했을 때, 미술치료는 상대적으로 컴퓨터 기술 사용이 느렸다. 컴퓨터 시스템을 사용한 그림 검사(Kim, Bae, and Lee, 2007; Kim, 2010; Kim *et al.*, 2012; Mattson, 2012)와 그림 해석(Kim *et al.*, 2006, 2009)과 같은 차별화된 연구들이 일부 존재하지만, 이 분야의 연구는 여전히 부족한 실정이다.

미술치료에서의 문제와 어려움

이러한 제한적인 연구 상황과 컴퓨터 기술의 적용이 늦어지는 이유 중 하나는 최첨단 컴퓨터 기술에 대한 미술치료사들의 지식이 부족하기 때문이다. 일부 현역의 미술치료사는 인간의 전문성과 기술에 의존하는 다른 분야와 마찬가지로, 컴퓨터 기술의 효과에 회의적이었다. Asawa(2009)는 컴퓨터 기술에 대한 미술치료사 대부분의 반응이 불안과 두려움이었다고 보고했다. 또 다른 이유는 미술치료가 잘 정의된 알고리즘이나 해석을 위한 객관적인 수단이 거의 없는 영역으로 분류될 수 있기 때문이다. Gussak과 Nyce(1999)는, 미술치료가 이론과 임상의 절충이며, 따라서 하나의 알고리즘으로 환원할 수 없다고 지적했다.

컴퓨터를 사용한 문제 해결은 정량화에 기초한 과학적 방법이 요구된다. 미술치료 과정을 정량화하는 것은 불가능하지 않더라도 겉으로 보기에는 어려운 일이기 때문에, 이 분야는 컴퓨터 활용에 충분한 주의를 기울이지 않았다. 이 분야에서는 미술치료에 필수적인 질적 판단능력을 컴퓨터로 프로그램화할 수 없다는 믿음이 널리 퍼져있다. 여전히 많은 미술치료사가 그들의 그림 평가 요소와 내담자의 심리 상태에 대한 해석은 복잡하고 정량화할 수 없다고 주장한다.

해법으로서의 컴퓨터 기술

19세기 Kelvin 경은 “무엇이든 측정하여 숫자로 표현하는 것이 과학의 단계로 올라서기 위한 지식의 출발점이다”(Thomson, 1889)라고 언급하며, 정량화에 대한 중요성을 강조했다. 색 분석, 가장자리 추출과 같은 간단한 컴퓨터 알고리즘은 그림 검사의 객관화와 정량화를 위한 기본적인 구성 요소를 제공할 수 있다.

이미 많은 미술치료사가 미술치료에 내포된 모호함과 불확실성을 해결하기 위해 과학적 접근이 필수적이라는 것을 인정하고 미술치료의 학문적 지속 가능성은 과학에 달려있다고 강조했다(Kaplan, 2000). Kaplan(2009)은 주관적 인상을 현존하는 실증적 증거에 비추어 신중하게 평가할 필요가 있다고 말했다. 그녀는 비록 과학이 인간의 마음과 관련된 문제에 대한 모든 해답을 제공할 수 없지만, 이 분야는 급속한 진전이 이루고 있으며, 따라서 감정의 주관적 성질은 실증적 증거에 기초한 과학의 관점에서 더 잘 해석될 수 있다고 주장했다. Gantt(2004)는 과학적 타당성과 임상적 효과를 갖춘 미술치료 평가를 개발할 수 있다고 주장했다. 인공지능, 전문가 시스템, 컴퓨터 알고리즘, 통계적 모델 등 다양한 기술들이 미술치료의 한계를 극복하기 위한 유용한 방법으로 떠오르고 있다.

더욱이 최근 인공지능 분야는 객관화, 정량화하기 어렵거나 심지어 불가능하다고 생각했던 문제를 해결할 수 있을 만큼 발전했다. 인공지능은 컴퓨터가 인간처럼 전문적인 지식과 이론을 따르게 한다. 과거에는 분명하게 정량화할 수 있는 문제에 대해서만 컴퓨터를 사용했는데, 여기서 우리는 문제 해결을 위해 연속적인 명령어(즉, 알고리즘)를 작성했다. 그러나 우리는 이제 컴퓨터가 불확실하고 불완전하게 설계된 문제를 해결하기 위해 인간의 전문 지식과 경험을 사용하게 만들 수 있다. 필자는 미술치료사들이 자신의 이론과 임상을 뒷받침하기 위해 인공지능 기술을 도입해야 한다고 주장했다(Kim, 2008).

미술치료와 관련된 컴퓨터 기술

컴퓨터 내재 기능

1세대 컴퓨터는 1초당 10^2개의 명령을 처리할 수 있었다. 현재의 PC는 초당 10^{12}개의 명령어를 처리할 수 있다. 엄청난 수의 초당 처리 능력은 소프트웨어를 더 빠르게 만들어, 여러 가지 면에서 미술치료사의 시간과 노력을 절약할 수 있게 한다. 1세대 컴퓨터는 수천 자를 저장할 수 있었는데, 이 숫자는 오늘날의 10^{12}(10^{8}페이지 분량의 뉴스 기사)와 비교된다. 방대한 정보를 저장할 수 있는 능력은 미술치료사들이 내담자의 그림뿐 아니라 미술 작업 과정과 평가 결과를 영상으로 저장하고 언제든지 검색할 수 있게 해준다. 오늘날 인터넷 접속이 가능한 인구수는 10억 명 이상으로 추정된다. 통신 기술의 발전은 원격미술치료를 현실적인 선택으로 만들면서, 내담자와 의견과 정보 공유하는 것뿐 아니라, 원격으로 그림을 그리고 평가하고 해석하는 것을 가능하게 한다.

컴퓨터는 그림을 픽셀(예를 들어, 수평으로 1280픽셀, 수직으로 960픽셀, 총 1,228,800픽셀)로 분할시켜 표현한다. 픽셀은 256×256×256=16,777,216가지 색상이 가능하다. 또 디스플레이에 그림을 그리기 위한 여러 가지 소프트웨어가 있다. 예를 들면, 코렐 페인터Corel Painter, 턱스 페인트Tux Paint, 잉크스케이프InkScape, 캐디안CADian 등이 있다. 포토샵은 가장 잘 알려진 그림 그리기 소프트웨어 중 하나이다. 이러한 컴퓨터 그래픽의 발전은 미술 평가와 해석의 전산화, 새로운 미술치료 평가의 용이성 그리고 미술치료 평가의 신뢰도와 타당성을 향상함으로써 그림을 그리는 새로운 방법과 더 세밀한 규모의 그림 정보를 제공한다.

디지털 이미지 처리 기술

패턴을 인식하는 디지털 이미지 처리는 인지과학의 하위분야로, 컴퓨터를 사용해 문자, 음성 또는 형상을 인식하는 것을 말한다. 디지털 이미지 처리 기술인 블러링blurring과 클러스터링clustering을 사용하면 각 색의 영역과 그림의 가장자리를 정량화할 수 있다. 블러링 클러스터링은 디지털 이미지에서 사용자가 의도하지 않은 노이즈와 부수적 정보를 제거하는 방법이다. 가장자리는 색상 변화가 발생하는 위치(픽셀)이다. [그림 21.1]은 블러링과 클러스터링을 통해 컴퓨터가 색을 인식하고 가장자리를 추출하는 방법을 보여준다. 자세한 설명은 Kim(2017)을 참조한다.

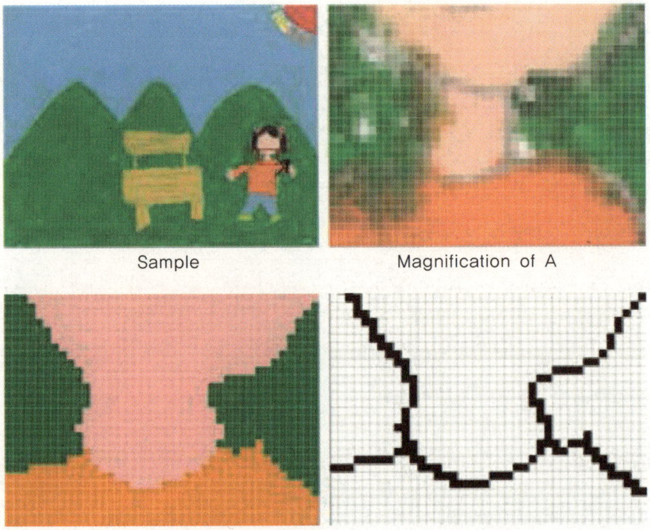

[그림 21.1] 블러링과 클러스터링을 통해 컴퓨터가 색을 인식하고 가장자리를 추출하는 방법

컴퓨터 알고리즘

컴퓨터 알고리즘은 주어진 문제 해결을 위한 일련의 명령이나 계산법이다. 예를 들어, 그림의 주요색을 결정하기 위해 배경색을 제거하는 알고리즘을 고안할 수 있다. 여기서 주요색은 그림의 주제를 표현하는 가장 중요한 색으로 정의될 수 있다. 알고리즘은 다음과 같다.

- 1단계. *주요색* 후보를 A(픽셀의 수×클러스터 수)의 값이 큰 3개로 제한한다. 여기서, 군집은 다른 색으로 구분되지 않고 같은 색상의 연속 영역을 가리킨다.
- 2단계. 종이 경계에서 가장자리가 비교적 긴 군집을 가진 색을 제거한다.
- 3단계. 가장 큰 A가 있는 색상을 선택한다.

전문가 시스템

인공지능은 컴퓨터나 로봇 같은 기계가 새로운 상황에 대해 적응하고 과거의 경험에서 배우고 인간 지능의 고유한 것을 인식하는 등 복잡한 작업을 완성할 수 있게 만드는 것이다. 전문가 시스템은 인공지능의 가장 성공적인 하위분야 중 하나로, 컴퓨터가 이성적으로 결정을 내릴 수 있도록 인간 전문가의 지식을 모으는 데 초점이 맞춰져 있다. 일부 전문가 시스템은 학습도 가능한데, 자동으로 지식을 축적하고 향상할 수 있다.

전문가 시스템에서는 인간 전문가의 지식이 지식베이스에 저장되어 지속적으로 업데이트된다. 예를 들어, 전문가 시스템은 진단적 그림 시리즈Diagnostic Drawing Series(DDS), 미술치료의 형식 요소 미술치료 척도Formal Elements Art Therapy Scale(Gantt and Tabone: FEATS, 1998), 사과나무에서 사과 따는 사람 그림 검사Person Picking an Apple from a Tree(PPAT)와 같이 일반적으로 사용되는 많은 그림 검사에서 그림

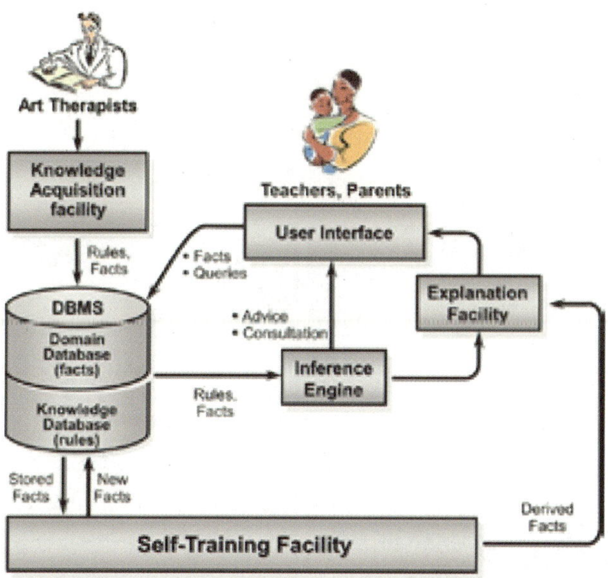

[그림 21.2] 전문가 시스템의 구조

의 요소와 피검자의 심리 상태의 상관관계에 대해 새로 발견된 지식을 저장, 축적 및 업데이트를 할 수 있다. 매트랩MATrix Laboratory(MATLab)은 전문가 시스템 개발에 사용할 수 있다. [그림 21.2]는 전문가 시스템의 구조를 보여준다.

통계적 방법

미술 평가와 해석에는 다양한 통계적 방법이 적용된다. 분산 분석은 요소와 해석의 관계를 조사하기 위해 사용된다. 다른 방법을 사용하여 인간 평가자와 전문가 시스템이 수행한 그림 평가의 일관성을 결정하고, 등급과 척도 평가의 순위를 정할 수 있다. 회귀 분석은 다른 요소의 평가 시스템과 그림 평가 결과에서 심리 상태를 예측하는 시스템을 개발하기 위해 적용된다. 결정 계수는 특정 회귀모델에 대한 타당성 척도이다. [그림 21.3]은 *사용된 색 요소 번호 또는 사용된 색* 요소 번호와 다수의 픽셀에서 색칠된 영역 모두를 통해, 주요색 요소를 추정하는 두 가지 회귀모델을 보여준다. 기본적인 통계 방법에 익숙하지 않은 독자들은 Walpole & Myers(2006)와 같은 교과서를 참조할 것을 권장한다. SPSSStatistical Package for the Social Science 또는 SASStatistical Analysis System와 같은 통계 소프트웨어 패키지를 사용하여 많은 시간이 걸리는 계산을 대체할 수 있다.

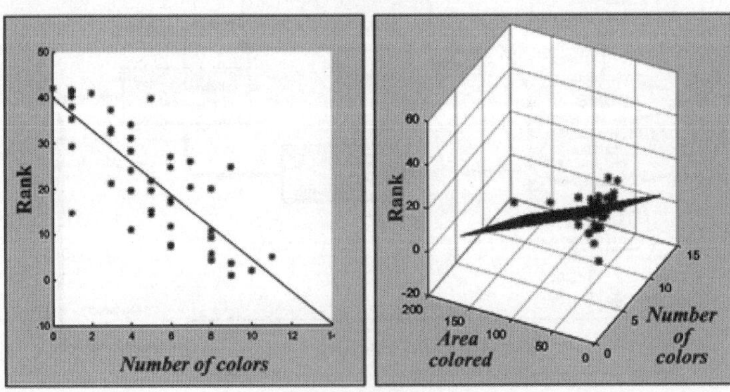

[그림 21.3] 회귀모델

베이지안 네트워크

베이지안 네트워크[Bayesian network]는 인공지능을 위한 기술이다. 이는 확률 변수 집합을 마디로 사용하고 조건부 확률을 방향성 비순환 그래프의 가장자리로 사용하여, 확률론적 인과 관계를 그래픽으로 나타낸다. 베이지안 네트워크는 결정론적 지식이 아닌 지식을 암호화할 수 있게 해준다. 예를 들어, 미술에 대한 전통적인 결정론적 해석은 "주의력 결핍 과잉행동 장애(ADHD)로 고통받는 아이들은 종이의 90% 이상을 사용하여 전체 그림을 그리는 경향이 있다"라는 것이다. 베이지안 네트워크를 이용하면, "ADHD가 있는 아동은 0.75의 확률로 전체 그림을 그린다. 반면 일반 아동은 0.1의 확률로 그런 그림을 그린다"와 같은 정량적 표현을 할 수 있다.

요약하면, 우리는 그림 요소를 분석, 측정 또는 평가하기 위해 컴퓨터의 내재 기능, 디지털 이미지 처리 기법, 컴퓨터 알고리즘, 전문가 시스템, 통계 방법 그리고 베이지안 네트워크를 결합함으로써 컴퓨터가 그림 검사를 수행하게 할 수 있다. 나아가 기존 미술치료 평가(도구)를 전산화하거나, 새로운 요소(그림 검사)를 개발할 수 있다. 다시 말하면, 이러한 컴퓨터 기술은 그림을 해석하는데 사용될 수 있다. 여기서 해석은 그림의 형식적이고 일반적인 요소들의 그림 검사 결과를 바탕으로 피검자의 심리 상태를 유추하는 것을 말한다. 다양한 컴퓨터 기술의 적극적인 응용을 통해, 우리는 다양하고 주관적이며 가끔은 일관성 없고 자기 모순적이기까지 한 미술치료사의 지식을 구조적이고 체계적으로 만들 수 있다.

컴퓨터 그림 평가

그림 평가를 위한 컴퓨터 시스템 C_CREATES

그림 평가를 위한 컴퓨터 시스템인 'Computer_Color-Related Elements Art Therapy Evaluation System'(C_CREATES, 2007; Kim, 2010)은 그림 평가에 다양한 컴퓨터 기술을 적용하고 DDS, PPAT, 정신의학 미술 작품 해석 평가The Descriptive Assessment of Psychiatric Artwork(DAPA)(Hacking, 1999), 얼굴 자극 평가법The Face Stimulus Assessments(FSA)(Betts, 2003)과 같은 대표적인 미술치료 평가와 비교된다.

많은 평가 요소들이 그림의 색과 직접 또는 간접적으로 연관되어 있으며, 일부 요소에 대한 평가도 전산화될 수 있다. 필자는 그림 평가를 위한 C_CREATES를 개발했다(Kim *et al.*, 2007; Kim, 2010). C_CREATES는 색과 관련해 전산화될 수 있는 새로운 요소를 제안한다. 아래에 열거된 19개 요소는 모두 컴퓨터 기술에 의해 자동으로 정량적으로 평가된다. '색 관련 요소'는 사용된 색의 수 등 직접 관련 요소에 국한되지 않고, 색과 간접적으로 관련된 가장자리 길이[1], 군집의 수[2], 색칠된 볼록 껍질의 면적[3] 등 색상 분석 과정에서 형성되는 요소들을 포함한다. 미술치료 평가 요소들은 이탤릭체로 장 전체에 걸쳐 나열되어 있다. 가장자리, 군집, 볼록 껍질, 회귀 함수 등 디지털 이미지 처리 및 통계 분석에 사용되는 용어에 대한 자세한 설명과 예시는 필자의 저서(2017)를 참조하도록 한다.

이러한 요소들은 절대적 객관성의 유무에 따라 두 가지로 분류된다. 첫 번째 범주에는 평가 결과에 대한 논란이 없도록 객관적으로 평가할 수 있는 요소들이 포함된다. 이것들은 기본적인 요소들이다. 두 번째 범주에는 평가 방

1) 가장자리는 이웃한 픽셀과 색이 다른 픽셀로 구성된다.
2) 군집cluster은 다른 색으로 구분되지 않고 같은 색으로 색칠된 연속 영역을 말한다.
3) 볼록 껍질은 그 영역의 두 지점 내에 선의 모든 픽셀을 포함하는 영역을 말한다.

법의 구성 방식에 따라 다소 주관적일 수 있지만, 평가 결과가 일치하는 요소들이 포함된다. 이것들은 응용 요소들이다. 이러한 요소는 회귀 분석, 컴퓨터 알고리즘 및 전문가 시스템을 사용하여 기본 요소의 평가 결과를 기반으로 평가할 수 있다.

예를 들어, *다양한 색*은 다음과 같은 컴퓨터 알고리즘에 의해 순위로 평가된다.

- 1단계. *더 많이 사용된 색*은 적게 사용된 색보다 색의 다양성 순위가 높다.
- 2단계. 두 그림에 사용된 색이 같은 것으로 확인되면 가장자리 길이가 긴 그림의 순위를 더 높게 매긴다.

마찬가지로, 주요색과 배치도 적절하게 고안된 컴퓨터 알고리즘에 의해 평가된다.

예를 들어 색은 다음과 같은 회귀 함수에 의해 통계적으로 평가된다.

색채(등급)=1.201+0.247*(사용된 색채 수)*+0.002*(군집 수)*+0.376×10^{-6}*(색상 블록 껍질 면적)*

마찬가지로, 세부사항, 공간 사용량 및 농도는 적절하게 개발된 회귀 함수에 의해 평가된다.

C_CREATES의 소프트웨어 패키지(Kim, 2017)를 이용할 수 있는데, 이 패키지는 미술치료사들이 컴퓨터를 통해 쉽게 기술에 접근하여, 보다 신뢰할 만한 분석을 할 수 있도록 돕는다. 따라서 미술치료사들은 업무 시간과 노력을 절약할 수 있고, 업무의 질을 쉽게 향상할 수 있다. [그림 21.4A]는 19개 요소에 대한 평가 과정을 그래프로 보여준다. 그리고 [그림 21.4B]는 평가 결과를 통계로 보여준다.

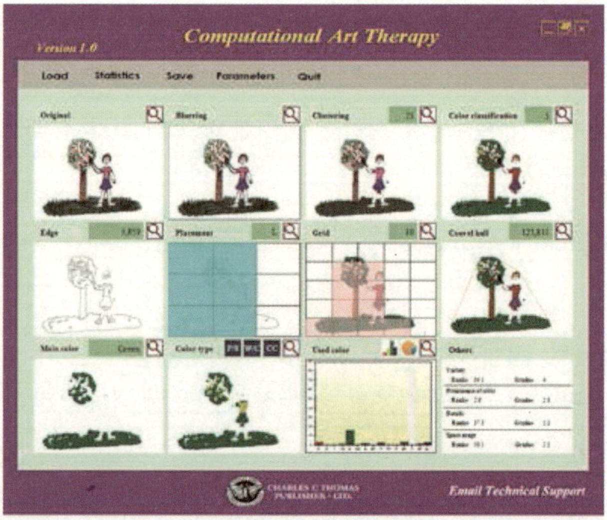

A. 평가 과정

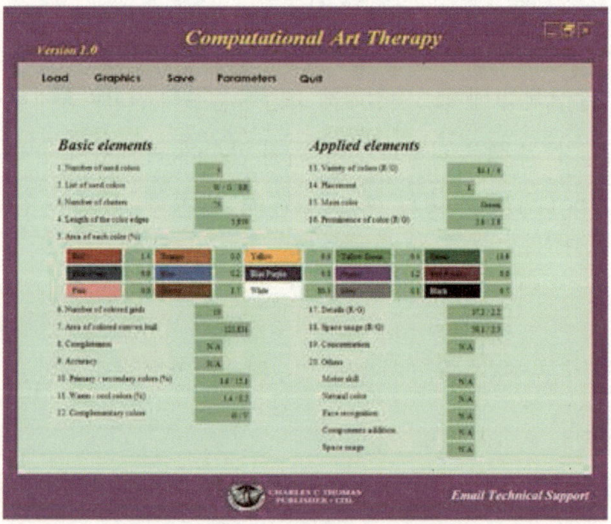

B. 평가 결과

[그림 21.4A 그림 21.4B] C_CREATES에 의한 평가 과정과 결과

C_CREATES와 기타 미술치료 평가 비교

DDS는 단일 회기에서 내담자의 임상 정보를 수집하도록 설계되었다(Brooke, 2004). DDS는 23개 요소를 평가한다. PPAT는 미술의 비기호적인 측면을 이해하고 조사하는 방법을 제공하고, 그림의 구조적 특성이 어떻게 피검자의 임상 상태 및 심리 진단 정보를 제공하는지 증명하기 위해 만들어졌다(Brooke, 2004). 이것은 14개 요소를 가지고 있다. DAPA는 5개 요소를 포함하고 있다. 부가적인 요소로서 FSA에서 내담자가 그린 첫 번째 그림은 다섯 가지 요소를 고려한다.

따라서 DDS, PPAT, DAPA, FSA의 4가지 전통적 미술치료 평가에서 고려되는 요소들은 총 47가지이다. *통합성, 선의 질 및 공간 사용*과 같은 일부 항목은 DDS와 PPAT에 모두에 포함되어 있다. 단, DDS의 특이 색과 PPAT의 색상 맞춤과 같이 서로 이름이 다른 동일 요소도 있다. 따라서 실제로 30개의 요소가 있다. 한편 C_CREATES는 19개 요소를 평가한다. 예를 들어, 기존 평가에서 정량적 요소로 분류되고 C_CREATES에서 기본 요소로 분류되는 사용된 색의 수는 각 색의 픽셀로 계산된다. 그 정보는 각 색의 차이와 *각 색의* 영역을 모두 식별하기 때문에, 보다 상세하다. 또 다른 예로, 공간 사용량은 색 영역의 정량적 수뿐만 아니라 등급, 순위 또는 백분위로도 평가된다.

전통적인 평가 방법과 C_CREATES의 요소 비교는 아래 목록에 요약되어 있는데, 요소 중에 DDS, FEATS, DAPA 또는 FSA에도 존재하거나 C_CREATES에서 새롭게 제안된 경우를 괄호 안에 나타낸다. 전통적인 평가에서 고려되지만, CREATES에서 고려되지 않는 요소에는 *1) 선의 질, 2) 추상 기호, 3) 사람, 4) 함축적 에너지*가 포함된다. C_CREATES에서 고려하였으나 종래의 평가에 고려되지 않는 요소는 *1) 각 색의 면적, 2) 주요색/보조색, 3) 군집 수, 4) 정확도, 5) 농도*를 포함한다.

기본 요소 Basic elements

- *사용된 색의 수 Number of used colors (DAPA, DDS, FEATS)*
- *색 목록 List of colors (DAPA, DDS, FEATS)*
- *군집 수 Number of clusters (new)*
- *가장자리 길이 Length of edges (new)*
- *각 색상 영역 Area of each color (new)*
- *컬러 그리드 수 Number of colored grids (new)*
- *볼록 껍질 영역 Area of colored convex hull (new)*
- *완성도 Completeness (new)*
- *정확성 Accuracy (new)*
- *주요색/보조색 Primary/secondary colors (new)*
- *난색/한색 Warm/cool colors (new)*
- *보색 Complementary colors (new)*

응용 요소 Applied elements

- *다양한 색 Variety of colors (new)*
- *주요색/보조색/배경색 Main/subsidiary/background colors (new)*
- *배치 Placement (DDS)*
- *색의 중요성 Prominence of colors (FEATS)*
- *세부정보 Details (FEATS)*
- *공간 사용 Space usage (DAPA, DDS, FEATS)*
- *농도 정도 Degree of concentration (new)*

평가의 신뢰도

DDS와 FEATS의 모든 평가 요소는 다소 주관적이며, 그 결과는 평가자에 따라 다를 수 있다. 각 요소의 모든 수준을 평가하기 위한 자세한 설명이 제공됨에도 불구하고, 평가 과정에 많은 시간이 소요되고 여전히 몇몇 오류의 가능성이 남아 있다. 따라서, 우리는 항상 평가자 간의 낮은 신뢰도와 불일치 문제에 직면한다. 특히 질적 요소 평가에서 높은 신뢰성을 위해서는 특별한 교육이 필요하다. 예를 들어, DDS 진단 해석은 권장 교육 없이는 어렵다(Brooke, 2004).

DDS의 평가자 간 신뢰도는 Fowler와 Ardon(2002)에 의해 만족스럽지 못한 것으로 나타났다. 그들은 DDS 평가가 경험에 너무 의존한다고 느꼈다. 비록 해설서와 교육내용이 명확하고 정밀하다는 것에 동의했지만, 그들의 연구는 실제는 명확성과 정밀도가 부족하다는 것을 시사했다. Brooke(2004)은 PPAT 신뢰도는 0.57, 0.74, 0.52의 적당한 상관관계를 갖는 경우 다른 척도에서는 상관관계 0.74 이상으로 보고했다.

C_CREATES를 포함한 컴퓨터 시스템의 경우, 대부분 궁극적으로 정확하고 상세한 정보를 자동으로 제공하는데, 이것은 평가자가 할 수 없는 일이다. 12개의 기본 요소에 대해 C_CREATES는 완벽하게 정확한 측정을 제공한다. 또 C_CREATES는 측정뿐만 아니라 등급, 순위 또는 백분위까지 제공할 수 있다. 더욱이 인간 평가자가 아닌 C_CREATES에 의해서만 제공될 수 있는 요소가 있다. 예를 들어, 평가자는 *각 색상의 영역을 측정*할 수 없다.

이제, 적용된 7가지 요소에 대해, 우리는 인간 평가자와 C_CREATES 사이의 신뢰도와 인간 평가자 간의 신뢰도를 조사한다. Kim과 Hameed(2009)는 다양한 색에 대한 두 사람 사이의 높은 신뢰도와 52개의 표본 크기에 대한 인간 평가자와 컴퓨터 시스템 사이의 중간 신뢰도를 보고했다. 평가자 사이의 순위(Spearman) 상관 계수(RCC)(Walpole and Myers, 2006)는 R_s=0.825이었다. 컴퓨터 시스템과 평가자-1 사이의 RCC(Rs=0.759)는 컴퓨터 시스템과 평가자-2 사이의 RCC(R_s=0.662)보다 높은 것으로 나타났다. 다른 적용 요소 평가에서도 모든 신뢰도 측정치들이 C_CREATES의 유용함을 보여주었다(Kim, 2017).

미술 평가를 위한 컴퓨터 미술치료의 장점

결론적으로, 기존 미술치료 평가와 비교한 컴퓨터 미술치료 시스템 미술 평가의 상대적 장점은 다음과 같다. 1) 객관적이다 — 미술치료사들이 수용할 수 있는 객관적인 정보를 제공한다. 2) 일관성이 있다 — 같은 그림에 대해 동일한 결과를 제공한다. 3) 정량적이다 — 정량적 용어, 등급, 백분위로 결과를 제공한다. 4) 세밀하다 — 일반적인 평가보다 더 자세한 정보를 제공한다. 5) 자동적이다 — 미술치료사의 시간과 노력을 절약할 수 있도록 자동으로 정보를 제공한다. 6) 즉각적이다 — 미술치료사의 시간을 절약할 수 있도록 짧은 시간에 정보를 제공한다.

컴퓨터 그림 해석

DDS와 PPAT의 목적은 개인의 임상 상태 및 정신과 진단에 대한 임상 정보를 수집하는 것이다. 둘은 그림을 해석하지 않고 단지 그림의 요소와 정신과적 증상 사이의 상관관계를 조사할 뿐이다. 예를 들어, DDS에서는 자유화에 동물을 그린 가벼운 증상의 사람들과 0.05 미만의 유의수준으로 분화된 나무를 그린 우울증 환자 집단이 구분된다. PPAT에서는 두드러진 색, 사물과 환경의 세부사항과 선의 질로, ADHD가 있는 아동과 학습이나 행동에 문제가 없는 아동을 구분된다(Munley, 2002). 그림 해석을 전산화하려는 시도가 여러 차례 있었다(Kim, 2017). 컴퓨터 기술을 사용한 C_CREATES 요소 평가 결과에 근거하여 심리 상태나 장애를 결정하는 두 가지 연구를 아래에 소개한다. 하나는 전문가 시스템을 사용하고 다른 하나는 회귀모델을 사용한다.

DAP(인물화 검사) 해석을 위한 전문가 시스템

우리는 인공지능 시스템이 미술치료 진단에 적용 가능한지를 보여주기 위해 전문가 시스템의 프로토타입 모델을 도입했다. 이 모델은 표준 진단, 심리 진단 및 피드백으로 구성된 의사결정 프로세스를 가지고 있다(Kim *et al.*, 2006). 〈표 21.1〉에는 이 프로토타입 전문가 시스템에 사용되는 지식의 작은 부분이 서술 형태로 표시된다. 전문가 시스템을 개발하는 과정에서 지식기반을 구축하기 위해 추상적인 정보는 명확하고 구체적인 서술 형태의 지식으로 전환되었다. 이러한 시스템 표현 과정은 주관적 진단을 객관적인 진단으로 전환할 수 있는 근거를 제공하는 장점이 있다. 게다가, 이런 표현 과정에서 미술치료의 이론적 발전에 중요한 근거를 제시하는 새로운 방법들이 개발됨으로써 보다 과학적인 진단이 가능하다.

이 모델은 미술치료의 지식 집합 속에서 기반의 질을 향상하기 위해 어떻게 유사점과 모순을 철저하게 검토, 평가, 분류, 정리하는지 보여준다. 제안된 시스템은 수많은 출처의 전문가 의견을 종합할 수 있는 능력 외에도, 충

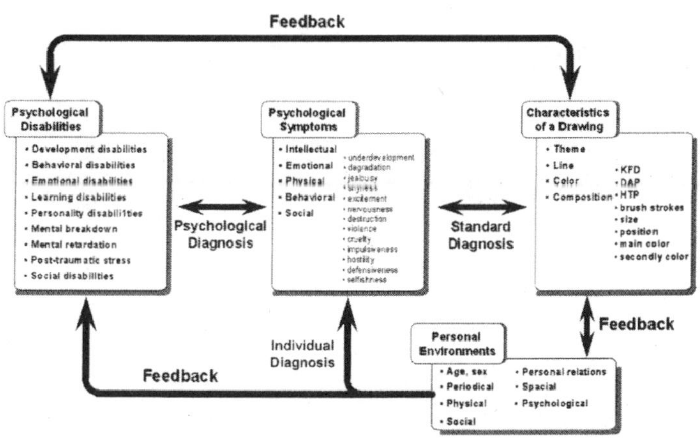

[그림 21.5] 피드백 과정

〈표 21.1〉 전문가 시스템 정보의 구분

Code	If-then rule
[S.1-1-1]	IF 크거나 완전한 크기 THEN 과민반응, 충동, 방어력, 자기 자신의 확장, 광범위한 망상
[S.1-2-1]	IF 위치가 왼쪽으로 치우쳐진 경우 THEN 충동성, 변화하고자 하는 욕구, 외향성
[S.1-4-2]	IF 머리가 큼 THEN 걱정거리의 보상
[S.1-4-5]	IF 머리카락이 강조 THEN 독단적이고, 방어적이고, 히스테리적
[S.1-4-8]	IF 눈이 강조 THEN 불안, 긴장, 의심, 방어, 편집증
[S.1-4-12]	IF 입이 없음 THEN 좌절, 무능, 수축, 개인적 관계의 부족/고충, 갈등
[F.3-1-1]	IF 부모님과 의사소통에 문제 THEN 심리적인 장애의 원인
[I.1-1-7]	IF 큰 머리와 6세 미만 THEN [S.1-4-2] 적용 불가
[P.2-1-2]	IF 충동성, 부주의함, 모호함 THEN 주의력 결핍
[P.2-2-2]	IF 사람과의 관계가 좋지 않음 THEN 주의력 결핍 과잉행동 장애(ADHD)
[P.2-2-3]	IF 주의력 결핍, 과잉행동 THEN ADHD

돌하는 정보의 조각들을 효과적이고 체계적으로 조정하고 정리할 수 있다.

[그림 21.6]은 심리 장애 진단을 받은 아동의 그림 표본이다(Shin *et al.*, 2002). 이 아이는 5살로 부모와 의사소통에 문제가 있다. 정보는 사용자 인터페이스를 통해 컴퓨터에 입력된다. 그림에서 셀로판 시트는 그림의 왼쪽 면과 겹친다.

그림이 전체 공간을 차지한다. 우리는 이 그림에서 다음과 같은 요소를 수집할 수 있다.

- 전체 그림
- 왼쪽으로 치우침
- 큰 머리
- 머리카락 강조
- 눈에 대한 강조
- 큰 귀
- 입의 누락

구체적인 개인 환경은 다음과 같다.

- 5세
- 부모와의 의사소통 문제

일반적 차원, 심리적 차원, 개인적 차원 등 세 가지 유형의 진단 후, 이 아이가 ADHD일 수 있다는 잠정적인 결론이 내려졌다. 정보 [P.2-12], [P.2-2-2], [P.2-2-3](〈표 21.1〉 참조)을 통한 심리적 증상 진단으로부터 도출된 잠정적인

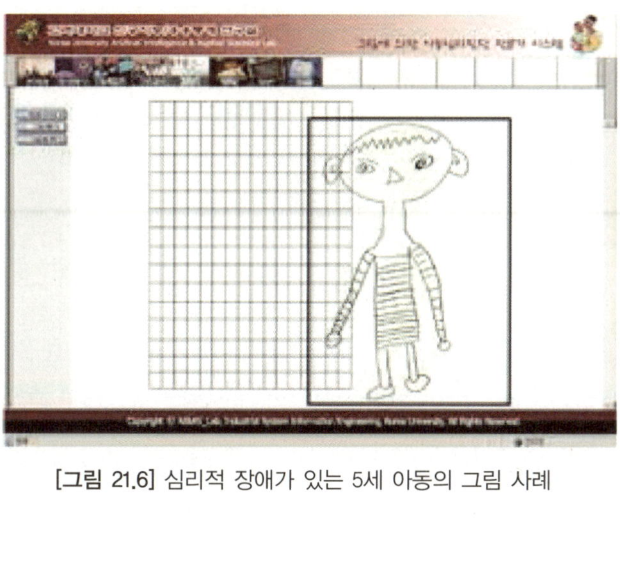

[그림 21.6] 심리적 장애가 있는 5세 아동의 그림 사례

결론은 이 아동은 ADHD일 수 있다는 것이다. 더욱이 피드백 프로세스에서 아동이 부모와 의사소통에 문제가 있었다는 배경지식 [F.3-1-1]은 ADHD의 진단 가능성을 뒷받침한다. 이 간단한 경우에는 더 이상의 피드백이 없다. 따라서 ADHD의 진단을 확립하는 전체 과정은 시스템에 의해 명확하고 체계적으로 문서화될 수 있다.

구조화된 만다라 채색의 해석을 위한 통계적 회귀모델

이 예에서는 간이정신상태검사[Mini-Mental State Examination](MMSE)(Folstein, Folstein, McHugh, 1975)으로 점수를 매긴, 치매 정도가 종속변수이고 구조화된 만다라 요소들이 독립(해설적)변수인 통계 회귀모델이 사용된다. 이러한 모든 종속변수는 C_CREATES를 이용하여 분석한다. MMSE 점수와 컴퓨터 시스템 추정 점수 사이의 일관성은 통계적으로 검증한다. 치매 의심 노인들을 연구 대상으로 선정한다. 구조화된 만다라 채색(SMC)은 기능이 눈에 띄게 줄어든 사람들에게 적합한 미술치료 도구다.

독립변수인 SMC의 요소 평가를 바탕으로 의존 변수인 치매 심각도 수준을 추정하기 위해 다중 선형 회귀모델을 만든다. 종속변수(Y) 값은 테스트로 점수를 매기며, 독립변수(X) 값은 시스템에서 자동으로 평가된다. 치매 수준을 추정하는 데 중요한 몇 가지 요소는 단계적 회귀 분석으로 선별된다.

파생된 회귀 함수는 다음과 같았다.

$Y=4.411+14.598X_1$*[밝은 녹색]*$-16.507X_2$*[갈색]*$-5.145X_3$*[녹색]*$+0.718X_4$*[클러스터 수]*$+0.095X_5$ *[정확도]*

갈색, 연한 녹색, 녹색, 군집 수, 정확도 등의 요소는 치매 수준을 결정하는 중요한 변수로 파악됐다. *군집 수*와 *정확도*가 높아질수록 치매 정도가 덜해진다. 갈색이나 *초록색이 주된 색*으로 나타나면 치매 정도가 더 심해진다. *연한 초록색이 주요색일 때*는 더 낮아진다. 결정 계수는 $R^2=0.626$으로, 적당히 만족스러

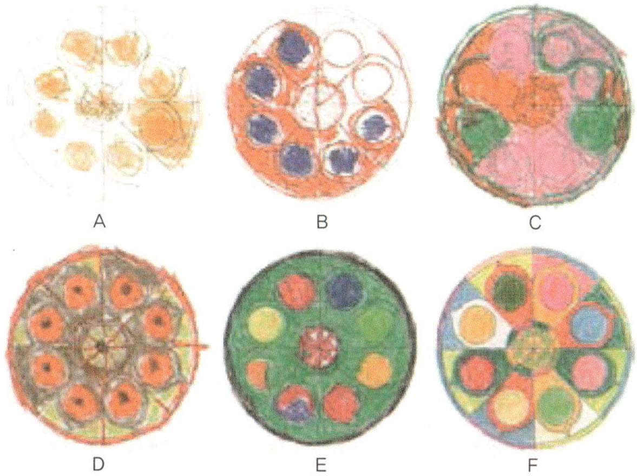

[그림 21.7] 치매 정도가 다른 환자가 채색한 SMC 사례

운 값이지만 모델 적용이 가능하고 관련성이 있음을 나타낸다.

[그림 21.7]에는 각각 치매(점수) 정도 0, 9, 12, 20, 22, 30에 해당하는 6개의 SMC 예시가 표시되며, 〈표 21.2〉에는 독립변수의 다른 등급을 포함한 점수와 추정값이 요약되어 있다. 도출된 회귀 함수는 평균 및 표준편차의 통계 개념을 지닌 선형 방정식일 뿐이므로 미술치료사들이 어렵지 않게 사용할 수 있다. 일반적인 경향은 덜 심각한 치매일수록(MMSE-K 점수와 추정 점수의 향상에서 알 수 있듯이), 더 높은 *정확도*와 관련된다. 또 하나의 그림을 제외하고 *사*

〈표 21.2〉 [그림 21.7]의 만다라 분석

그림	징확도(%)	사용된 색의 수	글러스터 수	완싱도	주요색	메인 점수	치매 정도
21.7A	11.4	5	0.10	96	노랑	0	9.1
21.7B	47.7	9	0.68	72	주황	9	15.4
21.7C	73.3	8	1.0	42	분홍	12	17.1
21.7D	77.8	12	1.0	50.9	회색	20	20.4
21.7E	86.1	13	1.0	25.8	청록	22	21.9
21.7F	93.1	19	0.96	15	노랑	30	25.9

*용된 색의 수*와 *군집의 수*가 커진다([그림 21.7D] 참조). 완벽하게 같은 결과를 얻었다. 테스트로 점수가 매겨진 값과 모델로 추정한 값의 순서와 완전히 일치했다.

해석의 다양성

많은 미술치료사 사이에는 여전히 예술적 해석이 객관적으로 측정될 수 있는지, 예술적 해석을 위해 미술치료사가 아닌 사람의 개인적 판단이 허용될 수 있는지에 대한 논쟁이 있다(Gantt, 1998). 그림 해석의 주된 어려움은 피검자의 개인적이고 문화적 배경이 그들의 모양, 색 그리고 그림의 스타일에 영향을 미친다는 사실에 있다. 이것은 겉보기에 똑같은 그림이라도 다양하고 일관성이 없으며, 때로는 모순되는 해석을 받을 수 있음을 암시한다. 예를 들어, 한 연구는 우울한 상태에 있는 사람들이 그러한 상태에 있지 않은 사람들보다 더 작은 사람의 형태를 그릴 가능성이 있다는 것을 발견했고(Lewinsohn, 1964), 다른 연구는 우울증과 그림의 크기 사이에는 관계가 없다고 보고했다(Salzman and Harway, 1967).

특정 그림 요소(기호와 상징)가 특정한 임상 특징을 가지는 일대일 등가성은 시작부터 잘못됐음이 틀림없다(Gantt, 2004). 기호와 상징의 의미를 해석하기 전에, 맥락이 기호와 상징의 작동하는 방식을 이해하는 열쇠가 된다(Gantt, 2004). 여러 가지 피드백 특징을 가진 Kim의 전문가 시스템 해석 방법론(Kim *et al.*, 2006)은 일대일 등가성에 기초하는 것이 아니라, 개인의 사회문화적 성장 배경을 포함해 피검자의 다양한 환경을 고려하는 포괄적 의사결정 과정이다. 그의 회귀 모형 해석 방법론(Kim *et al.*, 2009)은 통계 척도인 결정 계수를 통해 타당성을 갖춘다.

그림 해석을 위한 컴퓨터 미술치료의 장점

결론적으로 그림 해석에 대한 컴퓨터 미술치료 시스템의 상대적 장점은 다음과 같다. 1) 전문적 — 전문가의 전문성과 경험에서 도출된 결정을 내린다. 2) 포괄적 — 종합적 지식을 통해 의사결정을 내린다. 3) 통계적 — 통계 이론에 근거해 확률적이고 객관적인 의사결정을 내린다. 4) 체계적 — 조직적으로 분류된 지식을 바탕으로 의사결정을 내린다. 5) 실험적 — 기존 실험에서 얻은 다양한 지식을 적용하여 결과를 도출한다.

결론

2016년에, 구글 딥마인드가 개발한 인공지능 프로그램 알파고는, 거의 무한에 가까운 조합을 지닌 그래서 인간 직관의 궁극적 영역으로 여겨지던 바둑에서 최고 기사 중 한 명인 이세돌을 꺾었다. 인공지능을 탑재한 슈퍼컴퓨터 IBM의 왓슨은 의사들이 몇 달 동안 실패했던 환자의 진단을 단 몇 분 안에 정확하게 해내는(Billington, 2016) 등 질병의 진단부터 치료까지 의료 서비스를 변화시키고 있다(Smith, 2015). 오늘날, 우리는 종종 빅데이터, 컴퓨터 알고리즘, 머신 러닝, 인공지능과 같은 이미지 마이닝에 관련된 전문용어를 듣는다. 다양한 영역에서 많은 수의 이미지 마이닝 애플리케이션과 프로토타입이 개발되고 있다. 미술치료가 이미지 마이닝의 정확한 정의에 들어맞는 것이 흥미롭지만, 미술치료는 이미지 마이닝과는 별도로 발전되어 왔다. 미술치료는 자신의 발전을 위해 이미지 마이닝의 다양한 접근법, 방법론, 기법들을 빌려 와, 예술의 물질과 맥락에 대한 정의를 넓은 스펙트럼에 걸쳐 확장해야 할 것이다.

컴퓨터 기술은 미술치료사들의 직업적 실천방식을 바꾸고 있다(Peterson *et al.*, 2005). 이 시스템은 인간 전문가들이 그림에 대한 기계적 정보를 수집하는 지루한 작업에서 벗어나, 인간의 전문적인 판단이 필요한 미묘한 측면에 더욱 집중할 수 있도록 한다. 컴퓨터는 인간 전문가들에게 의사결정에 도움을 주는 객관적 정보를 제공할 수 있다. 또 보호자, 교사, 부모 등 비전문가들은 이 시스템을 사용해 의뢰인의 심리적 문제징후를 초기 단계에 발견함으로써 즉각적으로 전문 미술치료사의 도움을 구할 수 있다. 이렇게 컴퓨터 미술치료 시스템은 결코 의무를 회피하거나 책임감에 지치지 않고, 절대 누락하는 실수를 저지르지 않는다.

권장 사항

- 컴퓨터 미술치료는 여러 가지 가능성을 가지고 있다. 이것은 다양한 미술기반에서 그림 특성 평가를 위한 표준 기구로 적용될 수 있으며, 이 평가 결과를 바탕으로 피검자의 심리 상태를 해석할 수 있다.
- 미술기반 평가를 위한 전문가 시스템의 지식을 지속적으로 축적하고 개선할 수 있다. 이 과정에서 컴퓨터 미술치료는 좀 더 체계적이고 과학적인 방법에 기초한 미술치료를 만드는 데 기여할 수 있다.
- 다양한 미술기반 평가의 활용을 촉진하고, 치료사와 연구자들이 미술치료의 이론과 실천을 개선하기 위한 독자적인 방법론을 개발하는 방법으로 컴퓨터 미술치료를 고려해야 한다.

참고문헌

Asawa, P. (2009) Art therapists' emotional reactions to the demands of technology. *Art Therapy 26*(2), 58–65.

Betts, D.J. (2003) Developing a projective drawing test: Experience with the Face Stimulus Assessment (FSA). *Art Therapy 20*(2), 77–82.

Billington, J. (2016) IBM's Watson cracks medical mystery with life-saving diagnosis for patient who baffled doctors. Retrieved on April 1, 2018 at www.ibtimes.co.uk/ibms-watson-cracks-medical-mystery-life-saving-diagnosis-patient-who-baffled-doctors-1574963

Brooke, S. (2004) *Tools of the Trade: A Therapist's Guide to Art Therapy Assessments* (2nd edn) Springfield, IL: Charles C Thomas.

Cohen, B.M. (ed.) (1986/1994) *The Diagnostic Drawing Series Rating Guide*. Available from Barry M. Cohen, P.O. Box 9853, Alexandria, Virginia, USA 22304. Inquiries at landmarc@cox.net

Folstein, M.F., Folstein, S.E. and McHugh, P.R. (1975) Mini-mental state: A practical method for grading the cognitive state of patients for the clinician. *Journal of Psychiatric Research 12*(3), 189–198.

Fowler, J.P. and Ardon, A.M. (2002) Diagnostic Drawing Series and dissociative disorders: A Dutch study. *The Arts in Psychotherapy 29*(4), 221–230.

Gantt, L.M. (1990) A validity study of the Formal Elements Art Therapy Scale (FEATS) for diagnostic information in patients' drawings. Unpublished dissertation, University of Pittsburgh, Pittsburgh, PA.

Gantt, L.M. (2004) The case for formal art therapy assessments. *Art Therapy 21*(1), 18–29.

Gantt, L.M. and Tabone, C. (1998) *The Formal Elements Art Therapy Scale: The Rating Manual*. Morgantown, WV: Gargoyle Press.

Gussak, D.E. and Nyce, J.M. (1999) To bridge art therapy and computer technology: The visual toolbox. *Art Therapy 16*(4), 194–196.

Hacking, S. (1999) The psychopathology of everyday art: A quantitative study. Dissertation, University of Keele, UK. Retrieved on April 1, 2018 at http://ethos.bl.uk/OrderDetails.do?uin=uk.bl.ethos.301332

Kaplan, F.F. (1998) Scientific art therapy: An integrative and research-based approach. *Art Therapy 15*(2), 93–98.

Kaplan, F.F. (2000) *Art, Science and Art Therapy: Repainting the Picture*. London: Jessica Kingsley Publishers.

Kim, S.I. (2008) Commentaries [To the editor]. *Art Therapy 25*(1), 41.

Kim, S.I. (2010) A computer system for the analysis of color-related elements in art therapy assessment: Computer_Color-Related Elements Art Therapy Evaluation System (C_CREATES). *The Arts in Psychotherapy 37*(5), 378–386.

Kim, S.I. (2017) *Computational Art Therapy*. Springfield, IL: Charles C. Thomas.

Kim, S.I., Bae, J. and Lee, Y. (2007) A computer system to rate the color-related formal elements in art therapy assessments. *The Arts in Psychotherapy 34*(3), 223–237.

Kim, S.I., Betts, D.J., Kim, H.M. and Kang, H.S. (2009) Statistical models to estimate level of psychological disorder based on a computer rating system:

An application to dementia using structured mandala drawings. *The Arts in Psychotherapy 36*(4), 214–221.

Kim, S.I. and Hameed, A.I. (2009) A computer system to rate the variety of color in drawings. *Art Therapy 26*(2), 73–79.

Kim, S.I., Han, J., Oh, Y.J. and Kim, Y.H. (2012) A computer art therapy system for the evaluation of space usage in drawings with application to the analysis of its relationship to level of dementia. *New Ideas in Psychology 30*(3), 300–307.

Kim, S.I., Kim, Y.H., Lee, C.W., Kim, S.K. and Baik, D.K. (1992) An expert system to facilitate the uniform administration of justice in criminal cases. *Expert Systems with Applications 5*(1), 103–110.

Kim, S.I., Ryu, H.J., Hwang, J.O. and Kim, M.S.H. (2006) An expert system approach to art psychotherapy. *The Arts in Psychotherapy 33*(1), 59–75.

Lewinsohn, P.M. (1964) Relationship between height of figure drawings and depression in psychotic patients. *Journal of Consulting Psychology 28*(4), 380–381.

Mattson, D.C. (2012) An introduction to the computerized assessment of art-based instruments. *Art Therapy 29*(1), 27–32.

Munley, M. (2002) Comparing the PPAT drawings of boys with AD/HD and age-matched controls using the Formal Elements Art Therapy Scale. *Art Therapy 19*(2), 66–76.

Peterson, B.C., Stovall, K., Elkins, D.E. and Parker-Bell, B. (2005) Art therapists and computer technology. *Art Therapy 22*(3), 139–149.

Salzman, L. and Harway, N. (1967) Size of figure drawings of psychotically depressed patients. *Journal of Abnormal Psychology 72*(3), 205–207.

Shin, M.S., Kim, S.K., Kim, J.Y., Park, H.K. *et al.* (2002) *Diagnosis and Understanding of Children through Their Drawings* (in Korean). Seoul, Korea: Hak Ji Sa.

Smith, S. (2015, December 17) 5 ways the IBM Watson is changing health care, from diagnosing disease to treating it. Retrieved at www.medicaldaily.com/5-ways-ibm-watson-changing-health-care-diagnosing-disease-treating-it-364394

Thomson, W. (1889) *Popular Lectures and Addresses*. New York, NY: Macmillan.

Walpole, R.E. and Myers, R.H. (2006) *Probability and statistics for engineers and scientists* (8th edn). New York, NY: Macmillan.

제22장

미술치료 수업에서 디지털 매체의 적용

– Natalie Carlton

미술치료 대학원 교과과정에서 디지털 활용능력을 가르치는 우수 사례와 교육 전략은 선택이 아닌, 대단히 중요한 사회적, 전문적인 책임이 되었다. 대학원 교육에서 학생들은 종종 컴퓨터나 디지털 기기를 사용해 강의 자료에 접근하고, 수업에 등록하고, 등록금과 장학금을 관리하고, 공식적 혹은 비공식적으로 이메일을 주고받고, 필요한 연구 자료를 찾고, 어떤 경우에는 교수나 다른 학생들과 온라인으로 의견을 교환한다. 이러한 컴퓨터 사용은 학생들이 정보와 사람을 찾고 나누고 소통하게 하지만, 디지털 준비기술이나 활용능력에 대한 비판적 사고를 촉진하지는 않는다(Horrigan, 2016; Miller, 2017). 미술치료사들은 컴퓨터 사용에 관련된 교육과 기술적 · 문화적 · 전문적 · 임상적 · 윤리적 · 법률적인 복잡성에 지속적인 노출이 필요한데, 이는 본질적으로 미술치료사의 훈련과 전문적인 업무에 필요한 더 큰 디지털 예의와 기술을 습득할 수 있게 한다(Choe and Carlton, 2018). 이 중 일부는 윤리적 창작에 국한되는 것이 아니라, 디지털 드라이브와 클라우드 기술을 통한 의사소통이나 예술적 표현의 저장과 전송, 소셜 미디어에서의 디지털 의사소통과 전문성, 디지털 활용능력 기술과 디지털 정보에 근거한 동의서 개발, 미술치료사들이 소유한 디지털 매체의 참여 깊이를 포함한다. 이 장에 제시된 자료는 단독적인 미술치료 프로그램뿐 아니라 창의적 예술치료와 표현예술치료학과 또는 정신건강 상담 및 의료 프로그램에 통합적으로 적용할 수 있다.

지난 20년 동안 미술치료의 교육적이고 임상적인 목적에서 매체 사용을 관찰한 결과, 다음과 같은 실질적이고 보다 철학적인 의문이 제기됐다.

- 창의적인 매체에 접근할 수 있는 사람은 누구이며, 내담자가 선호하거나 관심이 있는 창의적 매체를 사용하는 것이 얼마나 중요한가?
- 강의실과 치료 공간에서 디지털 매체의 미학과 활용능력을 어떻게 향상시키면서도 단순화할 수 있는가?
- 매체가 혼합된 창작 형태는 다양한 맥락과 사회적 상호작용 속에서 적응하여 어떤 방식으로 진화하고 경험될 수 있는가?
- 매체는 중요 언어, 지리적 표시, 세대 차이, 더 큰 문화적 식별, 분리된 경험으로 상징하는 것을 어떻게 보고 느끼는가?

이 장에서는 이러한 질문의 중요한 부분에 답하고, 미술치료와 상담 전공 대학원생의 교육 프로그램으로써 강의와 실습 모두에 디지털 매체를 적용하기 위한 예비 '과정 중'인 계획을 제공하고자 한다. 2019년 봄, '미술치료에서 디지털 매체의 사용'이라는 제목의 새로운 과목이 우리 미술치료와 상담 전공 교과과정에 신설된다. 향후 과정에서 배우게 될 특정 디지털 매체 과정의 내용과 주제 영역을 확인하여 이 장에 포함하는 것이 중요해 보이지만, 그런 것들은 시간이 지남에 따라 새로운 매체와 전문적 발전에 대응해 변경될 수 있다. 디지털 매체의 지속적인 변화와 업데이트는 특정 소프트웨어 또는 하드웨어의 제안뿐 아니라 채택과 포함을 가로막는다. 디지털 매체는 유동적이고 끊임없이 변화하기 때문에, 집필 당시 개념화되고 서술된 것이 그 프로젝트에 대한 설명을 완결하는 전체 이야기가 아닐 수 있다.

미술치료 수업에서의 디지털 매체 사용

디지털 매체가 형식을 깨는 방법

형식적 유연성과 관계적 수용력을 지닌 디지털 매체의 유익한 특성을 탐구하고 이해하기 위해 미술치료 분야는 반드시 더 많은 기술을 쌓아야 하지만 (Ehinger, 2016; L'Esperance, 2016), 대부분의 대학원 강의에는 이 과정이 존재하지 않는다(Choe, 2016; Choe and Carlton, 2018; Ehinger, 2016; Orr, 2012; Partridge, 2016). 최근 미술치료 대학원 수업에서, 한 학생이 교실 앞으로 이동해도 되는지 물었는데, 이는 전 세계 미술관 소장품의 식민주의라는 논의 주제에 대해 그녀가 하고자 했던 말이 언어보다는 그녀의 몸과 인디넷 뮤직비디오를 통해 접근하기 쉬웠기 때문이다. 그녀는 유튜브에서 「Get Free」(Major Lazer, 2012)라는 제목의 뮤직비디오를 틀고 자유롭고 힘이 넘치지만, 동시에 여전히 잠재적으로 위축되고 학대받는 흑인들(그녀를 포함한)의 정교하고 너무나 아름다운 움직임을 보여주기 시작했다. 비디오 시청자를 위해 설정된 문화적 도용(혹은 오용)과 심상 추출을 통해 비디오 대상의 사회현실과 지리적 장소에 대한, 제한되고 비현실적인 기대가 충족되었다(Sanchez, 2013). 나와 학생들이 그 당시 일어난 일들을 지금 설명하는 것은 어려운 일이지만, 그때 '진짜 같은' 움직임과 문화적 상호작용에 몰입하는 자메이카 사람들과 댄서들의 비디오와 그 옆에서 진행된 라이브 퍼포먼스에 몰입했다. 마치 매체를 통해 들어 올려지고 사로잡힌 기분이었다. 그녀는 자신의 계획과 대답을 비디오의 강력한 심상과 소리, 의미심장함으로 구체화하며, 대안적 에너지와 지식을 강의실로 가져왔다.

나는 그 강의에서 중요한 치료적 디지털 매체 활용능력이 활성화되었다고 믿는다. 예를 들어, 나는 이 학생이 매체의 직접성(직접 경험)을 통해 흑인들의 아름다운 움직임을 보여줌으로써 자신과 우리 학습 집단에 주어진 난해한 진실에 접근하는 방법을 목격했다. 그리고 그녀의 신체 퍼포먼스가 미묘한 의사소통 형태를 전달하는 뮤직비디오에 삽입된 영상과 뮤지션들과 합쳐졌을 때, 그녀는 자신의 경험과 매체 경험(비판적 참여)을 통합했으며, 학습과 숙달(평가와 생산을 동시에)의 활용능력을 발휘했다(Martin, 2006; Media Smarts, n.d.). 마지막으로 그 학생은 나란하고 뚜렷한 관련성을 갖는 풍성한 비디오 장면과 함께 몸의 움직임을 통해 그녀의 상징과 의미 부여에 '질서'와 거리를 만드는 이야기를 했다(Carlton, 2015b; Ehinger, 2016).

치료실뿐 아니라 대학원 수업에서도, 미술치료 매체의 단순한 구조는 종이와 캔버스의 '빈 공간'이 주는 위협이나 어디서부터 시작해야 할지 모르는 좌절과 불확실함으로 사람들을 압도할 수 있다. 더 나아가, 디지털 매체의 중요한 참여와 생산에 대한 학생과 내담자의 응용을 직접 목격한 경험으로부터, 강력한 이야기가 다시 만들어지고 발견되었고, 기억의 순간은 사진과 영상에서 발견되는 직접성과 자발적 재현의 특징을 통해 다가가기 쉽고 아름다운 층위가 있는 순간들을 만들었다(Carlton, 2014b; Cohen, Johnson, and Orr, 2015). 게다가, 익숙한 인터넷 콘텐츠와 '투사된 자아'에 대한 이 같은 접근은 미술치료와 강의실 공간에서 종이에 연필로 그린 그림에서는 찾을 수 없는 몇 가지 상호 관계적인 특징을 가져왔다. 더 단순하게 비교하면, 디지털 매체 도구는 다른 창작 재료를 흉내 내거나 모방(목탄 연필과 비교하여 iPad 앱에 그리기)할 수 있고 또는 다른 재료들과 섞어 표현(셀프 동영상에 녹음 및 추가되는 드럼 소리)할 수 있지만, 감각적인 혼합 가능성, 새로운 존재와 매체 전환을 통해 형태와 생산의 전형성을 깨뜨릴 수 있다(Carlton, Sit, and Yu, 2018).

미술치료 매체의 불평등

미술치료 집단에서 디지털 활용능력 향상은 매우 중요하다. 왜냐하면, 문화적 의사소통 변화가 매체 특성(Weigel *et al.*, 2009), 인터넷 언어 사용과 혁신적 지식 생산, 그리고 새로운 애플리케이션(Choe, 2016; Choe and Carlton, 2018)에 따라 지속적으로 발생하기 때문이다. 강의실과 임상 실습 모두에서 디지털 매체를 통합하는 과제를 주었을 때, 학습 방식과 매체 사용 적응에 따라 디지털 격차가 확대되기도 축소되기도 한다(Carlton, 2014a; Horrigan, 2016; Kapitan, 2009; Prensky, 2001). 정보격차는 부분적으로 세대 차이 또는 새로운 매체에 대한 노출 여부와 사용 '노하우'의 불일치, 그 밖에 인터넷에 대한 사회경제적 접근성과 사회문화적 분리와 관행으로 만들어진다(Pereyra, 2017). 지역사회 교육자 Pierce(2015)는 인터넷 접속의 복잡성과 어떻게 SNS 공간이 유색 공동체의 파괴적 도발뿐 아니라 극심한 지지 욕구를 담아내는지 연구했다. 미술치료에서 디지털 격차는 새로운 매체가 정신과 문화에 어떻게 영향을 미치는가에 대해(Carlton, 2015a; Prensky, 2001) 드로잉, 페인팅, 점토와 같은 전통과 구별되면서 상호 관련되어 있기 때문에(Edmunds, 2012; Orr, 2012; Peterson, 2010), 임상 경험과 디지털 애플리케이션에 대한 매체 사용 간의 차이를 강조하는 경향이 있다.

나는 아직 넉넉한 종이, 캔버스, 채색 용품, 바느질 재료, 콜라주 재료 그리고 접착제, 점토, 물감과 같은 미술치료가 제공하는 전형적인 매체 옆에 컴퓨터나 스캐너, 비디오, 사진, 오디오 장비와 같은 창의적 매체가 갖춰진 대학원 강의실에서 가르쳐 본 경험이 없다. 학생들은 집에서 개인적인 디지털 매체 도구와 과정을 사용해 예술 프로젝트를 진행하고 수업에 인쇄된 이미지나 포스터를 가져와 컴퓨터나 휴대폰, 교실의 시청각 스크린에 투사해 시청했다. 디지털 매체를 사용할 수 있는 전문 수업이 없는 한, 디지털 매체 과제를 완성하기 위한 미묘한 차이가 있는 경험과 맥락을 논의하고 탐구할 시간이 충분하지 않은 경우가 많다. 강의실 밖에서 완성된 사진치료 과제는 강의에서 창의적이고 집합적으로 구축된 학습 경험과 대조적이었다(Wolf, 2007). 예를 들어, 과정이 잘 이해되고 설명이 덜 필요했던 다른 창작 매체와 비교했을 때, 최근 독서 수업의 예술 반응작업으로 만들어진 학생들의 컴퓨터를 활용한 그래픽 소설은 그 구조를 충분히 논의할 시간적 여유를 찾기 어려웠다.

*디지털 지식*은 다중 매체 형태에 대한 '시각 언어' 기술과 '풍부한 어휘' 개발에 관련된 성취로 기술할 수 있다(Moon, 2010, p.xvii). 창의적 팔레트를 사용하여 익숙한 방식으로 작업하는 것은 다국어를 유창하게 구사하는 것과 같다. 다시 말해, 치료 자료를 통해 다양한 소통과 표현 수단을 이해하고 파악하는 일이다. 이런 다양성은 내담자에게 중요한 선택지를 제공할 뿐 아니라 미술치료사들이 매체가 촉진하는 주된 의사소통 목표를 향해 치료의 관계, 과정과 결과에 접근하는 방법을 확장한다(Carlton, 2014a). 매체 형태에 관한 재능, 관심, 노출과 '노하우'는 미술치료사들이 어떤 재료를 자주 그리고 얼마나 심도 있게 사용하는지에 대한 주요 예측변수가 되었다(Edmunds, 2012; Orr, 2012; Peterson, 2010). 미술치료 대학원의 다층적인 많은 수의 수업에서, 어떤 예술 매체에 대한 접근과 그 치료적 특성은 당연하다고 여겨지는 규범과 무의식적 선호(편견)에 지나지 않는 것처럼 보인다. 어떤 심상의 가능성과 재료 사용의 가치를 단정하면서 다른 것들을 부정하거나 과소평가하게 된다(Carlton, 2014a; Moon, 2010; Orr, 2010).

Seiden(2001)은 개념적이고 경험적인 미술 매체 선택을 내담자와 치료사들이 상징적 가치를 불어넣은 것일 뿐 아니라 중요한 관계적 상호작용을 촉발하는 것으로 보았다. 나는 내 강의실과 이전 임상 현장 모두에서 '꼭 필요한 매체를 통한' 접근이 필요하다고 믿는다. 나는 특정 관점이나 도구에 맞춰진 미적 감각과 사회경제적 특권을 가진 미술 평가를 만족시키는 전형적인 매체 접근에 대해 여전히 비판적이다. 이런 고정관념은 차후에 재료의 폭이 좁고 반복적으로 사용되는 협소한 매체 사용(그리고 미술기반 평가)으로 이어질 수 있다.

미술치료 대학원 과정에서 드로잉, 페인팅 그리고 엄격한 '순수예술' 재료 사용을 지나치게 강조하는 것은 양날의 검이 될 수 있다. 왜냐하면, 이런 규범화된 표현은 학생들이 '전통적인' 재료를 배우고 평가하는 데는 성공적이지만 다른 물질적 가치, 세계관과 경제에 대한 예술적 겸손과 호기심의 폭과 깊이를 제한할 수 있기 때문이다. 이것은 또한 내담자가 잘 모르고 접근하기 어렵거나 치료사에게 익숙한 재료를 지원함으로써 내담자의 미술치료 경험에 영향을 줄 수 있다(Carlton, 2014a). 미술치료에서 교육자들이 동시대의 다양한 재료를 공급하고 실험하고 논의할 때 의식적으로 평가하고 행동하는 많은 사회정치적 다양성과 포용 원칙들이 있다. 이런 다원주의는 종종 과소평가되거나 놓치게 되는 교수와 학생 사이, 내담자와 치료사 사이의 비판적 교류와 의사소통을 양성할 수 있다(Moon, 2010).

디지털 매체 교육의 4가지 주요 구성 요소

디지털 매체의 윤리적 창작, 저장, 전송

미술치료에서 기술 사용의 역사는 가변적이며 디지털 매체에 국한되지 않는다. 컴퓨터 매개 매체를 대표하는 '기술'이라는 용어를 사용하는 것과 관련된 한 가지 문제는 기술이 응용과학을 통해 발명된 모든 기계나 산업을 의미할 수 있다는 것이다. 그러므로 재봉틀이나 노트북 모두 이전의 매체 도구에서 발전된 (그 시대의) 새로운 기술이다. 그러나 재봉틀이나 휴대용 그래픽 펜과 달리 디지털 매체는 그대로 유지되지 않는다(Alders *et al.*, 2011). 디지털 매체는 데스크톱 컴퓨터뿐 아니라 스마트폰, 아이패드(태블릿), 아이팟과 같은 다른 기기들로 보고, 배포, 수정 또는 보존할 수 있는 도구, 형식, 플랫폼이자 창의성과 소통의 과정이다. 이런 경우, 윤리적으로 디지털 매체를 창작, 저장, 전송하는 방법을 배우는 것은 종종 특정 하드웨어 및 소프트웨어 제품에 '연결된' 공개/비공개 개인정보의 위험 요소, 용량과 협약을 포함하는 계층화된 기술이다.

Malchiodi(2000)는 원격치료, 웹 커뮤니케이션, 가상 스튜디오가 2000년 초 미술치료사들에게 '떠오르는 중'이라고 말했다. 현재, 미술치료 자격심사위원회(ATCB, 2016)는 내담자와 치료사 사이의 '전자적' 매체 사용과 관련된 규정을 추가하고 재정의했다(자세한 내용은 부록 2 참조). 이 규정은 내담자와 치료사 사이의 기밀유지를 둘러싼 개인정보 유출에 대해 암호화된 표준 및 방화벽 보호 소프트웨어 옵션과 같은 필수 안전장치를 포함하고 있지 않다. 이 분야는 끊임없이 변하기 때문에 암호화 옵션 및 '클라우드'의 안전과 개인정보를 보장하는 기타 조치, 외부저장장치, 소프트웨어 앱, 통신 플랫폼 등 보안 제품에 대한 최신 정보를 유지하는 것이 어려울 수 있다. 게다가, 미술치료 자격심사위원회의 규정은 전송 서비스의 기술 장애가 발생할 수 있으므로, 암호화 소프트웨어를 사용하는 것이 항상 가능한 것이 아니라고 정확하게 기술하고 있다. 이런 사례를 다루는 방법 중 의식적 계획과 합의(지식 동의)는 기본적 윤리 행동이며, 예술 표현과 의사소통을 위해 디지털 매체를 사용할 때 미술치료사와 내담자가 논의할 명시적 장소와 적법한 절차를 제공하는 서비스 모델을 필요로 한다(Choe and Carlton, 2018)(자세한 내용은 제2장 참조).

디지털 사용기술 지원과 사전 동의

학생들이 창의적으로 매체의 도구, 플랫폼, 과정에 참여하는 동안 복잡한 학습의 균형은 어떻게 디지털 활용능력 기술을 획득하는지에 맞춰진다. 매체 연구 문헌에는 매체 활용능력에 대한 일관된 정의가 있지만, 미술치료에서는 사례와 논의가 제한되어 있다. 본질적으로, 그 의미는 기계나 소프트웨어 조작 방법을 아는 것에서부터 개인정보, 창의성, 의사소통의 상호 연결된 기술을 얻기 위해 매체를 이해하고 탐구하고 제작하는 것까지 다양한 분야로 확장되었다

(Choe and Carlton, 2018). 향상된 활용능력은 기술적 기술 구축과 관련되어 있으며, 또한 정보 및 통신 기술을 사용하여 정보를 찾고, 평가하고, 창조하고, 소통하는 능력을 통합하는 관계적, 인지적 기술을 요구한다. 예를 들어, 디지털 매체를 내담자와 연결하여 치료 목표로 나아감에 있어 활용능력의 핵심 요소는 위험과 이익을 평가하는 미술치료사의 능력이다. 디지털 매체의 치료적 활용 범위는 내담자의 활용 수준, 감각적 이해와 필요성, 물리적 · 인지적 능력, 매체의 고유한 성질과 예측 가능한(또는 불가능한) 결과에 대한 추진력을 평가함으로써 결정된다. 미술치료사들이 내담자에게 도움이 되도록 디지털 활용능력 기술을 발전시키는 것이 중요하다.

또 학습의 향상된 측면에서 인터넷의 유동적 특징으로 인해 심각한 어려움을 겪는 치료사와 내담자 사이의 디지털 매체에 대한 사전 동의, 기밀유지 계약, 통신 및 교환에 대한 경계를 포함해야 한다. 이러한 것들은 의식적인 방법과 구조를 통해 관리할 수 있다. 동의서에 고지된 디지털 매체는 초기 동의서 양식에 내담자와의 논의가 추가될 수 있으며, 필요에 따라 치료 과정 내내 갱신될 수 있다. 디지털 매체 동의를 위한 대화에는 인터넷 통신, 보안 업데이트, 하드웨어 및 작업 저장의 보안 및 안전, 내담자가 회기에서 취급하는 기기에 대한 주의 사항, 소셜 미디어를 통한 작품 공유의 예방 조치와 제한 사항이 포함될 수 있다(Choe and Carlton, 2018).

디지털 의사소통과 소셜 미디어에 대한 진문싱

현재의 연구는 동시대의 창의적 · 관계적 · 온라인상의 전문적인 활동(Belkofer and McNutt, 2011; Miller, 2016, 2017)과 관련된 문화에 디지털 매체가 영향을 미친다는 것에 주목하고(Carlton, 2014a; Orr, 2010; Sundararajan, 2014), 내담자의 의사소통과 디지털 활용능력 및 일상의 기술을 뒷받침한다. 학생들은 미술치료 접근법 내에서 디지털 매체의 다양한 목적을 다양한 상황과 다양한 내담자 및 내담자 집단의 가능한 혜택과 도전과 함께 평가할 수 있다. 그들은 중점적인 치료 목표와 내담자의 선호와 관심을 높이기 위해 새로운 매체의 자료를 사용하는 방법을 토론하고 개발하도록 장려할 수 있다(Carlton, 2014a; Choe, 2014). 이것은 학생들이 치료가 지향하는 목표와 내담자들의 선호와 관심을 높이기 위해 뉴미디어 자료를 사용하는 방법을 토론하고 개발하도록 장려할 수 있을 뿐 아니라(Carlton, 2014a; Choe, 2014), 치료 이외의 내담자의 일상에서 더 크게 미디어 참여 목적과 의미를 제공할 수 있다.

자신을 제3자로 보는 것은 인터넷 참여에 있어 필수요건이자 불가피한 일이 되었고, 그것은 미술치료사와 내담자 모두에게 영향을 미치고 있다. 이러한 새로운 교과과정에서, 학생들은 인터넷에서 그들 자신의 '디지털 발자국'을 관찰하는 연습을 할 수 있고, 매체에 나타나는 방식과 이유에 대해서뿐 아니라 참여가 어떠했는지 질적인 면도 평가할 수 있다. 우리의 디지털 자아와 정체성이 어떻게 구조화되고 구성되는지에 대한 성찰이 수업내용에서 중요한 과정 내용이 될 것이다(Belkofer and McNutt, 2011; Miller, 2017). 주제를 심층적으로 다루는 많은 대학원 과정과 마찬가지로, 객원 교수와 디지털 매체 사용의 특정 분야의 전문가가 강의를 담당하는 방법이 필요하다.

미술치료사의 심도 있는 디지털 매체 참여

미술치료사들에게 디지털 매체의 실용적이고 치료적 채택 모두에 있어서 초기 연구와 논의는 기계 오작동과 관련된 불안감(Asawa, 2009)과 치료 목표에 역행하는 것처럼 보이는 기술적 동화 및 자동화에 대한 일반적인 우려(Kapitan, 2009; Potash, 2009)에 초점이 맞춰졌다. 뒤이어 누락되고 실체가 없는 치료 수준에 대한 인식 비판(Asawa, 2009; Edmunds, 2012; Klorer, 2009; Orr, 2012; Peterson, 2010)과 기밀유지 대책의 난제와 내담자와 치료사 모두의 디지털 활용능력 요건(Alders and Allen, 2010; Alders et al., 2011; Belkofer and McNutt, 2011;

Choe and Carlton, 2018)이 차례로 나타났다. 대다수 미술치료사의 낮은 적응률에 대한 의문은 결국 미술치료사의 매체 선호도 차이와 디지털 매체 윤리, 창의적이고 치료적인 사용에 대한 대학원 교육 여부와 경험의 심각한 결여를 넘어, 적극적 참여, 적응, 실험의 필요성으로 귀결된다(Asawa, 2009; Austin, 2009; Edmunds, 2012; Orr, 2006, 2012; Peterson, 2010). '전통적인' 미술치료 매체와 디지털 매체의 치료적 유사점과 차이점에 관한 경계를 넘는 전환이 지속적으로 언급되었으며, 더 깊은 연구가 필요하다(Carlton, 2015a). 다양한 치료 맥락의 내담자들(청소년뿐 아니라 성인과 노인)에게, 디지털 매체는 학습 및 임상적 맥락 모두에 수준 높게 제공되고(Cohen *et al.*, 2015; Mosinski, 2010; Orr, 2010), 의사소통, 관계 및 자아 인식을 증진(Ehinger, 2016; Miller, 2017; Partridge, 2016)하는 것으로 확인되었다.

대학원 연구에서 자신의 디지털 매체 참여를 심화하는 학생들은 미술 기반 프로젝트를 설계하고 실행하는 동안 컴퓨터 기기와 혼합 매체를 조합하여 치료 응용 프로그램을 탐구할 것이다. 이러한 과제는 내담자 선호도와 관심사에 관련된 디지털 매체의 구조와 사용자 정의가 가능한 치료 품질을 결정할 때 비판적 사고를 하는 방법과 같은 경험적이고 구체적 학습 목표와 향후 학습 목표를 동료 간에 공유하는 과정을 가질 것이다. 학생들은 추가적인 매체 강의실 장비와 암호화된 개인 기기를 사용하여 녹색 화면, 스캐닝, 몰입형 가상현실, 기술 등과 같은 새로운 기술 개발을 다루고 고조시킬 수 있을 것이다. 여러 가지 매체 앱과 실험은 미술치료에 사용 가능한 모든 매체를 줄이지 않고 '확장된 팔레트' 응용 프로그램으로서 상호촉진할 수 있다. 이런 경험의 합은 전통적인 '수공예' 도구와 미술치료 재료 과정을 비교 및 혼합하여 디지털과 중간 매체의 가능성에 대한 학생들의 지식을 강화하고 심화시킨다.

디지털 매체 수행 사례

다양한 디지털 매체 참여와 활용능력 기술이 내담자와 함께한 임상 현장에 얼마나 도움이 됐는지 설명하기 위해, 청소년과 함께한 연구 사례들을 나누고 싶다. 나는 15년 동안 지역 청소년 주거 보호소에서 파트타임으로 근무하며 개인 미술치료실을 운영했다. 일 년 중 크리스마스 무렵에는 쉼터 청소년들과 함께, 비영리 단체 경매를 위한 크리스마스트리 장식에 모금 프로젝트를 진행해 달라는 요청을 받았다. 청소년들이 내 미술치료실에 의뢰되었을 때, 나는 종이 사슬을 만들고 장식에 쓰일 물건을 찾기 위해 오래된 아동 도서에서 창조적 가능성을 찾고 있었다. 나는 또한 집단 역동, 크리스마스 시즌에 대한 그들의 이전 경험들, 이런 프로젝트를 완성하기 위해 '강요' 될 수 있는 감정들을 고려하고 있었다. 히스패닉과 원주민 혼혈 남녀 청소년들은 내 미술치료실에 도착하자마자, 컴퓨터와 서류작업 영역(섬유, 드로잉, 점토, 페인팅 재료가 잘 갖춰진 3인실의 미술치료 스튜디오 공간 중에서) 근처에 모여들었다. 이는 부분적으로는 내가 그 근처에 있었기 때문이기도 했지만, 컴퓨터 화면에 띄워놓은 비디오 편집 프로젝트가 그 결과물(비디오)에 대한 친숙함과 과정(비디오 편집)에 대한 호기심으로 청소년들을 끌어들였기 때문이었다.

청소년 쉼터 직원들이 떠났을 때, 나는 그들이 기금 모금 프로젝트에 대해 어떻게 생각하는지 그리고 우리가 해야 할 일이 무엇인지 깨달을 수 있었다. 회기가 끝날 무렵, 우리는 포토샵을 사용해 청소년들에게 잘 알려진 힙합 노래에서 몇 개의 단어와 문구를 편집하기 시작했다. 우리는 어떻게 그 단어와 문구를 인쇄한 크리스마스 장식물을 만들지 고민했다.

전반적으로, 이 프로젝트에 여러 회기 과정이 필요했고, 일부 청소년들은 텍스트와 그래픽 편집에 집중하고 일부는 트리의 최종 장식 작업에 더 많은 시간을 할애했다. 결국, 이들은 마틴 루터 킹 목사의 워싱턴 연설 50주년을 맞아 샤프턴 목사가 말한 "젊은이들에게 다시 꿈을 주어야 한다"(Reuters, 2013,

[그림 22.1] 쉼터 청소년들이 만든 협동 크리스마스트리 프로젝트

para.12)라는 인용문과 가사를 붙인 여러 장식을 사용해 흑백을 주제로 한 크리스마스트리를 만들었다([그림 22.1] 참조).

나는 이러한 단계적인 프로젝트를 통해, 내담자들이 자율적이고 적응해야 하는 경험으로서 어떻게 디지털 매체와 유형의 매체를 창의적인 형태로 혼합하고 경험하는지 그리고 이런 경험들이 집단 작품 제작에 있어서 어떻게 다양한 수준의 사회적 상호작용을 자극하는지를 목격했다. 청소년들은 창조적 작업을 통해 복잡한 경매의 상징을 개발함으로써 다시 서로 교류하고 잘 몰랐던 공동체와 그 상황에 맞닥뜨리고 있었다.

나는 디지털 매체의 구조적 특징이 청소년들과 협업하여 일할 수 있도록 흥미와 발전적이면서 적절한 경계를 촉진했다고 믿는다(Austin, 2010; Ehinger, 2015). 그것은 또한 개인적인 이야기의 작품 제작에 있어 위협과 폭로라고 느꼈을 수도 있는 과정을 비판적으로 제거하도록 만들었다. 청소년들과 함께 일하는 미술치료사들에게는 자신도 모르게 신상명세가 공개되는 문제에 대한 접근방법과 수단을 연구해야 하는 일관된 고민이 있다. 이러한 이해 속에서 청소년 구성원에게, 서로 거의 알지 못하는 집단에 대한 역동성과 명절에 느끼는 가족과 출신으로부터 소원해진 청소년기의 무거운 기억이 겹쳐진다. 이는 모두 매체 선택의 중요한 고려 사항이었다. 의미 있는 노래 가사를 찾고 관련짓는 일은 개인 간의 합의를 찾고 관점을 공유하는 안전하고 의미 있는 방법이었다. 청소년들이 존경하는 시인과 음악가들에 의해 만들어진 그들의 메시지와 삶을 지지하고 반영하는 것처럼 보였다.

몇몇 구성원들은 포토샵® 프로그램을 배우는 데 열중했고, 구형의 천에 단어와 구절을 입히는 기초적인 기술을 구현하며 '기분 좋은' 표정을 지었다. 우리는 우리의 크리스마스트리가 전형적인 '크리스마스 색상을 한' 다른 트리들과는 다르게, 매우 두드러진 인상을 지녔다고 생각했다. 인식된 분리는 건강하고 필요하다고 느꼈으며, 청소년들의 집단과 개별적인 환경에 발전적으로 적합해 보였다. 나는 나중에 트리를 구매한 사람에게 우리의 크리스마스트리가 확실히 눈에 띄었고 가슴이 아프면서 동시에 바람직한 인상을 주었다는 말을 전해 들었다.

답을 내지 못한 질문과 향후 계획

창의성과 치료적 사용을 위한 컴퓨터 기술의 기회와 한계(Austin 2009, 2010; Carlton 2015a, 2015b, 2016; Ehinger, 2016; Orr, 2010)를 이해하는 것이 목표인 사람들을 위해, 답을 내지 못한 연구의 핵심 질문은 디지털 매체 도구나 플랫폼의 사용이 창작 과정과 미술치료 결과에 유의미한 차이를 만드는가 하는 것이다(Edmonds *et al.*, 2005). 미술치료사 Brian Austin은 앞서 "내가 말했듯이, 우리는 아직 이 매체가 무엇인지 충분히 탐구하지 못했으니, 그것에 초점을 맞추자"라고 주장했다(Carlton, 2014b, 26:46). Edmonds와 연구진(2005)은 디지털 매체 사용, 특히 환경적 맥락의 영향을 측정하는 데 있어 몇 가지 미묘한 차이를 설명했다.

> 창의성 향상을 위한 컴퓨터의 역할은 오랫동안 이 논문의 저자들이 참여해온 영역이지만, 우리는 도구 자체가 고려해야 할 유일한 요소가 아니라는 것을 발견했다. 창의성이 어떤 면에서 향상되는지 아닌지는 그것이 일어나는 조건에 의해 현저한 영향을 받는다. 이런 조건은 (조직적 요소를 포함해) 환경적 요인과 실제로 창의적 결과를 얻기 위해 사용되는 재료나 도구의 측면에서 정의될 수 있다. 창작 작업의 일부를 구성하는 자원, 재료, 도구 또는 기법의 특성이 그 자체로 창의성이 일어나는 방식, 즉 과정에 영향을 미치는 중요한 요인이라는 가설을 세울 수 있다. (p. 456)

새로운 매체 연구가 늘어남에 따라, 미술치료사들은 이런 과정 지향적인 방법 속에서 의사전달 재료들이 대학원생들의 학습 목표뿐 아니라(Garner, 2016) 치료 중심 목표를 가지는지에 대해 비판적 연구를 계속할 것이다.

주임 겸 부교수로서 내가 맡은 역할은 "온라인 또는 오프라인 미술 작업을 위한 맞춤형 활동을 지원하는 컴퓨터 매개 기기, 소프트웨어 및 도구" (Carlton, Sit, and Yu, 2018, p. 74)로서 디지털 매체를 탐구하고 촉진하는 것이다. 교과과정의 변화와 혁신에 접근할 때, 실행 가능한 작은 목표를 세우고, 협력자를 모으고, 큰 생각을 하는 장기적이고 점진적인 노력이 필요하다. 나는 현재, 캠퍼스에 있는 디지털 매체 교육 연구소에서 필수선택과목 개발과 함께 여러 강좌에 디지털 매체 학습을 추가하는 교과과정 구성계획을 위해 물리적인 자원을 모으고 있다. 또한, 나는 디지털 국제 창의적 예술치료사Digital International Creative Arts Therapists(DICATS)라는 제목의 2019년 글로벌 온라인 심포지엄을 공동 제작하고 있는데, 이는 공동 연구물을 공유하고, 라이브 및 사전 녹화 발표 자료를 교환하며, 디지털 매체 사용에 관한 교육과 치료, 창의적인 혁신을 시연함으로써 전 세계의 디지털 예술가, 창의적 예술치료 및 표현예술치료사, 연구원, 지역사회 조직자, 소프트웨어 개발자를 하나로 묶을 것이다. 이러한 모든 활동의 가장 중요한 목표는 여러 분야에 걸친 아이디어를 비교하고 디지털 매체 속성과 새로운 경계를 정량화하고 검증할 투자 공동체를 계속해서 모으는 일이다. 장단점을 포함해 매체의 차이와 가능성을 탐구하는 연구는 향후 미술치료 대학원 프로그램이 내담자와 우리 자신의 전문적인 성장을 위해 혁신적인 재료와 성찰적인 실천을 지속해서 제공할 것이다.

이 장에서 현재와 미래의 수업에 디지털 매체를 적용하기 위한 특정 초기 단계의 계획과 활성화, 제안된 공유 목표를 엿볼 수 있었다. 디지털 매체 투입으로 예상되는 성취와 현재 계획의 내용 및 '방법'의 접목은 현재와 미래의 미술치료에 대한 새로운 매체의 가치와 상호 연결성에 대한 끊임없는 질문을 제기한다.

권장 사항

- 예술치료사와 인접한 디지털 매체 연구, 교육, 창작 커뮤니티 간의 대화를 촉구하라.
- 구체적으로 활성화되는 경험으로서 몰입감 있는 디지털 매체를 보고 느끼는 방법에 대한 추가 연구가 필요하다.
- 향상된 디지털 매체 활용능력을 적용한 교과과정의 학습 목표와 미술치료사를 위한 디지털 매체의 관계적 효과를 실현하고 평가할 필요가 있다.

참고문헌

Alders, A. and Allen, P. (2010, November) Ethics of representation: Ethical movie making in art therapy. Paper presented at the 41st Annual Conference of the American Art Therapy Association, Sacramento, CA.

Alders, A., Beck, L., Allen, P. and Mosinski, B. (2011) Technology in art therapy: Ethical challenges. *Art Therapy 28*(4), 165–170.

Art Therapy Credentials Board (ATCB) (2016) *Code of Ethics, Conduct, and Disciplinary Procedures*. Retrieved on April 1, 2018 at www.atcb.org/Ethics/ATCBCode

Asawa, P. (2009) Art therapists' emotional reactions to the demands of technology. *Art Therapy 26*(2), 58–65.

Austin, B. (2009) Renewing the debate: Digital technology in art therapy and the creative process. *Art Therapy: Journal of the American Art Therapy Association 26*(2), 83–85.

Austin, B. (2010) Technology, art therapy, and psychodynamic theory: Computer animation with an adolescent in foster care. In C.H. Moon (ed.) *Materials and Media in Art Therapy*. New York, NY: Routledge.

Belkofer, C.M. and McNutt, J.V. (2011) Understanding social media culture and its ethical challenges for art therapists. *Art Therapy 28*(4), 159–164.

Carlton, N.R. (2014a) Digital culture and art therapy. *The Arts in Psychotherapy 41*(1), 41–45.

Carlton, N.R. (Producer) (2014b, October) *Digital Media in Art Therapy Interviews* [video file]. Retrieved on April 1, 2018 at https://vimeo.com/89563621

Carlton, N.R. (2015a) Digital media use in art therapy. Doctoral dissertation. Retrieved on April 1, 2018 at ProQuest Dissertations and Theses database. (UMI No. 3682148)

Carlton, N.R. (2015b) Expansive palettes. In J. Cohen, L. Johnson, and P. Orr (eds.) *Video and Filmmaking as Psychotherapy*. New York, NY: Routledge.

Carlton, N. (2016) Grid + Pattern: The sensory qualities of digital media. In R. Garner (Ed.) *Digital art therapy: Materials, methods, and applications* (pp. 22–39). London: Jessica Kingsley Publishers.

Carlton, N.R., Sit, T. and Yu, D.R. (2018) Transcending media: Tangible to digital and their mixed realities. In R. Corolan and A. Backos (eds.) *Emerging Perspectives In Art Therapy: Trends, Movements and Developments*. New York, NY: Routledge.

Choe, N.S. (2014) An exploration of the qualities and features of art apps for art therapy. *The Arts in Psychotherapy 41*(1), 145–154.

Choe, N.S. (2016) Utilizing digital tools and apps in art therapy sessions. In R. Garner (ed.) *Digital Art Therapy: Material, Methods, and Applications*. New York, NY: Routledge.

Choe, N.S. and Carlton, N.R. (2018) Behind the screens: Informed consent and digital literacy in art therapy. Manuscript in preparation.

Cohen, J.L., Johnson, J. and Orr, P. (eds.) (2015) *Video and Filmmaking as*

Psychotherapy: Research and Practice. New York, NY: Routledge.

Edmonds, E.A., Weakly, A., Candy, L., Fell, M., Knott, M. and Pauletto, S. (2005) The studio as laboratory: Combining creative practice and digital technology research. *International Journal of Human-Computer Studies 63*, 452–481.

Edmunds, J.D. (2012) The applications and implications of digital media in art therapy: A survey study. Unpublished master's thesis, Drexel University, Philadelphia, PA.

Ehinger, J. (2015) Filming the fantasy: Green screen technology from novelty to psychotherapy. In J.L. Cohen, L. Johnson, and P. Orr (eds.) *Video and Filmmaking as Psychotherapy: Research and Practice*. New York, NY: Routledge.

Ehinger, J. (2016) Therapeutic technology re-envisioned. In R. Garner (ed.) *Digital Art Therapy: Materials, Methods, and Applications*. London: Jessica Kingsley Publishers.

Horrigan, J.B. (2016) Digital readiness gaps. Pew Research Center. Retrieved on April 1, 2018 at www.pewinternet.org/2016/09/20/digital-readiness-gaps

Kapitan, L. (2009) Introduction to the special issue on art therapy's response to techno-digital culture. *Art Therapy 26*(2), 50–51.

Klorer, P. (2009) The effects of technological overload on children: An art therapist's perspective. *Art Therapy: Journal of the American Art Therapy Association 26*(2), 50–51.

L'Esperance, N. (2016) Art therapy and technology: Islands of brilliance. In R. Garner (ed.) *Digital Art Therapy: Material, Methods and Applications*. London: Jessica Kingsley Publishers.

Major Lazer (Artist) (2012, August 23) *Get Free feat. Amber of the Dirty Projectors* [video file]. Retrieved on April 1, 2018 at www.youtube.com/watch?v=ytIfSuy_mOA

Malchiodi, C.A. (2000) *Art Therapy and Computer Technology: A Virtual Studio of Possibilities*. London: Jessica Kingsley Publishers.

Martin, A. (2006) Literacies for the digital age. In A. Martin and D. Madigan (eds.) *Digital Literacies for Learning*. London: Facet Publications.

Media Smarts (n.d.) The intersection of digital and media literacy. Retrieved on April 1, 2018 at http://mediasmarts.ca/digital-media-literacy/general-information/digital-media-literacy-fundamentals/intersection-digital-media-literacy

Miller, G. (2016) Social media and creative motivation. In R. Garner (ed.) *Digital Art Therapy: Materials, Methods, and Applications*. London: Jessica Kingsley Publishers.

Miller, G. (2017) *The Art Therapist's Guide to Social Media: Connection, Community, and Creativity*. New York, NY: Routledge.

Moon, C. (ed.) (2010) *Materials and Media in Art Therapy*. New York, NY:

Routledge.

Mosinski, B.B. (2010) Video art and activism: Applications in art therapy. In C.H. Moon (ed.) *Materials and Media in Art Therapy*. New York, NY: Routledge.

Orr, P.P. (2006) Technology training for art therapist: Is there a need? *Art Therapy: Journal of the American Art Therapy Association 23*(4), 191–196.

Orr, P. (2010) Social remixing: Art therapy media in the digital age. In C.H. Moon (ed.) *Materials and Media in Art Therapy*. New York, NY: Routledge.

Orr, P. (2012) Technology use in art therapy practice: 2004 and 2011 comparison. *Arts in Psychotherapy 39*, 234–238.

Partridge, E. (2016) Amplified voices: Art-based inquiry into elder communication. Doctoral dissertation. Retrieved at Proquest Dissertations Publishing,10190347. Notre Dame de Namur University, Belmont, CA.

Pereyra, P. (2017) The study of media use habits and trends: Rural Latinx media use skills and motivations. Manuscript in preparation.

Peterson, B. (2010) The media adoption stage model of technology for art therapy. *Art Therapy 27*(1), 26–31.

Pierce, J. (2015) *Digital Fusion: A Society beyond Blind Inclusion*. New York, NY: Peter Lang.

Potash, J.S. (2009) Fast food art, talk show therapy: The impact of mass media on adolescent art therapy. *Art Therapy: Journal of the American Art Therapy Association 26*(2), 52–57.

Prensky, M. (2001) Digital natives, digital immigrants. *On the Horizon 9*(5), 1–6.

Reuters (2013, August 27) On Anniversary of King's "Dream" speech, bells to ring for freedom. Retrieved on April 1, 2018 at https://uk.reuters.com/article/us-usa-dream-ring/on-anniversary-of-kings-dream-speech-bells-to-ring-for-freedom-idUKBRE97Q0OH20130827

Sanchez, E. (2013, December 26) Top 10 instances of open and unapologetic celebrity cultural appropriation in 2013! [web blog]. Retrieved on April 1, 2018 at www.autostraddle.com/top-ten-instances-of-open-and-unapologetic-celebrity-cultural-appropriation-in-2013-210371

Seiden, D. (2001) *Mind over Matter: The Uses of Materials in Art, Education, and Therapy*. Chicago, IL: Magnolia.

Sundararajan, L. (2014) Mind, machine, and creativity: An artist's perspective. *Journal of Creative Behavior 48*(2), 136–151.

Weigel, M., Straughn, C., Gardner, H. and James, C. (2009) *Multiple Worlds: Adolescents, New Digital Media, and Shifts in Habits of Mind*. The Developing Minds and Digital Media Project. Retrieved at http://thegoodproject.org/pdf/63-Multiple-Worlds.pdf

Wolf, R.I. (2007) Advances in phototherapy training. *The Arts in Psychotherapy 34*(2), 124–133.

부록 1

잠재적인 사이버 미술치료사를 위한 일반 윤리 원칙

– Art Therapy and Computer Technology, C. Malchiodi, 2000, Jessica Kingsley Publishers

참고: 이 권장 원칙은 디지털 기술과 소셜 미디어 윤리에 대한 역사적 배경뿐 아니라, 미술치료 실습에 새로운 매체를 사용하는 데 있어 당대의 윤리적 질문과 도전에 대한 체계를 제공한다.

온라인 기밀유지, 전자 저장, 디지털 이미지의 처리 그리고 컴퓨터 기술과 관련된 다른 윤리 문제 외에도, 잠재적인 '사이버 미술치료사'가 고려해야 할 몇 가지 일반적인 사항들이 있다. 여기에는 다음이 포함되지만 이에 국한되지는 않는다.

1. 사용하려는 인터넷 및 관련 프로그램에 대한 기본 정보를 수집하라. 만약 업무에 컴퓨터 기술을 사용할 계획이라면, 여러분이 일과 관련된 윤리, 법률, 실행 문제를 다루듯이, 컴퓨터 기술에 대한 직업적 지식을 최신 상태로 유지할 필요가 있다.

2. 컴퓨터 기술 사용계획에 있어서 치료 목적에 대한 철학을 확립하라. 컴퓨터 기술을 실무에 통합할 경우, 왜 그것이 치료 과정에 유용하다고 생각하는지, 내담자들은 이런 방식의 상호작용과 경험으로부터 어떤 이득을 얻을 수 있는지 고려하는 것이 중요하다. 컴퓨터나 디지털 기술뿐 아니라 텍스트 기반 의사소통 능력도 필요하다. 전자 메일을 통해 사람들과 의사소통하는 방식과 지식은 온라인 상호 교환의 질을 결정한다.

3. 온라인 치료에 대한 의구심을 내담자에게 반드시 공지하라. 컴퓨터와 전자통신에 대해 여러분이 좋아하지 않는 것을 확인하는 것은 기술의 이점을 확인하는 것만큼 중요하다.

4. 컴퓨터, 전자 및 디지털 기술의 다양한 구성 요소를 직접 실행해보라. 이제 원격의료와 원격치료가 가능해짐에 따라 이러한 기술과 재료를 사용하는 몇몇 사람들로부터 슈퍼비전을 받을 수 있게 되었다. 또한, 이 분야에 관심이 있는 미술치료사 간의 동료 슈퍼비전도 가능하다.

5. 컴퓨터를 매개로 한 의사소통과 치료 연구를 고려하라. 예를 들어, 한 연구는 과도한 인터넷 사용이 가족 구성원과의 의사소통 감소, 사회적 범위의 감소, 우울증 증가와 관련이 있다고 결론지었다 (Kraut *et al.,* 1998). 그러나 다른 연구들은 인터넷과 같은 컴퓨터 매개 통신이 사회적 기술 습득과 사회적 네트워크 증대 그리고 세계적 공동체를 가능하게 만들었다고 밝혔다. 컴퓨터는 이웃, 학교, 지원 단체와 같은 기존 공동체를 활성화하는 데 성공적으로 사용

되어왔다(Michaelson, 1996). 지금까지 컴퓨터를 기반으로 한 상담과 치료에 관한 연구는 극히 제한적이었다. 컴퓨터 사용한 미술치료의 효용성 연구는 현재 찾아보기 어려운 상황이다.

6. 사이버 미술치료에 있어 잘 보이지 않는 문제들을 살펴보라. 예를 들어, 사이버 기술이 아이들을 예술 제작과 같은 실제 활동에서 멀어지도록 '유혹'하기 때문에, 이런 유형의 기술에 지나치게 노출되면 아이들의 창의성은 떨어지는가(Kramer *et al.*, 1995)? 동등한 접근성이나 문화적 선호와 같은 다양성 및 사회경제와 관련된 문제는 없는가? 비록 의료 종사자를 포함해 디지털 세계를 능숙하게 항해하도록 요구받은 많은 직업이 있지만, 인터넷 접속이나 권리는 사회경제적 요소와 다른 영향들 때문에 보편화 되지 않았다. 이는 분명 이러한 기술에 접근할 수 있는 사람과 그렇지 않은 사람에 대해 의문을 제기한다. 컴퓨터 기술이 문화적으로 적절하고, 치료와 의사소통에 도움이 될 수 있는 시기를 고려해야 한다. 이 책의 앞부분에서, 노숙자 쉼터에서 십 대 청소년들과 전자통신을 사용한 경험을 이야기했다. 비디오 게임, 다른 전자 매체와 마찬가지로 컴퓨터가 언어와 일상생활에 영향을 미치는 청소년들이 늘어나고 있다. 특정한 청소년 집단에서 인터넷 통신은 청소년과 치료사를 연결하는 효과적인 방법이었다.

7. 온라인 치료를 너무 비판적으로 판단하지 말라. 약점과 문제점에 대해서뿐 아니라, 기술이 여러분의 실천에 어떻게 도움이 될 수 있는지에 대해서 가능성을 열어 놓아야 한다.

참고문헌

Kramer, E., Gerity, L., Henley, D. and Williams, K. (1995, November) Art and art therapy and the seductive environment. Panel presented at the 26th annual conference of the American Art Therapy Association, San Diego, CA.

Kraut, R., Lundmark, V., Patterson, M., Kiesler, S. and Scherlis, T. (1998) Internet paradox: A social technology that reduces social involvement and psychological well-being? *American Psychologist 53*(9), 1017–1031.

Michaelson, K. (1996) Information, community, and access. *Social Sciences Computer Review 14*(1), 57–59.

부록 2

디지털 통신 및 소셜 미디어에 대한 미술치료 자격심사위원회의 윤리, 행동 및 규율 절차

– ATCB 허가를 받아 인쇄됨

2.9.1 치료 과정과 거래 및 청구 절차에 IT 응용 프로그램을 사용할 때, 미술치료사는 그것의 이점과 위험 그리고 한계를 내담자에게 공지해야 한다. 이러한 기술에는 컴퓨터 하드웨어와 소프트웨어, 팩스, 유선전화, 인터넷, 온라인 평가지, 기술 절차와 기기가 포함되며, 추가 항목이 있을 수 있다. 미술치료사는 2.9.5.6과 같이 인터넷 통신의 암호화 표준을 활용하거나 전송된 정보의 기밀 유지를 보장하는 합리적 예방 조치를 취해야 한다.

2.9.2 기술 지원 원거리 미술치료 서비스를 제공할 때, 미술치료사는 응용 프로그램이 내담자의 지적, 감정적, 물리적 사용과 요구에 적합한지 판단하기 위해 합리적 노력을 기울여야 한다.

2.9.3 미술치료사는 치료 관계에서 그러한 기술 사용이 연방정부, 주 정부, 지자체 또는 국제기관의 법률을 위반하지 않는지 확인하고 모든 관련 법률을 준

수해야 한다.

2.9.4 미술치료 서비스를 제공하기 위해 기술 응용 프로그램을 사용할 때, 특히 지방, 주 또는 나라 간 경계를 넘어 응용 프로그램을 사용하는 경우, 미술치료사는 사업, 법률 및 기술 지원을 받아야 한다.

2.9.5 사전 동의를 확립하는 과정으로서 미술치료사는 다음과 같은 예방 조치를 취해야 한다.

2.9.5.1 전자전송 통신의 기밀유지와 관련된 문제와 나중에 동의가 취소될 경우 전자 게시된 정보나 이미지를 제거하는 어려움을 내담자에게 통지한다.

2.9.5.2 전자전송에 대한 접근이 허가된 모든 동료, 감독자 및 직원[정보 기술(IT) 관리자 포함]을 내담자에게 통지한다.

2.9.5.3 기술을 사용한 미술치료의 특성상 허가받지 않는 사람이 치료 과정의 정보와 작품에 접근할 수 있음을 내담자에게 명시한다.

2.9.5.4 주/지자체 또는 나라 간 경계에서 업무와 관련된 관행을 지배하는 법적 권리와 한계를 내담자에게 알린다.

2.9.5.5 인터넷 사이트와 전자 메일 통신은 암호화되어 있지만, 기밀유지를 보장하는 암호화 소프트웨어의 능력에는 한계가 있음을 내담자에게 통지한다.

2.9.5.6 암호화를 사용할 수 없는 경우, 미술치료사는 이 사실을 내담자에게 알리고 내담자가 명시하지 않는 일반 통신으로 전자 송신을 제한한다.

2.9.5.7 치료 기록의 보관 여부 및 보관 기간을 내담자에게 통지한다.

2.9.5.8 기술 장애의 가능성 및 대체 서비스 제공 방법에 대해 논의한다.

2.9.5.11 내담자가 원거리 기술 지원 미술치료 서비스에 대한 보험 혜택을 활용하고자 하는 경우, 미술치료사는 서비스를 시작하기 전에 보험 혜택의 범위를 확인하는 것은 내담자의 책임임을 강조한다.

2.9.5.12 2.7.3에서 언급한 것과 같이 통신 내용이 문서에 포함될 것임을 내담자에게 통지한다.

2.9.6 인터넷 사이트를 관리하는 미술치료사는 다음을 수행해야 한다.

2.9.6.1 전자 링크가 적절하게 작동하는지 전문가를 통해 정기적으로 점검한다.

2.9.6.2 소비자의 권리를 보호하고 윤리적 우려를 해소하기 위해 ATCB 및 기타 관련 주, 지방 및 국제 면허 및 전문 인증 위원회에 대한 전자 링크를 제공한다.

2.9.6.3 장애인이 접근할 수 있는 사이트를 제공하도록 노력한다.

2.10.1 소셜 미디어 사이트를 사용하는 미술치료사는 그 용도에 적합한 특정 정보를 다듬고 각 사이트에 접속할 수 있는 사람을 수정하여 개인 프로필과 전문 프로필을 명확히 구분해야 한다.

2.10.2 미술치료사는 소셜 미디어를 통해 기밀 정보를 공개하거나 표시하지 않는다.

부록 3

전자전송 설명서 예시

참고: 전자전송 설명서에 필요한 추가 정보는 단체나 기관, 거주 지역(국가, 주 또는 지방)에서 정한 규정을 확인하라.

예시 1: *기밀유지 공지*: 이 전기통신 메시지에 포함된 정보는 특권이고 기밀이며, 위에서 언급한 개인만을 위해 사용한다. 전자통신 개인정보 보호법Electronic Communications Privacy Act 및 건강보험 정보의 이전 및 그 책임에 관한 법률Health Insurance Portability and Accountability Act(HIPAA)을 포함하되 이에 국한되지 않는 연방 및 주 정부 규정은 관계자의 서면 동의 없이 전자통신을 가로채는 행위를 금지한다. 따라서 착오로 본 송신을 받은 경우, 즉시 해당 자료의 반환 또는 파기 여부를 처리하도록 통지한다.

예시 2: 중요: 이 팩스 전송은 기밀 정보를 포함하고 있으며, 연방정부의 건강보험 정보의 이전 및 그 책임에 관한 법률Health Insurance Portability and Accountability Act(HIPAA) 사생활 보호 규정에 따라, 이 정보 중 일부 또는 전부를 건강 정보로 보호할 수 있다. 이 송신은 취급하는 개인 또는 단체의 배타적 사용을 목적으로 하며, 해당 법률에 따라 소유권, 특권, 기밀 및 면제 정보를 포함할 수 있다. 사용자가 의도한 수신인(또는 의도한 수신인에게 이 팩스 전송을 담당하는 직원 또는 대리인)이 아닌 경우, 정보의 공개, 배급, 배포 또는 복사는 엄격히 금지되고 법적 제한이나 제재를 받을 수 있음을 알린다. 정보 및 모든 사본의 반환 또는 파기 처리를 위해 발신인에게 전화(번호 기재)로 통지한다.

부록 4

소셜 미디어 정책 개발 시 고려해야 할 질문

일부 윤리규정은 현재 소셜 네트워킹 플랫폼을 사용하는 치료사들이 소셜 미디어 정책을 갖추고 이를 그들의 사전 동의서에 포함하도록 권장하거나 요구한다. 이 정책은 가능한 위험, 기밀유지 문제 및 가능한 이점에 대해 명확하게 설명하면서, 소셜 네트워크를 통해 치료사와 상호작용하는 내담자의 기대를 포함한다. 다음 질문은 소셜 미디어 정책 및 정보에 입각한 동의 문서에서 다룰 내용을 고려하는 데 도움이 될 것이다.

- 소셜 미디어 플랫폼에서 전문가 및 개인정보에 접근을 막는 제한 또는 개인정보 보호 설정이 있습니까?
- 내담자의 '친구 추가'와 '팬 추가'에 대한 당신의 입장은? 이것을 허락하는가 아니면 허락하지 않는가? 그리고 그 이유는?
- 내담자와 주고받는 문자 메시지에 대한 당신의 입장은?
- 정상적인 업무 활동, 고객 조사 또는 비상 상황(예: 내담자의 자해 또는 타인에 대한 위해)에서만 검색엔진을 사용합니까?

- 당신의 업무나 사업을 확인하는 사이트에 전문 이력이 있습니까?
- 내담자 추천 사례를 어떻게 처리합니까? 이전 내담자의 추천 사례를 받아들입니까?
- 고객과 주고받은 전자 메일에 대한 당신의 입장은?
- 치료 중 제작한 작품을 소셜 미디어에 게시한 내담자에 대한 당신의 입장은?
- 내담자와의 상호작용을 위해 사용하는 컴퓨터, 휴대폰 또는 기타 디지털 장치가 안전하다고 보장할 수 있는가?
- 원격치료를 시행할 경우, 디지털 통신을 통해 무엇을 공유하고 받을 것인가?
- 소셜 미디어에서 일반 대중에게 친숙하고 이해하기 쉬운 언어를 사용하는가?
- 블로그나 웹사이트와 같은 소셜 미디어에 참여한다면, 그 특성에 대해 내담자와 논의합니까?
- 개인 및 전문적인 전자 메일을 별도로 관리합니까?

소셜 미디어 정책의 개발에 대한 추가 정보를 가진 두 가지 훌륭한 자원이 있다.

참고문헌

Dr. Keely Kolmes' website, www.drkkolmes.com; see "My Private Practice Social Media Policy." Retrieved on April 1, 2018 at http://drkkolmes.com/social-media-policy

Natwick, J. (2017) Boon or bother? Social media marketing and ethics. *Counseling Today, 59*(7), 22–23.

기고자

Brian Austin(MPS)은 TAP[The Animation Project]의 설립자 겸 프로그램 책임자로서, 위험에 처한 청소년들이 직업뿐 아니라 삶을 향상할 수 있는 그들의 미래와 기술에 집중할 수 있도록 돕기 위해 애니메이션과 비디오를 활용한 프로그램을 제작한다. 그밖에, Austin은 뉴욕에 본사를 둔 전문 3차원(3D) 애니메이터 겸 미술치료사이기도 하다.

Christopher Belkofer(PhD, ATR, LPC)는 밀워키[Milwaukee, WI]에 있는 마운트 메리대학[Mount Mary University]의 미술치료 프로그램 대학원 책임자다.

Kristin Belkofer(MA, LPC)는 밀워키[Milwaukee, WI]에 있는 쇼어사이드 테라피스[Shoreside Therapies]의 공인 전문 상담사다.

Natalie Carlton(PhD, ATR-BC, LPCC)은 필라델피아[Philadelphia, PA]에 있는 드렉셀대학[Drexel University]의 미술치료 및 상담 프로그램의 부교수 겸 책임자다. 그녀는 다양한 주제의 디지털 문화, 디지털 매체의 감각적 특성 그리고 미술치료에서의 그래픽 소설 사용에 대한 논문을 집필했다.

Donald J. Cutcher(MA, LCAT, ATR-BC)는 BATA[Buckeye Art Therapy Association]의 창립자 및 명예회원이며, 국경 없는 미술치료[Art Therapy Without Borders, Inc.]의 공동 설립자 겸 이사

이기도 하다. 그는 오하이오에서 업무상 재난으로 신체적 또는 정신적 외상을 입은 내담자들을 위해 일했다. 최근 이 일에서 은퇴했다.

Olena Darewych(PhD, RP, RCAT)는 심리치료사 겸 미술치료사로서, 워털루Waterloo, Ontario의 애들러대학Adler University과 윌프리드로리대학Wilfrid Laurier University에서 부교수로 재직하고 있다. 과거 캐나다 미술치료 협회 회장이기도 했던 그녀는, 현재 자폐증 스펙트럼 장애가 있는 성인들을 위한 디지털 미술치료 집단 회기를 운영하고 있다.

Bryce Evans는 현재 태국에 사는 수상 경력을 가진 캐나다 화가이며, 우울과 불안으로 고통받는 사람들을 위한 최초의 사진 커뮤니티, 원 프로젝트The One Project의 설립자이다. 그는 치료적 사진을 주제로 사진이 건강에 미치는 영향에 대해 테드에서 발표했다.

Bronwen Gray(MA AT, JD, PhD)는 프리랜서 예술가, 미술치료사, 교육자로서 다수의 창의적 환경에서 일해왔다. 뉴질랜드 오클랜드에 있는 화이트 클리프 예술디자인대학Whitecliffe College of Art and Design 교수와 호주 멜버른에 있는 피닉스 연구소에서 근무했다. 그녀의 디지털 스토리텔링 프로젝트는 호주 영상 센터Australian Centre for the Moving Image의 영구 소장품과 뉴질랜드의 Nga Taonga Sound and Vision 아카이브로 받아졌다.

Jeffrey Jamerson(PhD)은 공공 분야에서 20년 이상의 경력을 가지고 있으며, 다양한 능력으로 위험에 처한 청소년들을 위해 일해왔다. 그는 표현예술치료사로서 현재 캘리포니아 로스앤젤레스에서 아비바 가족 · 아동 서비스Aviva Family and Children's Services의 프로그램 진행 및 서비스 부사장을 맡고 있다. 이곳에서 그는 위탁가정 기관과 입양, 지역사회 정신건강, 관련 서비스와 전체 서비스를 관리한다.

Lauren Johnson(MSc, PhD)은 캐나다 앨버타주 에드먼턴에서 일하는 심리학자다. Johnson 박사는 대부분의 시간을 외상 희생자들뿐 아니라 캐나다 원주민들과 함께 일하며, 포괄적인 심리학적 접근을 통해 치료적 영화를 제작하는 비디오 기반 창작 기법을 지속적으로 실천하고 있다.

Debra Johnson-Fuller는 클루케[Cloquet, MN]에 있는 '레이크 슈피리어 치페와의 퐁뒤 라크 원주민 부족[The Fond du Lac Band of Lake Superior Chippewa]'에 등록된 회원으로 암 건강에 대한 교육자다. Johnson-Fuller는 디지털 스토리텔링에서 전통적인 의학에 이르기까지 미국에서 다양한 주제를 발표했다.

Gudrun Jones(MPhil, Reg ATh)는 웨일스에서 정신건강, 종양학, 완화의료 분야에서 미술치료사로 일했다. WATAF[Wales Arts Therapies Advisory Forum]의 본 회원이기도 한 그녀는 특히 심리적인 지원을 위한 화상회의 사용에 관심이 있다.

김성인(PhD)은 서울에 있는 고려대학교 산업경영공학부 명예교수다. 최근 그의 관심은 C_CREATES[Computer_Color-Related Art Therapy Evaluation System] 및 그림 평가 앱을 포함한 컴퓨터 미술치료 시스템을 개발하는 것이었다.

Joe Kavitski(MA)는 수상 경력이 있는 영화 제작자 겸 예술가로, 그의 작업은 디지털 기술과 미술치료의 통합에 있다. 뉴욕대학의 부교수로서 그는 기술적용 미술치료 과정의 일부로 *멀티미디어 미술치료*를 가르친다. 그는 현재 락빌[Rockville, MD]에 있는 Fusion Academy의 입학 및 지원 담당 이사를 맡고 있다.

Mary K. Kometiani(MA, ATR-BC, LPCC)는 강사와 미술치료 저자, 전문 임상 상담사 자격증을 갖춘 미술치료사다. 그녀는 오하이오에 있는 아트 테라피 힐[Art Therapy Heals]의 대표로서 보건 서비스와 기관과 협력하여 대중에게 미술치료와 그 혜택에 대해 교육하고 있다.

Alexander Kopytin(PhD)은 러시아 노스웨스트 메디컬 I.I 메치니코프대학[Northwest Medical I.I. Mechnikov University]에서 심리치료학과 교수로, 페테르부르크 대학원 교육연수원[the Academy of Postgraduate Pedagogical Training]에서 미술치료 대학원 교육부장으로 재직 중이다. 그는 러시아 예술치료 협회의 의장이며 『전쟁 참전 용사와 함께한 임상 예술 심리치료[Clinical Art Psychotherapy with War Veterans]』를 포함한 다수의 책을 집필하고 공동 편집했다.

Jeff Lohrius(MA)는 콜로라도 볼더에 있는 미술치료사로서 개인 및 그룹 가상현실 미술치료 회기와 VR 도구를 통합하길 원하는 다른 미술치료사들에게 워크샵과 개인 상담을 제공한다.

Shaun McNiff(PhD)는 케임브리지의 레슬리대학 교육대학원 프로그램인 표현치료와 통합 예술의 설립자 겸 대학교수다. 그는 그 주제에 관한 첫 번째 책인 『미술기반 연구[Art-Based Research]』를 집필한 전시 화가로서 현재 베이징에 본부를 둔 창의적 예술 교육과 치료[Creative Arts Education and Therapy]의 편집자로 활동하고 있다.

Rachel Rahman(PhD, FHEA CPsychol, AFBPsS)은 웨일스 애버리스트위스대학의 심리학과 부교수다.

Martine Robson(PhD, FHEA)은 웨일스 애버리스트위스대학의 심리학과 강사다.

Jedediah Walls(PhD)는 어떻게 기술이 사회와 인간의 삶을 향상하는데 사용될 수 있는지를 연구하는 매체 심리학자다. 그는 미국심리학회 원격진료 분과위원회에서 일해왔고, 심리학자들이 원격진료기술을 가장 잘 활용할 수 있는 방법에 대한 발표를 진행했다.

Elizabeth Warson[PhD, ATR-BC, LPC, NCC(Texas Comanche, Eastern Band Cherokee)]은 미국 인디언 미술치료American Indian Art Therapy의 책임자로서 과거 조지워싱턴 대학교와 동부 버지니아 의과대학의 교수로 재직한 바 있다. 그녀는 다양한 환경에서 20년 이상의 임상 경험이 있으며, 현재 포트 콜린스에서 개인치료를 하고 있다.

Alan Young(PhD)은 15년 이상, 디자인 전문가와 교육자로 일하며 수상 경력이 있는 지역사회 정의 프로젝트를 진행해왔다. 그의 작품은 파워하우스 박물관에 전시되었으며, 호주 영상 센터Australian Centre for the Moving Image의 영구 소장품으로 설치되었다. 현재 뉴질랜드 오클랜드 공과대학 커뮤니케이션 디자인 수석강사로 재직 중이다.

편저자

Cathy Malchiodi(PhD, ATR-BC, LPCC, LPAT, REAT)는 미술치료사, 표현예술치료사, 연구 심리학자, 임상 정신건강 상담사이자, 어린이, 성인, 가족과 함께 하는 미술치료와 표현예술치료에 대한 공인된 권위자다. 그녀는 전 세계에서 400명 이상이 초청된 미술치료 강연에서 발표했고, 『심리치료, 아동 그림 이해, 미술치료 핸드북What to Do When Children Clam Up in Psychotherapy, Understanding Children's Drawings, Handbook of Art Therapy, 2nd edn』, 『미술치료Art Therapy Sourcebook, 2nd edn』, 『예술 창작과 놀이치료, 트라우마 아동과의 문제 및 창의적 개입Creative Arts and Play Therapy for Attachment Problems, and Creative Interventions with Traumatized Children, 2nd edn』 등 수많은 기사, 논문, 책을 출간했다. 인기 많은 교육자로 널리 알려진 Malchiodi는 미국 전역의 7개 대학에서 교수로 재직했으며, 재난 구호, 정신건강, 공중 보건 및 웰빙을 위한 미술치료와 표현예술치료의 사용에 관한 다양한 국가 및 국제기관, 재단, 정부 기관의 강사 및 컨설턴트로 활동하고 있다.

Malchiodi는 아동, 성인, 가족과 지역사회를 위한 트라우마 개입 서비스와 교육 및 연구를 전담하는 조직인 트라우마 전문 임상 및 표현예술치료 연구소Trauma Informed Practices and Expressive Arts Therapy Institute의 설립자 겸 전무다. 그녀는 미국 상담학회American Counseling Association(ACA), 국경 없는 미술치료Art Therapy Without Borders(ATWB), 미국 미술치료학회American Art Therapy Association(AATA) 그리고 인문치료협회Association for Humanistic Counseling(AHC)를 포함한 수많은 전문 기관의 이사회에서 활동했으며, 특히 중국과 이스라엘에서 예술 심리치료The Arts in Psychotherapy, 교육과 치료의 창의적 예술Creative Arts in Education and Therapy, 창의 예술치료 학술지Academic Journal of Creative

Arts Therapies의 편집 위원으로 활동했다. Cathy는 미술치료에 대한 기여를 인정받아 AATA(2002)에서 평생 명예회원 상을 받았으며, 중국에서 진행한 국제 미술치료에 대한 케네디 센터 명예훈장(1987)을 수상했다.

디지털 기술에 대한 Malchiodi의 관심은 다큐멘터리 영화 제작과 애니메이션, 디지털 스토리텔링 그리고 컴퓨터 제작 미술교육 등을 포함해 수년 동안 이어져 왔다. 시각 예술가로서, 그녀는 종종 개인적인 이야기들이 묘사된 혼합 매체 작품을 만들기 위해 전통적인 이미지와 디지털 이미지를 통합한다. 더 나아가 최근 그녀가 국방부와 함께 한 일은 귀환한 전투병과 의학적인 질병이나 외상성 뇌 손상에서 회복 중인 아이들, 청소년들 그리고 어른들과 함께 하는 다양한 형태의 디지털 미술치료에 가상현실(VR)과 증강현실(AR)을 활용하는 일이었다. 또한, 이 작업은 그녀가 레크리에이션 조종사recreational pilot로서 훌륭한 조종사가 되는 법을 익히기 위해 비행 시뮬레이터(VR 기술)를 사용했던 즐거운 시간이었다.

Malchiodi는 1995년부터 건강을 위한 미술치료의 역할을 지지하고 알리는 활동가로서 온라인 커뮤니티와 소셜 네트워킹 플랫폼에도 적극적으로 참여하고 있다. 2008년 「사이콜로지 투데이Psychology Today」는 그녀를 '예술과 건강'이라는 주제로 뽑은 블로거 10명 중 한 명으로 선정했다. 그녀의 칼럼은 현재 440만 명이 넘는 독자를 보유하고 있다. 온라인 예술 제작 커뮤니티인 미술치료+행복 프로젝트Art Therapy+Happiness Project(ATHP)의 초기 설립자 중 한 명인 그녀는 연결, 자비, 용기, 공헌이라는 긍정심리학 원리를 통해 소셜 네트워킹 플랫폼이 어떻게 개인의 삶을 개선할 수 있는지 계속해서 탐구하고 상상하고 있다.

역자 소개

유경옥

현) 강원대학교 인문예술치료학과 강사
현) 마음돌보기 연구소 소장
안양대학교 일반대학원 교육학 박사
이화여자대학교 교육학 석사(미술치료교육)
(사) 융합미술치료학회 정회원, (사) 한국인문치료학회 임상위원회 위원

박진영

현) 비전아트 미술심리연구소 소장
런던 인터내셔널 갤러리 오브 칠드런스 아트London International Gallery of Children's Art
아트 워크숍 프로그램 기획 및 진행
이화여자대학교 교육학 석사(미술치료교육)
센트럴 세인트 마틴스, 런던예술대학교Central Saint Martins, University of the Arts London
제품디자인 학사
첼시예술대학교Chelsea College of Arts
파운데이션 디플로마 인 아트 앤 디자인Foundation Diploma in Art and Design
(사) 융합미술치료학회 정회원

신혜진

현) 신혜진 미술치료연구소 소장
현) 서울서부지방법원 미술심리 상담위원
이화여자대학교 일반대학원 융합미술치료학 박사과정
이화여자대학교 교육학 석사(미술치료교육)
(사) 융합미술치료학회 정회원

이현정

현) Art & Culture Community 지아정원 대표
현) 이화여자대학교 문화예술교육원 강사
이화여자대학교 일반대학원 융합미술치료학 박사과정
이화여자대학교 교육학 석사(미술치료교육)
(사) 융합미술치료학회 정회원

미술치료와 디지털 기술

초판인쇄 2021년 11월 03일
초판발행 2021년 11월 10일

편　　저 Cathy Malchiodi
옮 긴 이 유경옥 · 박진영 · 신혜진 · 이현정
펴 낸 이 소정영
펴 낸 곳 하나醫學社

출판신고 제 25100-2013-000061호(1988. 4. 1.)
주　　소 서울시 서대문구 거북골로 7-7(홍은동) 하나빌딩 1층

전화번호 (02)730-2555, 2556
팩　　스 (02)730-2557
홈페이지 www.hanampc.co.kr
이 메 일 hanampc1@naver.com

값 29,000원

ISBN 979-11-91658-03-3 93180